中国转变经济发展方式与国家能力：历史、现实及展望

ZHONGUO ZHUANBIAN JINGJI FAZHAN FANGSHI YU GUOJIA NENGLI

LISHI XIANSHI JI ZHANWANG

段先盛 ◎ 著

中国财经出版传媒集团
经济科学出版社
Economic Science Press

图书在版编目（CIP）数据

中国转变经济发展方式与国家能力：历史、现实及展望／段先盛著．—北京：经济科学出版社，2017.9

ISBN 978-7-5141-8521-8

Ⅰ.①中…　Ⅱ.①段…　Ⅲ.①中国经济－经济发展模式－研究　Ⅳ.①F120.3

中国版本图书馆CIP数据核字（2017）第245635号

责任编辑：周胜婷
责任校对：隗立娜
责任印制：邱　天

中国转变经济发展方式与国家能力：历史、现实及展望

段先盛　著

经济科学出版社出版、发行　新华书店经销

社址：北京市海淀区阜成路甲28号　邮编：100142

总编部电话：010-88191217　发行部电话：010-88191522

网址：www.esp.com.cn

电子邮件：esp@esp.com.cn

天猫网店：经济科学出版社旗舰店

网址：http://jjkxcbs.tmall.com

北京密兴印刷有限公司印装

710×1000　16开　19.25印张　310000字

2017年9月第1版　2017年9月第1次印刷

ISBN 978-7-5141-8521-8　定价：68.00元

（图书出现印装问题，本社负责调换。电话：010-88191510）

教育部人文社会科学规划基金项目（13YJA790018）资助
浙江省哲学社会科学重点研究基地“产业发展政策研究中心”资助
浙江省标准化与知识产权管理协同创新中心资助

前　言

改革开放近四十年来的经济发展过程中，转变经济发展方式一直是中国旨在实现可持续发展的主题。1979 年，中共中央作出了用三年时间做好国民经济“调整、改革、整顿、提高”的工作部署。1981 年，中央正式提出“走出一条速度比较实在、经济效益比较好、人民可以得到更多实惠的新路子”的方针。“九五”时期，党和政府针对当时投资过热、投资效率低下、低水平扩张严重的问题提出了要实现经济增长方式从粗放型向集约型转变这一战略思想，强调依靠科教兴国和提高劳动者素质，走质量效益型经济增长的路子。“十五”时期，中央强调对经济结构进行战略性调整，提高经济增长的科技进步效益和结构优化效益，重视资源和环境问题。“十一五”时期，中央更是提出了要把节约能源作为基本国策，发展循环经济，保护生态环境，加快建设资源节约型、环境友好型社会，促进经济发展与人口、资源、环境相协调的整体目标。在“十二五”发展规划提出要以加快转变经济发展方式为主线。《中共中央关于制定国民经济和社会发展第十三个五年计划的建议》提出，牢固树立创新、协调、绿色、开放、共享的发展理念，把发展基点放在创新上，形成促进创新的体制架构，塑造更多依靠创新驱动、更多发挥先发优势的引领型发展，包括培育发展新动力（发挥消费对增长的基础作用、发挥投资对增长的关键作用、发挥出口对增长的促进作用），拓展发展新空间，深入实施创新驱动发展新战略，大力推进农业现代化，构建新产业体系等。

问题在于，尽管当下经济发展方式不可持续已是共识，现实却是久推难转，症结究竟何在？对此，许多学者进行了许多方面论证，取得了一系列有价值的成果，主要集中在转变经济发展方式所需的技术和各种硬件条件，如价格机制、节约资源和保护环境的技术、标准手段，以及制度的完善等，是从经济方面展开的，但如果考虑到“一个事实绝不会完全是或者纯粹是经济的，总会存在其他的——而且通常是更重要的方面。①”“那么我们就必须继续我们在解释说明方面的努力，直到我们找到非经济的基地，这对一般理论和对具体事实都是如此。②”

从经济学的范畴来看，经济发展方式无疑是属于经济领域中的宏观经济现象，但任何宏观经济现象都有其微观基础，因为“经济制度和行为模式可以解释为很多个人决策的产物或者说是结果。③”经济发展方式也不例外。经济发展方式是整个经济社会各行为主体的经济行为方式的综合表现，转变经济发展方式的实质就是总体上转变社会各行为主体的经济行为方式。然而，社会系统中的各种经济主体的相互关联性决定了这种变革可能存在着路径依赖，正如加里·D. 利贝卡普所指出的，竞争的利益集团数目越多并且（或者）其异质性越强，分配的冲突就越有可能阻碍或延迟制度的变动④。因为它至少涉及国家、厂商、党派团体、社会组织以及社会公众等诸多行为主体相互之间的博弈。因此，经济发展方式形成及其演变，实质是数量众多的行为主体之间的动态博弈结果。此外，任何社会同包括自然环境和国际环境在内的环境存在交互，这种交互无疑也影响到一个社会的经济发展方式的形成及演变。

显然，上述的动态博弈具有综合性、系统性和战略性的全社会性特征，本质上要求以国家为中心，通过国家、经济、公众组织、环境四者良性互动来实现转变经济发展方式这一目标，而只有当国家具有克服国内外强大利益集团的阻碍、维持内外平衡、实现经济社会可持续健康发展的能力时，才能从根本上消除转变经济发展方式的体制和机制障碍。原因在于，国家相对较有能力依据其目标引导经济社会转型，转变经济发展方式也是如此。为此，本书尝试将政治学中的国家能力研究引入转变经济发展方式研究中来，以提供一个不囿于经济学研究领域的观察和思考视角。

围绕中国转变经济发展方式与国家能力这一主题，本书以比较的视角，

---

① 约瑟夫·阿洛伊斯·熊彼特：《经济发展理论——对利润、资本、信贷、利息和经济周期的探究》，叶华译，北京：中国社会科学出版社，2010年，第7页。

② 约瑟夫·阿洛伊斯·熊彼特：《经济发展理论——对利润、资本、信贷、利息和经济周期的探究》，叶华译，北京：中国社会科学出版社，2010年，第9页。

③ H. 培顿·扬：《个人策略与社会结构——制度的演化理论》，王勇译，上海三联书店、上海人民出版社，2004年，第3~4页。

④ 加里·D. 利贝卡普：《产权的缔约分析》，北京：中国社会科学文献出版社，2001年。

运用政治经济学方法从历史、现实、展望三个方面进行展开。

第一、二章属于历史及比较的内容。第一章在界定经济发展方式和国家能力内涵的基础上，以中国近代史开端——鸦片战争为起点，通过比较鸦片战争过程中所显现的中国和英国的国家能力和经济发展方式，阐释了当时中国因为落后而挨打的真正意涵。第二章以转变经济发展方式的国家能力为主线，比较分析了洋务运动时期、1927～1937年、1949～1976年三个时期的经济发展和国家能力，1977年以来则以现代经济增长方式为切入点，并结合总体性国家能力总结了其中的经验与教训。

第三、四、五章则从居民消费、产业结构升级优化、创新型经济增长三个专题的角度，研究了转变经济发展方式的着力点及其中的国家能力要求。第三章运用结构分解分析方法，实证分析了2000～2014年中国居民消费率和消费结构变迁，探讨了提高居民消费的政策工具和供给体系改革的国家能力。第四章在总结产业结构演变的一般规律基础上，分析了中国的产业结构升级优化的国家制度能力和国家政策能力。第五章研究了创新型经济增长的各种类型，以及其中隐含的国家知识产权保护能力、自由创新的国家规制能力，在此基础上探究了创新常态化、法治化的国家能力。

第六、七章属于现实与展望分析。第六章以“中等收入陷阱”问题为切入点，基于持续经济增长为转变经济发展方式的前提，从理论层面上分析改善收入分配的国家能力与持续经济增长的关系，并在实证层面探讨中国改善收入分配的国家能力，保持持续经济增长的现实基础。第七章围绕中国正在实施的全面深化改革、全面推进依法治国和全面从严治党的改革、治理战略布局，对中国经济发展方式和国家能力作展望分析。

段先盛

2017年春于中国计量大学

目　　录

第一章　经济发展方式、国家能力之于鸦片战争：落后挨打的历史透视

有着近四千年文献历史的中华文明，既是世界上最古老的文明之一，也是世界上唯一从未中断的文明。西方工业革命以前，中华民族无论是在典章制度、经济总量、生产力水平、器物制造、科学技术等方面都长期居于世界领先地位。

西方工业革命后，西方世界崛起，中华民族由于不能与时俱进而不断相对衰弱，1840～1842 年的鸦片战争以战争形式诠释了当时西方的富强和中国的落后。有欺凌就有反抗，鸦片战争后的中国历史就是中国人民一部追求民富国强的不懈奋斗史，概括起来就是习近平总书记在参观“复兴之路”展览时所指出的，实现中华民族伟大复兴，就是中华民族近代以来最伟大的梦想。这个梦想，凝聚了几代中国人的夙愿，体现了中华民族和中国人民的整体利益，是每一个中华儿女的共同期盼。

第一节　落后挨打的意涵

1840 年，英国为了保护和推动非法的、罪恶的鸦片贸易，发动了第一次鸦片战争，拉开了西方列强侵略中国的序幕。这场战争的正义性无疑在中国一方，其结果却令人痛心疾首：一个有着几千年历史沉淀的文明古国，竟然惨败于国土、人口等都远不如自己的小国，丧失国家主权和领土完整，开始沦为半殖民地国家。对于其中的原因，后人一般以“落后挨打律”来加以诠释。

落后是以某一标准作为参照系对比后的一种认识。就鸦片战争中所反映的中国落后而言，当时国人（也包括当今国人）主要是与英国为代表的西方列强作比较而得出的，在当时诸如林则徐、魏源等中国开明之士那里，只限于技术层面。认为中国不仅技术落后，制度也落后，则发生1894年中国在中日甲午海战中失败后，流行于当时“睁眼看世界”的中国知识分子中。而认为中国文化也落后进而导致中国国民素质落后，则是迟至辛亥革命成功后民主共和制久久无法构建起来的情形下，在当时曾留学西方和接受西学的新一代知识分子中产生的一种共识[①]。由此看来，前人在探讨鸦片战争以来中国的落后时，有两个基本点：一是以西方为参照系，二是中国的落后主要包括技术、政治制度和文化三个方面。在此情形下，一个自然而然的结论就是学习西方，引进西方的东西。当马克思主义从俄国传入后，中国共产党人开始“以俄为师”，然而在实践中的照搬照抄却使中国革命遭受重大损失，残酷的现实使中国人逐渐认识到历史是割不断的，原因在于“人们自己创造自己的历史，但是他们不是随心所欲地创造，并不是在他们选定的条件下创造，而是在直接碰到的、既定的、从过去承继下来的条件下创造。[②]”第一次鸦片战争后一百多年来，中国仁人志士的流血牺牲、不懈奋斗历史也表明：一方面，解决中国的问题必须在正确的理论指导下联系中国的实际，中国的革命是如此，中国的建设也是如此，否则，我们容易掉入西方普世主义的泥坑[③]。当然，从发展的角度来看，我们不能过度苛求前人，因为对任何事物的认识都需要一个过程，对复杂得多的社会的认识更是如此。

另一方面，面对如今中国所取得的巨大成就，要防止误入肯定中国一切同时否定外国一切的民粹主义，以及对于来自国外的过分美化中国的思潮，

---

① 在新文化运动领袖胡适看来，“我们必须承认我们自己百事不如人，不但物质机械上不如人，不但政治制度不如人，并且道德不如人，知识不如人，文学不如人，音乐不如人，艺术不如人，身体不如人。”参见胡适：《介绍我自己的思想》，载葛懋春、李兴芝编：《胡适哲学思想资料选》（上），上海：华东师范大学出版社，1981年，第344页。

② 马克思：《路易·波拿巴的雾月十八日》，载于《马克思恩格斯选集》第4卷，北京：人民出版社，1995年，第585页。

③ 一个事实是，“自晚清新政以来，中国的思想界和中国传统的史学叙事便被笼罩在西方强大的普世主义语境中，这是中国已有数千年传承的知识体系和价值系统所遇到的最严重挑战。”转引自荣剑：《论历史观与历史价值观——对中国史学理论若干前提性问题的再认识》，载于《中国社会科学》2010年第1期。

保持清醒的头脑，不能掉以轻心①，实现中华民族伟大复兴任重道远。就身临其境的我们而言，需要的是忧患意识。

对于第一次鸦片战争中所反映出来的中国的技术落后于英国，人们并无多大异议，因为科学技术的先进与落后可以进行客观评判②，制度落后和文化落后则不然，争议很大，这种争议可以归结为制度和文化的先进与落后缺少一致同意的客观标准。实际上，这是社会科学的一个普遍问题。以政治经济学为例，其与自然科学、工程科学并不一样，因为“作为一门说明性和分析性的科学，政治经济学是跨民族的，但是一旦涉及要作价值判断，政治经济学就必然受制于人类的某一特殊关系，这种特殊族系性是我们从自己本性中就能观察到的。事情常常是这样：每当我们认为自己最彻底地逃脱了我们自身的局限性时，恰恰也就是这种局限性最强烈地束缚我们之时。③”作为意识形态载体的思想文化也是如此，否则，我们无法理解20世纪初在马克斯·韦伯有关中国的论述中，中国的儒家文化不利于中国资本主义的成长④，而到了20世纪80年代，西方学者却又运用儒家文化价值体系来解释东亚“四小龙”的经济奇迹这种学术悖论现象。无独有偶，曾赞美“华盛顿共识”并作出“历史终结”预言的弗朗西斯·福山，在2008年次贷危机后也转而强调政府部门、社会安全网和产业政策的积极作用⑤，“成也萧何，败也萧何”可见一斑。这种在制度和思想文化的落后判断标准上的争议和悖论现象，意味着继续深入探究第一次鸦片战争中所反映的中国落后有其必要性，这种必要性就体现在落后的客观判断必须建立在唯物辩证法和唯物史观基础上⑥。首先，

---

① 美国的重返亚洲战略，以及美英等国对我国香港地区政治的粗暴干涉，充分说明压华、侵华之心不死。

② 在卡尔·波普尔看来，“可以作为划界标准的不是可证实性而是可证伪性。…经验的科学的系统必须有可能被经验反驳。”以及“科学陈述的客观性就在于它们能被主体间相互检验。”参见卡尔·波普尔：《科学发现的逻辑》，查汝强等译，杭州：中国美术学院出版社，2008年，第17页、21页。

③ 马克斯·韦伯：《民族国家与经济政策》，北京：三联书店，1997年，第91页。

④ 马克斯·韦伯：《儒教与道教》，洪天富译，南京：江苏人民出版社，2010年。

⑤ Birdsall, N. and Fukuyama, F.. “The Post-Washingtong Consensus: Development after the Crisis”. *Foreign Affairs*, Vol, 99, No. 2, 2011, pp. 45 – 54.

⑥ 主流的思想，尤其是欧洲中心的思想，认为“西方模式”无可替代，只可被模仿，也应被模仿。而马克思的思想本质上并不是欧洲中心的。只有马克思开展出来的现代思维，才可能脱离欧洲中心主义的成见和枷锁。参见萨米尔·阿明：《历史发展的两条道路——欧洲与中国发展模式的对比：起源与历程》，载于《开放时代》2012年第8期。

"全部社会生活在本质上是实践的。"① 制度和文化是社会演进的结果②，从唯物辩证法的发展观点看，无论是原始社会、奴隶社会，还是封建社会、资本主义社会，其出现并存在一段时期都有其一定的合理性，因为"经济社会形态的发展是一种自然历史过程。"③；其次，把不同社会的制度和思想文化抽象出来加以比较，本身就缺乏普遍联系的思维，本质上属于一种机械还原论思维，将发达国家制度原封不动地移植到发展中国家之所以不成功，就在于没有估计到被移植的制度如何植根于现实社会，如何与现实社会的其他组成部分兼容，从而容易产生水土不服问题，即存在阿夫纳·格雷夫所总结的诸如环境效应、协调效应、包容效应和边际效应等问题④；再其次，必须唯物辩证地对待本国的制度和文化，采取"取其精华，去其糟粕"态度；最后，不同社会的制度和思想文化比较，只能基于马克思主义唯物史观，以是否推动了当时人们的社会实践活动，使社会实现民富国强，以及实现的程度如何作为评判标准。

在人类社会的发展历程中，国家⑤的出现无疑是一个重要阶段，而就中国而言，正如弗朗西斯·福山所指出的："我们现在理解的现代国家元素，在公元前三世纪的中国业已到位。其在欧洲的浮现，则晚了整整一千八百年。"⑥就英国而言，1485 年都铎王朝的确立才意味着英国开始具有现代意义上的国家雏形，而到 1840 年第一次鸦片战争爆发时，英国已发展成一个资产阶级民主专政的现代国家，因此，从国家的角度比较研究中英鸦片战争的国力，既符合历史事实，也易于明晰历史事实。

而国与国之间的战争，其本质就是国力的较量，涉及社会的方方面面。

---

① 马克思：《关于费尔巴哈的提纲》，载于《马克思恩格斯选集》第 1 卷，北京：人民出版社，1995 年，第 56 页。

② 在旧制度经济学派的代表人物凡勃伦那里，"自然淘汰""适应过程"已被用来描绘人类社会结构和制度演进。参见凡勃伦：《有闲阶级论——关于制度的经济研究》，北京：商务印书馆，1964 年。

③ 马克思：《资本论（第一卷）》，北京：人民出版社，1975 年，第 12 页。

④ 参见阿夫纳·格雷夫：《大裂变：中世纪贸易制度比较和西方的兴起》，郑江淮等译，北京：中信出版社，2008 年。

⑤ 这里的国家概念是一个政治机构性组织概念，其功能包括立法，治安，司法行政，教育、文化、卫生、社会福利行政，军事行政等。参见马克斯·韦伯：《经济与社会》，阎克文译，上海人民出版社，2010 年。

⑥ 弗朗西斯·福山：《政治秩序的起源——从前人类时代到法国大革命》，毛俊杰译，桂林：广西师范大学出版社，2012 年，第 19 页。

在国与国之间的战争中，影响战争结果的因素可以简洁地归纳为人的因素和物的因素。就人的因素而言，不只是符合服兵役条件的劳动力数量及素质和符合军事生产条件的劳动力数量及素质，更重要的是国家对军事人力的调配和运用，前者可以归结到是国家与公众组织互动能力在战争中的体现，后者则可以归结到国家内部互动能力在战争中的体现。同时，国家对军事人力的调配和运用还必须建立在对战争中的敌国情形的了解和掌握上，所谓知己知彼，百战不殆，反映的是国家与国际社会的交互能力。

而就战争中的物的因素而言，既包括战争中所使用的武器数量和质量，也包括战争的后勤供给，所谓兵马未动，粮草先行，反映的是一个社会的民富国强程度。一个社会实现民富国强的具体方式可能多种多样，但最终都可以概括为经济发展方式，即社会从事经济活动的方式，涉及生产、交换、分配和消费等诸方面，可以通过生产结构（包括微观层面的投入结构和中观层面的产业结构）、交换结构、分配结构和需求结构加以衡量。而包括军事技术在内的技术落后，其本质就是经济发展方式的落后。

第二节 国家能力及其拓展

上述的国家与公众组织互动能力、国家内部互动能力、国家与国际社会的交互能力的有机综合，本书以总体性国家能力称之，可视为政治学中所定义的国家能力——国家塑造和执行实现某一社会经济目标战略的能力的一种拓展。

一、国家能力研究回顾

国家能力在20世纪五六十年代结构功能主义占主导时期，是指一个政治系统在其环境中的总体绩效，其行为包括提取、规制、分配、符号和响应[①]；20世纪70年代末，以斯科波（Skocpol）为代表的国家主义学派，将国家能力定义为是国家通过政策实施实现其目标的能力，并划分为总体性国家能力

① Almond, Gabriel A. and Powell, G. Bingham. *Comparative politics: a Developmental Approach*. Boston: Little Brown, 1966.

和政策性国家能力两种类型，认为国家能力是个相对概念，要放在一个和社会相互关系的视角下分析[①]；1988 年，国家社会关系理论的代表人物米格德尔（Migdal）提出，国家能力应是国家决定社会生活按何种秩序组织起来的能力，或者说国家领导人通过国家的计划、政策和行动来实现其改造社会的目标的能力，并基于支配和社会控制的角度，将国家能力归纳为提取、渗透、规制、分配四种能力，国家能力被看作是国家社会之间的零和博弈结果，社会由此纳入了国家能力的分析框架[②]；20 世纪 90 年代，帕特南（Putnam）等人认为强大的社会资本能够克服集体行动的困境，使得社会强大起来并提高政府效能和促进经济发展，从而实现强社会、强经济、强国家的三强组合[③]。据此，在埃文斯（Evans）看来，一个自主性强的国家机构能够和商业集团形成嵌入自主性（embedded autonomy）关系，进而促进产业的升级，这意味着国家社会能够形成一种协同关系，使得双方都得到发展[④]。即，强大的国家能力体现在国家自主性能力和国家嵌入性能力能相辅相成。而国家的自主性取决于国家专制性权力强弱，国家的嵌入性则取决于国家建制性权力强弱[⑤]。

二、国家能力拓展

以上简述的国家能力研究历程表明，行为主体之间的互动已成为国家能力研究的核心。只不过在已有的研究中，这种互动局限于国家—公众组织关系视角，而这一视角可能会使我们的研究视野缺乏开放性的系统视角。就国与国之间战争而言，其本质就是一国与作为国际社会的他国之间的战争，因此需要将国家与国际社会的交互能力纳入国家能力范畴。此外，就 19 世纪 40

---

① Skocpol, Theda. “Bring the State back in: Strategies of Analysis in Current Research”, in Evans, Peter B. Rueschemeyer, Dietrich. and Skocpol, Theda. *Bringing the State back*. Cambridge, New York: Cambridge University Press , 1985.

② Migdal, Joel. *Strong Societies and Weak States: State-society Relations and State Capabilities in the Third World*. Princeton, N. J: Princeton University Press, 1988.

③ Putnam, Robert D. , Leonardi, Robert. and Nanetti, Raffaella. *Making Democracy Work: Civic Traditions in Modern Italy*. Princeton, N. J. : Princeton University Press , 1993.

④ Evans, Peter B. *Embedded Sutonomy: States and Industrial Transformation*. Princeton, N. J. : Princeton University Press, 1995.

⑤ Mann, Michael. *The sources of social power*, V. 2. Cambridge, New York: Cambridge University Press, 1993.

年代的中英两国本身而言，无论是历史悠久、高度成熟的皇权专制下中国官僚体制，还是所谓资产阶级民主制度下英国官僚体制，作为一种国家组织形式，都存在着运行效率问题，可以称之为国家内部的互动能力问题，即，还需要将国家内部的互动能力纳入国家能力范畴。综合起来，国家能力可以通过国家与公众组织的互动能力、国家内部互动能力，以及国家与国际社会的交互能力加以表征。

以上三种能力的行为主体及联系场合可以通过图 1.1 加以考察、分析。其中，双向箭头表示国家、公众组织、国际社会之间的互动。这里的公众组织是指与国家（社会的一部分）相对应的由其他行为主体组成的社会，既包括社会中的个人、家庭、群体，也包括具有组织性质的公众组织（诸如企业、社团、协会、党派团体、利益集团等）。而之所以没有采用市民社会、民间社会等社会学研究中常用的概念，主要考虑到市民社会这一名称中市民这一概念具有都市化[①]含义，应用于农村存在一定的局限性，以及第一次鸦片战争时的中国无以满足其市场经济的客观条件；没有使用民间社会这一概念，则是因为如邓正来先生所指出的，民间社会“带有中国传统的‘民反官’之强烈历史记忆的术语”，而忽视了“在可欲可行的基础上强调市民社会与国家的良性互动。[②]”

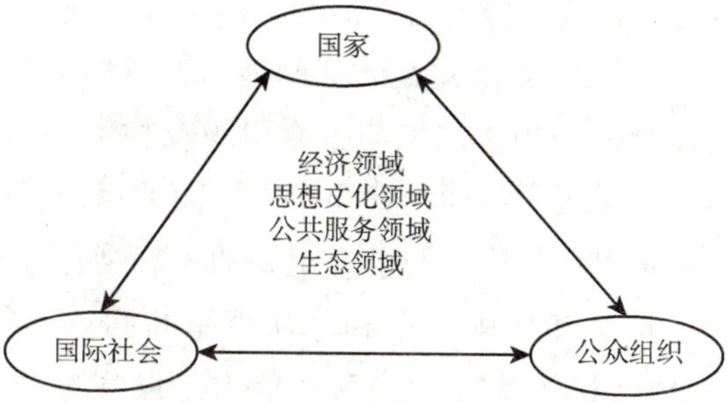

图 1.1　国家·公众组织·国际社会三元互动

实际上，国家、公众组织、国际社会三者之间的互动以及它们的内部互

① 关于近代市民观念的三种含义及其考证，参见马克斯·韦伯：《经济通史》，上海：上海三联书店，2006 年。

② 邓正来：《国家与社会——中国市民社会研究的研究》，载于《中国社会科学季刊》1996 年 5 月，总第 15 期。

动组成了一个社会有机运行图，而社会是否实现了可持续的良性互动则关乎着社会的和谐、稳定和发展，而当上述三元内部或三元之间表现出非良性互动时，社会则可能出现冲突甚至动荡。而国家与公众组织是否实现了良性互动及程度如何，国家内部是否实现了良性互动及程度如何，以及国家与国际社会是否实现了良性互动及程度如何，则从宏观整体上反映了国家能力的强弱，可以从经济、思想文化、公共服务、生态四个领域加以考察和分析。

国家与公众组织在经济领域的互动能力，可以通过以下三方面加以界定和衡量：第一，公众组织从事生产、分配、交换、消费等经济活动受到国家的支持和保护与否及其程度；第二，国家汲取经济资源得到公众组织支持与否及其程度；第三，国家监管经济秩序得到公众组织支持与否及其程度等方面来加以界定和衡量。显然，如果国家通过各种垄断权、专卖权、经济控制等掠夺公众组织的经济行为主体，使得经济行为主体只能够得到所生产产品的少部分甚至得不到所生产的产品，从而导致经济行为主体的生产性激励不足甚至反抗，则可以认为国家与公众组织的经济互动能力是低下的。反之，如果国家支持和保护经济行为主体在经济领域的自由进入和竞争，使任何人都没有通过垄断、专卖或者经济控制获得超额利润的机会，使得经济行为主体可以获得生产产品的绝大部分或者全部，从而导致经济行为主体具有很高的生产性激励，则可以认为国家与公众组织的经济互动能力是强大的。

国家与公众组织在思想文化领域的互动能力，可以通过在思想文化的生产、流通、传播、接受过程中，国家与公众组织存在互动与否及其程度加以界定和衡量。显然，如果国家层面与公众组织层面的思想文化不能相互融合，并起到引领作用，则可以认为国家与公众组织的思想文化互动能力是低下的。相反，如果国家能够培育和巩固国家和公众组织共同认同的思想文化体系，则可以认为国家与公众组织的思想文化互动能力是强大的。

国家与公众组织在公共服务领域的互动能力，可以通过在提供社会安全和公共秩序权利、教育权利、医疗保健保障权利、生活困难救济、临时灾难救济等公共服务权利过程中，国家与公众组织存在互动与否及其程度来加以界定和衡量。显然，如果维护社会安全和公共秩序的军队或警察具有私人性特征，公众的社会保障得不到保证，则可以认为国家与公众组织的公共服务互动能力是低下的。反之，如果军队或警察具有公共性特征，公众的社会保障得到保证，则可以认为国家与公众组织的公共服务互动能力是强大的。

国家内部的互动能力可以通过中央和地方权力机构之间、同级部门权力机构之间存在互动与否及其程度加以界定和衡量。显然，如果国家制定的制度和政策，在其认同和实施上，具有“上有政策，下有对策”或者各行其是的走样特征，则可以认为国家内部的互动能力是低下的。反之，如果国家制定的制度和政策，得到国家机构人员的认同和贯彻，并通过有效的约束和监督，使国家机构人员的权力行使不偏离预定轨道和目标，则可以认为国家内部的互动能力是强大的。

国家与国际社会的交互能力可以通过国家在与国际社会的交互中，国家能否及在多大程度上保护本国的经济、政治法律、思想文化、公共服务、生态等社会安全，提高国际事务中的本国话语权，维护和增加国际谈判与合作中的本国利益等方面加以界定和衡量。很明显，一个国家如果根本不去了解国际社会，而是闭关自守，甚至夜郎自大，从而无法应对他国的竞争、挑战，无法克服国际社会的侵害，则可以认为这个国家与国际社会的交互能力是低下的。与之相反，如果一个国家主动参与国际交互，并在交互中通过学习、模仿和创新，不但保护了本国的经济、政治、文化、公共服务、生态等社会安全，而且不断提高本国的经济、政治、法律、文化、公共服务、生态的国际竞争力，则可以认为这个国家与国际社会的交互能力是强大的。

以上所述的国家与公众组织的互动能力、国家内部互动能力、国家与国际社会的交互能力可以看出，此意义下的国家能力既能反映国家实现民富国强的能力，也能体现出一国的制度和思想文化对国家本身及本国国民行为方式的总体影响，还能作为比较不同制度和文化的客观指标，因而它已不仅仅限于通常所指国家塑造和执行实现某一社会经济目标战略的能力，而是具有总体性特点，这是本书称之为总体性国家能力的原因。

需要的指出的是，以行为主体为核心，以行为主体之间互动的领域为场合，是本书的总体性国家能力的主要特征，避免了诸如国家与市场等将行为主体与行为主体活动领域非对等层次混淆在一起的处理方法。

值得指出的是，将国家能力局限于国家—社会关系视角，可能会使我们的研究视野缺乏系统视角。为此，本书将国家能力在宏观上定义为国家与公众组织的互动能力，国家内部的互动能力，以及国家与国际社会的互动能力。

第三节　鸦片战争透视之一：国家能力之战

鸦片作为一种毒品，其贸易无疑是非法的。清王朝雍正皇帝（1723—1735 年）出于道德风化的考虑，早在 1729 年就禁止销售和吸食鸦片，而嘉庆皇帝（1796—1820 年）则在 1796 年取缔进口和种植鸦片。然而，1826 年后情形发生了逆转，非法的鸦片走私贸易急剧增加，而“所有走私和走私者的始作俑者乃是东印度公司”[①]，只不过出于自身利益和实力的考量，东印度公司在对华贸易中大都采取息事宁人的态度，力求中英贸易的顺利进行。随着 1834 年东印度公司对华贸易垄断权被取消，以及英国政府直接管理对华贸易事务，如何处理非法的鸦片贸易就成为考验清王朝与英国政府间有关国家交往的大事。

一、国家—国际社会交互能力之战

鸦片输入的迅速增长固然与 1834 年东印度公司对华贸易垄断权被取消，私商的涌入，鸦片贸易从广州水域扩展到整个中国东南沿海水域有关，也与当时清王朝缺乏一套完善的海关制度、一支有效的缉私水师，以及皇权专制下官僚体制的低效率、不作为甚至与走私者沆瀣一气密切相关。其中，缺乏一套完善的海关制度、一支有效的缉私水师反映了清王朝与国际社会的交互中，对来自国际社会的物质流输入缺乏控制能力。原因在于，清王朝固守着中国是世界的中央之国，是文明世界中心的天真虚幻观念[②]，只是在藩务（封贡体系）和商务的基础上，处理中国与他国的关系，以维护一个中国在其中享有优越地位的具有等级制的世界秩序。在与国际社会的信息流交互上，不去主动了解已经发生巨大变化的国际社会，比如国际贸易的关税制度、治外法权、最惠国待遇，更不用说适应性学习中国之外世界的先进东西。这也不

---

① 徐中约：《中国近代史：1600—2000，中国的奋斗》，计秋枫、朱庆葆译，北京：世界图书出版公司北京公司，2013 年，第 121 页。

② 一个典型例子是，1793 年乾隆对英国提出的扩大贸易，增加口岸要求，复信英国国王乔治三世的一种自尊自大：“天朝物产丰盛，无所不有，原不籍外夷货物以通有无。”参见龚泽琪：《试析中国在鸦片战争中失败的军事经济原因》，载于《军事经济研究》1997 年第 7 期。

难解释，当鸦片战争爆发时，作为最高统治者的道光皇帝为何居然不知英国的地理位置，竟发出上谕问道："究竟该国地方周围几许？所属国共有若干？……英吉利至回疆各部有无旱路可通？平素有无往来？"① 其结果是，既丝毫不理解也无法应付英国政府取代东印度公司后，中国与英国从商业关系上升到官方关系这一新变化。

由此可以看出，鸦片战争前夕，清王朝的国家与国际社会交互能力比较低下，主要体现在对自己所处的国际社会的无知，这是由清王朝的消极海防政策所致：在清王朝统治者看来，只要只许欧美各国商人集中到广州一个口岸贸易，许可欧美各国东方殖民地商人到厦门、宁波和上海三个口岸贸易，就可以防微杜渐，肃清海防，确保清王朝统治稳固。殊不知采取龟缩于海疆之内，不发展远洋海军的消极海防政策，实际上是作茧自缚，因为这一政策的本质是消极对待与国际社会进行物质、信息的交互，从而丧失获取正能量的机会，比如汲取西方政治、经济、文化、公共服务等领域中有利于社会进步东西的机会，从而严重阻碍了包括对外经济关系、军事工业部门在内的中国社会发展②。

相比之下，在了解中国的问题上，英国则是做足了准备，充分表现出了国家与国际社会的强交互能力。早在 1793 年，作为英国赴中国特使的马格尔尼（Macartney）就受命尽一切可能收集有关中国的思想、政治、军事、社会、经济和哲学等情报，以及打开东方与英国之间的贸易，并与中国发展条约所规定的关系。尽管马格尔尼没有完成后者，但对前者应该说马格尔尼不辱使命，察觉到当时中国的科学和医学知识程度很低，知识阶层对物质进步漠不关心，其军队落后到仍然使用弓箭而缺少近代火器，普通民众生活贫穷，官场中贪污腐败非常普遍，并得出东洋孔夫子之子孙与西洋财神之后裔同为不肖的结论③，在改变英国人对中国的看法起了重要作用。

清王朝的国家与国际社会的弱交互能力也体现在鸦片战争中。1840 年 6

① 龚泽琪：《试析中国在鸦片战争中失败的军事经济原因》，载于《军事经济研究》1997 年第 7 期。

② 与之相反，明初的郑和下西洋，为中国和东南亚、南亚和东非的几十个国家建立了友好关系，大大地促进了中国商人同这些国家的经济交往。参见严和平主编：《中国近代经济史》，人民出版社，2012 年。

③ 徐中约：《中国近代史：1600—2000，中国的奋斗》，计秋枫、朱庆葆译，北京：世界图书出版公司北京公司，2013 年。

月，英国正式发动了鸦片战争，并于7月5日占领定海、7月10日开始封锁宁波到吴淞口之间的诸口岸；1841年2月英军攻取虎门要塞，占领珠江沿岸的所有战略要点，并包围广州城；1841年8月26日占领厦门，10月1日重新攻取定海，10月13日攻陷宁波，并于次年6月占领吴淞、上海，7月21日占领漕粮的交通枢纽—镇江，并作进攻南京之势，直至9月7日中英和谈。由此，鸦片战争过程可以用英国军队节节胜利，中国节节败退来概括。这种作为保卫国家安全的中国军队在面对英国军队侵略时的抵抗无力，以及与之相对应的英军的强势之事实，既反映了当时中国的国家与国际社会的弱交互能力，也反衬了当时英国的国家与国际社会的强交互能力。

就第一次鸦片战争清王朝的战败而言，不但反映了上述清王朝的国家与国际社会的弱交互能力，也反映了国家能力其他方面的薄弱，以及经济发展方式的掣肘：

其一，作为最高统治者的道光皇帝不得不少抽调内地兵丁到前线，并在战事稍有和缓时，即下令撤防[1]的原因就在于部库支拙，军费困难，可以归结为国家与公众组织在经济领域的弱互动能力原因。

其二，清王朝的军队并不是现代意义上的保护国家安全的公共物品。无论是八旗兵还是绿营兵，都是维护和巩固清王朝统治的家产性工具，在"患不在外而在内"的防民变的统治思维方式下，军队用于"防民甚于防寇"，可以归结为国家与公众组织在公共服务领域的弱互动能力。

其三，鸦片战争中清王朝虽有兵力数量优势，却无兵力质量优势，并且兵力分散，机动性差，致使战事紧急，竟兵不足用[2]，反映了军队内部的统合能力低下：清王朝的军队被划分为八旗兵和绿营兵两类，无论是社会地位还是粮饷待遇上，都是前者高，后者低，从而人为造成军队内部不和，可以归结为国家内部的弱互动能力。

其四，军事技术低下[3]。一是国防交通技术低下，主要依赖于步行的调兵手段，致使调兵迟缓，贻误战机；二是囿于"不可习枪而费弓矢""只有马上枪箭熟悉者"才能"勉以优等"的保守政策，致使枪炮等热兵器的研制、制造衰落；三是无论是水师的武器装备，还是海防要塞的装配配置，当时的清王朝都非常落后，致使海防防御能力低下，可以归结为经济发展方式原因。

---

①②③ 龚泽琪：《试析中国在鸦片战争中失败的军事经济原因》，载于《军事经济研究》1997年第7期。

反观英军，与清军的木船相比，英军的舰船不仅是作战设备，同时也是运输设备，使得英军机动性强，兵力集中速度快，在战争中重复使用次数多，即所谓的船坚①；与清王朝军队使用的集束火箭技术、手工作坊或工场制作火药技术，以及传统的造炮工艺和炮弹技术相比，英军使用了更为先进的康格里夫火箭技术、蒸汽机驱动的机器制作火药技术，以及制造精良的前膛炮技术和爆炸弹技术，即所谓的炮利②；与清军的家产性特征相比，1688 年英国的“光荣革命”使得资本主义制度在英国得以确立，军队的公共物品性而非家产性也得以发展，从而具有为国民服务的公共品性质，承担着保护国民安全的公共责任。

清王朝的国家与国际社会的弱交互能力还体现在第一次鸦片战争后。消极海防政策所带来的对国际社会的愚昧无知，以及中国军事力量的衰败无力，致使在第一次鸦片战争后的条约谈判时，清王朝只关切诸如汉奸赦免、天主教弛禁和英人入广州城等可能危及其统治秩序和根本体制的问题，而没有交涉和坚持，甚至自动放弃涉及国家主权利益的权益③。

二、国家—公众组织互动能力之战

就鸦片战争时期的中国而言，作为国家代表的清王朝，其国家组织特征是统一于皇权但“王权止于县政”④ 的皇权专制下郡县官僚体制，无论是行政、立法或司法方面，皇帝都是绝对的统治者⑤，虽然也受到一些诸如儒家信条、祖训、礼仪、古制等限制。

在思想文化领域，清王朝同其以前各朝一样，强调其合法性基础来自儒

---

① 龚泽琪：《试析中国在鸦片战争中失败的军事经济原因》，载于《军事经济研究》1997 年第 7 期。

② 参见刘鸿亮：《鸦片战争前后清朝火箭技术和性能研究》，载于《科学技术哲学研究》2011 年第 5 期；潘向明：《鸦片战争前的中西火炮技术比较研究》，载于《清史研究》1993 年第 3 期。

③ 王瑞成：《条约制度与沿海边沿社会——鸦片战争后的和约谈判及条约文本再解读》，载于《浙江大学学报（人文社会科学版）》2013 年第 1 期。

④ 因此，马克斯·韦伯认为中国的郡县制是一种“有限官僚制”，指出“事实上，正式的皇权统辖只施行于都市地区和次都市地区。……出了城墙，统辖权威的有效性便大大减弱，及至消失。”参见马克斯·韦伯：《儒教与道教》，洪天富译，北京：商务印书馆，1995 年，第 110 页。

⑤ 徐中约：《中国近代史：1600—2000，中国的奋斗》，计秋枫、朱庆葆译，北京：世界图书出版公司北京公司，2013 年。

家文化的“道”，“道”是统治天下的重要手段①，“道”是治理天下的原则、方法，也是关乎天下治乱兴衰的缘由，“道”具有永恒性和至上性，即“天不变，道亦不变”，惟有理想中的圣王才有可能与“道”相通，共进退；儒家关于君臣、父子、夫妇之间关系的思想的核心就是强调君权、父权、夫权，从而满足了皇权专制统治的需要；儒家所宣传的三纲五常、孝悌忠信，被公众组织认为有整齐民心的社会功能，于是被公众组织接受了；清王朝通过“教化之道”，以四书五经为考试内容的科举制度来选拔的儒生官员，使儒家的文化价值体系国家化；作为辅助性质的道教、佛教，前者由于其所倡导的守道永吉、养生延年，后者因其表现出一种宽厚的兼容精神与融和精神，均为清王朝统治者所接受，也为公众组织所接受②。在这一点上，国家与公众组织在思想文化领域的互动存在似乎内在上的一致，也可视为国家在文化上实现了对公众组织的控制，这是自西汉董仲舒提出“罢黜百家，独尊儒术”以来，近两千年思想文化专制下的一种必然结果。

在公共服务领域，国家出资兴办并掌控常平仓、六疾馆、孤独园、居养院、福田院、养济院、惠民药局、工艺局、贫民习艺所等社会保障机构，直接承担了备荒救灾、养老扶幼、医治病残、收养贫困的责任，而且还呼吁社会、宗族从事社会救济活动，甚至通过调拨资金等方式支持民间慈善事业。而社会与宗族也积极响应，设立育婴堂、普济堂、清节堂、恤嫠会、保婴会、施棺局、义庄等慈善机构与团体，针对社区弱势人群或宗族贫困成员各有侧重地开展社会救济，从而有效地补充了国家的不足，可视为一种传统性社会保障③；不过作为最重要的公共物品军队，正如上文所提到的，大多数时候是被用来镇压民众，维护清王朝的皇权专制统治，即一种家产性军队，国防意义上虽然存在，但责任并不到位。

在经济领域，通过皇权专制下郡县官僚体制来维护土地私有制与土地的自由买卖和流转；通过对社会成员实行编户齐民制度，限制人身依附关系保证人力的自由流动和配置；国家通过征收地丁税、盐课、茶课、本地关税、牙税（商业许可税）、火耗及其他一些收入获取财政收入，其中，地丁税是所

① 明末清初学者王夫之认为“君天下者，道也，非势也”。参见王夫之：《读通鉴论（中册）》，北京：中华书局，1975 年。

② 厉以宁：《资本主义的起源——比较经济史研究》，北京：商务印书馆，2003 年。

③ 王卫平：《中国传统社会保障史述论》，载于《江海学刊》2011 年第 4 期。

有税收中最大的一项；国家的财政支出主要是军费开支和官员的薪俸；以农业为主辅以手工业的小农经济为儒家文化价值体系所支持[①]；在对外经济关系上，华商出海，不曾受到清政府的任何支持，华侨对南洋各岛的开发，也不曾受到清政府的任何保护[②]。

总之，清王朝与公众组织的互动表现为一种国家对公众组织的弹性控制[③]，这种弹性控制的主动权在国家，而公众组织只有被动接受，并在此基础还导致了社会整体上的松弛散漫性[④]，这也表明清王朝的国家与公众组织的互动能力较弱。实际上，鸦片战争前夕或甚至更早（1800 年左右），在中国社会的内部，就已危机四伏：经过所谓的康乾盛世，中国人口已迅猛增长，但可耕地却没有相应的增加，从而引起人均耕地面积急剧下降和土地集中，其结果是导致大量生活困苦的无地农民以及由此派生的流民，并发展为嘉庆年间的大小不一、形形色色的会党，会党起义对清王朝统治产生冲击。

正是由于皇权专制所致的清王朝与公众组织的互动能力较弱，缺乏公众组织对国家权力的监督和制约，致使腐败盛行、民不聊生、民变不断，而一味镇压民变所带来的部库支拙，军费困难，最终酿成无法应对英国发动的鸦片战争的局面。

正是由于皇权专制所致的清王朝与公众组织的互动能力较弱，致使清王朝统治者在面对反对外来侵略的鸦片战争中，不可能发动公众组织的力量抗击英军：既不可能在公众组织进行战争动员（无论是全国范围内的总动员，还是沿海地区的局部动员），更不可能及时在公众组织征募抗击英军的军事人力。相反，还斥责三元里民众抗击英军的正义行为为“妄生事端”，并镇压镇江仪征盐民的自发抗英行为。

反观当时的英国，公众组织已发展成熟，其民主虽然还不是普选意义上的民主，但国家与公众组织的互动能力已有很大程度的提高，其核心是法治

---

① 儒家倡导的小农模式是“五亩之宅，树之以桑，五十者可以衣帛矣。鸡豚狗彘之畜，无失其时，七十者可以食肉矣。百亩之田，勿夺其时，数口之家可以无饥矣”，“然而不王者，未之有也。”参见《孟子·梁惠王章句上》，载于《四书五经》，北京：中华书局，2009 年，第 63 页。

② 严和平主编：《中国近代经济史（1840—1894）》，北京：人民出版社，2012 年。

③ 厉以宁：《资本主义的起源——比较经济史研究》，北京：商务印书馆，2003 年。

④ 钱穆认为，“礼治精神须寄放在社会各个人身上，保留着各个人之平等与自由，而趋向于一种松弛散漫的局面。……中国人传统提倡礼治，因此社会松弛散漫。政治只成为一个空架子，对社会并没有一种强力与束缚，往往不能领导全国积极向某一目标而前进。”参见钱穆：《湖上闲思录》，北京：生活·读书·新知三联书店，2000 年，第 48～49 页。

基础上的个人权利保护。在政治法律领域，主要有：1215 年颁布的《自由大宪章》确立了私有财产权不受任意剥夺[①]；1689 年英国国会通过的《权利法案》规定了国王无权废止法律，国会必须定期召开，国会议员的言论自由得到法律保证，所有重大问题都由国会决定，包括征税、招兵、对外政策等，以及 1701 年英国国会通过的《王位继承法》保证了英国不再有天主教势力和旧贵族重掌政权的可能性，从而使英国资产阶级君主立宪制政体和资本主义发展道路能持续地发展下去[②]；随着要求扩大选举权、平等代表权、议会逐年开会，以及实行无记名投票、向下议院议员发放薪俸以便穷人能够担任公职等议会改革运动在全国范围内广泛兴起[③]，1824 年禁止工人结社的《联合法》被废除，使工人的公开活动得以半合法化；1829 年议会通过《解放法令》，规定给予天主教徒以平等的公民权利；《1832 年改革法案》《1835 年市政法案》由于实际上大量增加了商人和雇主的投票权，使选举制度朝着有利于大多数选民的方向发展；《1834 年新济贫法》的通过减少了寡头政治在乡村的影响力[④]。其结果正如道格拉斯·诺斯和罗伯斯·托马斯所指出的，“国会至上和习惯法中所包含的所有权将政治权力置于急于利用新经济机会的那些人手里，并且为司法制度保护和鼓励生产性的经济活动提供了重要的框架。[⑤]”

在思想文化领域，发端于文艺复兴时期现世主义和人文主义精神，经过科学革命和工业革命洗礼，以及宗教改革运动，诸如古希腊罗马的理性化经验科学、合理的罗马法体系、经济生活的商业化和可计算性、新教伦理、民族主义、自由主义等思想文化已广泛并深深扎根于英国公众组织之中。其中，新教培育了个人对道德行为的高度责任感，削弱了教士的权力，使信奉新教的商人得以摆脱来自教会的种种束缚[⑥]。资本主义意义上的英国正是在要求自

---

①② 内森·罗森堡、L. E. 小伯泽尔：《西方现代社会的经济变迁》，曾刚译，北京：中信出版社，2009 年。

③ 查尔斯·蒂利：《社会运动，1768－2004》，胡位钧译，上海：上海世纪出版集团、上海人民出版社，2009 年。

④ 克莱顿·罗伯茨、戴维·罗伯茨、道格拉斯·R. 比松：《英国史（下册）》，潘兴明等译，北京：商务印书馆，2013 年。

⑤ 道格拉斯·诺斯和罗伯斯·托马斯：《西方世界的兴起》，厉以平、蔡磊译，北京：华夏出版社，2009 年，第 221 页。

⑥ 内森·罗森堡、L. E. 小伯泽尔：《西方现代社会的经济变迁》，曾刚译，北京：中信出版社，2009 年。

由、进而寻求自治、最后争取自立的公民意识下，先是王权与城市中新兴的商人阶级联盟反对诸侯割据建立王国，尔后是王国反对罗马教廷对英国的政治干预和禁止向教廷缴纳岁贡的政教分离，最后经过被称之为“光荣革命”的资产阶级革命后产生的。由此可以看出，就资本主义意义上的英国而言，其国家层面的思想文化本身就是公众组织的思想文化推动的结果，鸦片战争时期的英国自然也不例外。即，英国的国家与公众组织在思想文化领域的互动存在内在上的一致，因而是一种良性互动。

在经济领域，英国经济之所以成为欧洲最自由的经济，与代议制国家有密切的关系，因为英国议会里有很多热心改革自己田产的地主和发展自己业务的商人，从而保证了圈地运动法案的通过，否决或废除妨碍商业的法案①：从1760～1820年，议会通过了4000个圈地法案，地主阶级圈占了800万英亩的土地，使得一个独立的土地所有者可以用最彻底的资本主义方式推行最先进的科学技术。不可否认的是，圈地运动也给小土地所有者带来了无法弥补的损失和痛苦，多数沦为无产者，在这一点上，英国的国家与公众组织的经济互动是因阶层而异，并不都是良性的；国家采取了有利于工商业的措施，废除了妨害工商业的规定，对工业革命没有过度的限制，既不受旧式行会或者新式工会的约束，也不受政府的干预，还没有税征负担，商人和冒险家在国家的支持下对外扩张，使出口贸易增加，毛纺织业、冶炼业、造船业得到发展②。

在公共服务领域，英国虽早在1601年就颁布济贫法，但直到19世纪初期，许多英国人都还在忍受着他人的残酷和冷漠，而且苦难的降临如家常便饭，会降落到每个阶层的人身上③：地方政府的权力混乱和业余性，既不统一也没有效率，致使济贫费用提高、犯罪率上升、疾病横行；不受限制的资本主义默许了客船、工厂和矿场中的罪恶；地方的自愿制度导致了对教育和慈善职业的忽视。由此看来，鸦片战争时期，英国的国家与公众组织在公共服务领域的互动还比较低下。

在生态领域，与当时中国所信奉的“天人合一”价值理念不同，包括英

---

①②　内森·罗森堡、L. E. 小伯泽尔：《西方现代社会的经济变迁》，曾刚译，北京：中信出版社，2009年。

③　克莱顿·罗伯茨、戴维·罗伯茨、道格拉斯·R. 比松：《英国史（下册）》，潘兴明等译，北京：商务印书馆，2013年。

国在内的西方流行的是“天人二分”价值理念，这种价值理念源于由柏拉图开端而主要因为宗教上的理由经由基督教哲学发展起来的精神、物质二元论，后被笛卡尔发展为精神界和物质界两个平行并彼此独立的世界，研究其中之一能够不牵涉另一个的哲学体系①，其结果是引向人类和自然走向一条相互抵触的道路，这是后话。

总的来看，第一次鸦片战争时期的英国，其国家与公众组织的互动已呈良性发展趋势，特别是在政治、经济、思想文化等领域，从而保证了民变问题不可能以频繁的、整体性的暴力对抗的方式呈现，这一点与当时的中国恰好形成了鲜明对比。

与第一次鸦片战争相关的，上文提到的东印度公司对华贸易垄断特权被取消，可视为英国的国家与公众组织互动能力强的一个例子：19 世纪 20 年代工业资产阶级发起了自由贸易运动，并借助于议会改革后议会中的工业资产阶级代表，1834 年终结了东印度公司的对华贸易垄断权，代之以隶属英国政府下的外交部驻华商务监督来管理英国臣民的对华贸易。

实际上，英国对华宣战也是英国在华商人鼓动的结果②：联合呼吁国会保护英国的利益，采取步骤兑现义律对被收缴鸦片作出赔偿的保证，委派以查顿为首的特别代表团赴伦敦表达诉求；与此同时，伦敦、曼彻斯特和利物浦的近三百家与对华贸易有关的企业，则发动了一场要求行动的宣传运动；支持鸦片走私的英国外交大臣巴麦尊接到义律的出兵建议后，未经国会讨论便致函义律，说英国政府已决定对中国用兵。值得一提的是，鸦片问题在英国也是引起众议沸腾的重大问题，一些英国正义之士当时也在进行反对鸦片走私贸易的运动③。

三、国家内部互动能力之战

就第一次鸦片战争时期的中国而言，其国家内部的组织特征仍是由秦开启的皇权专制下郡县官僚体制，虽然与秦相比更为精致，但本质依然：皇权专制意味着皇权是最高权力，具有专断性，而官僚权力则来自皇权的授权，

---

① 罗素：《西方哲学史（下册）》，马元德译，北京：商务印书馆，1988 年。

②③ 将大椿：《关于鸦片战争的评价问题》，载于《安徽师范大学学报（人文社会科学版）》1999 年第 4 期。

郡县官僚体制为皇权提供了组织基础和治理工具；在臣忠、君仁国家观念下，郡县官僚体制一方面依附皇权专制统治，但另一方面又是一个具有相对独立性且有着内在运行机制的有机体，具有官僚和封建两重特征①；国家内部层级之间，在强调上级对下级的绝对权威的同时，层级本身也具有相对独立性。

就清王朝的国家内部互动能力而言，以下几方面值得关注：其一，郡县官僚体制对皇权专制的依附性决定了皇权与官僚权力之间互动基础薄弱，其表现是皇帝的专制权力可以随时中断官僚权力的运作，从而不是一种非人格化制度秩序，是皇权为了维护和巩固专制统治这一根本利益，对官僚权力存在既防范又任用下的必然结果。以道光帝在第一次鸦片战争前、中、后的皇权运用为例，其始终贯彻的是“不失体制而免衅端”的外交方针，唯恐外患内祸交并②。由此可以解释以下事态发展：第一次鸦片战争前夕，道光帝充分支持林则徐在广州所采取的各项禁烟措施，盛赞林则徐主持的禁烟运动所取得的胜利，及至第一次鸦片战争之初，当定海失陷的奏报传到北京时，谕令将时任浙江巡抚乌尔恭额及提督祝虎革职，令邓廷桢、伊里布派大员驰援浙江，随后在接到英船北上天津的奏报后，谕令琦善予以相机剿办；然而，当英军进逼大沽后，却谕令琦善转战为抚，采取羁縻政策，并在琦善与英军一番交涉后，任命琦善为钦差大臣，赴广州与英军谈判，同时将林则徐、邓廷桢革职查办；随着广州谈判中英国侵略者提出的条件日益苛刻，转而谕令琦善一面多方羁縻，一面妥为预备，乘机攻剿，同时调集湖南、贵州、四川兵丁，进行战争准备，及至英军攻占大角、沙角炮台，进一步谕告中外，对侵略者“痛加剿洗”，命奕山为靖逆将军，率兵赴广东抗击英军，任命裕谦为钦差大臣赴浙江攻剿，同时将琦善、伊里布革职拿问；广州战役、浙东战役溃败后，道光帝急转直下，起用主和派耆英、伊里布赴浙江意图妥协，并在妥协与迎战中徘徊，而随着英军攻占吴淞、上海，清军镇江失守，英军兵临城下，道光帝彻底走向投降，接受侵略者的全部要求。

其二，郡县官僚体制的官僚和封建两重特征，从纵向来看，意味着这一体制下的各级官员也需要对其下属拥有专断权力，以保证皇权专制权力的有

① 王亚南：《中国官僚政治研究》，北京：商务印书馆，2010 年。

② 参见李书源：《道光皇帝与鸦片战争》，载于《清史研究》1993 年第 4 期；杨华山：《论道光帝在鸦片战争期间的态度》，载于《安徽史学》1999 年第 3 期。

效行使[①]，从而形成“上之于下，爱则援破格之词，恶之则以成法相诘[②]”的上下级官员关系，即，郡县官僚体制内部也不可能存在一种非人格化制度秩序，如此之下，以各种关系网络为基础的非正式制度应运而生，并以强化人际关系以求庇护、揣摩上级意图、疏通关节等规避风险方式应对皇权专制。结果造成了郡县官僚体制对皇权专制负责上的极大不确定性，从而弱化了皇权与郡县官僚体制的互动能力。以道光禁烟为例：即位伊始，道光即重申了禁烟法令；道光三年，又订立各级官吏失察鸦片条例；1830年，又令官员议奏禁种罂粟、私熬土烟的方法，并严饬广东地方官员将鸦片来源断绝，以尽根株。然而，收效并不大，鸦片烟毒的泛滥并未得到禁遏。究其原因，有以下几点：一是“鸦片烟流毒内地，传染渐深，总由各该省地方官因循懈忽，以致殆患养奸。[③]”二是“衙门中吸食者最多，如幕友、官亲、书办、长随、差役，嗜鸦片者十之八九，皆力能包庇之人，若不从此严起，彼正欲买烟者谓之源源接济，安肯破获以断来路？[④]”皇权专制下郡县官僚体制的低效率、不作为甚至与走私者沆瀣一气密切相关所导致的禁烟不力可见一斑，其症结就在于这种皇权专制与郡县官体制的互动能力低下。反观此后，由于道光的严厉申饬与督促，广东的禁烟活动才有所开展。1837年初，贩运鸦片的快蟹、扒龙大部分被摧毁；8月，两广总督邓廷桢遵旨传谕英国驻广州商务总监义律，将泊在伶仃洋等处的趸船钙行遣令回国；11月，又下令驱逐九名英国鸦片商人。也正是在道光的支持下，林则徐主持的广东禁烟活动取得了重大的胜利，并沉重打击了以英国为主的非法鸦片走私贸易。

其三，郡县官僚体制的官僚和封建两重特征，从横向来看，又意味着这一体制下各级平级组织会形成不同利益集团，即所谓的封建土围子[⑤]，并争斗不已，包括皇族内部之间、宗室与外戚之间、京官与地方官员、满族官员与汉族官员之间等在内的猜忌、摩擦甚至暗算等[⑥]。显然，这种内耗会降低国家内部互动能力，这一点一览无遗地在第一次鸦片战争中表现出来：在道光谕

---

① 周雪光：《国家治理逻辑与中国官僚体制：一个韦伯理论视角》，载于《开放时代》2013年第3期。

② 刘师培：《非六子论》，载于汪宇（编）：《刘师培学术文化随笔》，北京：中国青年出版社，1999年，第203页。

③④ 李书源：《道光皇帝与鸦片战争》，载于《清史研究》1993年第4期。

⑤ 同①。

⑥ 王亚南：《中国官僚政治研究》，北京：商务印书馆，2010年。

令军机大臣等讨论制定新的禁烟章程的过程中，穆彰阿等人企图将鸦片罪名“从轻”，被道光制止；林则徐赴广东禁烟后，穆彰阿、琦善等人制造流言蜚语，对林则徐中伤攻击；定海失陷后，朝中的主和派趁机对林则徐大加攻击，使道光对林则徐、邓廷桢的支持动摇，直至将林、邓革职查办；浙东溃败后，主和派空前活跃，利用军事失利为妥协张本，还有一些原来激烈主战的官员，如刘韵可，也转为主和派。对这些主和派官员来说，只热衷于集团利益，没有所谓的国家利益和公共利益，其行为准则是，内部成员必须相互“忠诚”，因为“破坏内部规范事大，而违背所谓的民众道德标准事小。[①]”广州谈判后期，作为钦差大臣的琦善对道光一系列抵抗英军的谕令，拒不执行，唯恐备战会激怒英军，有碍和议，致使广州没有任何有组织的防御系统，可以作为此情形的一个注解。

其四，皇权专制下郡县官僚体制由于本身规模庞大、条条块块众多，并限于当时的信息传递技术，加上各级官员在信息解读上存在差异甚至大相径庭，以及向上传递信息时规避风险的动机，致使信息传递中不可避免地存在信息失真等问题，导致国家内部互动能力降低，进而影响作为最高统治者道光的决策。最典型的例子莫过于广州战役后，奕山等人为了掩盖兵败投降、纳贿求和的丑恶行径，竟然饰败为胜，编造一个英人乞抚恳恩的弥天大谎上奏，导致道光对战局判断失误[②]，作出包括恢复广州的中英贸易、下令各省撤回所调防兵等重大错误决策，而对两江总督裕谦等皆言英军即赴浙江请缓撤兵，道光则认为是没有来历的“风闻”，仍令其裁兵，以避免“糜饷劳师”[③]，致使抗英战争再度中辍，而“下属能够蒙骗上级，只因上级听取下属的报告而不调查下属的活动就相信下属告知他的情况。[④]”

反观当时的英国，经过新教改革运动和资产阶级革命的英国，到第一次鸦片战争爆发时，已是一个比较成熟的君主立宪制下资产阶级民主法治国家[⑤]：早在1295年，由国王爱德华一世召集的国会会议上，会议代表不仅有

---

① 戈登·塔洛克：《官僚体制的政治》，柏克、郑景胜译，北京：商务印书馆，2012年，第56页。

② 李书源：《道光皇帝与鸦片战争》，载于《清史研究》1993年第4期。

③ 杨华山：《论道光帝在鸦片战争期间的态度》，载于《安徽史学》1999年第3期。

④ 戈登·塔洛克：《官僚体制的政治》，柏克、郑景胜译，北京：商务印书馆，2012年，第35页。

⑤ 厉以宁：《资本主义的起源——比较经济史研究》，商务印书馆，2003年。

贵族和教士代表，还有由郡和城市通过选举产生的骑士代表和城市代表（即平民代表），英国国会制度由此建立，并被以后各届议会所遵循；1296年，国会获得了批准赋税的权力，稍后获得了制定法律的权力，同时兼有审理重大案件的权力；从1343年起，英国国会分为上下两院，上院由贵族和教士代表组成，下院由骑士代表和城市代表；经过长达30年红白玫瑰战争，1485年英国王权真正确立，包括建立起一支常备军、控制国会、诸侯势力削弱、城市从属于王权等；1533年，国王亨利八世同罗马教廷决裂，下令禁止英国教会向教廷缴纳岁贡，国王控制下的国会通过了《至尊法案》，宣布英国国王是英国教会的最高领袖，拥有任命教职和决定教义的权力，同时宗教法庭改为国王法庭，教徒和异端的审理均由国王任命的官员从事，1558年，伊丽莎白一世通过国会否认罗马教皇对教会的至高无上的地位，规定英国国教的教义以《圣经》为信仰的唯一准则；经过1642~1646年和1647年两次内战、1650年斯图亚特王朝第一次复辟失败、1653~1658年克伦威尔为首的国务会议专政、1660~1688年斯图亚特王朝第二次复辟，以及1688年的“光荣革命”，直至1689年英国国会通过的《权利法案》规定了国王无权废止法律，国会必须定期召开，国会议员的言论自由得到法律保证，所有重大问题都由国会决定，包括征税、招兵、对外政策等，才真正确立了英国君主立宪制下资产阶级民主制度。

综合起来，第一次鸦片战争时期，在英国，国王统而不治，只是民族延续性、认同性和统一性的象征，权力集中于国会；国会虽然有两院，但实际上只是一院，内阁对下院负责；教会也从属于国家；就民众政治参与而言，随着选举权的扩大，当时英国中产阶级已介入政治。

第一次鸦片战争时期，英国已形成的君主立宪制下资产阶级民主法治制度，其最大特征莫过于国家具有垄断强制性权力的同时，国家权力又受到约束，这种约束是通过民主、法治和公众组织三种形式加以实现的。正是这种有约束的国家权力和结构，有利于国家内部形成良性互动，即是说具有比较强的国家内部互动能力：

其一，在君主立宪制下资产阶级民主法治制度中，议会是资产阶级民主的选举结果，其代议制性质决定了议会必须代表资产阶级利益，并体现在国家决策中，而议会至上的特征则决定了国家决策必须得到贯彻和执行，当然这由对议会负责的内阁来完成。因此在这种资产阶级民主下，无论是议会还是内阁的行为受资产阶级左右，并体现在国家内部各层次机构的运作中。就与第一次鸦片战争有关的历史案例来说，英国驻华商务监督的首要工作便是保护和扩大鸦片贸易[①]：当时的零丁洋是鸦片走私的据点，1835 年的英国驻华商务监督罗宾逊的办公地点便移驻在零丁洋；1836 年 5 月英国外交大臣巴麦尊明确宣布，驻华商务总督的管辖权扩大到零丁洋一带，从而使商务监督具有保护、管理、指导英国对华贸易的充分权力；林则徐禁烟的消息传到伦敦后，布里斯托尔商人在向政府的请愿书中明确提出，“对华鸦片走私是经英国立法机关批准的”；伦敦的“东印度与中国协会”在致外交大臣巴麦尊的函中也明确提出，对华鸦片贸易“是直接、间接经最高当局批准”。

其二，在君主立宪制下资产阶级民主法治制度中，法治通过预先制定的规则来划分国家权力机构和公民、法人的权利范围，建立决策和解决纠纷的程序，是国家内部强互动能力的基础。法治的精髓不仅在于公民、法人要受到法律的约束，更重要的在于无论是议会还是政府都要受到法律的约束。法律约束议会、政府意味着，国家决策的形成和执行效果必然会得到法律的监督和制约，使得国家内部官僚必须尽职尽责，无形中有利于国家内部发生良性互动。以英国议会辩论是否向中国出兵为例，虽然许多议员“以拒绝为支持一种恶毒的有伤道德的交易而进行战争的理由反对政府的政策。”但最终仅还是以 5 票的微弱多数通过决议，发动对华战争[②]，并组织和派出远征军开始实施对中国的侵略。就以上过程本身而言，无疑是一种资产阶级民主和法治良性互动的结果。再比如，在鸦片战争第一阶段，当率领远征军的首席全权代表义律没有毫不含糊地执行来自英国国会及内阁的训令时，义律不但受到外交大臣巴麦尊的严厉斥责，还被内阁撤职，可以视为英国维护国家决策执行过程中的国家内部统合能力的一个负面历史案例。与此相对照，在第一次鸦片战争第三阶段，取代义律成为新的全权代表的璞鼎查则不折不扣地执行了国会和内阁给他的训令[③]：绕开广州北上重占定海；占领长江沿岸的一些要地；如有可能，向北推进至白河以重开谈判，谈判中应要求获取赔款、扩展通商口岸、保证英国臣民在中国的安全、完全割让香港，并将上述条款写入

---

①② 蒋大椿：《关于鸦片战争问题》，载于《安徽师范大学学报（人文社会科学版）》，1999 年第 4 期。

③ 徐中约：《中国近代史：1600—2000，中国的奋斗》，计秋枫、朱庆葆译，北京：世界图书出版公司北京公司，2013 年。

一份条约，由中国皇帝批准，然后送呈英国女王。

其三，在君主立宪制下资产阶级民主法治制度中，前述的英国的公众组织也是有效约束议会、政府的重要形式，公众组织通过非政府组织、舆论、媒体等渠道约束国家权力机构。前述的英国对华宣战也是英国在华商人鼓动的结果充分表明了这一点，这里不再赘述。

第四节　鸦片战争透视之二：经济发展方式之战

第一次鸦片战争时期的中英经济发展方式的对比更为简单：前者是一种在生产上以农业为主辅以手工业，在交换和消费上以自给自足为主辅以市场配置的经济发展方式①；后者则以工业生产特别是机器大工业生产为主，在交换和消费上以市场化为主的经济发展方式。其结论是不言自明的，即在第一次鸦片战争时期，相比英国，中国的经济发展方式处于劣势。

以反映经济发展方式生产层面的经济增长方式为例，Feuerwerker 曾将历史上的经济增长方式概括为三种，即“广泛性增长”（extensive growtth）、“斯密型增长”（the Smithian growth）和“库兹涅茨型增长”（the Kunzetsian growth）。“广泛性增长”是近代以前主要的经济增长方式，这种增长方式只有经济总量的增加而无劳动生产率的提高；“斯密型增长”发生在工业革命以前的“近早期”，这种经济增长方式既有经济总量的增加，也有劳动生产率的提高，其驱动力来自劳动分工和专业化生产；“库兹涅茨型增长”则是工业革命的产物，在这种经济增长方式中，经济总量的增加和劳动生产率的提高，主要依靠技术进步和组织创新。就中国历史上的情况而言，广泛性增长是宋朝以前的经济增长方式，斯密增长方式出现在宋朝，至于库兹涅茨型增长方式则是到 19 世纪后期才在少数地区开始出现②。

英国就是上述少数地区的一个典型。19 世纪初英国进入了蒸汽机时代。由于蒸汽机的发明并在纺织机上推广，纺纱效率由手工单一操作提高到 300～400 纱锭的机械操作；自动织布机的投产，使织布效率提高 40 倍；纺织业的

---

① 参见方行：《清代前期经济运行概述》，载于《中国经济史研究》2012 年第 1 期。

② Albert Feuerwerker. Presidential Address: Questions about China's Early Modern Economic History that I Wish I Could Answer. *Journal of Asian Studies*, Vol. 51, No. 4, 1992, pp. 757－769.

革命推动了机械装卸、交通运输、矿业、冶金，以及与之相关的力学、化学、原料配置、新原料开发、加工技术的发展和提高，生产出了世界第一艘铁甲船，1814 年英国人斯蒂芬孙发明蒸汽机车，1825 年英国建成了世界上第一条铁路；纺织和机械工业的发展又推进了生铁和煤炭产量的迅速增长，至鸦片战争前夕的 1835 年达到 100 万吨，至 19 世纪 30 年代，金属机器开始取代木质机器，较大的机器工厂开始取代小型手工工场①。

就产业结构而言，至 1831 年，英国属于第一产业的农林渔产业总值为 7900 万英镑，属于第二产业的工矿建筑产业总值为 15500 万英镑，属于第三产业的商业运输、房租产业总值为 8100 万英镑，分别占国民生产总值的 23.4%、34.4% 和 23.9%，由此可见，经过工业革命，鸦片战争前夕，工业已成为英国经济发展中的中枢产业②。

就需求结构而言，至鸦片战争前夕，英国经济已发展成为典型的外向型经济：相比于 1750～1780 年的对外贸易年平均增长率 1.1%，1831～1836 年间已是 4.5%；原料进口在总进口中的比重已由 1794～1796 年的 41.3% 增长到 1834～1836 年的 67.8%；制造品出口在总出口中的比重已由 1794～1796 年的 85.8% 增长到 1834～1836 年的 91.1%；棉纺织品出口在总出口中的比重已由 1794～1796 年的 15.8% 增长到 1834～1836 年的 48.5%③。

相比之下，作为以社会形态较为落后的少数民族入主中原，清朝的统治手段较前朝更为残酷，某些方面也更加保守④：其对东南地区的残酷镇压，使得东南地区的手工业到清代中叶才恢复到明朝中叶的水平；其重农抑商与海禁政策限制了商品经济的发展，使海外贸易萎缩，失去了世界市场，也使手工业缺少发展的资金和动力；传教士带来的火器制造技术至康熙中期，因无军事需要，便不再受到重视；采矿技术因统治者害怕民众“聚众闹事”，私人开矿受到极严格的限制，致使传统技术无以发展。

然而，就中英两国的贸易来说，中国多种家庭手工业和农业结合的生产

---

① 中国科学院：《主要资本主义国家经济资料统计集》，北京：世界知识出版社，1962 年。

② Phyllls Deane and W. A. Cole.. *British Economic Growth*：*1688－1957*，London：Cambridge University，1964，pp. 103.

③ Phyllls Deane and W. A. Cole.. *British Economic Growth*：*1688－1957*. London：Cambridge University，1964，pp. 78.

④ 姜涛、卞修跃：《中国近代通史（第二卷）——近代中国的开端（1840—1864）》，南京：江苏人民出版社，2009 年。

方式，特别是分布最广的棉纺织业，由于可以动员妇女和儿童的弱劳力和农闲时期以及一切不适合于户外劳动时的强劳力都进行生产①，其与农业的直接结合所造成的巨大节约和时间的节省，对大工业进行了最顽强的抵抗，因为在大工业产品的价格中，会加进大工业产品到处都要经历的流通过程的各种非生产费用②，结果是英国棉纺织品业远远未能在亚洲市场特别是中国市场打开销路，1760～1833年的中英贸易中，中国几乎年年是顺差，如1820～1824年，中国的顺差便达329万多两白银③，在1837～1839年间，英国销华合法商品的总值平均每年不过91万多镑，而从中国进口的商品总值，平均每年却高达427万多镑，英国对华贸易的逆差，平均每年达330多万镑④，这是英国工业资产阶级以及英国议会和政府所不愿面对的事实。为此，英国商人便以鸦片这种能够使人吸食成瘾的毒品来扭转对华贸易的逆差。以1837年7月到1838年6月这一年为例，中国从英国（包括印度）进口总值为560万英镑，其中鸦片便达340万英镑，占60%。中国向英国出口总值为310万英镑。显然，如果剔除鸦片，按合法贸易，中国仍顺差90万英镑，而若包括非法的鸦片贸易，中国便由顺差变逆差，向英国输出价值250万英镑的白银⑤。正是由于当时新兴的英国资产阶级对利润追逐的贪婪本质和殖民本性，并利用以市场为导向的工业化经济发展方式优势为推手，英国发动了为鸦片这种毒品的非法的罪恶的贸易而侵略中国之战。

至于战争中使用的军事武器的质量和数量，本质上取决于国家的武器生产技术和规模，因此，“广泛性增长”“斯密型增长”和“库兹涅茨型增长”等不同的增长方式在很大程度上也可以表示武器制造技术和规模的递进形式。比如，一个属于“广泛性增长”和“斯密型增长”之类增长方式的国家可能只能进行冷兵器的生产，而热兵器的生产则需要社会的生产方式进展到“库兹涅茨型增长”才能达到。以鸦片战争中中英军队所使用的火炮为例，中国当时火炮之所以落后于英国在于火炮生产技术的落后，而这又是机床工业落后于英国所导致的，归根究底就在于科学技术整体上落后于英国。例如，中

① 严和平主编：《中国近代经济史（1840—1894）》，北京：人民出版社，2012年。

② 马克思：《资本论（第三卷）》，北京：人民出版社，1975年。

③ 蒋大椿：《关于鸦片战争问题》，载于《安徽师范大学学报（人文社会科学版）》，1999年第4期。

④ 同①。

⑤ 同③。

国明末清初的火炮制造尽管盛极一时，但其生产制造主要依赖传教士等西方技术人员：康熙朝所造的905门火炮半数以上与比利时传教士南怀仁有关，而自南怀仁病死后，清朝的火炮制造工业就随之滑坡并日趋衰落，最终导致嘉庆朝时的一落千丈[①]。嘉庆四年（1799年），清廷曾改造160门前朝的旧式神枢炮，但改造的结果却事与愿违，射程由原来的百步退至不足百步[②]，原因在于，明清时中国重工业的技术自生性即自我维持演化的能力极为欠缺[③]。当然，一个国家也可以通过购买他国的先进武器来提高本国物质层面的军事力量。问题是，购买他国武器一是会受到本国的购买力即本国的经济实力的限制，也即最终会受到本国的经济发展方式的限制；二是会受制于他国，从而本国物质层面的军事力量的提升也最终受制于他国。

第五节　总结和进一步的讨论

170多年前发生的鸦片战争改变了中国的历史进程，其原因正如王亚南先生所指出的，“鸦片战役之不同于以往对外战争和它能对中国社会发生决定的影响，就是由于战争双方当时各别所具有的社会经济条件使然。”[④] 对此，学术界没有多大异议。而如何认识和评价鸦片战争交战双方的经济社会条件则是需要加以深思的，其中最重要的是如何大体上做到评价过程中的客观性、可比性和整体性，本书的总体性国家能力和经济发展方式正是基于这一基础提出来的，这是本书重拾第一次鸦片战争中国落后挨打的目的之一。

显然，相比于迈克尔·波特所提出的国家生产力[⑤]，这里的总体性国家能力和经济发展方式更为综合、更为宏观。作为由公众组织和具有强制力量的国家组成的社会（这里指广泛意义上的社会），其在经济、政治、法律、思想文化等诸多领域的行为方式和相互影响，以及与国际社会的交互，形成了国家能力和经济发展方式的基础。国与国之间之所以总体性国家能力强弱不同，

① 舒理广等：《南怀仁与中国清代铸造的大炮》，载于《故宫博物院院刊》1989年第1期。

② 胡建忠：《清代火炮》，载于《故宫博物院院刊》1986年第2期。

③ 彭南生、严鹏：《技术演化与中西“大分流”——重工业角度的重新审视》，载于《中国经济史研究》2012年第3期。

④ 王亚南：《中国官僚政治研究》，北京：商务印书馆，2010年，第155页。

⑤ 迈克尔·波特：《国家竞争优势》，李明轩、邱如美译，北京：华夏出版社，2002年。

经济发展方式存在差异甚至存在质的区别，是因为有其历史根源，是当时的经济、政治、法律、思想文化的综合反映。基于此，本书引入了历史背景分析。

然而，将某一社会经济、政治、法律、思想文化单列出来，笼统地和先入为主地讨论其先进或落后，既缺乏逻辑性，也缺乏整体性。比如，我们不能由此认为当时导致清王朝总体性国家能力弱的制度和文化就一无是处。以弗朗西斯·福山所论述的政治发展的三大组件——国家建设、法治、负责制为例，在弗朗西斯·福山看来，“中国在历史早期就获得了第一件。在某种意义上，中国人发明了好政府。他们设计的行政机构是理性的，按照功能而组织起来，以非人格化标准进行招聘和晋升，这绝对是世界第一。[①]”然而，“在其他方面，中国政治制度又是落后的。它从没创立法治和政治负责制的机制。[②]”以儒家文化为例，前述的清王朝的国家与国际社会的交互上，所呈现的盲目排斥外来思想文化并不能归于儒家文化本身，否则我们无法解释儒家创始人孔子的“三人行，必有我师”的开放式学习思想。为此，引入历史案例分析是必要的。

以史为鉴，可以镜得失。前文的历史背景分析和历史案例分析表明，从总体性国家能力和经济发展方式的角度来看，中国在这场首次抵抗西方列强侵略的战争中失败有其必然性：一是清王朝的总体性国家能力与以英国为代表的西方列强的总体性国家能力相比处于劣势；二是当时中国的经济发展方式与以英国为代表的西方列强的经济发展方式相比也处于劣势。这是以总体性国家能力和经济发展方式为导向，结合第一次鸦片战争的史料所得出的结论。

历史研究既要秉承考证式的史料挖掘以外，更要从史料中汲取能指引人们行动方向的思想动力，这是笔者重拾第一次鸦片战争中国落后挨打的目的之二。就当时中国而言，通过奋争，冲破有碍于总体性国家能力提升和经济发展方式转变的一切束缚，就成为挽救鸦片战争以来所引发的中华民族危机，传承中华文明的生死攸关抉择。总结历史，以下几方面尤为重要：

一是要推翻由包括皇权专制在内的一切专制，借用革命先行者孙中山先

---

①② 弗朗西斯·福山：《政治秩序的起源——从前人类时代到法国大革命》，毛俊杰译，桂林：广西师范大学出版社，2012 年。

生的话来说，“要中国强盛，实行革命，便非提倡民权不可”[①]。前面的分析也表明，无论国家与国际社会的交互上，还是国家与公众组织的互动上，抑或是国家内部的互动上，清王朝的皇权专制都是极大的束缚因素，可以说当时中国的弱总体性国家能力在很大程度上都是由皇权专制所拥有的绝对权力导致的。1911 年的辛亥革命完成了这一历史任务。

二是实现国家主权独立。鸦片战争中国战败的后果是，中国开始沦为半殖民地国家，从而使中国人民的奋争增加了恢复国家主权独立这一历史任务。一个国家如果在主权上不能独立，意味着这个国家在经济、政治法律、思想文化、公共服务、生态等领域受到外国的干涉甚至控制，推动总体性国家能力建设和促进经济发展方式转变也就无从谈起。1949 年中华人民共和国成立，标志着实现国家主权独立这一历史任务基本完成。

三是在推翻皇权专制和实现国家主权独立的基础上，建立起一个有效的国家机器和完善的公众组织。国家机器的有效运行，既表明其内部实现了良性互动即国家内部互动能力强，也表明了国家与公众组织之间有着良性互动，也即国家与公众组织互动能力强，并且这些良性互动都是可持续性的。有效国家机器的基础则有赖于人民当家做主和法治的有机结合以及公众组织的有序参与。其中，人民当家做主即民主的原义，意味着国家必须对人民负责，其实现形式可以因地因时多样化、动态化，可称之为人民民主[②]，人民民主保证了公众组织对国家的监督力和制约力；法治就是国家和公众组织两大宏观行为主体都置身于法治的框架之下，都受到法律的约束。

---

① 孙中山：《三民主义·民权主义》，载于《孙中山全集》第 9 卷，北京：中华书局，1986 年，第 266 页。

② 人民民主的实质是通过民主形式使所有行使国家权力的人事前、事中、事后都有责任代表人民的利益，满足人民的需求即为人民服务。

第二章　转变经济发展方式的国家能力：界定、中国的历史考察及比较

鸦片战争中国失败及由此而触发的此后170多年来中国的经济社会转型，其目标就是实现中华民族的伟大复兴，其支撑则是民富国强。而探寻经济社会发展的运行机制并实现民富国强，一直以来都是社会科学各领域研究者追求的目标。然而，一个长期困扰经济学家、社会学家、政治学家等各领域研究者的问题是，近几百年来，为什么只有少数国家能够成为真正的发达国家？工业革命以来，经济社会发展的一个显著特征是既需要强有力的市场经济，也需要强有力的国家。如果作为世界上最大发展中国家的中国能够避免落入，进而跨越"中等收入陷阱"，进入高收入国家，其发展道路将会是中国贡献给世界其他发展中国家实现民富国强目标的指明灯。加快转变经济发展方式，实现更高质量、更有效率、更加公平、更可持续的发展，则是中国在前行的发展道路上的一个重要关口，而探究国家在其中的作用无疑具有理论和现实意义。回顾鸦片战争以来中国所走过的经济发展方式转变之路，薄弱的国家能力始终是这条征途上的拦路虎。

第一节　转变经济发展方式为什么需要强国家能力

一、一些事实

转变经济发展方式是指某一社会转变从事经济活动的方式，包括生产、交换、分配和消费等诸方面，是人类社会发展的永恒主题。其中，最重要的

是转变生产方式，也即转变经济增长方式。马克思所论述的各个经济社会形态的不同生产方式可以视为这一主题的雏形，只不过在马克思看来，“社会经济形态的发展是一种自然历史过程。”① 即，随着经济社会形态的变迁，生产方式的转变是自然发生的。

从经济史来看，工业革命之前的人类社会，经济增长方式的转变速度极其缓慢。正如斯塔夫里阿诺斯所指出的，“从狩猎到农业的转变是一个漫长的渐进过程，这一过程在全世界许多地方是独立发生的。②”工业革命以来，包括英、法、德、美、日在内的先行发达国家，其由传统经济增长方式向现代经济增长方式的转变速度明显加快：英国从15世纪末开始算起，持续了四百多年，而法、美、德、日，则分别从18世纪中期和19世纪中期开始，只花了约175年、174年、112年和102年达到了当下的经济增长方式③。而20世纪60年代以来，韩国只花了四十年的时间就达到了先行发达国家的经济增长方式，中国台湾地区从1950年开始的进口替代到1980年开始的科技导向的经济增长方式转变，也只花了30年的时间，转变速度令人惊叹。就转变内容而言，可以归纳为，在投入结构表现为“要素积累—集约管理—知识创新”的演化路径，在产业结构上则经历了“农业—工业—服务业”的演化过程。

然而，过分强调国家的作用也可能适得其反。20世纪50年代，以罗森斯坦—罗丹（Rosenstein-Rodan）为代表提出的“平衡增长理论”“进口替代工业化理论”“战略互补理论”等早期发展经济学理论认为，由于市场存在失灵，政府必须通过强有力的干预来推动工业化进程。然而，这些理论在发展中国家的实践却不尽如人意，甚至遭受挫折。

事实上，如果我们关注一下新中国成立以来的经济史的话，就可以发现我国当下经济发展方式非一朝一夕之持续。“1949年中华人民共和国成立以后，采用苏联式的‘社会主义工业化路线，更是把投资驱动增长的做法推到了极端。④”这种属于“赶超战略”的传统经济发展方式，虽然在毛泽东的

---

① 马克思：《资本论（第一卷）》（中文版），1975年，北京，人民出版社，第12页。

② 斯塔夫里阿诺斯：《全球通史：从史前史到21世纪（第7版修订版）》（上册），北京：北京大学出版社，2006年，第26页。

③ 曾繁华：《中国经济增长方式战略转变的阶段划分与目标定位》，载于《中国工业经济》1996年第10期。

④ 吴敬琏：《中国增长模式抉择》，上海：上海远东出版社，2006年，第105页。

《论十大关系》提出后有过短暂的纠正，但由于主导思想没有实质性改变，一直持续到改革开放之初。

从改革开放至今，党和政府针对传统经济发展方式的弊端采取了许多政策和措施加以纠正。1979年，中央作出了用三年时间做好国民经济“调整、改革、整顿、提高”的工作部署；1981年正式提出“走出一条速度比较实在、经济效益比较好、人民可以得到更多实惠的新路子”的方针；“九五”时期，党和政府针对当时投资过热、投资效率低下、低水平扩张严重的问题就提出了要实现经济增长方式从粗放型向集约型转变这一战略思想，强调依靠科教兴国和提高劳动者素质，走质量效益型经济增长的路子；“十五”时期，强调对经济结构进行战略性调整，提高经济增长的科技进步效益和结构优化效益，重视资源和环境问题；“十一五”时期更是提出了要把节约能源作为基本国策，发展循环经济，保护生态环境，加快建设资源节约型、环境友好型社会，促进经济发展与人口、资源、环境相协调的整体目标；“十二五”发展规划则提出要以加快转变经济发展方式为主线。

问题在于，尽管众人皆知当下经济发展方式不可持续，现实却是久推难转，症结究竟何在？对此，许多学者进行了许多方面论证，取得了一系列有价值的成果，主要集中在转变经济发展方式所需的技术和各种硬件条件，如价格机制、节约资源和保护环境的技术、标准手段，以及制度的完善等①，这些都是从经济方面展开的；但如果考虑到“一个事实绝不会完全是或者纯粹是经济的，总会存在其他的——而且通常是更重要的方面”②，“那么我们就必须继续我们在解释说明方面的努力，直到我们找到非经济的基地，这对一般理论和对具体事实都是如此”③。

以上表明，并不是所有的国家在引导转变经济发展方式上都达到了预期效果。原因何在？答案是那些成功引导经济发展的国家，其国家能力是强大的，相反，那些没有达到预定目标的国家，其国家能力是弱小的④。由此可以推论的是，经济发展方式的转变与国家能力相关联。

从经济学的范畴来看，经济发展方式无疑是属于经济领域中的宏观经济

---

① 伍世安：《转变经济发展方式的制度性障碍分析》，载于《企业经济》2012年第2期。

②③ 约瑟夫·阿洛伊斯·熊彼特：《经济发展理论——对利润、资本、信贷、利息和经济周期的探究》，叶华译，北京：中国社会科学出版社，2010年。

④ Acemoglu, D., Golosov, M., and Tsyvinski, A.. "Markets and Governments". *Journal of Monetary Economics*, Vol. 55, No. 1, 2008, pp. 159 - 189.

现象，但任何宏观经济现象都有其微观基础，因为“经济制度和行为模式可以解释为很多个人决策的产物或者说是结果。[①]”经济发展方式也不例外。正如经济增长是整个社会的厂商产出的宏观表现一样，经济发展方式实际上也是整个经济社会各行为主体的经济行为方式的综合表现，转变经济发展方式的实质就是总体上转变社会各行为主体的经济行为方式。而要使经济发展方式发生根本性转变，关键在于经济行为主体所依存的外部环境发生根本性变革。然而，社会系统中的各种经济主体的相互关联性则决定了这种变革可能存在着路径依赖，正如加里·D. 利贝卡普所指出的，竞争的利益集团数目越多并且（或者）其异质性越强，分配的冲突就越有可能阻碍或延迟制度的变动[②]。因为它至少涉及国家、厂商、党派团体、社会组织以及社会公众等诸多行为主体相互之间的博弈。因此，经济发展方式形成及其演变，实质是数量众多的行为主体之间的动态博弈结果。此外，任何社会同包括自然环境和国际社会在内的环境存在交互，这种交互无疑也影响到一个社会的经济发展方式的形成及演变。

显然，上述的动态博弈具有综合性、系统性和战略性的全社会性特征，本质上要求以国家为中心，通过国家、经济、公众组织、环境四者良性互动来实现转变经济发展方式这一目标，而只有当国家具有克服国内外强大利益集团的阻碍、维持内外平衡、实现经济社会可持续健康发展的能力时，才能从根本上消除转变经济发展方式的体制机制障碍。而在世界历史上，也“正是持续性、集中性的有组织有计划的干预主义的急剧增长”打开和维持了通往市场经济的道路，因此自由市场是精心设计的国家行为的产物。[③] 原因在于，国家相对较有能力依据其目标引导经济社会转型，转变经济发展方式也是如此。为此，本节尝试将政治学中的国家能力研究引入转变经济发展方式研究中来，以提供一个不囿于经济学研究领域的观察和思考视角。

二、相关研究

近年来，国家能力和经济发展相结合的研究在国外新政治经济学领域得

① H. 培顿·扬：《个人策略与社会结构——制度的演化理论》，王勇译，上海三联书店、上海人民出版社，2004 年，第 4 页。

② 加里·D. 利贝卡普：《产权的缔约分析》，北京：中国社会科学文献出版社，2001 年。

③ Karl Polanyi. *The Great Transformation*. Boston：Beacon Press，1986.

到越来越多的关注。贝斯利（Besley）和佩尔松（Persson）以国家财政能力和法律能力为例，运用数理经济分析研究了国家能力投资的决定因素（包括收入水平、非自然资源租金份额、外部冲突风险程度、政治稳定程度、国家能力投资成本等）、投资陷阱，以及不同国家能力之间的相互影响，认为低下的国家能力会引起生产扭曲和低收入水平①。阿姆斯登（Amsden）等认为，国家能力在某种程度上也是精英阶层的一种自我确认，精英阶层对制度构建和变迁、国家福利、经济变迁的影响，以及与非精英阶层的交互，关系着经济社会发展②。

就国内研究而言，王绍光、胡鞍钢关于中国20世纪80年代的国家汲取财政能力下降对需求结构和宏观调控的负面影响的分析③，黎静对尼日利亚、墨西哥和韩国促进和控制经济转型的国家能力的比较④，景维民、黄秋菊对中俄实行经济结构调整的国家制度能力的比较，都表明国家能力关乎着经济发展和转型成功⑤。

总的说来，政治学研究领域的学者主要关注国家能力问题本身，与经济发展方式的关联性则较少论及，而经济学研究领域的学者虽然注意到了国家能力对经济的影响，但基于研究对象和研究目的，所涉及的国家能力只是其中的某些方面，全方位论述转变经济发展方式的国家能力文献还不多见。

就我国转变经济发展方式的国家能力现状而言，依照前述的界定，以下诸方面亟须解决。一是在国家与经济互动方面，加快改变强国家、弱市场现状，使市场基础性作用法治化；加快改变强资源汲取能力和社会福利能力不足并存现状，使国家作用法治化；加快改变经济治理中随意性现状，使经济主体行为和国家行为均受到法治性约束。二是在国家与公众组织互动方面，增强引导公众组织的思想文化能力，加快改变决策过程中国家单一性现状，使转变经济发展方式广泛凝聚共识；加快改变国家强制与公民被动参与现状，

---

① Besley, T., and Persson, T., 2010. "State Capacity, Conflict, and Development," *Econometrica*, Vol. 78, No. 1, pp. 1 - 34.

② Amsden, the late Alice H., DiCaprio, Alisa., and Robinson, James A., 2012, *The Role of Elites in Economics Development*, Oxford University Press.

③ 王绍光、胡鞍钢：《中国国家能力报告》，沈阳：辽宁人民出版社，1993.

④ 黎静：《发展中国家的国家能力比较》，《政治学研究》1999年第3期。

⑤ 景维民、黄秋菊：《国家制度能力与经济结构调整——基于转型期的中俄比较研究》，《南开学报（哲学社会科学版）》2011年第1期。

使转变经济发展方式和公众主动参与相结合；加快改变解决利益冲突中的国家强势现状，使国家治理法治化。三是在国家与环境互动方面，加快改变GDP至上和忽视生态环境友好的现状，加强生态环境危机意识的国家作用；加快改变重国外市场轻国内市场的现状，增强国家经济安全的战略适应能力和战略调控能力。四是在国家内部互动方面，加快改变上下级之间不协调现状，增强内部决策民主化和科学化、内部治理法治化。总之，在转变经济发展方式中，国家必须是有能力的。同时，有能力的国家必须是法治的、民主的、负责的。

第二节　转变经济发展方式的国家能力界定

就转变经济发展方式的国家能力而言，可以理解为塑造和执行实现新的经济发展方式这一社会经济目标战略的能力。图2.1提供了一个理解经济发展方式形成和演变的国家·经济发展方式·公众组织·国际社会的框架，经济发展方式是图1.1中的国家·公众组织·环境三者在经济领域的互动。

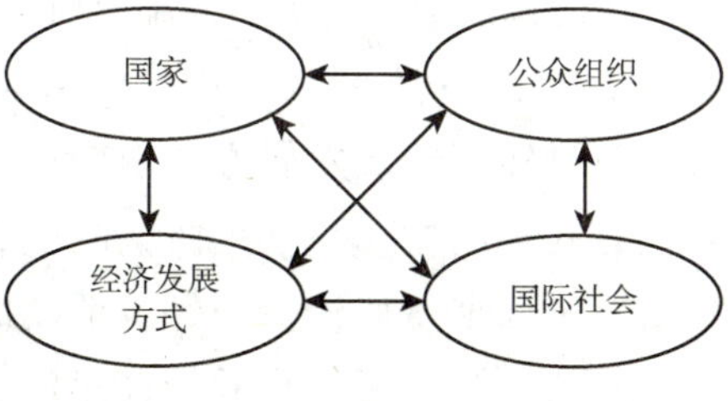

图2.1　国家·经济发展方式·公众组织·国际社会的互动关系

在图2.1的国家·经济发展方式·公众组织·国际社会四元分析框架中，若以国家为中心，国家与经济发展方式之间的互动，除了一条直接互动途径外，还有两条间接途径：一条途径是国家与公众组织的互动，进而影响国家与经济发展方式的互动；另一条途径是国家与国际社会的互动，进而影响国家与经济发展方式的互动。据此，转变经济发展方式的国家能力也通过上述三种途径体现出来，这是本书界定转变经济发展方式的国家能力的出发点。

结合前述的转变经济发展方式的国家能力的探讨，本节拟从以下四个方面加以界定：转变经济发展方式的国家—经济主体互动能力；转变经济发展方式的国家—公众组织互动能力；转变经济发展方式的国家—国际社会交互能力；转变经济发展方式的国家内部互动能力。

一、转变经济发展方式的国家—经济主体互动能力

转变经济发展方式的国家与经济主体互动能力可以从与经济主体协调的国家能力、资源汲取及配置的国家能力，以及经济治理法治化的国家能力三个方面加以考察。

（一）与经济主体协调的国家能力

与经济主体协调的国家能力主要是指与厂商协调的国家能力，以及与居民协调的国家能力。就前者而言，由于厂商既是转变经济发展方式中投入结构转变的微观主体，也是转变经济发展方式中产业结构转变的微观主体，还是转变经济发展方式中需求结构转变的投资和进出口微观主体，因而转变经济发展方式的过程中，与厂商协调的国家能力就体现在国家如何从宏观层面引导经济，进而引导企业向协调的经济发展方式目标发展，克服转变经济发展方式过程中，国家与厂商协调的经济失灵问题和政府失灵问题。

就后者而言，居民既是转变经济发展方式中投入结构转变的要素（劳动、资本、土地）投入主体，也是转变经济发展方式中需求结构转变的消费支出主体，因而转变经济发展方式过程中，与居民协调的国家能力就体现在国家如何从宏观层面引导经济，进而使得居民参与经济活动的机会均等，通过充分发挥自己的能力自由实现自己的目标，克服转变经济发展方式过程中，国家与居民协调的经济失灵问题和政府失灵问题。

综合起来，转变经济发展方式中与经济主体协调的国家能力主要表现在国家处理与经济主体关系时，能否较好地处理其中的经济失灵和政府失灵问题。当转变经济发展方式的经济失灵和政府失灵问题得到了动态优化型解决时，我们就可以说转变经济发展方式中与经济主体协调的国家能力具有动态提升特征。

（二）资源汲取及配置的国家能力

转变经济发展方式中资源汲取及配置的国家能力，主要体现在国家如何通过强制性经济手段获取资源，进而将获取的资源进行有效配置的能力，其

强弱表现为在多大程度上弥补国家与经济主体协调过程中的经济失灵和政府失灵问题，主要涉及转变经济发展方式过程中的以国家为载体的公共财政能力，即国家财政税收的汲取能力，以及有效供给包括教育、医疗、社会保障、基础设施等在内的基本社会福利能力。

（三）经济治理法治化的国家能力

转变经济发展方式中，经济治理法治化的国家能力主要体现在转变经济发展方式过程中，国家能否在法治的框架下受到约束，以及作为不偏向的第三方发挥支持转变经济发展方式的作用，其强弱表现在国家受到法治型约束程度有多大，以及国家在多大程度上能法治型约束经济主体，进而有利于转变经济发展方式。

二、转变经济发展方式的国家—公众组织互动能力

转变经济发展方式的国家—公众组织互动能力可以从与公众参与互动的国家能力、解决利益冲突的国家能力和目标合法化的国家能力三个方面加以考察。

（一）与公众参与互动的国家能力

转变经济发展方式一个重要表现就是利益格局的重新调整，以及随之而来的利益和价值取向的多元化，在这一过程中，经济社会各利益主体必然会期望借助于公共权力表达和实现自身利益，而国家又是对社会资源和利益进行强制性分配的主体，这样一来，公众参与作为公众对国家及其行为的一种重要影响方式，社会各利益主体必然倾向于借助公民参与来表达和实现自身利益。在转变经济发展方式过程中，与公众参与互动的国家能力主要体现在能否在法治框架下，构建公众有序参与转变经济发展方式的政策制定过程和执行过程的能力，其强弱表现在公众有序参与的程度多大，进而能在多大程度上弥补转变经济发展方式过程中的经济失灵和国家失灵问题。

（二）解决利益冲突的国家能力

在转变经济发展方式过程中，由于资源的有限性和人们欲望无限性之间

的矛盾，利益和价值取向的多元化必然会引发社会各利益主体的矛盾和冲突，这种利益矛盾和冲突既可能存在于国家和公众之间，也可能存在于公众与公众之间，为此，国家必须在转变经济发展方式过程中，有效容纳并及时化解社会各利益主体的矛盾和冲突，使社会各利益主体能够在有序的环境中实现各自利益的均衡。在转变经济发展方式过程中，解决利益冲突的国家能力主要体现在能否在法治框架下，基于公平、公正、公开的原则，使社会各利益主体在相互沟通和合作中实现利益矛盾和冲突的化解，从而达到利益协调，进而有利于转变经济发展方式，其强弱表现在转变经济发展方式过程中，社会各利益主体的利益冲突能够在多大程度得到容纳并及时化解，实现各自利益的均衡。

（三）目标合法化的国家能力

公众作为转变经济发展方式的微观主体，公众能否采取和多大程度采取合乎转变经济发展方式要求的经济行为方式，在很大程度上取决于公众对转变经济发展方式目标的认同。当转变经济发展方式目标能够被公众同意和认可，进而被公众自愿接受时，转变经济发展方式目标就具有合法性。在转变经济发展方式过程中，目标合法化的国家能力主要体现为国家在多大程度上，通过与公众组织合作互动，使转变经济发展方式的理念、政策制定和政策执行过程，得到公众和社会组织的认同，形成共识，并自觉地体现在自己的经济社会活动中，其强弱表现在国家对转变经济发展方式的宣传和行动，对公众和社会组织的引导和影响能力有多大。

三、转变经济发展方式的国家—国际社会交互能力

转变经济发展方式的国家—国际社会交互能力是指国家在引导本国转变经济发展方式过程中，应对他国竞争和挑战的能力，可以从转变经济发展方式中保障本国安全的国家能力、应对变革的国际贸易环境和应对金融一体化的国家能力三个方面加以考察。

（一）保障本国安全的国家能力

转变经济发展方式中保障本国安全的国家能力主要体现为：在应对他国

竞争和挑战中，国家能在多大程度上克服国外强大集团的侵害，保护本国的经济社会安全，进而为本国转变经济发展方式构建起良好国际社会；其强弱表现在国家能在多大程度参与国际事务，国际话语权有多大，国家与其他国家谈判、合作中维护本国利益的能力有多大。

（二）应对变革的国际贸易环境的国家能力

在转变经济发展方式过程中，应对变革的国际贸易环境的国家能力主要体现为：在面对不断变革的国际贸易环境，国家能在多大程度上进行适应性创新，引导本国实现进出口贸易结构转型升级，提高引进消化吸收再创新能力；其强弱表现在国家对不断变革的国际贸易环境研判能力有多大，以及因此而作出的国际贸易政策措施适应性改变有多大，反应速度有多快。

（三）应对金融一体化的国家能力

在转变经济发展方式过程中，应对金融一体化的国家能力主要表现在面对日益明显的金融国际一体化趋势，国家能在多大程度上进行适应性金融创新，实现并维持本国一个稳定的低通货膨胀率，保持本国金融稳定，提高动员储蓄和投资资金分配的效率，其强弱表现在国家发展能够控制风险的资本市场工具的能力有多大，金融风险管理能力有多大，资本缓冲能力有多大。

四、转变经济发展方式的国家内部互动能力

在转变经济发展方式过程中，前面所述的国家与经济主体互动能力、国家—公众组织互动能力以及国家—国际社会交互能力，都是把国家视为一个整体而言的，就国家本身来说，其内部的权力结构即权力的配置及各权力主体之间的相互关系，由于其不同形态（制约结构和集权结构是权力结构的两种基本形态）以及不同层次的权力结构对国家整体的影响效果相异，无疑会影响国家与经济主体、公众组织的互动关系以及国家与国际社会的交互关系，从而影响国家—经济主体互动能力、国家—公众组织互动能力和国家—国际社会交互能力。转变经济发展方式的国家内部互动能力可以从国家的内部统合能力和适应性变革创新能力两方面加以衡量。

（一）统合内部的国家能力

转变经济发展方式中内部统合的国家能力主要体现在国家在多大程度上，通过中央和地方权力机构的互动，以及同级部门权力机构的互动，使转变经济发展方式的理念和政策，得到国家公职人员的认同和贯彻，并通过有效的约束和监督，使国家公职人员的权力行使不偏离转变经济发展方式的轨道目标，其强弱表现在国家各级机构和国家公职人员在代表国家履行国家职能时，其执行转变经济发展方式的政策一致性和协调性有多大。

（二）适应性变革创新的国家能力

转变经济发展方式中适应性变革创新的国家能力主要体现在国家在多大程度上，能适时地根据经济发展方式演变趋势，通过适应性变革权力结构、权力运行方式、治理方式、治理目标，优化转变经济发展方式的决策权、执行权和监督权，以达到加快转变经济发展方式的绩效，其强弱表现在国家对经济发展方式的演变趋势的判断能力有多大，国家与不断变化的经济主体、公众组织、国际社会进行适应性互动能力有多大，在制定和执行转变经济发展方式政策过程中，国家内部的适应性变革和适应性创新能力有多大。

第三节　洋务运动与国家能力

洋务运动是19世纪60～90年代晚清洋务派进行的一场为维护清朝统治的自救运动。同治初年，清王朝确定了“灭发捻为先，制外敌次之”的国策之后，在中央设立了总理各国事务衙门，同意外使驻京，随后又在地方设置了南、北洋通商大臣等机构和官职，并通过制定与之相应的一系列政策，大力引进西方科学技术，办厂开矿，从造船铸炮的军事工业扩展到民用工业，从举办交通运输、电信邮政，到兴办新式学堂、翻译西方书籍、提倡留学，以及借助西方方法练兵、筹海防、建舰队等新事务新举措。其核心是引进国外先进科学技术，促进经济社会发展，实现早期工业化，也即洋务派所标榜的求强、求富目标。一般认为，洋务运动到1895年北洋舰队覆灭和甲午战争失败就结束了，因为这标志着洋务运动并没有实现其求强求富的目标。不过，若以北洋舰队覆灭、战争失败来论证洋务派官僚所主持、倡导的早期工业化运动“彻底破产”“完全失败”就未免过于武断了。这不仅与甲午战争失败后，洋务派所开创的工矿、交通、电信、教育、练兵等事业和民间私人资本主义工业仍在继续发展的事实不符，也很难与清王朝最后十多年逐渐奖励工商业的政策相衔接①。

随着学术研究的深入开展，在中国经济学和历史学领域，一些学者主张创新地评价洋务运动，并认为就洋务运动的本质而言，它是以近代工业化运动为主体的中国早期近代化运动。本节拟从国家能力角度来重新认识洋务运动的得与失。

一、洋务运动与国家—经济主体的互动能力

就洋务运动本身来说，与其关系密切当然是与洋务有关的经济主体，为此，洋务运动中的国家—经济主体互动能力可以通过以下三个方面来考察：一是清王朝与外国企业的关系；二是清王朝与外国势力庇护下的买办和买办化华商的关系；三是清王朝与资本主义民用企业的关系。

（1）清王朝与外国企业的关系。洋务运动时期，中国的经济发展过程进入了新阶段，其主要特征是伴随西方列强的生产技术的全面革新，生产成本大幅度下降的国际资本输出，中国经济的半殖民地性更加深化了。首先，欧、美等西方资本主义列强对中国的贸易必须经过海运，所以远洋货运具有重要意义。直到 19 世纪 60 年代，英国的大英轮船公司一直独占中外运输业务。1862 年，法国的法兰西火轮公司开辟中欧航线。1868 年，英国的海洋轮运公司也开辟中欧航线。1880 年代以后，通过苏伊士运河，以中国为对象的远洋轮运公司，包括英、法、德、俄等国在内，已有 10 家之多。巴拿马铁路开通后，美国的远洋轮运公司开辟了一条由纽约到上海的直通航线，几乎独揽了出口到中国的美国棉纺织品的运输。而且，许多外国远洋轮运公司的早期活动，都得到本国政府的财政资助。国际电讯行业的发展则彻底改变了中西贸易的经营方式，也使中国丧失了中国丝茶在世界市场上的领导地位。其次，伴随着 1842 ~ 1872 年清王朝和外国签订的 76 个不平等条约的实施，以及

---

① 丁贤俊：《洋务运动史话》，北京：社会科学文献出版社，2011 年。

1873～1894年95个不平等条约的陆续签订，国际资本加剧了对中国市场的争夺，在西方列强的政治势力和领事裁判权的庇护下，外国商人和外国企业的在华行动从来不顾清王朝的任何禁令，自行其是①。比如，在掠夺内河航行权上，他们从1864年起，就不断地把船只驶入未开放水道和非条约口岸，搭客载货。其轮船横冲直撞，多次撞沉中国商船，沉没财物，溺毙人命，却从来不受“船货一并入官”的惩处②。外国银行运用其强大的资本势力，不仅控制了中国的外汇市场，还控制了通商口岸和口岸通向内地的资金周转市场③。1853～1890年，清王朝向外国洋行和银行的举债绝大部分都以关税收入作保，由洋税务司从关税收入中直接拨付本息，进一步破坏了中国关税主权④。从19世纪80年代中期起，英国资本家已经通过借款实现对中国企业的控制，特别是洋务派所开办的实业，比如开平煤矿、轮船招商局等⑤。船舶修造业是建设海军的首要条件，也为外国企业所垄断，无疑会严重威胁到国家的国防安全。对此，清王朝不但不加以反对，反而给予充分支持。例如，1881年的中德《德商船厂修船免税新章》就列举了76项之多的修船免税物资，还要加上“一切未能预言实用修船各物”⑥。19世纪80年代及其以后，外国企业利用买办掠夺中国矿产资源的活动更加猖獗⑦。在铁路建设运营方面更是提出了对铁路所经地段“永久专利”与“享受和外国租界同样的租地条件”的蛮横要求⑧。上述经济史史实表明，洋务运动时期作为国家代表的清王朝缺乏对外国企业的管制能力，更不用说其渗透能力，而这又正是下文所要论述的清王朝弱小的国家与国际社会交互能力在微观层次的具体表现。

（2）清王朝与外国势力庇护下的买办和买办化华商的关系。自从第一次鸦片战争以后，来到中国的外国人都具有胜利者的政治声势和为所欲为的威风，就连和外国人搭上某种关系的中国人也具有类似的威风。这就形成了一种崇洋媚外的社会风气，凡意在发财致富者，都力求和外国人搭上某种关系。买办和买办化华商正是得风气之先的人物，他们对外奴颜婢膝，对内狐假虎威，以“假洋鬼子”的姿态出现。买办和买办化华商托庇于外国人的方式多种多样，其中最彻底的办法是取得外国的国籍，而无缘取得外国籍身份的买办和买办化华商，可以买通外国驻华领事的同意，假借外国人的名义，挂起洋行的招牌，借以“吓唬中国人”。这些在外国人庇护下的买办和买办化华

①②③④⑤⑥⑦⑧ 严中平：《中国近代经济史（1840—1894）》，北京：人民出版社，2012年。

商，给清王朝地方政府造成了许多难题，其中以税收方面最为突出，大大损害了清王朝的财政收入。比如，上海“华商避捐，因托洋行，洋行图利，愿为代报”，广东的买办和买办化华商“恃夷人为奥援，借轮船为捷径”“遇事辄勾通夷人，横生枝节，遂使情法两穷”。同时，买办和买办化华商又是当时社会掌握流动资金最为豪富的人物，使得清地方大吏在筹措资金和课征捐税两方面都不得不向他们低头，也使得清王朝不得不对捐税征收制度进行重大改革，实行包厘制度，即清王朝地方政府以预收一笔款项为条件，把特定商品在特定地区内一定年限的厘金，全部交给承包人征收的制度。由于包厘预交款项之大，意味着只有那些具有豪富这才有此能力，更为重要的是，除非有外国势力作为后台，否则无法组织征厘机构，进行厘金的征收工作，出巨资承包厘金的买办和买办化华商由此发财致富。

此外，买办化华商在商品运输渠道上，通过托庇于外国势力，领取子口半税单照，借以逃避商品在内地的过境捐税，此后，即使华商和洋商享有领取子口半税单的同等权利，这种假冒洋商领取子口半税单的活动仍然盛行，原因在于，清王朝官吏崇洋媚外，鱼肉小民，即使华商洋商负税均等，也必驱华商诡寄洋商，致使洋务运动时期，在子口半税单庇护之下的进出口贸易货值都在不断增长，进口洋货的价值大大高于出口货①。

（3）清王朝与资本主义民用企业的关系。早期，资本主义民用企业的开办、经营大都受到官方压制。比如，1867～1868 年，中国商人向清王朝提出筹办新式航运业要求就有 4 起，但都遭到两江总督曾国藩的批驳，不能付诸行动。在曾国藩看来，体现西方文明的铁路、轮船、电线等，不论是由中国或外国商人兴建，其后果都是“害我百姓生计”。在工矿企业部门，企图运用机器生产的活动也受到压制。在 1875 年以前的将近 10 年时间，多次要求开发新式煤矿的活动都受到直接阻挠，或者得不到官方的支持。即使到了 1870 年代中期，外国的远洋海底电线已经延伸到上海，中外讯息传递方法正在发生迅速的变化，闽浙总督李鹤年还是固执认为，“电线之在中国可有可无”②。迟至 1878 年，才在打狗（高雄）出现由中国人架设、掌管的电报线路③。

至于早期商办的工业企业虽然为数不多，但同样因官方阻挠和压制而处境十分困难。比如，以继昌隆缫丝厂为代表的广州、顺德、三水一带的中小

①② 严中平：《中国近代经济史（1840—1894）》，北京：人民出版社，2012 年。
③ 丁贤俊：《洋务运动史话》，北京：社会科学文献出版社，2011 年。

型缫丝厂刚刚步入正轨时，就被清王朝地方政府勒令停产，以致这些企业不得不迁入澳门①。

洋务运动时期的中国工业化不是由私人资本在手工工场基础上，以赢利较快的轻纺工业为起点，而是表现为在官办重工业兴建以后，不断向矿冶、轻纺、交通运输、邮电等门类辐射的一个过程。资本主义民用企业正是在这一背景下发展起来的。其产生初期的组织形式主要有官督商办、官商合办和商办等形式，其中官督商办和商办为洋务运动时期资本主义民用企业的主要组织形式②。

19 世纪 70 年代，清政府在兴办军用工业的过程中，发现缺乏相应的燃料工业、矿冶工业和交通运输业相配合，军用企业的维持和发展就很困难，在此情形下，洋务派官僚便酝酿着创办民用企业。然而，清王朝在长期内战之后，财政竭蹶，很难筹拨民用企业所需的巨额资金，为此，洋务派官僚便提出“官督商办”的民用企业组织形式，即在官府的监督之下，招徕社会上的私人资金，来兴办民用企业。其具体措施是，先由官方提供部分官款作为垫支资本，并制定与官方有一定联系的“商人”出面，向社会招募资本，然后由企业以经营所得，陆续归还垫支的官款。这些由洋务派指定承办新式企业的“商人”主要有以下几类：买办；和买办有广泛联系的旧式商人的上层人物；退职的官吏；少数地主。这一“官督商办”的民用企业由于与洋务派官僚集团关系密切，都能在清王朝那里获得减税、免税、贷款、缓息等优惠特权。洋务运动时期，中大型的航运、煤矿、电讯和纺织等行业的主要企业，几乎都采取这种组织形式。“官督商办”的民用企业中官方和“商人”的结合可以概括为：一方面，洋务派官僚之“官”通过对企业的控制，取得经济利益，同时也培植了自己的政治势力；另一方面，官督商办之“商”则通过托庇于官方，取得本身力量所难以获取的利益，并积累商人资本。到 19 世纪 80 年代，已有不少商人、地主和中小官僚出资创办中小型工矿企业，其中大部分是民族资本的商办企业。不过，这些企业为了谋取清王朝的庇护，尽可能与官方拉拢关系，在企业的组织形式上，争取挂上“官督商办”的名义。这类企业数量较多，但规模都比较小。完全由商人、地主或中小官僚自筹资本，经营商办企业的，主要分布在缫丝、碾米、面粉、纺织等行业，为数不

①② 严中平：《中国近代经济史（1840—1894）》，北京：人民出版社，2012 年。

多，规模也不大[①]。

值得指出的是，在世界经济发展史上，一个技术落后的国家创办资本主义企业，在最初阶段从工业先进国家引进设备和技术是普遍现象。问题不在于是否引进国外设备和技术，而在于引进的同时，是否发展本国的设备和技术，以达到借助外国先进技术而不依赖于外国的目标。在这一点上，无论是清王朝，还是资本主义官办、官督商办，甚至商办企业本身都未有成效，以致企业的技术、管理长期为外国势力代理人所控制。而且，商办企业中那些规模狭小的工厂则不仅技术，甚至连工具和原料无不依赖国外供应[②]。

实际上，民用企业的“官督商办”组织形式也反映了清王朝对企业实施控制的意图。这样一来，在企业的经营方式和发展方向上，官方与“商人”不可避免会存在矛盾，而官方凭借其政治优势无疑将具有支配地位，从而在一定程度上影响企业的发展。在“官督商办”的民用企业中，所涉及的官商关系准则就是李鸿章在 1872 年为筹建招商局所做得规定：“由官总其大纲，察其利病，而由该商等自立条议，悦服众商”，企业“所有盈余，全归商认，与官无涉。”1875 年两江总督沈宝桢又为官商关系做了新的规定，“官商一体，商得若干之利，官亦取若干之息，……庶上下交而其志同。”到了 1881 年，李鸿章自己又进一步规定“官督商办”的民用企业即使全部偿还垫借的官款，企业的经营活动（即所谓“局务”）仍必须听从官方意旨，“并非一缴公帑，官即不复过问，听其漫无钤制”。“官督商办”民用企业中“官”“商”矛盾具体体现在企业初创时期的资本筹集上，以及略有发展时期的企业领导权上，扩张和成效时期“官”对企业的恣意诛求，最后导致某些企业在实质上逐渐变为官僚的私产。由此可以看出，在“官督商办”民用企业中，“官”凌驾于商的特殊地位，非常突出，“官”“商”地位并不平等[③]。

二、洋务运动与国家—公众组织互动能力

洋务运动时期，清王朝与农民、地主之间的关系，和鸦片战争时期相比变化不大，主要是整顿基层统治机构，也即整顿保甲制度，加强团练组织，实行严刑峻法。保甲制度的组织形式大体是：十家为牌，十牌为甲，十甲为

---

①②③ 严中平：《中国近代经济史（1840—1894）》，北京：人民出版社，2012 年。

保，分设牌头、甲长和保长，负“稽查之责”。其主要作用是控制户籍，监视民众的一切行动，“稽其犯令作匿者”。在1856～1864年的太平天国农民起义的冲击下，各地保甲制度逐渐松弛，丧失原有的约束能力。1865年，太平天国农民起义刚被镇压，清王朝即通令各省督抚整顿保甲制度，“讲求旧章，认真办理”，并“明示劝惩，随时举劾”。如果奉行不力，立即“从严参责”。1870～1874年间，再次重申此项命令。1887年，清王朝鉴于各地“盗案”频繁，复又通令各省以办理保甲成效作为对地方官考成的准绳。这样，在中央和各省督抚的三令五申之下，各地纷纷恢复和整顿保甲组织。一些过去未正式办过保甲的地区，也开始举办。在那些人口流动频繁、客民数量较多的地区，强化保甲政策则与限制人口流动的措施结合在一起。其目的主要是加强对客民的户籍管理和人身控制①。

团练原是一种“以本地之人筹防本地事宜”的非经制性军事组织，由于其“既无兵丁征调之繁，又无粮饷转运之费”，“无事则既集之众可令暂散归农，有警则奉官传唤，一呼云集”，可达“寓兵于农”之目的，被统治者视为维持地方秩序的“至善”之法。太平天国农民起义被镇压后，清王朝为了加强团练，一方面，把它和保甲结合起来，即“编保甲以成团练”，“寓团练于保甲之中”，按丁或按牌抽丁编练；另一方面，把它由原先的非经制性军事组织变为经制性军事组织。经过整顿和加强后的团练，成为清王朝维持地方秩序的一支不可缺少的武装力量。

在法律层面，自从太平天国农民起义爆发起及其被镇压后，在整顿和加强保甲、团练过程中，清王朝还进一步推广“十家联排法”，通过“连坐”方式防范民众。清王朝的刑法越来越严酷，死刑的范围不断扩大，并且把权力下放，使地方官绅直接掌握生杀大权。比如，对所谓“土匪”“凶徒”，即行就地正法，并饬“团练绅民合力缉拿，格杀勿论”。在定罪和量刑方面，死刑范围不断扩大②。

在经济层面，太平天国农民起义被镇压后，清王朝的财政支出并没有下降而是继续膨胀。由于练兵加饷，常年军饷明显增加，19世纪80年代以后，军费开支占全年财政收入的百分之七八十。此外，各级政府又纷纷扩充和增设官僚机构，使清王朝的财政支出大大增加，皇室和宫廷的费用开支也空前

①② 严中平：《中国近代经济史（1840—1894）》，北京：人民出版社，2012年。

增加。为了摆脱困境，清王朝通过招垦升科、丈田清赋来增加财政收入。招垦升科，尤其是对封禁区的放垦，本来是恢复和发展农业生产的一项基本措施。但在遭受农民起义巨大冲击的清王朝看来，只是一种维持和增加田赋收入的一种手段①。

洋务运动时期，清王朝与公众组织的关系还出现一些新增的关系，包括清王朝与买办、买办化华商之间的关系，以及清王朝与产业工人的关系。

其中，清王朝与买办、买办化华商之间的经济关系已在上一小节加以阐述。此处补充清王朝与买办、买办化华商之间的政治关系。洋务运动时期，买办及买办化华商阶层已经成为中国拥有流动资金最多的一个阶层。强大的经济实力使他们具有获取政治势力的可能，而清王朝的官僚对外国事务知之甚少，使这种可能成为必然。买办通过为清王朝地方官员甚至中央官员办理洋务，进入官僚幕府，并深得重用。比如，出身于琼记、宝顺的容闳，经买办曾继圃介绍入曾国藩幕府后，一开始就被授以五品军功，并得带蓝翎。1863 年 11 月受曾国藩委派携巨款赴美购办机器，1865 年回国后承曾国藩专折请奖，破例授予五品实官。此后便以候补同知的资格在江苏省官署充当译员。而“以诸生充洋行雇用”的买办丁日昌由于在广东省有制造军火经验而被李鸿章调用，于 1864 年被委任为苏松太道台，一手处理上海地区的洋务事宜。次年，由他负责创办洋务派最大的企业江南制造局，因而得到曾、李重视，此后便“由上海道而盐运司而藩司，未几又升任为江苏巡抚。”②

中国的新式产业工人伴随着于 19 世纪 70 年代的中国资本主义新式企业的出现而诞生。外国在中国通商口岸兴建的工业企业最先诞生了中国产业工人，其数量占中国产业工人的多数。另一部分是 70 年代以后在中国人自己创办的资本主义企业诞生的，基本上都是破产农民和城乡手工业者。这些企业包括上一小节所述的官办军用企业、官督商办民用企业、商办的中小型工矿企业，绝大多数集中在少数沿海、沿江的通商口岸，因此产业工人也主要集中在上海、汉口、广州、天津等几个大城市内。到 1894 年，中国产业工人数量在 75850 ~ 78060 人之间。中国产业工人工资水平极其低下，劳动时间极长，在政治上处于无权地位。国家与产业工人的关系从官办或官督商办的军用工业的管理就可见一斑。这些企业管理上主要采用专制的、军事的管理制

①② 严中平：《中国近代经济史（1840—1894）》，北京：人民出版社，2012 年。

度。比如，船政大臣沈保桢在福州船政局成立后的第二年，便制定军事管制办法，认为对佣工、杂作（即厂中的辅助工人）“非以兵法部勒，则散而难稽，呼而不应”，所以规定“每十人以什长束之，每五什长以队长一人束之”，而队长和什长都从可靠的“勤能武弁”中挑选。工人栖息的工棚成为“健丁营”，其状况“略如营房”，工人中如有违反规定视为，“均按军法从事，历历在案”。80年代初期，云南巡抚对云南省大小铜矿，一律规定每丁25人设丁目1名，丁目10人设丁长1名，丁长4人设总头1名，“逐层管束”。此项办法在1886年又为两广总督张之洞在广东矿务局推广。在这个时期，凡是略具规模的矿山，无不采用这种制度。此外，刑罚也普遍地成为管制工人的暴力手段。比如，云南、广东境内各矿都在地方官府的庇护下，在矿场设立枷杖等各色刑具，“以壮观瞻，而示敬畏”。李鸿章庇护下的开平矿务局在企业内设立刑堂，置备刑具，1882年李鸿章授权该局会办如遇工人反抗，准予“就近督查审讯，量予枷责发落”。张之洞控制下的汉阳铁厂允许提调“刑责”工人。还有一些厂矿则邀集军队驻在工厂，弹压工人①。

三、洋务运动与国家内部的统合能力

正如前所述，以制器、练兵为起点的洋务运动，是从引进西方科学技术，制舰艇、造枪炮入手，进而向民用工业、铁路邮电、建立新军队、兴办新学堂扩展的近代工业化运动，不仅投入巨额的国税官帑，而且由于学习西学、以外国人为师，使传统观念和思维定式受到了沉重的撞击。而这些举措能不能有效地维护清王朝的专制统治？王公贵胄、庭臣疆吏间展开了漫长的辩驳，史称洋务派与顽固派的论争，包括在设立天文算学馆上的论争、修建铁路上的论争、国防大计上的海防与塞防论争、造船与买船上的论争、兴办电报上的论争、借外债上的论争、用洋师洋匠上的论争、派遣留学生上的论争，等等。这种论争在一定程度上反映了国家内部的统合能力。

第二次鸦片战争后，中国在西方列强武力压迫下，签订了一系列不平等条约。总理衙门和三口通商大臣、同文馆的设立则是清王朝审时度势的应对措施。而以曾国藩、李鸿章、左宗棠、郭嵩焘为首的洋务派官僚在运用西式

---

① 严中平：《中国近代经济史（1840—1894）》，北京：人民出版社，2012年。

枪炮镇压太平天国农民起义过程中，逐渐意识到数学在制器中的重要地位，“咸谓制造巧法，必由算学入手”。1867 年，洋务派首领奕䜣向皇帝奏请开设天文算学馆，附于同文馆内。在奕䜣看来，“洋人制造机器、火器等件，以及行船行军，无一不自天文、算学中来。”虽然奕䜣的上奏得到朝廷的认可，然而遭到顽固派官僚的强烈反对。在顽固派官僚张盛藻看来：第一，天文算学中国自古有之，不必设馆研习。第二，自强之道，在朝廷，莫如整纲纪、明正邪、严赏罚、求贤养民、练兵筹饷。在臣民唯有讲气节；用升迁、优俸相诱、让命官、士人“习机巧”，只能导致重名利，轻气节。无气节的人怎样会成事功？岂非舍圣道而入歧途？第三，即使要设专馆，也只需由钦天监衙门招收颖悟少年，以天文生、算学生名义送馆学习。至于轮船、枪炮制造，则应由工部选精壮工匠、有心计的武弁学习，何须用正途出身的士人？张盛藻的观点遭到朝廷申斥，但另一顽固派官僚大学士倭仁并不罢休，半月后又上奏反对设立天文算学馆，用亡国的危言阻抗士人学子学习天文算学。奕䜣以以退为进策略进行反击，立即奏效。经过争辩，排除顽固派官僚的阻挠，天文算学馆正式设立。虽则如此，由于以倭仁为首的顽固派官僚利用“夷夏之防”、忠信礼义为本的传统观念和民众对西方列强侵略的痛恨，播撒无稽谣言和对科学的愚昧讥讽，致使正途出身的人拒不报考天文算学的冷清局面。第一次招生，最后学成的只有 5 人，只好把他们与同文馆的八旗子弟合并，天文算学馆未能如期开办。由此可见，国家内部统合能力的薄弱最终导致洋务派提倡的近代科学启蒙设想蒙受挫折①。直至 1870 年末郭嵩焘推荐的数学人才李善兰调北京后，算学馆才开始开课。此后，随着制器外交和总理衙门翻译工作的需要，1871 年增设了化学馆，1878 年增设天文馆、1888 年增设格致馆（物理）②。

19 世纪 70 年代中期，李鸿章在庭臣争论海防塞防时，曾提出电线、铁路应仿设，遭到反对。福建巡抚丁日昌曾主张在台湾修筑铁路，因经费无着，终未实行。1880 年 12 月初曾任直隶提督的刘铭传上奏请修铁路，提出铁路利于漕运、赈济、商务、矿务、厘捐、行旅。对于用兵，更当急图。日、俄为侵略中国都在修筑铁路，一旦路成，形式险恶。不及早图谋，后悔莫及。当时，李鸿章正在奏请架设电线，刘铭传认为，铁路、电线可相辅而行，既

①② 丁贤俊：《洋务运动史话》，北京：社会科学文献出版社，2011 年。

省费用，也易看守。为了解决资金困难，刘铭传主张借洋款，因为铁路生利，归还有着，洋商乐贷，利息也可从轻，并对铁路架设提出了南、北两路的宏观构想。清王朝责成南北洋大臣刘坤一、李鸿章悉心筹商，妥议具奏。

然而，刘坤一、李鸿章的复奏未到，反对者已开始发难。1880 年 12 月下旬，侍读学士张家骧上奏反对修筑清江浦至北京的铁路，认为有三大弊端：路成后，清江浦必较上海、天津更繁华，洋人觊觎，百计苛求，何以应付；一千数百里长线，必定要占田亩、拆房屋、毁坟墓、建桥梁，贻害于民；与旧有道路交叉，徒生骚扰；天津码头将衰落、招商局及所购轮船将归无用；利未兴，百万资财弃于一旦。张家骧请求对刘铭传的奏折应置至不议，以防流弊。10 天后，李鸿章复奏，积极支持刘铭传的倡议，并列举铁路九大利，也建议借债兴利，同时批驳了张家骧的“三弊”说。17 天后，顺天府丞王家壁对李鸿章复奏主办铁路大加批驳。19 天后，刘坤一复奏到京，其除了盛赞铁路便捷、支持李鸿章修路主张外，又认为运输便捷将使靠车马运输的贫民失业，铁路增税将使内地税厘化为乌有。2 天后，翰林院侍读周德润上奏提出对修铁路有“六不可解”，痛责刘、李南北唱和，直欲破坏祖宗成法，以乱天下。6 天后，曾任首次派遣驻节英国副使，现任通政使司参议的刘锡鸿接着上奏反对修铁路，以自己出洋见闻炫耀自恃，指摘刘铭传、李鸿章的主张是无事生非、非国之福，提出修铁路存在“不可行者八，无利者八，有害者九”阻挠修路。也就在这一天，清王朝颁布上谕，叠据庭臣陈奏，佥以为铁路断不易开。铁路之争的第一回合就这样以洋务派的失败告终。然而，就在此后不久，中国第一条铁路——适应运煤需要的唐胥铁路却建成了，洋务派的主张有了再次实现的可能。

1884 年中法战争爆发，军需运送紧迫和漕粮运送受阻，验证了修铁路的紧迫性，但顽固派并不罢休。洋务派并未予以评说，只有李鸿章在 1886 年冬针对顽固派的有碍庐墓、夺民生计、开门揖盗等论调加以驳斥，他们的着力点已转到将唐胥路由胥各庄延修至阎庄的筹划。主持总理海军事务衙门的奕环在中法战争前后，以防务、调兵、运械筹划修铁路时，已不大顾忌顽固派的那些陈词滥调了。1886 年 8 月组建开平铁路公司，开始修建胥阎线。1887 年 1 月筹划阎庄到大沽的铁路，1888 年 10 月，津沽铁路全线通车。这样，在铁路之争的第二回合，洋务派的主张已付诸实际①。

也就在1888年10月津沽铁路全线通车之际，李鸿章向奕譞建议奏请由天津向西修铁路至通州。在顽固派看来，由把铁路引进京都，不啻是开门揖盗、堂奥无遮。1888年12月中，国子监祭酒盛昱上奏提出铁路修在荒漠广远之区有利无害，在人烟稠密之地有害无利。河南道监察御史余联沅上奏力数修津通路之害五条。山西道监察御史屠仁守上奏认为只有建北京到清江的铁路较为理想，修津通路则大利皆失，不可轻试。户部给事中洪良品等奏称开津通铁路虽有百货流通，往来便捷，海口有事，调兵神速之利，但宫廷宗庙所在，设险阻堑恐不严，何以尽撤藩篱？修铁路有百利不能偿此一害。1889年1月，懿旨将余、屠、洪等人奏请停办津通铁路的奏折交海军衙门会同军机大臣妥议具奏。次日，礼部尚书奎润、户部尚书翁同龢、仓场侍郎游百川、内阁学士文治均反对修津通铁路。当天，懿旨又将这些奏折连同余、屠、洪等人的奏折责成海军衙门会同军机大臣一并妥议具奏。海军衙门和军机大臣会奏，把以上所有反对意见归纳为“资敌”“扰民”“失业”三类，并一一作了批答，就海防、河运之利，以及通货物、销矿产、利行旅、便工役、速邮递作了说明，认为如果将现修铁路忽然中止，海防疏失，咎将谁归？已修铁路将被废弃，所借洋债百万余两须由户部拨正款抵偿，来日断难举办招商。垂帘听政的慈禧太后认为海军衙门和军机处的会奏辩驳精详，敷陈剀切，对各折内似是而非之论，能剖析无遗。津通路已降旨允准，因事属创办，仍责成督抚大臣各抒已见，迅速复奏。在这样的情形下，复奏的基调自然转向赞同者居多。不过，两广总督张之洞提出了缓修津通路，改建由京郊卢沟桥经河南至汉口的卢汉路的新见解。就洋务派与顽固派在中国要不要修铁路这一论争而言，洋务派的主张最终取得了胜利②。

总体来说，洋务运动时期清王朝国家内部的统合能力主要体现在科学启蒙与因循守旧之争上，反映的是观念之争，用当今语言概括，也就是意识形态之争。而洋务运动也正是在这种不断论争中起步并缓慢前行。

①② 丁贤俊：《洋务运动史话》，北京：社会科学文献出版社，2011年。

四、洋务运动与国家—国际社会的交互能力

（一）保障本国安全的国家能力

正如前文所述，保障本国安全的国家能力主要体现在国家能在多大程度上克服国外强大集团的侵害，保护本国的经济社会安全，其强弱表现在国家能在多大程度参与国际事务，国际话语权有多大，国家与其他国家谈判、合作中维护本国利益的能力有多大。就此而言，洋务运动时期，清王朝所代表的国家在保护本国安全方面的能力是弱小的，其根本原因在于中国在西方列强的不断侵略下已沦为半殖民地。

从签订《南京条约》的1842年到签订《烟台条约》的1876年的34年间，清王朝就和西方各国签订条约、章程等，共计81项，这些条约、章程无一不破坏中国主权。中西各项不平等条约，都以和平通商为名，列有协定关税权、领事报关权等，破坏了中国的关税自主权；以公平审判为名，列有领事裁判权，破坏了中国的司法自主权；又以弹压外商不法行为为名，列有在中国通商口岸长驻炮舰的特权，仅仅这条长驻炮舰权，就为外国人在华的行动自由提供了充分保障。事实上，西方列强的在华炮舰，也确实多次以武装威胁中国官员或实弹轰击中国居民的手段，强迫中国官员屈服于他们超越条约权利以上的无理要求。条约权利、炮舰威力，为西方入侵者树立了战争者、征服者的政治声势。政治声势是一种无形的但又无所不在的暴力。只要是外国人，他就拥有高于中国人的政治地位、法权地位、社会地位，从而也就拥有高于中国人的经济地位，从而也就拥有为所欲为的行动自由。而西方入侵者对中国的间接政治统治保证了他们商人对中国进行暴力强制性经济侵略①。外国人享受条约权利是一回事，条约如何执行是另一回事，在外国人事事倚势横行，清王朝事事屈从的形势下，中国地方官员并不敢独自捉拿外国人犯。领事裁判权的最严重后果在于包庇外国杀人凶手，致使外国入侵者在中国的行动具有为所欲为的随意性伤天害理的残暴性。事情的严重性还在于外国领事庇护受雇华人为他们向清王朝要求豁免权。由于领事裁判权的存在，很快

① 严中平：《中国近代经济史（1840—1894）》，北京：人民出版社，2012年。

就形成一种社会风气，处处“媚夷、艳夷而鄙华，信夷而压华”①。需要指出的是，不仅前来中国的所有西方侵略者和他们东方殖民地的人，都各有其守护神，甚至中国人只要登上悬挂西方旗帜的任何一条船只，或者和西方人搭上某种关系，也都自动受到西方领事的守护。事实上，鸦片战争后闯到中国来的很多所谓外国商人都是流浪汉、冒险家乃至罪行累累的逃犯，这些人到了中国，无所不为②。

外国入侵者直接掌管清王朝的海关行政权，无疑使清王朝的经济安全无从谈起。这一威胁清王朝经济安全的经济侵略始于1843年西方列强建立领事报关制度，经过1854年英、美、法三国领事掠夺江海关行政权，第二次鸦片战争后扩张到所有海关，一直延续到清王朝灭亡后，到中华人民共和国成立为止，外国人直接掌握中国海关行政权，前后历时90多年。这种中国海关的洋税务司制度强化了西方列强对中国财政金融命脉的控制，为西方列强顺利而安全实施对华经济侵略提供了保障，使中国成为西方列强联合统治的半殖民地③。在1861年设立总理各国事务衙门的次日，就命令英国人李泰国为总税务司，1863年李泰国被撤职后，英国人赫德接任总税务司职位，历时长达50年之久④。

一个国家的沿海水域，属于该国主权范围，不容他国侵犯，这是国际公认的一条准则。一个国家的内河航运及内地贸易，更属于该国的主权范围。但在西方列强的侵略下，外商恣意侵夺中国江海的航行权和贸易权，对中国固有的航运和贸易造成极大的排挤压力。

（二）应对变革的国际贸易环境的国家能力

协定关税权、领事裁判权和长驻炮舰权的存在，既标志着清王朝丧失了保障本国安全的能力也同时意味着清王朝在国际贸易上处于不平等和被强迫的地位。比如，第一次鸦片战争以后，西方入侵者在中国非法掠卖苦力，先造成清王朝无力制止的既成事实，然后，又迫使清王朝准许他们合法“招工”，把苦力贸易合法化，到了洋务运动时期，特别是1874年后，苦力贸易才逐渐趋于低潮⑤。再比如，1858年签订的中英《通商章程善后条约：海关税则》使非法的鸦片进口贸易合法化，清王朝所保留的唯一权利是，以不得

①②③④⑤ 严中平：《中国近代经济史（1840—1894）》，北京：人民出版社，2012年。

另定货税，即永远不得提高税则为条件换取了英商不得自口岸内销，和华商运入内地不得享受子口半税的优待。同时，通过所谓的“担保”英商交纳税饷的领事报关制度，包庇合法商品的走私漏税[①]。

随着国际资本主义发展的广化和深化，其对外输出工业制成品和输入原材料的需求大大增加，从而促进了资本输出。而机器产品的便宜和交通运输业的变革是夺取国外市场的武器。机器生产摧毁国外市场的手工业产品，迫使这些市场变成它的原料产地[②]，正是洋务运动时期中国国际贸易的真实写照。比如，由于中国商人绝少出国到国外市场上去经营中西贸易，在中西市场相隔如此遥远而电讯工具又掌握在外商手里的条件下，所以他们能以什么价格出售多少丝茶，惟外商的鼻息是赖。因此，外国商人所经营的中西丝茶贸易便具有资本主义发展初期宗主国和殖民地之间的那种贩运贸易的性质，在这一情形下，中国的蚕农、茶农的命运可想而知[③]。而国际茶叶生产和生丝生产的现代化无疑又降低了中国的丝茶产品的竞争力。

随着国际资本主义入侵中国的政治经济实力的增强，1877～1894 年 17 年时间内，清王朝又和外国签订了 90 个条约，这些新增条约，除了中国和朝鲜的几个条约并未破坏中国主权外，其余条约无不破坏中国的主权，导致国际资本主义对中国市场的更加激烈争夺，也进一步恶化了中国对外贸易的环境，包括增开商埠、扩大租界、在一定条件下享有沿海贸易权、长江航行权和内地通商权；关税进一步降低，一般只能收货物价值 5% 的关税，对外国烟、酒、衣服、药品、金银首饰、食品等诸多物品一概免税，对运销内地的洋货只征收 2.5% 的子口税。从第二次鸦片战争到中日甲午战争我国被迫开放的通商口岸已由最初的 5 个增加到 35 个。通商地区由沿海逐步向长江沿线及广大内陆地区发展。进口商品的数量和品种日渐增多。这些商品除鸦片及少量各国土特产外，大多数为先进的工业制品，具有物美价廉的优势。其结果是，在中外贸易方面，从 1873 年出口 11000 万元到 1893 年的 16700 万元，仅增加 51.8% ，进口则由 10600 万元增至 21900 万元，增加了 206.6% 。1873 年出超 400 万元，1893 年入超已达 5200 万元[④]。如果再考虑到鸦片走私和名目繁多

① 严中平：《中国近代经济史（1840—1894）》，北京：人民出版社，2012 年。

② 马克思：《资本论（第一卷）》，北京：人民出版社，1975 年。

③ 同①。

④ 严中平：《中国近代经济史统计资料选辑》，北京：人民出版社，2012 年。

数量日增的免税物品以及出口原材料被大大压低的价格，入超会更加严重。

此外，在前述的清王朝与外国企业的关系所提到的，列强不顾清王朝的反对，公然投资设厂，所开办的一系列船舶修造、进出口货物加工、机器缎丝、机器轧花等诸多轻工业和食品工业，以及租界内的电灯、电话、自来水、煤气等公共事业，到甲午战争前夕，外国在工业方面的投资总额已达2800万元[①]，而同一时期，清王朝的各类近代化企业（不包括军事工业和运输电讯事业）的资本估计约2000万两[②]，两者相差无几，前者对后者的威胁可见一斑，再加上外国企业一般资本较多、机器设备先进，其产品又享有种种减免税特权，无疑更使清王朝刚刚起步的工业陷入极其困难的境地。其结果是造成大量企业倒闭，即使受晚清政权大力支持的少数企业也难以支撑，甚至出现许多华人宁肯附股外国企业而不肯自办企业或将本国产品冒充外国商品以偷税获利的局面。

（三）应对国际金融入侵的国家能力

1870～1874年间，清王朝每年平均进口外国商品价值68868600海关两，1890～1894年则上升到144233000海关两。同时期，平均每年出口本国商品价值从66720000海关两上升到107082600海关两[③]。如此大量而迅速膨胀的进出口贸易，要求国际贸易周转资金有所扩张。原本从事对华贸易历史悠久的大洋行都兼营中西汇兑，1870年代中西电讯接通后，发生了由信汇向电汇转变的中西贸易方式变革，汇兑业务也由洋行向银行过渡，银行逐步控制中国的外汇市场。而在通商口岸内部，贸易量扩大以后，经营商业资金周转的中国钱庄由于资金短缺不得不以拆借方式向资金雄厚的外国银行贷款，以应付市面需要，由此钱庄的命运便完全控制在外国银行手中。外国银行对外汇市场和通商口岸的本地资金周转市场的控制意味着可以操纵通商口岸的金融市场。

就洋务运动本身来说，洋务运动兴起的30多年间共兴办了19个军事工业、30个民用工业企业，还兴办了一批近代交通运输企业，这些都需要大量资金。军事工业主要靠政府投资，具体来源是军费拨划，如江南制造局刚建立时每月需要经费约1万两，是从淮军军费中列支的，有时就直接从上交国

---

① 孙毓棠：《中国近代工业史资料（第一辑，上册）》，北京：科学出版社，1957年。

② 戴逸：《洋务历史试论》，《洋务运动史论文选》，北京：人民出版社，1985年。

③ 严中平：《中国近代经济史（1840—1894）》，北京：人民出版社，2012年。

库的关税、厘金中留一部分充作经费，再不足时靠“洋务派”分掌的各地财政予以解决。至于民用工业，资金来源主要是前文作过分析的官款和招商引资两部分，官款即财政资金，一般不直接投资企业，而以“借垫”的形式给企业使用，以此为“启动资本”设立公司，向社会出售股份获取资金，如轮船招商局设立时借垫官款13.5万两，同时以股份制形式募集股金100万两，作为开办企业的资金①。由此可以看出，办洋务的资金一部分来自中央和地方财政的拨款，一部分来自以股份公司名义募集的资金，资金的这种来源方式就形成了前文所说的“官办”和“官督商办”两类工业。

这一点与西方近代工业化国家有所不同，19世纪30年代德国开始了近代工业化，其解决资金来源的渠道主要有两条，一是从银行融资，二是设立股份制公司吸引民间资本。同期的法国除了通过银行募集资金外，还进行了金融创新，设立了“土地信贷银行”“动产信贷银行”等类似于交易所性质的金融机构，将社会闲散资金集中起来支持工商业发展，在提高资金使用效率的同时也降低了融资成本。

在洋务运动兴起前后，中国近邻日本正经历着一场明治维新运动，实现近代工业化是其中重要内容，其资金来源主要是国内已经有相当实力的金融业，1868年日本维新政府上台，两年时间就印出了4800万日元的纸币，仅拿出其中的一半就解决了维新政府的日常运转问题，剩下的是支持本国工商业发展的资金②。从西方工业近代化的成功实践可以看出，其工业化的资金来源主要是本国金融体系以及通过设立股份制公司等手段募集社会资金，政府直接投入并不是资金来源的主渠道。因为政府的财政资金总是有限的，更何况财政岌岌可危的清王朝，因此依靠它推动近代工业化进程，不用说民用工业，就连朝廷力保的军事工业也经常捉襟见肘，李鸿章曾费了很大力气为海军争得每年200万两共计5年的军费和相关军事工业投资，但实际拿到手的仅有50万两，一向强势的李鸿章也无可奈何，因为朝廷财政能挤出来这点钱已经费了九牛二虎之力。

而清王朝这种金融上的颓势，则是其缺乏资本主义金融体系所致。从金融体制上看，清王朝中期以后实行的是从明朝继承而来的银本位制，主币是白银，而且是银两，国家也没有真正意义上的银行，不能像日本那样通过准

① 严中平：《中国近代经济史（1840—1894）》，北京：人民出版社，2012年。

② 陈忠海：《洋务运动：一场金融缺位的“近代化”》，《中国发展观察》2015年第11期。

备金制度和杠杆效应发行信用货币，政府没有钱，能想到的就是加捐加税。当时也有钱庄和票号这样的金融机构，但它们与近代银行有很大不同，钱庄、票号一般规模较小，经营上以家族管理为主，业务仅限于国内或某个地区，借款利率较高，向它们借款的人多以应急为主，很少用于生产性资金周转，这些特点决定它们无法代替银行的作用，也满足不了政府大宗借款的需求。

维持政府运营需要钱，巨额军费需要钱，办洋务也需要钱，加捐加税也有极限，没有自己的银行又不能举内债、不能印钞票，清王朝最后只剩下了一条出路：向外国银行借款。洋务运动时期，外国银行日益向清王朝出贷为数庞大的长期借款，并在外国市场上发行中国债券，即外国银行向中国进行资本输出①。1872～1890年这18年，清王朝共举借27笔外债，平均每笔高达2299813两，这些外债绝大部分都以关税收入作保，由洋税务司从关税收入中直接拨付本息，成为西方入侵者掠夺中国海关行政权以后，对中国关税主权的进一步破坏，而且破坏的深度随着外债的增加越来越严重②。

（四）总结

显然，洋务运动时期清王朝应对国际社会的能力，延续了1840年鸦片战争以来的颓势。这种颓势是当时国内外政治经济条件的必然结果。

首先，资本主义列强来华的目的是侵略和掠夺。它们不会也不可能帮助中国实现独立和富强。因此，它们与中国兴起的洋务运动在本质上是对立的。西方列强特别是英、法、美等国还纷纷插手洋务运动，试图左右中国早期的近代化方向。列强利用不平等条约攫取的特权和对中国海关的控制，极力压制民族工商业的兴起和发展，为倾销商品掠夺原料服务；与此同时还大量开办洋行、银行和各类企业，特别是千方百计利用特权吸引中国人的资金作为资本；对于民用工业，他们一直视为阻碍其对华商品输入的重要障碍，尤看作列强在华企业的眼中钉、肉中刺，所以他们利用攫取的特权和本身雄厚的实力千方百计进行排挤、倾轧乃至吞并。例如，上海轮船招商局刚刚开业，在华的英国太古轮船公司和美国的旗昌轮船公司立即捐弃前嫌、勾结起来，以削减运价为手段极尽排挤、倾轧之能事。这一切，严重破坏和影响着洋务运动的顺利发展。

---

①②　严中平：《中国近代经济史（1840—1894）》，北京：人民出版社，2012年。

其次，腐朽、软弱的清王朝既无胆略又无实力改变这种环境，为求得暂时安宁，妥协退让日甚一日，常常顾此失彼。结果日趋恶化的国际社会不仅使中国丧失了大量权益，而且越来越处于风雨飘摇之中，无法使洋务运动特别是民族工商业发展得到理想的环境。这一点与差不多相同时点的日本明治维新形成了鲜明对比。作为由下级武士（率兵倒幕的主要力量）和商人相结合的势力所建立的明治政府，对日本封建制度进行了全面改革。他们推毁了封建割据的幕府诸藩统治，建立了中央集权的统一政府。在此基础上，他们废除了领主的特权制度和秩禄制度，废除了人身等级制度，给予民众职业选择、居住和迁移、婚姻自由，保护私人财产权，创造了资本主义发展所需的“市民自由”。他们通过废除幕府诸藩所设置的关卡，废除商业垄断和封建行会制度，统一币制，开设银行，修复港口，设置灯塔，促进海上交通发展，为国内统一市场形成创造了条件。他们通过大刀阔斧的地税改革以确立近代土地制度，为资本的原始积累提供条件，通过制定“殖产兴业”政策并设置工部省以国家政权的力量推进资本主义工业、矿业、交通、通讯、邮政及商业等方面的发展，其中尤以日益增多的财政拨款重点发展军事工业、实行扩军备战。通过实行“文明开化”政策，设立文部省进行教育改革，以设立新式学校、派遣留学生和培养军事人才作为重点，为资本主义发展提供了科学技术人才。他们通过积极派大型使团出访欧美，参观、考察其先进的文化、制度，进而谋求修改不平等条约①。

最后需要指出的是，洋务派活动于中国资本主义从无到有的年代，它的历史任务是实现“有”，“有”以后才能谈到发展，那是又一个历史阶段的任务。从“有”的角度来看，洋务运动缩短了中外的差距，通过引进机器生产，实现由手工制造到机器生产的转变，加速了中国资本主义的发生。同时，还建立新式海陆军，创办大型现代企业，引进机器、技术和培养自己的科技人才，从而顺应世界潮流，适应社会需要，为中国资本主义的发生做出了贡献。对于一个已处于半殖民地地位的当时中国来说，移植资本主义，在开始阶段便不能不依靠洋务派。“民间商人”的“活动”“筹划”“试探”分别早于洋务派10年、20年、30年。结果是，除资金少、规模小、技术要求低的少数行业如缀丝、轧花外，几乎都没有成效，否则就不会出现在这期间纯粹商办

① 严中平：《中国近代经济史（1840—1894)》，北京：人民出版社，2012年。

企业处于绝对劣势的局面。问题在于创业，既有集资、购器、技术、管理、经营的困难，又有抵制帝国主义压迫、排除专制势力阻挠的困难。对于本小力薄的“民间商人”来说，创建大型骨干企业是难以胜任的，而没有大型骨干企业就不能说奠立了中国资本主义之始基。而且，因为从无到有，缺乏资金、设备、技术、人才，需要政府的倡导和扶持，而政府中能够予以倡导和扶持的只有洋务派。洋务运动没能救中国，这是历史证明了的。但是，无心插柳柳成荫，洋务派不自觉地促进了中国资本主义的发生，也是不容抹杀的历史事实①。

第四节　1927～1937 年的中国国家工业化与国家能力

1927 年，南京国民政府一成立，就宣布要通过建设国家资本途径，发展实业。1928 年后，国民政府对国家资本的涵盖行业和建设途径逐渐明确，拟建骨干企业及行业名单陆续出台。1928 年国民党中央政治会议通过的《建设大纲草案》规定，铁路、国道、电报、电话、无线电等全国交通及通讯事业，水利电力、商港、市街公共服务等有“独占性质”的公用事业，钢铁、基本化工、大煤矿、煤油矿、铜矿等“关系国家前途”的基本工业及矿业，“悉由国家建设经营”。地方政府则可在中央的委任和监督指导下参与国营事业的经营与管理。同年，工商部提出 9 种国营基本工商业案，要求发行 2 亿元公债，用于筹建钢铁、水电、机器制造、精盐、酸碱、细纱、纸浆和酒精工厂。1929 年颁布的《训政时期国民政府施政纲领》，要求工商部从整理旧有国营工业、设立基本工业制造厂两方面“发展国营工业”，又令建设委员会筹办农器及肥料、机械及机器、印刷机器厂，电机制造各厂，大水泥厂，钢铁厂，硫酸及盐厂和火车、轮船、汽车、飞机制造各厂。1930 年出台的《关于建设之方针案》再次重申：铁道、水利、造船、制铁、炼钢等“伟大之建设事业，依照总理节制资本之义，宜由国家经营”，凡特种工业亦“均由政府计划办理”，并限定于两年内筹设“大规模”的制铁炼钢厂、造船厂和电机制造厂。同年 5 月，国民政府颁布《矿业法》，10 月公布《矿业法试行细则》，确定了

---

① 李时岳：《洋务派的历史任务及其他》，载于《历史研究》1989 年第 4 期。

管理矿产资源的基本政策和国家资本在矿业中的地位。《矿业法》规定，全国矿权均为国有，铁、铜、石油、煤气由国家自行探采，其产品出口须经核准，视情况加以限制。但在必要时，上述各矿的出租探采权，承租者则以国人为限。上述各矿以及钨、锰、铝、锑、铀、钾、磷等矿，必要时可划为“国家保护区”，禁止探采。其余各矿，国人均可依法取得矿权，但所在地县市政府有优先权，亦即包括地方官办资本在内的国家资本有独占或优先探采全国矿产的特权。

一、1927～1937年的中国国家工业化概述

从1931年起，国民政府开始有计划和较大规模的国家资本建设①。然而，南京国民政府这种国家工业化之路由于随着内外交困的不断扩大和越来越严重，变得越来越艰难。其真正的建设时期只有1927～1937年这十年，即使这十年也并不平静，其间的东北沦陷、“一·二八沪战”、世界经济危机及由此引发的全国经济恐慌，对国家工业化建设形成了巨大冲击。

总的来说，国民政府经过1927～1937年的十年建设和经营，到日本帝国主义全面侵华战争爆发前夕，初步形成了以银行、金融业为龙头，矿业、重工业、铁路运输业为主干，并向轻工业及商业流通领域扩展的国家资本体系②，并由此建立起国家工业体系。直至20世纪30年代，无论是从业人数还是国民生产总值，城乡手工业仍然是中国仅次于农业的第二大生产部门。

（一）工矿业发展概述

1927～1937年十年间，当时中国工矿业的发展，大致分为三个阶段：1927～1931年，随着国民党政权的建立、北洋军阀割据局面的结束，全国政治局势稳定，工矿业有所恢复和发展，部分行业达到历史最高水平；1932～1935年，由于东北沦陷、淞沪之战和由世界经济危机引发的全国经济恐慌和金融危机，工矿业和金融业大受打击，全面衰退，多数行业在1934年陷入低谷，其中，东北沦陷和“一·二八沪战”对我国的国家工业化建设是一次浩劫，东北全境的工矿企业和工矿资源落入日本侵略者手中，上海闸北、虹口等地数以百计的各类工厂企业被日军炸毁、击毁、焚烧、破坏，煤矿、冶铁、

---

①② 刘克祥、吴太昌主编，刘兰兮等著：《中国近代经济史（1927—1937）》，北京：人民出版社，2012年。

面粉、机器制造、纺织、印染、缫丝、丝织等行业，因损失骨干企业甚至大部分企业，丧失原料供应和产品销售市场，遭到的打击尤为严重。而世界经济危机引发的全国经济恐慌，更使当时整个工矿业雪上加霜；1935 年年底至 1937 年夏，随着经济恐慌走出谷底，加上南京国民政府推行法币政策，渡过了金融危机的难关，物价止跌回稳，市场复苏，工矿业生产开始回升，到 1936 年，某些行业的产量达到历史最高水平。不过，如缫丝、纺纱、面粉、卷烟、火柴以及有色和稀有金属等行业衰退严重，甚至一蹶不振。而煤炭、水泥、基础化学工业等行业和企业则发展相对平稳，尤其是水泥和基础化工等行业获得了长足发展①。

（二）交通运输和邮电通信业发展概述

正如本章第三节所揭示的，铁路、轮船航运和新式邮政、有线电报传入中国并在中国开办较早，而到第一次世界大战前已初具规模，形成产业。从 1881 年中国自行修筑唐胥铁路算起，截至 1927 年，47 年间累计建成铁路仅 13147 公里，平均每年 279.7 公里②。公路运输、航空运输和无线电报、电话传入中国并在中国开办较晚：清末民初，始有公路和汽车运输，零星开办无线电报、电话，第一次世界大战后有所发展，公路交通运输开始形成产业，而航空运输的商业性经营直到 1929 年中国航空公司成立后才开始。

1927～1937 年，新式交通运输和邮电通信各业，均有不同程度的发展，产业主权、资本结构、管理体制、业务经营等都发生了重大变化。“九一八事变”后，东北地区的交通运输和邮电通信各业资产、资源，全部丧失。在关内地区，铁路方面，列强由以往的路权攫夺和直接投资转为以贷款间接投资为主。轮船航运、新式邮政、电报通信方面，南京国民政府通过谈判协商、变革体制、备价赎取、培养和安置本国技术人员等途径，收回了部分行业主权、产权和管理权，而航空运输的主权和产权一开始就被控制在外国资本手中。同时，南京国民政府通过梳理、调整相关职能机构，制定、完善法律、法规和章程、条例，建立和加强了对交通运输和邮电通信各业的法制化和规范化管理。公路、铁路的修筑、邮政、电报的区域设置与划分，也加强了统一领导与规划，改变了北洋政府时期各自为政的分散状态，并通过举借外债、

---

①② 刘克祥、吴太昌主编，刘兰兮等著：《中国近代经济史（1927—1937）》，北京：人民出版社，2012 年。

发行公债、财政拨款、征收税捐、招股集资等方式，部分解决了资金问题，在某种程度上加快了铁路、公路运输的发展。

值得指出的是，1927～1931 年“九一八事变”前后的 5 年间，全国修筑完成铁路计 2251 公里，其中 1756 公里在东北，东北是全国铁路密度最高、线路网络最完整的地区，又是铁路枕木的主要供应地①。东北沦陷是全国铁路和经济发展永远无法弥补的损失。1927～1937 年间，不计日本帝国主义在东北劫夺和盗建铁路线，全国新修、续修铁路总计 5495.5 公里，平均每年约修建 500 公里，到 1937 年年底，全国铁路通车里程约为 22307 公里，比 1927 年增加 75%②。1927～1935 年的 9 年间，国有铁路的运输量和营业收入都有较大幅度增长，运输总量从 532372 万吨公里增至 1083765 万吨公里，增长 103.6%，年均增长 9.3%，营业收入从 9951 万元增至 17109 万元，增长 71.9%，年均增长 7%③。

1927～1937 年间，中国轮船航运业在主权、资源、资本结构、管理制度、经营方式等方面都发生了重大变化。东北地区由于水域辽阔，海上和江河航线众多，江河水深量大，有良好的海港及河港，航运资源丰富，条件优越，在中国航运业发展中占有重要地位，1931 年“九一八事变”后，这一地区的轮船航运企业和航运资源，全部丧失，中国轮船航运业遭到巨大损失和打击。关内地区，南京国民政府在“清理”“整顿”的旗号下，将国内最大的航运集团招商局收归“国营”，同时在航运管理、技术设备、人员构成、经营方式也有改进，帆船运输进一步被轮船运输取代，并收回了部分航运主权和管理权。不过，就全国而言，中国轮船在进出口中国通商口岸的船只中，所占比重很小④。

1927～1937 年，特别是进入 30 年代后，公路交通运输有了较大发展，这 10 年间全国新修公路约 8.8 万多公里。到 1937 年，全国公路通车总里程大 110952 公里，相当于 1927 年的 3.8 倍⑤。1928 年，全国公路营业车辆数为 6376 辆，总收入为 4035 万元，到 1937 年则升至 28492 辆，17773 万元。若不考虑价格变动，1928～1937 年 10 年间，全国公路汽车运输的总收入年均递

①②③④⑤ 刘克祥、吴太昌主编，刘兰兮等著：《中国近代经济史（1927—1937）》，北京：人民出版社，2012 年。

增 17.9%[①]。

就航空运输业而言，南京国民政府直接着手筹划是在 1929 年。此年 1 月，交通部设立航空筹备委员会，在该年度邮政经费预算内，加列航空邮政经费 60 万元。4 月，南京国民政府颁布中国航空公司条例，成立中国航空公司，5 月，成立沪蓉航空线管理处，购置飞机 4 架，设立机场 5 处，并在上海设立飞机修理厂，开办上海—南京航空运输，7 月，沪蓉线京沪段正式运营，南京—武汉段也开始试营。到 1933 年年底，中国航空公司有飞机 18 架，营业处所 18 处。1931 年，成立中德合资的欧亚航空公司。此外，还有地方官商合办公司和军队经营的民用航空运输。比如，1933 年由广东、广西、福建、云南和贵州等省联合成立的西南航空公司[②]。

作为近代通信联络基本手段的新式邮政和电信，19 世纪末 20 世纪初相继传入中国，起初是外国侵略者在中国擅自设办，后由中国政府备价收回自办或仿办，但其组织管理或基础设施长期被外国把持。1929 年，南京国民政府邮政总局的邮政总办由中国人担任，外国人长期独揽中国邮政大权的状况得以初步改变，不过，视察员、邮务长、副邮务长等重要职务中，外国人仍占很大比例。1931 年"九一八事变"后，东北的邮局、电报局、电话局、国防无线电台等邮政资源及业务被日本侵略者劫夺，中华邮政员工被迫撤入关内。1935 年，南京国民政府颁布《邮政法》，规定邮政由国家经营。1927 年，全国邮政局所达 1.2 万余处，各类邮路大 42.2 万余公里，邮件达 5.8 亿件，包裹达 555 万件，营业收入达 2780 万元，到 1936 年，全国邮政局所达 1.5 万余处，各类邮路大 58.4 万余公里，邮件达 8.8 亿件，包裹达 911 万件，营业收入达 4966 万元[③]。

近代电信业又可细分为电报（有线电报和无线电报）与电话（有线电话和无线电话）两部分。清末，电信业中的有线电报已有一定规模。1927 年后，无线电信和有线电话有了较快发展，1928 年无线电台 26 座，无线收报机 65 部，无线发报机 39 部，到 1935 年分别增至 63 座、207 部和 143 部，1928 年全国市内电话局所有 17 处，线路长度为 237524 公里，装机容量 52187 部，长途电话线路长度 6564 公里，到 1935 年分别增至 29 处、299820 公里、68975 部、28573 公里。此外，电信主权部分收回。而有线电报的建设基本上是在

①②③　刘克祥、吴太昌主编，刘兰兮等著：《中国近代经济史（1927—1937）》，北京：人民出版社，2012 年。

1927年前完成的。统计数据表明，1927～1935年的8年间，营业局所只增加了214处，机器仅增8台，线路反而减少了678公里，为此，1934年开始试办有线电报与无线电台合并，次年推广到全国。值得一提的是，1930～1934年，南京国民政府几经谈判，终于收回有线电报水线主权，并重订国际水线合同。1933年，全国电报和电话收入达到23768611元[①]。

二、1927～1937年国家工业化过程中的国家能力

正如本节开始所述，南京国民政府一成立，就不遗余力建立和扩张国家资本，并以此实行国家工业化。这一政策取向来源于孙中山的建国方略、建国大纲和扩张国家资本、节制私人资本的主张。1927～1937年，在推行国家工业化过程中，南京国民政府与公众组织的交互能力主要体现在其与民族企业的交互关系、其与国际社会的交互能力主要体现国际贸易、国际金融上、其国家内部治理能力则主要体现在中央政府对地方的经济统合能力上。

（一）1927～1937年南京国民政府与民族资本企业的交互关系

南京国民政府与民族企业的交互关系，主要表现为对商办企业的占有和控制，途径包括没收或无偿接管、收购、购买股份或参股改制三种形式，以第一种方式为主。如煤矿方面，据不完全统计，1927～1937年新增的29家官办或官商合办煤矿，26家是占有商办煤矿或土窑，其中16家是没收或无偿接管，6家是收购，4家参股改制或购买股份。不少商办企业，因有北洋军阀或前政府官吏股份，都被南京国民政府没收或接管。还有不少商办企业，或因股本中有地方官款，或借有外债，或股东不和及其他纠葛，或欠缴税款，或矿厂被划入官地，等等，都被无偿接收。即使南京国民政府备价收购，也非两厢情愿的商业买卖，价格也不由市场决定，轮船招商局的收购就是例证。而加入官股或政府购买若干股份的参股改制的商办企业中，在变为官商合办企业后，不论官股比重大小，其实际控制权都掌握在政府手中，南京国民政府对中国银行、交通银行、中国通商银行、中国实业银行、四明商储银行的占有和控制就是通过这一参股改制手段达到的。显然，这有悖于孙中山先生

① 刘克祥、吴太昌主编，刘兰兮等著：《中国近代经济史（1927—1937）》，北京：人民出版社，2012年。

的初衷。1918 年，孙中山先生在为国家经济“大方针、大政策”发表的《实业计划》中指出，中国实业开发应分两路进行：一是个人企业；二是国家经营。各行业凡可委诸个人，或较国家经营为适宜者，应由个人为之，而由国家奖励和法律保护；如不能委诸个人及有“独占”性质的行业，则应由国家经营。由此可以看出，孙中山先生主张的发展国家资本或国家经营，是由国家投资开办实业，并非直接占有私人企业，将其转化为国家资本；节制私人资本，也是依法通过税收和其他经济手段，防止私人资本的过分膨胀，并非对现有企业进行无偿剥夺。发展国家资本，就是发展国民经济和社会生产力。如果国家资本的建立和扩大是通过凭借政治权力，乃至诉诸暴力，占有和控制商办企业，将私人资本直接转化为国家资本，或用行政和法制手段，干脆将私人资本消灭，即以私人资本的萎缩和衰退为前提，无疑在某种程度上是对社会生产力的破坏和摧残①。

（二）1927～1937 年国家工业化的经济统合能力

1927～1937 年，南京国民政府的国家工业化是通过中央或地方政府的一系列经济法规和政策来加以实施的。这 10 年间，南京国民政府先后颁布了中央或全国性的主要经济法规 200 余项，法规数量、涵盖范围、内容广度与深度，以及法规的作用与影响，都大大超过北洋政府。南京国民政府不仅对已有法规做了大量修订和增补，还填补了经济法规的一些重大缺门，清末民初数十年间筹划未果的一些重要法规，如海商法、船舶法、票据法、保险法、保险业法、工厂法、审计法、统计法、职业介绍法、劳资争议处理法、破产法等，都一一制定、颁布施行，就经济政策和法规本身而言，南京国民政府已形成自己较为完备的体系，达到了近代中国资本主义经济政策与法规发展的最高水平②。

同时，因国民党实行“以党治国”，所以国民党中央所做的各种决议、计划、纲领等，在南京国民政府的规范性政策文件中占有凌驾一切的重要地位。自 1928 年国民党二届五中全会至 1937 年五届全会，国民党中央有关经济的重要决议案多达 40 余项，其中，《统一财政、确定预算、整理税收，并实行经济政策财政政策以植财政基础而利民生建设议案》（1928）、《确定训政时

①② 刘克祥、吴太昌主编，刘兰兮等著：《中国近代经济史（1927—1937）》，北京：人民出版社，2012 年。

期物质建设之实施程序及经费案》（1929）、《关于建设之方针案》（1930）、《筹办基本工商业之经过并请议决促其实现案》（1930）、《实业建设程序案》（1931）、《确定今后物质及心理建设根本方针案——关于物质建设部分》（1934）、《确定国民经济建设实施计划大纲案》（1935）、《中国经济建设方案》（1937）和《关于国防经济建设案》（1937）等9项决议，是这一时期南京国民政府各项经济政策的指导思想和总方针①。

由于南京国民政府建立初期，面临的最大困难是财权分散，省自为政，管理紊乱，国库空虚，出多入少，财政拮据，因而统一和整顿财政，规范管理、增加岁入，是维持国民党政权正常运行的首要条件，财政政策也由此在国民党政权的经济政策中占有极其重要的地位。为了统一财政，南京国民政府经过多番改组、调整、扩充，首先把财政部筹建为执掌全国财务行政的总机关和枢纽，并通过立法，"举税务、币制各要政完全统辖于财政部"。而收回地方财权，改变一些省区政府各自为政、任意征收税捐和截留国家税款的严重局面，对南京国民政府来说，更为重要和紧迫，也更为艰巨。南京国民政府经过激烈斗争乃至军事较量，财政权才得以统一。为了解决中央和地方的财政矛盾，改变各省任意截留中央税款的状况，南京国民政府在统一财政行政的同时，实行财政和税制改革，着手划分国家收支和地方收支、国家税和地方税。1927年7月，南京国民政府公布了《划分国家收入地方收入暂行标准案》和《划分国家支出地方支出暂行标准案》，并在江、浙、皖、赣、闽等省实行，次年6月，正式颁布实施，明确将收入和支出区分为国家和地方两个部分，确立了中央和地方两级财政体制，完成了自清末开始的财政体制改革，在一定程度上缓和了中央和地方的财政矛盾。1934年，将县提升为一级财政，原来的中央、省二级财政改为中央、省、县三级财政，从原属于省的地方收入中划出15%～45%的田赋、30%的营业税给县，从而提高了县政权的地位，加强了县政权的建设，限制和削弱了地方军阀势力的膨胀，有利于加强中央集权统治②。

金融方面，南京国民政府推行的重大政策和改革，主要是筹办中央银行，建立国家银行体系；实行币制改革，推行法币政策。1928年10月5日颁布《中央银行条例》，宣布中央银行为国家银行，将中国银行改组为国际汇兑银

①② 刘克祥、吴太昌主编，刘兰兮等著：《中国近代经济史（1927—1937）》，北京：人民出版社，2012年。

行，交通银行改组为发展全国实业之银行，将“豫鄂皖赣四省农民银行”扩充改组为“中国农民银行”，拥有发行“兑换券”“农业债券”和“土地债券”等特权。1930年改组成立了邮政储金汇业局，1935年改组成立了中央信托局。由此，南京国民政府建立起“四行二局”国家资本银行与金融体系。南京国民政府的币制改革分为废两改元和发行法币两个阶段。1928年，提出《国币条例草案》《取消纸币条例草案》《造币厂条例草案》《废两用元案》等多项关于币制改革议案。1929年7月1日开始废两用元，1933年4月6日正式宣布银两退出货币流通市场，规范、单一的单元货币终于取代延续了二千余年的称量货币，是中国货币制度的巨大进步，有利于国内的工商业、对外贸易的发展，有利于中国新旧金融机构的交替和新式银行业地位与作用的加强。然而，就在中国准备和推行废两用元期间，西方国家为转嫁经济危机，1931年后相继放弃金本位制，实行货币贬值，美国更从1933年实施白银法案，提高白银价格，在国内外大量收购白银，禁止白银出口，并将白银收归国有，导致中国银元和资金大量外流，中国面临白银流尽、银根枯竭，市场物价和国民经济全面崩溃的危险。为此，南京国民政府不得不放弃刚刚实施三年的银本位制货币，用法定信用纸币取代单元金属货币。1935年6月，决定改现金为准备金，对内采用不兑现纸币，对外则用无限制买卖外汇的方式，以稳定纸币汇价。同时，自1935年11月4日起，将中央、中国、交通三银行（1936年增加中国农民银行）发行的钞票定为“法币”，并限期3个月内，将新银就近各地兑换部门换成法币，如有故存隐匿、意图偷漏者，照危害民国紧急治罪法处置，法币政策很快在全国推行。法币政策是废两改元的继续，且改革更为彻底，实现了中国古老货币的现代化，及时缓解了全国金融市场与商品流通所面临的严重危机，有利于经济复苏，较好应对了国际经济形势和西方国家的货币制度剧变对中国经济的冲击①。

（三）1927～1937年我国的对外贸易应对能力

正如前所述，关税自主权是一个独立国家主权的主要组成部分。鸦片战争后，西方列强强加给中国的“协定关税”制度是对中国主权和国家利益的严重侵犯。一是非互惠性。中国对由西方列强输入的货物，降低税率，为其

① 刘克祥、吴太昌主编，刘兰兮等著：《中国近代经济史（1927—1937）》，北京：人民出版社，2012年。

输入和低价倾销提供条件，而西方列强并未以降低税率回报我方。二是非自主性。税则制定把持在列强手中，中国被迫接受，也不得单方面修改或废止。在关税税率方面，进口货物税率被钉死在“值百抽五”，即5%的极低水平，许多商品实征税率实际上并不及5%。随着时间的推移和中外贸易的增长，中国既在关税税收方面遭受越来越大的损失，更因失去关税保护而使国内企业的正常生存与发展受到严重阻碍。南京国民政府成立后，为争取关税自主所进行的不懈努力终获成效。1928年7月7日，南京国民政府外交部发表关于重订条约的宣言，提出三项原则：中国与各国条约之已届期满者，当然废除，另订新约；其尚未期满者，国民党政府应即以正当之手续解除而重订之；其九月业已期满而新约尚未订立者，应由国民党政府另订适当临时办法处理一切。南京国民政府首先就关税自主展开了外交活动，采取单个突破的策略，与各国个别谈判修约，至1928年年底，除日本外，先后与美国、德国、挪威、比利时、西班牙、意大利、葡萄牙、丹麦等国签订《关税条约》或《友好通商条约》，在这些条约中，各国都声明取消在中国的一切关税特权，承认中国享有完全的关税自主权。1929年2月1日实施第一个“国定税则”，年均进口税率从1927年的3.9%、1928年的4.3%上升至1929年的10.9%、1930年的12.0%，进口税收从1927年的0.72亿元猛增到1929年的1.67亿元。1930年5月，在带有附加条件的情况下，中日两国签订《关税协定》。日本同意中国享有关税主权。1931年1月1日，实施第二个“国定税则”，基于这一税则，到1937年，进口税税收从1927年的0.54亿银元上升到2.61亿银元。1931年6月1日开始实施新的出口税则，税率规定从量税为5%，从价税部分定为7.5%，并规定对茶、绸缎、漆器等30项货物免征出口税。在该税则的实施过程中，又陆续免征了对丝及丝织品、米谷、小麦、杂物等货物的出口税。为了缓和外货倾销和白银外流对国内经济的不利影响，1933年5月22日执行第三个“国定税则”。然而，迫于日本的压力，1934年7月再次修订关税税则，即第四个“国定税则”，做出了有利于日本的调整、妥协，说明南京国民政府收回关税主权后，中国关税仍难以完全“自主”①。

在对海关和对外贸易管理上，南京国民政府一成立，即筹设机构，制定相关章程、规则，着手加强对海关和进出口贸易的管理。1927年5月在财政

---

① 刘克祥、吴太昌主编，刘兰兮等著：《中国近代经济史（1927—1937）》，北京：人民出版社，2012年。

部下设关税处（10月改为关税署），首先加强了对海关行政的管理。1927年10月颁布的《财政部关务署总则》规定，关务署署长承财政部之命，综理关务署事务，关务行政等统归关务署领导。1928年4月颁布的《关务署主管各关局组织章程规定》，各海、常关设监督一员，承国民政府财政部长及关务署长之命，监督、指挥所属职员征收关税，总税务司由财政部委任，转请国民政府任命，各关税务司由总税务司遴选，呈由关务署审核，转请财政部委任。这样，外籍总税务司、税务司必须听命于南京国民政府，权限已受到很大限制，海关行政管理权已被逐步收回①。

南京国民政府成立之初，并没有专职的对外贸易管理机构，只在实业部内设工商访问局，向国内工商界提供国内外经济信息。1930年1月，南京国民政府开始实行关栈制度、领事证单标记办法，含有某种保护国内产业、限制外国商品任意倾销的作用。随着对外贸易的发展，1932年12月，实业部将工商访问局改组为国际贸易局，其宗旨是增进国际贸易。30年代中期，南京国民政府还对部分矿产品实行易货偿债政策和出口贸易管制。

此外，南京国民政府还开始制定和推行商品检验制度。1932年12月，南京国民政府颁布《商品检验暂行条例》及《商品检验局暂行组织条例》，开创了中国国家层面的商品检验制度②。

（四）1927～1937年我国的国际借贷应对能力

南京国民政府成立之初，大部分地区仍处于地方军阀控制之下，不仅军费浩繁，亟须筹款，而且税入微薄，财政窘迫，更要面对历史遗留的特大外债难题。当时，清王朝和北洋政府留下的外债高达13.47亿元，拖欠未还的为9.936亿元，相当于1928年度全国财政收入3.34亿元的2.97倍③。如何对待和处理这笔庞大的遗留外债，使新成立的南京国民政府陷入进退两难的境地。为了迅速筹措军饷，增加财政收入，建立和巩固全国统一政权，在大幅增加国内财政收入的同时，也必须提高进口关税税率、举借外债。然而，就举借外债而言，因北洋政府外债拖欠不还、债信破产，不如期如额偿还债款

①② 刘克祥、吴太昌主编，刘兰兮等著：《中国近代经济史（1927—1937）》，北京：人民出版社，2012年。

③ 阿瑟·恩·杨格：《1927—1937年中国的财政经济状况》，陈泽宪、陈霞飞译，中国社会科学出版社，1981年，第120～121页。

本息，恢复债信，西方列强和东方日本对南京国民政府提出征收关税附加税、提高税率等要求根本不予考虑，更不会提供新的贷款。如果承认和设法偿还欠债，特别是大批无确实担保的外债，则未见其利，先受其害，对原已濒临破产的全国财政，又无异于雪上加霜。虽则如此，南京国民政府权衡再三，为了得到列强承认和支持，还是毅然宣布承认清王朝和北洋政府的所有外债，并全力整理，如约偿还，以期提高债信，为续借新债铺路。此举满足了列强各国的要求，南京国民政府陆续借到了多笔新债，部分满足了铁路修筑和某些紧急事项的经费需要，虽然 1927 ~ 1937 年，南京国民政府所借外债数额比清王朝和北洋政府小，但由于利息高、条件苛刻，收支失衡，加上旧有外债的本息偿还数额庞大，根本无法如期如额偿还，只得换立新约，延期偿付，旧债衍生出新债，南京国民政府陷入了借债还债、越还越多的恶性循环。对此，国民党内、南京国民政府内部分有识之士及社会各界多有异议。比如，南京国民政府对北洋政府参战、西原借债进行整理、清偿的做法，国民党元老胡汉民在其向国民党中央政治会议提交的《整理公债标准》提案中，强调中国所借外债，“当在使中国在政治上、实业上不受损失范围内保证并偿还之”，“非以增人民之幸福，而为维持军阀之地位，以行使其贿买、侵吞、盗用之实者，人民不负偿还之责任”，合同中“如有干涉行政之条款，应即进行取消”。国民党北平、山西、绥远、浙江慈溪等省市党务指导委员会，上海党部和上海商人团体、全国商会，则坚决反对南京国民政府财政部部长宋子文允诺整理、偿还日本的参战借款和西原借款，作为日本承认中国关税自主之交换条件的卖国行径。然而，在西方列强特别是日本的压力下，南京国民政府不顾党内和商民的反对，继续并加紧推行原定整理方针、步骤。经过数年特别是 1935 ~ 1936 年间的大规模外债整理，南京国民政府的债信和国际声誉明显提高，为南京国民政府广泛寻求贷款创造了有利条件。1927 ~ 1937 年，南京国民政府举借的外债规模折合法币为 5 亿多元，远比清王朝晚期和北洋政府规模小。然而，由于南京国民政府把有限的财力主要用于偿还清王朝晚期和北洋政府的历史旧债，造成偿债支出远远超过所借新债的得不偿失的债务包袱局面①。

---

① 刘克祥、吴太昌主编，刘兰兮等著：《中国近代经济史（1927—1937）》，北京：人民出版社，2012 年。

第五节　1949～1976年的中国国家工业化与国家能力

鸦片战争以来，中国在国际竞争中的连连惨败促进了中国国家的革命化，因为唯有一个革命化的政权才能对外争取民族独立，对内打破各种传统势力的阻碍，领导和推动现代化，避免在国际上继续挨打。中国共产党基于中国组织性极差的小农经济社会特征①，通过动员群众、发动群众、组织群众，领导中国人民经过22年的不懈奋斗和流血牺牲，走向胜利，取得民族独立，建立新政权。从更长的历史来看，新中国政权是鸦片战争以来中国近百年民族解放运动的产物，因此，中国共产党建立的新政权也具有强烈的革命精神和社会动员倾向，即，对社会改造抱有强烈使命感，并把拥有与社会改造相适应的超凡禀赋作为执政合法性基础。

对中国共产党来说，建立革命政权"只是万里长征走完了第一步"，更艰巨的任务是如何推进"赶超型现代化"②。这集中体现在1949年9月29日，中国人民政治协商会议第一次全体会议通过的《中国人民政治协商会议共同纲领》，即《共同纲领》。《共同纲领》起了临时宪法的作用。《共同纲领》规定了新中国的政治、经济、军事、外交、文化等方面的方针政策。《共同纲领》确定了中华人民共和国是人民民主主义国家，实行工人阶级领导的、以工农联盟为基础的人民民主专政，人民行使国家政权的机关为各级人民代表大会、各级人民政府；取消帝国主义在华特权，没收官僚资本归人民国家所有，变封建土地所有制为农民土地所有制，稳步地变农业国为工业国；国营经济是国家发展生产，繁荣经济的主要物质基础，在它的领导下合作经济、农民和手工业个体经济、私营资本主义经济和国家资本主义经济分工合作，各得其所；国家以公私兼顾、劳资两利、城乡互助、内外交流的政策，达到发展生产，繁荣经济目的；国内各民族一律平等，实行民族团结；实行民族的、科学的、大众的文化教育事业；实行和平的外交政策，等等。《共同纲领》还对土地方针、发展工农商各业、金融管理、外贸体制、国家预算等方

---

① 毛泽东认为，旧中国社会的一个极大弊端表现在其长期处于"散漫无组织的状态"。参见《建国以来毛泽东文稿》第1册，北京：中央文献出版，1992年，第11页。

② 王雅林：《中国的"赶超型现代化"》，载于《社会学研究》1994年第1期

面作了根本规定。

而如何进行经济社会建设，是新中国成立后中国共产党面临的一个新的历史课题。这一时期的苏联模式是唯一比较成功的社会主义建设模式，新中国成立初期也不断学习苏联模式。但是，如果照搬苏联模式，显然意味着进入以苏联为主导的社会主义国家的分工合作体系，这不仅会使中国失去经济上的独立自主，而且从历史意义上看将延续别国的历史，而难以真正开展自己的历史创造过程。中国共产党在20世纪50年代后期提出“走自己的路”，以及60年代中苏大论战的深刻历史意义就在于提出走一条有中国特色的社会主义现代化道路的历史任务。站在今天的历史高度看，中国虽然在这种开创自己历史的道路上出现了诸多曲折与失误，但也为中国后来的改革探索留下了经验①。

一、“单位社会”、人民公社与总体性国家能力

（一）“单位社会”、人民公社与国家—公众组织交互能力

就国家与公众组织的交互而言，1949年以后，新政权在对国家机器进行了大规模改造的同时，也实现了对整个社会的“总体性支配”②。这一“总体性支配”是通过“单位社会”加以实现的。“单位社会”的社会特征是，劳动者的就业场所与政治参与场所合而为一，并且在单位内部，对单位的所有成员建立起“包下来”的福利制度。对于每个单位成员来说，就业场所的党组织和行政管理部门不仅是劳动过程的管理者，而且在政治上和法律上都实际代表了国家。而国家与公众组织的交互则主要是通过单位社会对全体单位成员的动员来完成。这样一来，通过单位社会，公众组织受到国家全面管控，如果没有单位社会党政部门的认可和证明，单位社会成员的诸如婚姻登记、户口登记、工作调动等许多社会活动就无法进行③。由此可以看出，“单位社会”的组织逻辑是“国家—单位—个人”的纵向治理体制，即“工人在经济上依附于企业，在政治上依附于工厂的党政领导，以及在个人关系上依附于

① 赵凌云、赵红星：《中国现代化进程中的三个三十年与三个历史创造》，载于《红旗文稿》2010年第5期。

② 渠敬东、周飞舟、应星：《从总体支配到技术治理》，载于《中国社会科学》2009年第6期。

③ 路风：《中国单位体制的起源和形成》，上海：上海人民出版社，2003年。

车间直接领导的程度和方式。"[①]。通过"单位社会"这一新的社会组织体制，既解决了从晚清开始形成、最后以军阀混战（政治整合危机）集中表现出来的总体性危机，又解决了在基础较差、资源条件并不很有利的情况下迅速实现工业化的民族主义目标所需要的社会动员和参与问题。这也是当时强调以民族国家为核心的集体认同和国家为主导的社会动员能力的人类社会的总体特征的一种反应。这种"国家—单位—个人"的"单位社会"治理体制，与前述的自秦至清的皇权—郡县体制相比，其显著特点是具有强有力的社会动员能力。对"单位社会"治理体制，既要看到其"作为社会调控之基本单元的单位组织；作为一种维护自身利益、保障单位主权的单位组织；作为个人安身立命的空间和实现社会化之唯一通道的单位组织；作为个人就业场所的一种话语表达；作为个人安身立命的精神空间"[②] 的存在理由，也要注意到其对社会和个人的替代，从而可能窒息个人自由全面发展的不利之处。

"单位社会"在中国城市得到比较好的贯彻和实施，在农村则是实行了一种类似于"单位社会"的人民公社体制。新中国对农业、手工业、资本主义工商业的生产资料私有制社会主义改造的提前完成，特别是几亿农民以意想不到的速度被组织进了高级社，使当时的中国共产党领导人毛泽东相信社会主义制度加上群众运动将是万能的武器，从而开始萌生将单位体制扩展至农村的念头[③]。1958 年 7 月 1 日，毛泽东发表了《全新的社会，全新的人》一文，提出了"人民公社"的概念，其主旨就是要模仿城市单位体制改造农村，建立工农商学兵相结合的组织。1958 年城乡二元户籍制度的确立为人民公社体制的建立提供了保证，这种保证体现在通过严格限制农村人口流入城市，把农民固定在土地上。在人民公社中，农民的私人财产已经合并为不可分割的集体财产，除了国家不包工资外，已经与城市机关、企事业单位没有区别。人民公社最初实行"一级核算"即单一的公社所有制，但由于引起了灾难性后果[④]，1960 ~ 1962 年实行"三级所有，队为基础"的制度，1962 年后，生产小队（后改为生产队，其平均规模约为 20 ~ 30 户）成为基本所有者，对社

---

① 华尔德：《共产党社会的新传统主义》，香港：牛津大学出版社，1996 年，第 14 ~ 15 页。

② 李汉林：《中国单位社会》，上海：上海人民出版社，2004 年，第 99 页。

③ 胡乔木：《"左"何以在中国延续二十年》，《社会科学报》1992 年 7 月 26 日。

④ 1959 年的谷物产量下降了 15%，1960 年又下降了 10%；1960 年，城乡人均粮食消费量由 1957 年的 406 斤下降到 327 斤，下降了 19.5%；农村人均粮食消费量更是下降了 23.4%。参见吴敬琏：《当代中国经济改革》，上海：上海远东出版社，2003 年。

员实行工分制度。而生产什么，生产多少，农业生产资料由谁供应，都统一进行计划，国家对主要农产品实行统购统销，只保留有限的集市贸易，严禁长途贩运。人民公社是一种政社合一的组织，既是一级经济组织，又是一级政权机构。人民公社实行组织军事化、行动战斗化、生活集体化，实行工资制与供给制相结合的分配制度。人民公社体制存在着严重的平均主义等问题，严重影响劳动者的生产积极性，生产效率低下，束缚了生产力的发展。

“单位社会”和人民公社可以视为在国家处理其与公众组织关系的复制。这种对中国社会生活实行高度组织化、半军事化的治理体制，在帝国主义对新生共和国政权的“封锁”和“剿杀”时刻威胁着共和国生存的背景下，不失为一种合理的选择。因为只有组织起来，并凝聚在中国共产党领导下的社会主义国家的旗帜下，才能摆脱总体性危机，走向富强。即是说，“单位社会”和人民公社式的国家与公众组织交互体制较好地解决了晚清以来中国社会“一盘散沙”的涣散问题，由此一般民众被纳入组织化轨道，形成了稳定的单位共同体，实现了中国社会基础秩序的重建，从而有力地维护了中国社会的凝聚和稳定，也为国家主导下以重工业为突破点的工业化，进而实行经济发展方式质的转变奠定了社会基础。

而生产资料私有制社会主义改造则为“单位社会”和人民公社的贯彻和实施奠定了经济基础。中国共产党在过渡时期总路线中提出了“逐步实现国家对农业、手工业、资本主义工商业的社会主义改造”方针。国家对资本主义工商业改造的政策是和平赎买，改造步骤是从委托加工、计划订货、委托经销代销、统购包销、公私合营等低级形式国家资本主义，发展到全行业公私合营的高级形式国家资本主义，最后实行赎买，完成社会主义改造。1954年实行农产品税统购统销后，国家完成了对私营批发商的改造。截止到1956年底，私营工商业的社会主义改造基本完成。全国公私合营的私股为24亿元人民币，其中工业股17亿元，商业股6亿元，交通运输股1亿元，由政府统一发放定息。与此相伴随，生产资料私有制社会主义改造的基本完成，使社会主义经济成分在国民经济中占了绝对的优势。在国民收入中，1957年同1952年相比，国营经济所占比重由19%提高到33%，合作社经济由1.5%提高到56%，公私合营经济由0.7%提高到8%，个体经济降低到3%，资本主义经济由7%降低到1%以下。

（二）“一边倒”政策、和平共处五项原则与国家—国际社会交互能力

中华人民共和国一成立马上得到了苏联、东欧社会主义国家，以及包括印度在内的一些亚洲国家承认。英国在 1950 年初承认中国。新中国成立初期，中国外交政策的着重点是发展同苏联的友好关系，即毛泽东主席在 1949 年夏提出的“一边倒”政策①。1949 年 12 月毛泽东主席亲自率代表团访问莫斯科。1950 年 2 月，中国和苏联签订了友好同盟条约以及多项经济协定，从此中国开始了实行以苏联模式为蓝本的社会主义计划体制，中苏关系恶化前的 1950 ~ 1960 年，苏联为新中国的工业化提供了主要援助。1950 ~ 1953 年间的抗美援朝为新中国的生存和巩固创造了稳定向好的国际社会。1954 年 6 月，中国和印度在中印联合公报共同提出著名的和平共处五项原则，和平共处成为中国外交政策的主要方针，1955 年 4 月万隆会议的胜利召开稳步提高了新中国的威望和影响。从 1958 年起，中国确定了自力更生为主，争取外援为辅的方针。1964 年，中国提出，在国际体系中有一个“辽阔的中间地带”，它“包括两个部分：一部分在亚洲、非洲和拉丁美洲已经独立和正在争取独立的国家……另一部分是整个西欧、大洋洲和加拿大等资本主义国家……这些国家的统治阶级既剥削和压迫别人，同时又受到美国的控制、干涉和欺负……在这方面，他们同社会主义国家和各国人民有共同点”②。1964 年 1 月法国与中国建立外交关系，至 1964 年底，和中华人民共和国建立外交关系的国家达到 52 个。维护领土完整和国家主权不容侵犯是中国处理国际关系时不可逾越的底线，只有在此意义上才能理解 1962 年中印边境冲突、1969 年中苏珍宝岛之战的实质。1966 ~ 1976 年的“文化大革命”也影响了中国与国际社会的交互，表现为在外交政策上有意采取了低姿态，但这并不妨碍当时中国在中苏边界所采取的许多行动，继续与美国保持接触，继续进行进出口贸易、对外援助。其中，1971 年联合国恢复中华人民共和国席位，以及结束中美两国长达 20 年之久的不正常状态是最重大的两件事件。1972 年 2 月美国总统尼克松成功访华，中美两国联合发表《上海公报》，1978 年发表的关于建立外交关系的联合公报，表明中美两国关系开始走向正常化轨道，为中国更为全面地

---

① 毛泽东：《论人民民主专政——纪念中国共产党成立二十八周年》，《毛泽东选集》第 4 卷，北京：人民出版社，1960 年。

② 《人民日报》社论，1964 年 1 月 21 日。

介入国际体系铺平了道路，为中国此后的对外开放敞开了大门。当然，“文化大革命”对中国外交部的冲击也造成中国与许多国家的关系受到严重伤害。

总体而言，1949～1978 年中国与国际社会的交互能力随着中华人民共和国的成立，由于获得主权独立，具有独立自主、平等外交、积极参与的特征。

二、经济巩固和重建（1949～1952 年）

当中华人民共和国于 1949 年 10 月 1 日正式成立时，作为执政党的中国共产党面临一系列棘手的经济社会问题：社会和政体四分五裂；公共秩序和风气败坏；战后，经济遭受严重的通货膨胀和失业。显然，当时中国的经济社会落后给致力于以实现民富国强为己任的中国共产党造成了巨大障碍。

不过，在中国共产党领导下的全国统一为扫除上述障碍奠定了坚实基础，因为实现中华民族伟大复兴所必需的全国统一是所有爱国的中国人衷心渴望的目标。以此基础，中国转变经济发展方式踏上不同于以往的新征程。

在中华人民共和国成立之初，以毛泽东为首的中国共产党人就提出，要在三年左右的时间把中国的生产恢复到战前水平。这一目标主要是通过没收官僚资本、土地改革、统一财政、平抑物价等措施来完成的。

没收官僚资本为国家掌握经济命脉提供了有力支撑。没收官僚资本经历了三个阶段：第一阶段是解放战争时期，主要没收了国家资本和公营企业；第二阶段是 1950 年镇压反革命运动，通过没收敌产的方式没收了属于国民党官吏所有的官僚资本；第三阶段是 1951 年清理公股、公产运动，将国营企业中民族资产阶级的股份和私营企业中的官僚资本、敌产清理出来。这样，属于官僚资本性质的一切工厂、矿山、铁路、交通运输、邮政、商业、金融等全部收归国有，成为新中国国营经济的重要组成部分。

1949 年 10 月，针对发生在上海、天津的粮棉涨价风潮，国家利用所掌握的国营企业，采取恢复生产以增加供给、压缩需求的双管齐下的政策加以抑制。中央财政经济委员会先抓粮食以稳定北方，从东北调集粮食运往华北。北方粮食市场压力减轻后，组织国营贸易公司、财政、银行三方面的力量平抑物价，打击上海投机势力。采取的措施主要有：（ⅰ）贸易部门抛售物资，暂减收购；（ⅱ）财政方面加强税收，募集公债；（ⅲ）银行方面吸收存款，收回贷款等。中央财政经济委员会指挥的统一行动历时半个月后，市场银根大为紧缩，囤积居奇者措手不及，急于抛售囤货，越抛市场物价越跌，物价上涨风潮被成功抑制下去，并使城市生产很快得到恢复和发展。

“没收地主土地归农民所有，消灭封建剥削制度”，是中国共产党领导新民主主义革命的三大经济纲领之一。1950 年 6 月 30 日，中央人民政府颁发了《中华人民共和国土地改革法》，新解放区开始推行轰轰烈烈的土地改革。为了推进土地改革，人民政府开展了清匪反霸、减租退押斗争，为土地改革创造了较好的社会条件。为了有领导、有计划、有步骤、有秩序地开展土地改革，政府成立了各级土地改革委员会，组织了土地改革工作队。1952 年底，除新疆、西藏等部分少数民族地区和未解放的台湾省外，全国新解放区都基本完成了土地改革。土地改革的完成，彻底消灭了封建、半封建的土地所有制，使全国 3 亿多无地、少地的农民分到 7 亿亩土地，实现了“耕者有其田”，激发了农民劳动积极性，解放了农村生产力，改善了农民生活，活跃了农村经济。

解放战争时期，各解放区处于敌人分割包围之中，财经工作只能分散开展。新中国建立后，各自为政的财经工作已不能适应新的形势，迫切需要统一全国财经。1950 年 3 月 3 日，中央人民政府政务院通过并颁布了《关于统一国家财政经济工作的决定》，开始统一全国财经。统一财经工作采取了六项措施：一是统一全国编制和待遇，提高工作效率，节减行政经费；二是统一全国财政收支管理，规定公粮的征收、支出、调度统一于中央，关税、盐税、货物税、工商税每日结缴中央金库，由财政部统一调度使用，分轻重缓急合理安排支出；三是统一国营贸易，加强中央对全国商业、外贸的管理权力，包括设立了 12 个全国性国内贸易、对外贸易公司，设立贸易金库，统一调度全国贸易资金，以及禁止部队、机关、政治团体经商；四是统一物资管理和调配，规定全国各地库存物资由政务院财经委员会统一调度，合理使用；五是统一现金管理，规定一切军政机关和公营企业的现金，除留若干近期使用外，一律存入国家银行，不得存入私人银行、钱庄，不得对私人放贷，要按期编制现金收支平衡计划，以节约现金及有计划地调节现金流动；六是对国营企业实行分级所有、分级管理。仅仅四个月便基本完成的统一财经，对平衡财政收支，抑制通货膨胀，发挥了决定性的作用。

此外，1951 年 2 月，劳动保险条例开始实施，使工人、职员生活中的特殊困难得到基本解决或减轻。1950 年 11 月开始的治淮工程，使淮河流域摆脱了经常的水灾威胁，打下了全面开发淮河水利资源的良好基础。1952 年 7 月成渝铁路建成通车，形成了新的交通系统，密切了城乡之间的联系，促进了工商业的繁荣，为西南的工业化建设铺平了道路。

从经济上说，到 1952 年后期，70% 以上的重工业和 40% 的轻工业为国家所有，国营贸易机构和合作社的营业额占总营业额的 50% 以上[①]。

三、奠定工业化基础的"一五计划"（1953～1957 年）[②]

早在新中国成立之前，中国共产党在探索未来的经济管理体制时，就认为新民主主义经济是有计划的经济，实行计划经济需要建立计划管理机构。1952 年，恢复国民经济的任务基本完成，即将进行大规模的经济建设，筹建中央计划委员会便提上日程。11 月 15 日，国家计划委员会正式成立。

1952 年国民经济恢复之后，现代工业在我国工农业总产值中的比重也只有 26.6%，重工业在工业总产值中的比重只有 35.5%。1952 年我国许多重要工业产品的人均产量，不仅远远落后于工业发达国家，也落后于同是人口大国的印度。因此新中国第一个五年计划（1953～1957）就是要优先发展重工业，争取早日实现工业化。1955 年 7 月，全国人大一届二次会议正式审议通过了《关于发展国民经济的第一个五年计划》。历时 5 年、数易其稿的"一五"计划是中国共产党制定的第一个中长期国民经济和社会发展计划，也是中国有史以来第一个中长期国民经济和社会发展计划。五年内国家用于经济和文化建设的投资总额达 766.4 亿元，折合黄金 7 亿多两，这样巨大的建设投资，是旧中国历届政府都无法企及的。

"一五计划"根据党的过渡时期总路线确定了经济建设的基本任务：一是集中力量进行以苏联帮助我国设计的 156 项建设单位为中心的、由限额以上

---

① R. 麦克法考尔、费正清：《剑桥中华人民共和国史（上卷）》，谢亮生等译，北京：中国社会科学出版社，1990 年。

② 本小节资料来源：《新中国 60 周年经济史记之经济年表》，http://finance.ifeng.com/news/special/nianbiao/index.shtml。

的694个建设单位组成的工业建设，这些工程涉及钢铁、有色冶金、煤矿、石油炼油、重型机械、汽车、拖拉机制造、化工、电力等诸多方面，为我国的工业化打下初步基础；二是建立部分手工业生产合作社，发展部分集体所有制的农业生产合作社，为手工业和农业的社会主义改造打基础；三是发展各种形式的国家资本主义，以把资本主义工商业纳入经济建设之中，打下改造资本主义工商业的基础。“一五”计划力求优先发展重工业，并使工业与农业、轻重工业保持适当比例；注重投资与资金积累相适应；在中央统一领导下，注重发挥地方的积极性；重视积累和消费的比例关系，既要保证国家建设，又要改善人民生活。“一五”计划规定，到1957年工农业总产值达到1249.9亿元，比1952年增长51.1%，其中工业总产值为增长98.3%，农业总产值增长23.3%。“一五”计划在1957年年底超额完成。

“一五”期间，在新中国工业史上占有重要地位的诸多工业产品被制造出来：1954年7月，“初教5”飞机试飞成功，标志着中国航空工业由修理阶段跨入了制造阶段；1956年7月，载重量为4吨的解放牌卡车试制成功，标志着我国开始独立掌握汽车生产技术；1956年9月，国产B2-34中型坦克发动机问世，结束了中国不能制造坦克发动机的历史……一大批旧中国没有的现代工业骨干部门建立起来，我国的工业生产能力得到大幅度提高，工业布局不合理的局面得到初步改变。

在基本建设上，五年内全国完成投资总额为550亿元，其中国家对经济和文教部门的基本投资总额为493亿元，超过原计划427.4亿元的15.3%，使文教、卫生、科学、艺术事业得到很大发展。五年新增加固定资产460亿元，相当于1952年年底全国固定资产原值的1.9倍。五年内施工的工矿建设项目达1万多个，其中大中型项目有921个，比计划规定的项目增加227个，到1957年年底，建成全部投入生产的有428个，部分投入生产的有109个。苏联帮助我国建设的156个建设项目，到1957年年底，有135个已施工建设，有68个已全部建成和部分建成投入生产。我国过去没有的一些工业，包括飞机、汽车、发电设备、重型机器、新式机床、精密仪表、电解铝、无缝钢管、合金钢、塑料、无线电等，从无到有地建设起来，从而改变了我国工业残缺不全的状况，增加了基础工业实力。1957年工农业总产值达到1241亿元，比1952年增长67.8%。1957年的国民收入比1952年增长53%；工业总产值超过原计划21%，比1952年增长128.5%。原定五年计划工业总产值平均每年增长 14.7%，实际达到 18%。1957 年手工业总产值比 1952 年增长 83%，平均每年增长 12.8%。1957 年的钢产量为 535 万吨，比 1952 年增长近 3 倍；原煤为 1.31 亿吨，比 1952 年增长 98.5%；发电量为 193 亿度，比 1952 年增长 164.4%；机床产量达 2.8 万台，比 1949 年增长 17.7 倍；棉布为 50.6 亿尺，比 1952 年增长 32%；糖 86 万吨，比 1952 年增长 92%。

农业生产获得较大的发展。1957 年农业总产值完成原计划的 101%，比 1952 年增长 25%，平均每年增长 4.5%。粮食产量 1957 年达到 3900 亿斤，比 1952 年增长 19%；棉花产量为 3280 万担，比 1952 年增长 25.8%。粮食和棉花年平均增长速度，分别为 3.7% 和 4.7%。五年内全国扩大耕地面积 5867 万亩。1957 年全国耕地面积达到 16.745 万亩，完成原定计划 101%。五年内全国新增灌溉面积 21.810 万亩，相当于 1952 年全部灌溉面积的 69%。

全国交通运输业也有巨大发展，到 1957 年底，全国铁路通车里程达到 29862 公里，比 1952 年增加 22%。五年内，新建铁路 33 条，恢复铁路 3 条，新建、修复铁路干线、复线、支线共约 1 万公里。宝成铁路、鹰厦铁路、武汉长江大桥，都先后建成。康藏、青藏、新藏公路相继通车。到 1957 年年底，全国公路通车里程达到 25 万多公里，比 1952 年增加 1 倍。

人民生活也得到较大改善，1957 年全国职工的平均工资达到 637 元，比 1952 年增长 42.8%，农民的收入比 1952 年增加近 30%。人民平均消费水平，1957 年达到 102 元，比 1952 年的 76 元提高 34.2%。第一个五年计划的超额完成，奠定了我国社会主义工业化的初步基础，提高了人民生活水平。

1953 年，随着大规模经济建设的展开，粮、棉、油等农产品的需求不断增加，粮棉油的供给问题越来越严重。为了解决粮食供需矛盾，国家开始对粮食、棉花、棉布实行统购统销政策，这一政策一直持续到 1985 年结束。统购统销政策，在主要农产品生产不足、供不应求的情况下，保证了人民生活的基本需要；统购统销对于扩大积累，推动我国工业化的建设也发挥了重要作用；统购统销政策促进了社会主义改造和计划经济体制的形成。但从长期看，统购统销政策也存在不容忽视的消极影响，不利于调动农民的生产积极性。

1953 年开始实施第一个五年计划，对重点建设实行统一管理。后来，对粮食实行计划收购和计划供应，对工业、物资、交通运输等部门的国营企业和部分公私合营企业主要实行直接计划和实物调拨，并对财政、信贷和劳动工资等也实行统收统支、统存统放和统分统配。从而形成了以计划体制为中心的社会主义经济体制。

四、失误与成绩并存的摸索时代（1958 ~1976 年）[①]

中国“一五计划”在很大程度上是20 世纪30 年代苏联制定的发展战略的翻版。1956 年初，中国领导人对此进行了工作总结，注意到实际运行中存在的一些问题，比如计划体制的僵化，计划体制滋生出来的官僚主义，等等，集中反映在毛泽东的《论十大关系》一文中。文章认为，计划体制的弊病主要体现在“权力过分集中于中央”，“管得过多，统得过死”[②]，提出向地方、生产单位和劳动群众放权让利的方针，致使中国领导人在生产资料私有制社会主义改造刚一完成，便开始调整体制，以适应中国的实际，重点是各级行政机关之间的权力和利益划分上，形成了“行政性分权”改革思路[③]。早在1957 年，中央就进行一些减少过度集中的尝试，包括放松对某些私人市场的控制，以及将一些决策权下放到省及省以下的机构。不过，1957 ~1958 年的政治事态变化，使得向企业和职工放权让利变得不符合“保持政治上正确”的要求[④]。由此改革的重点在实际中变为在各级行政机关之间划分权力和利益。1958 年1 ~3 月，中共中央连续召开会议，批判反冒进，使得“左”倾思想迅速发展起来。1958 年5 月，中共中央召开八大二次会议，认为我国社会主义建设事业完成能够达到一个极高的速度，提出我国要在15 年或更短的时间内，在主要工业品产量上赶上或超过英国，“大跃进”很快在全国展开。1958 年和1959 年，在下放计划权、下放企业管辖权、下放物资分配权、下放基本建设项目审批投资信贷权、下放财政税收权、下放劳动管理权等“行政性分权”改革下，出现了“大跃进”的实践尝试。由此可以看出，这一尝试更多的是政治理想，而不是某个人的经济概念的产物，目的在于促使中国迅

① 本小节资料来源：《新中国60 周年经济史记之经济年表》，http：//finance. ifeng. com/news/special/nianbiao/index. shtml。

② 中共中央文献研究室编：《论十大关系》，载《毛泽东文集（第七卷）》，北京：人民出版社，1999 年。

③④ 吴敬琏：《当代中国经济改革》，上海：上海远东出版社，2003 年。

速跨越工业化国家的行列[①]。“大跃进”的尝试结果是，高指标、瞎指挥、浮夸风到处泛滥。1958年、1959年、1960年全国开工的大中型项目分别为1589项、1361项和1815项，这三年每年都超过“一五计划”的总和，三年投资总额达1007.4亿元，大大高于“一五计划”的588.5亿元，并造成了经济混乱和经济效率大幅度下降。

面对“大跃进”和人民公社所造成的生产下降、大批企业亏损、生活必需品短缺的严重困难局面，1959年2月27日至3月5日，中共中央在郑州召开政治局扩大会议，会议提出了调整人民公社体制问题，起草了《关于人民公社管理体制的若干规定（草案)》，规定整顿和建设人民公社的方针是：统一领导，队为基础；分级管理，权力下放；三级核算，各计盈亏；分配计划，由社决定；适当积累，合理调剂；物资劳动，等价交换；按劳分配，承认差别。郑州会议对纠正人民公社化运动以来出现的混乱状况，起到了积极作用，使生产队有了自主权、所有权，在一定程度上制止了“共产风”的发展，基本解决了公社内部各队之间的平均主义问题。

1961年1月14～18日，中共中央召开八届九中全会，正式确定了从1961年起对国民经济实施“调整、巩固、充实、提高”的方针。八字方针的重点是调整，采取的主要措施有：（1）调整农村生产关系及有关政策，加强农业战线，恢复发展农业生产；（2）坚决压缩基本建设战线，停建缓建一批施工项目，提高经济效益；（3）降低工业发展速度，对工业结构实行大改组、大调整，坚决关、停、并、转了一批工业企业；（4）精简职工，缩小城镇人口；（5）加强财政、金融管理，力争财政、信贷、物资、外汇的平衡，消灭财政赤字，稳定市场。国民经济调整大致经历了三个阶段：1961年年初～1961年8月为调整、徘徊阶段，1961年9月～1962年年底为后退阶段，1963～1965年为恢复与发展阶段。经过调整，工农业比例关系趋于协调，积累和消费的比率逐渐合理，1963年起财政略有盈余，到1965年调整经济的工作基本完成。

1958～1962年是我国经济计划指标变化最多、变化幅度最大、实施效果最差、主要经济指标负增长、人民生活下降最严重的五年，其原因除了上述的“大跃进”外，还由于1959～1961年的严重困难，以及1960年苏联决定

① R. 麦克法考尔、费正清：《剑桥中华人民共和国史（上卷)》，谢亮生等译，北京：中国社会科学出版社，1990年，第84页。

从中国撤走技术专家。从1959~1961年，我国的粮食产量连续三年大幅度减产。1959年，全国粮食总产量17000万吨，比1958年锐减15%；1960年总产量比上年再递减15.6%，只有14350万吨；1961年比1960年虽然稍有增加，也仅仅为1958年的74%。1960年年初，中苏关系恶化，撤走在华工作的1390名专家，中断中苏两国政府签订的12个协定、两国科学院签订的1个协议书以及343个专家合同和合同补充书，废止了257个科学技术合作项目，停止了许多重要设备和物资的供应。

虽则如此，1958~1962年中国在实现工业化方面还是取得了一些显著成绩。1957年武汉长江大桥的建成，是我国桥梁建设史上的创举，是20世纪50年代我国经济建设的重要成就之一。1959年2月，全长605公里的黔桂铁路建成通车，使边远的贵州山区同全国各地紧密地联系起来，对发展贵州的工农业生产起了很大的促进作用。1959年，大庆油田的发现，结束了中国的油荒历史，打破了外国专家"中国贫油"的论断；大庆油田的开发，使新中国原油实现自给，改变了中国石油工业落后的面貌；由大庆油田的实践而引发的"工业学大庆"运动，推动了新中国工业化进程。

1964年8月，中共中央书记处召开会议，决定集中力量建设三线地区。三线建设开始时是以川、贵、云、陕、甘为重点，之后扩展到河南、湖南、湖北等省西部。从1965年起，三线建设进入实质性实施阶段。1965年，开始了以成昆、湘黔铁路，攀枝花、酒泉钢铁厂和重庆工业基地为主的铁路、冶金和国防工业建设。1964~1975年，三线地区共完成基本建设投资1269.67亿元，占同期全国基本建设投资总额2919.6亿元的43.5%；工业基本建设投资767.6亿元，占同期全部工业基本建设投资1608.4亿元的47.7%。三线地区初步形成了比较齐全的工业格局，改善了中国的国防工业体系；在西部地区建成一大批机械工业、能源工业、原材料工业的重点企业和基地，极大地改善了中国的工业布局；先后建成一批重要铁路、公路干支线，改善了西部地区的交通条件，促进了当地经济发展和社会进步，为以后解决东西部发展差异，进行西部大开发，奠定了一定的基础。不过，不少项目进山太深，布局过于分散，经济效益低下，而且，为建设三线而放弃了经济比较发达的沿海地区的建设，也给我国经济发展造成不可弥补的损失。

1964年12月21日~1965年1月4日，第三届全国人民代表大会第一次会议在北京召开。中国共产党第一次正式和完整地向全国人民提出"四个现代化”的任务。从此，实现“四化”成为党和国家的奋斗目标。即使在后来发生挫折的艰难岁月里，这个伟大目标仍是凝聚和团结亿万人民奋发图强、建设国家的强大精神源泉。

1968 年 12 月，南京长江大桥建成通车，南京长江大桥把我国南北交通大动脉津浦线和沪宁线连接了起来，把大江南北的公路交通连接了起来。1969 年 4 月，我国自行设计、用自己的钢材建造的第一艘 15 万吨油轮“大庆二十七号”建成下水。1971 年 1 月，西南地区重要的铁路干线之一——成昆铁路正式运营。1972 年 1 月，周恩来指示抓住西方资本主义国家在经济危机中急于出口的有利时机，进口国内急需的化纤、化肥技术设备，到 1982 年有 26 个项目投产，这些项目对我国经济发展与技术进步起到了重要作用。1965 年探明了胜利油田，1966 年开始开发，当年原油产量达到 134 万吨。1974 年油田建成。1975 年 7 月，我国第一条电气化铁路——宝成铁路电气化工程全部建成，全线实现电气化通车后，货物通过能力比电气化以前提高 1 倍以上，投资仅为修建一条新线的 1/10。1976 年 7 月，我国西南边疆又一条公路干线——滇藏公路建成并正式通车，这条公路是继川藏、青藏、新藏公路之后，从内地到西藏的第四条公路干线，这条公路的通车，对于进一步改善滇藏之间的交通状况，密切云南和西藏各族人民之间的往来，促进沿线地区工农业生产的发展，都有重大意义。

值得一提的是，试行“包产到户”和初次尝试对外开放也发生在这一时期。1961 年中共中央决定调整国民经济后，在贯彻“调整、巩固、整顿、提高”八字方针过程中，一些省、区为克服经济困难实行“包产到户”的生产责任制。4 月，安徽省委书记曾希圣为恢复生产，渡过难关，经毛泽东同意，率先在安徽推行“包产到田”责任制，取得明显的绩效。四川、甘肃、浙江等地的农民也自发地搞起了包产到户，生产大队把土地以责任田的形式分给农民，农民在完成国家征购粮、各种农产品交售任务、上缴集体各项提留后，其余产品归自己，调动了农民的生产积极性。但包产到户一出现就引起从基层到中央的争论。毛泽东虽然支持安徽试行包产到户，但并没有在全国推广之意。他主持制定“人民公社六十条”后，认为已经解决了农村的生产关系。另外，毛泽东觉察到包产到户最终将瓦解集体经济，产生个体经济，于是，在 1962 年 8 月中央会议和 9 月召开的中共中央八届十中全会上，毛泽东对包产到户提出批评。包产到户被当作“刮资本主义单干风”“复辟倒退”受到批判，在强大的政治压力下被迫中止。

1961 年，今日的深圳，即昔日的宝安县，在时任广东省委第一书记陶铸的支持下，突破边境封锁，尝试开放，与一河之隔的香港开展了小额贸易。开创了新中国对外开放的先河，为 20 世纪 70 年代末中央作出改革开放的重大决策提供了重要参考经验。

1966～1976 年的无产阶级“文化大革命”既是世界更是中国 20 世纪最突出的事件之一。其对经济的影响可以用数据来说明，并与“大跃进”时期作一比较。表 2－1 给出了“大跃进”时期和“文化大革命”时期工业产量指数和农业产量指数。

表 2－1　“大跃进”时期与“文化大革命”时期工业产量指数和农业产量指数（1966＝100）

年　份	1957	1962	1965	1966	1967	1968	1969	1970	1975
发电量	23	56	82	100	94	87	114	140	237
钢	35	44	80	100	67	59	87	116	156
原煤	52	87	92	100	82	87	106	140	191
原油	10	40	78	100	95	110	149	211	530
水泥	34	30	81	100	73	63	91	128	230
化肥	6	19	72	100	68	46	73	101	218
机床	51	41	74	100	74	85	156	253	319
布匹	69	35	86	100	90	88	112	125	129
自行车	39	67	90	100	86	97	142	180	304
粮食	91	75	91	100	102	98	99	112	133
棉花	70	32	90	100	101	101	89	97	102
生猪	75	32	86	100	98	92	89	107	145

资料来源：国家统计局《中国统计年鉴 1981》。

从表 2－1 可以看出，“文化大革命”对工农业的冲击集中在 1967 年、1968 年和 1969 年三年，而且对农业经济的冲击要小于工业。实际上到了 1969 年，除了钢产量、水泥产量、化肥产量外，其余工业行业产量已超过 1966 年的最高水平。即使在混乱的 1967 年和 1968 年，工业产量与“正常的” 1965 年相比，除了钢产量、水泥产量、化肥产量持续下降得比较厉害外，原煤产量、自行车产量均是先略微下降后上升并超过 1965 年水平，而发电量、机床产量、布匹产量和农业产量则均高于1965年水平。而且，1967年和1968年的工业产量和农业产量均远远超过“大跃进”时期最困难年份1962年的水平。其中，农业产量的下降除了气候恶化外，化肥供应严重不足也是一个重要原因。

表2-2给出“大跃进”时期和“文化大革命”时期的运输业和商业状况。从表2-2可以看出，与工业情形一样，“文化大革命”对运输业和商业的冲击业集中在1967年、1968年和1969年三年，最严重的是1967年和1968年两个年份。在这两个年份水陆运输和铁路运输均持续下降并低于正常年份1965年的水平。“文化大革命”对小件邮寄几乎没有冲击，即使在混乱的1967年、1968年和1969年三年，还呈上升趋势，农产品购买和粮食购买则受到一定冲击，呈持续下降态势，进出口贸易也是如此。

表2-2　“大跃进”时期与“文化大革命”时期运输业和商业

年　份	1957	1962	1965	1966	1967	1968	1969	1970	1975
水陆运输（10亿吨/公里）	181	223.6	346.3	390.1	305.0	310.9	375.3	456.5	729.7
铁路运输（10亿吨/公里）	134.6	172.1	269.8	301.9	226.9	223.9	278.3	349.6	425.6
城市小件邮寄（10亿元）	23.84	31.85	33.89	36.28	38.20	37.32	39.35	40.00	60.69
城市小件邮寄（10亿元）	23.58	28.55	33.14	37.00	38.85	36.41	40.80	45.80	66.42
农产品购买（10亿元）	21.75	21.11	30.71	34.59	34.48	33.82	32.40	34.78	47.86
粮食购买（百万吨）	45.97	32.42	39.22	41.42	41.38	40.41	38.45	46.49	52.62
出口贸易（10亿美元）	1.6	1.49	2.23	2.37	2.14	2.10	2.20	2.26	7.26
进口贸易（10亿美元）	1.51	1.17	2.02	2.25	2.02	1.95	1.83	2.33	7.49

资料来源：国家统计局《中国统计年鉴1981》。

总的来看，“文化大革命”对经济的冲击虽是严重，但基本是短暂的。到了1970年，工农业、运输业和商业不仅恢复到而且超过了新中国成立以来的最高水平。这一点与“大跃进”时期有明显不同，“大跃进”造成了粮食、棉花和生猪等与人民吃穿攸关的行业产量大幅下降。“大跃进”的最后一年1962年，同“大跃进”时期的前一年1957年相比，粮食产量下降了17.6%，棉花产量下降了54.3%，生猪产量下降了57.3%。表2-3给出了“一五计划”时期、“大跃进”时期和“文化大革命”时期三个时期国内生产总值指数和三大产业增加值指数。

表 2－3　　1953～1976 年国内生产总值指数和三大产业增加值指数（1952＝100）

年份	1953	1954	1955	1956	1957	1958	1959	1960	1961	1962	1963	1964
国内生产总值指数	115.6	120.5	128.7	148.1	155.6	188.6	205.3	204.6	148.7	140.4	154.7	182.9
第一产业	101.9	103.6	111.8	117.0	120.6	121.1	101.9	85.2	86.5	90.4	100.6	113.6
第二产业	135.8	157.1	169.0	227.3	245.5	375.4	472.3	498.6	288.8	257.8	295.2	370.8
第三产业	127.3	126.6	132.4	151.0	158.3	186.6	215.0	225.3	167.5	152.1	158.9	183.4
年份	1965	1966	1967	1968	1969	1970	1971	1972	1973	1974	1975	1976
国内生产总值指数	214.1	237.1	223.6	214.4	250.6	299.3	320.4	332.4	358.5	366.8	398.7	392.2
第一产业	124.6	133.6	136.1	134.0	135.1	145.5	148.2	146.9	160.1	166.7	170.1	167.1
第二产业	460.6	564.0	483.3	438.7	584.0	787.3	884.2	943.6	1022.1	1036.4	1200.2	1170.3
第三产业	212.4	208.5	209.7	211.0	239.1	256.0	270.8	284.4	300.1	304.8	319.7	320.8

资料来源：国家统计局《新中国五十年统计资料汇编》。

从表 2－3 可以看出，从经济增长速度来看："一五计划"时期增长平稳；"大跃进"时期出现 1960～1962 年连续三年较大幅度的负增长，直到 1965 年才恢复并超过 1959 年水平；"文化大革命"时期，只有 1967～1968 年两年出现连续的负增长，但其幅度要小于"大跃进"时期。从产业增长速度来看："一五计划"时期第一、第二、第三产业增长都比较平稳；"大跃进"时期出现第一产业 1959～1960 年两年连续负增长，第二产业 1960～1962 年连续三年较大幅度的负增长，第三产业 1961～1962 年两年连续负增长；"文化大革命"时期，第一产业 1968 年、1972 年两个年份出现小幅负增长，第二产业 1967～1968 年两年连续较大幅度负增长，第三产业只有 1966 年出现小幅负增长。

在增长速度方面，第二产业在所有时期都是增长速度最高的，远远大于第一、第三产业，到 1976 年第二产业增长指数达到 1170.3，而第一产业只有 167.1，相当于 1956 年水平，第三产业也只不过达到 320.8。因此，可以认为 50 年代制定的基本的工业战略，在"一五计划"时期、"大跃进"时期和"文化大革命"时期三个时期始终没有放弃。其原因可能在于虽然"文化大革命"对党政机构、教育、文化领域形成了很大的冲击，但经济社会依然形散而神不散，因此当面临重大变化但缺乏强有力的领导时，最稳妥、也是唯一可行的办法就是，在决定生产什么、在什么地方投资等事情上，继续按先前的路子走①。

不过，"文化大革命"对中国国民经济的破坏还是不可小视。1977 年 12 月，据李先念在全国计划会议上估计，"文革"十年在经济上仅国民收入就损失人民币 5000 亿元。这个数字相当于新中国成立 30 年全部基本建设投资的 80%，超过了新中国成立 30 年全国固定资产的总和。1978 年 2 月，华国锋在五届人大一次会议上作的《政府工作报告》中指出，由于"文化大革命"的破坏，仅 1974 ~ 1976 年，全国就"损失工业总产值 1000 亿元，钢产量 2800 万吨，财政收入 400 亿元，整个国民经济几乎到了崩溃的边缘"。

五、1952 ~ 1976 年中国的经济发展方式转变

表 2 - 4 给出了 1952 ~ 1976 年中国的人均国内生产总值指数（1952 = 100）、产业结构、需求结构演变情况。

表 2 - 4　1952 ~ 1976 年中国的人均国内生产总值指数（1952 = 100）、产业结构、需求结构

年份	人均国内生产总值指数	第一产业（%）	第二产业（%）	第三产业（%）	居民消费（%）	政府消费（%）	资本形成（%）	净出口（%）
1952	100.0	50.5	20.9	28.6	65.4	13.5	22.2	-1.1
1953	113.1	45.9	23.4	30.8	63.4	13.8	23.8	-1.0
1954	115.1	45.6	24.6	29.7	62.6	11.9	25.8	-0.3
1955	120.3	46.3	24.4	29.3	64.5	12.8	23.7	-1.0
1956	135.6	43.2	27.3	29.5	62.5	12.2	24.9	0.4
1957	138.9	40.3	29.7	30.1	62.3	11.8	25.4	0.5
1958	164.3	34.1	37.0	28.9	56.1	10.0	33.5	0.5
1959	175.3	26.7	42.8	30.6	47.6	9.0	42.8	0.6
1960	174.5	23.4	44.5	32.1	49.2	12.7	38.1	0.0
1961	128.1	36.2	31.9	32.0	64.0	14.0	21.5	0.4

① R. 麦克法考尔、费正清：《剑桥中华人民共和国史（下卷）》，俞金尧等译，北京：中国社会科学出版社，1992 年，第 488 页。

续表

年份	人均国内生产总值指数	第一产业（%）	第二产业（%）	第三产业（%）	居民消费（%）	政府消费（%）	资本形成（%）	净出口（%）
1962	119.9	39.4	31.3	29.3	71.3	12.5	15.1	1.1
1963	129.0	40.3	33.0	26.6	65.3	13.2	20.5	1.0
1964	149.0	38.4	35.3	26.2	61.7	13.1	24.3	0.9
1965	170.3	37.9	35.1	27.0	58.4	12.7	28.4	0.5
1966	183.4	37.6	38.0	24.4	55.9	12.6	31.2	0.3
1967	168.6	40.3	34.0	25.8	63.3	11.4	24.9	0.4
1968	157.5	42.2	31.2	26.7	63.0	11.3	25.3	0.4
1969	179.1	38.0	35.6	26.5	60.7	12.5	26.2	0.7
1970	208.1	35.2	40.5	24.3	54.7	11.5	33.8	0.1
1971	216.7	34.1	42.2	23.8	52.7	12.4	34.2	0.7
1972	219.4	32.9	43.1	24.1	54.4	12.6	32.2	0.7
1973	231.3	33.4	43.1	23.5	53.7	11.9	33.8	0.6
1974	231.8	33.9	42.7	23.4	53.6	12.5	34.2	-0.3
1975	247.5	32.4	45.7	21.9	51.8	12.2	36.0	0.0
1976	239.8	32.8	45.4	21.7	53.5	12.8	33.4	0.3

资料来源：根据国家统计局《新中国五十年统计资料汇编》相关数据计算得到。

从表2-4可以看出，人均国内生产总值指数总体上呈上升态势，从1952年的100上升到1976年的239.8。不过，1960~1962年出现了绝对下降，这是由前述的“大跃进”所致，直到1966年才恢复并超过到“大跃进”前的最高水平即1958年的水平。另外，1968年、1969年两个年份也出现了绝对下降，直到1970年才恢复并超过1966年的水平。第一产业增加值GDP占比呈总体下降态势，由1952年的50.5%下降到1976年的32.8%。第二产业增加值GDP占比呈周期性波动下降态势，1952~1960年由20.9%上升到44.5%，1960~1962年由44.5%急剧下降到31.3%，1962~1966由31.3%又上升到38.0%，1966~1968由38.0%下降到31.2%，1968~1976年由31.2%上升到45.4%。第三产业增加值GDP占比呈阶段性特征，1952~1958年在28.6%~30.8%之间波动，1958~1960年由28.9%上升到32.1%，1960~1966年由32.1%下降到24.4%，1966~1968年由24.4%小幅上升到26.7%，1968~1976年在波动中由26.7%下降到21.7%。居民消费GDP占比也呈阶段性特征，1952~1959年呈下降态势，由65.4%下降到47.6%，1959~1962年则由47.6%上升到71.3%，1962~1976年则在波动中呈总体下降态势，由71.3%下降到53.5%。政府消费GDP占比除1958年、1959年两个年份偏低外，其余年份比较稳定，在11.3%~13.8%之间波动。资本形成GDP占比，1952~1959年在波动中呈上升态势，由22.2%上升到42.8%，1959~1962年则由42.8%下降到15.1%，1962~1966年则又由15.1%上升到31.2%，1967年下降到24.9%后，1967~1971年上升到34.2%，此后到1976年，除1975年为36%外，其余年份均在32.2%~34.2%之间波动。1952~1976年净出口GDP占比比较小，均在1.1%以下。

第六节　1977年以来中国国家能力恢复及提升与经济发展方式转变

一、拨乱反正年代的国家能力恢复（1977~1978年）

1976年9月毛泽东主席逝世和10月中共中央粉碎“四人帮”后，国家迫切需要安宁和稳定。中国的经济社会发展获得了重大转机。着重需要解决的是，恢复“文化大革命”时期遭到破坏的国家政治制度，以便建立起良好的国家内部交互能力。

1978年5月11日，《光明日报》发表《实践是检验真理的唯一标准》一文，引发了一场全国规模、影响深远的关于真理标准问题的大讨论。这一场大讨论重新恢复了党的解放思想、实事求是的思想路线，从而为改革开放、拨乱反正等一系列新政策、新主张、新思想、新办法的提出，打开了通道，提供了思想空间和条件。1978年11月10日召开的中央工作会议一致赞成从1979年起把党的工作重点转移到经济建设上来，肯定真理标准讨论的意义，进行中央人事问题酝酿等。随后的中共中央十一届三中全会彻底否定了“两个凡是”的方针，重新确立解放思想、实事求是的指导思想，实现了思想路线的拨乱反正；停止使用“以阶级斗争为纲”的口号，做出工作重点转移的决策，实现了政治路线的拨乱反正；形成以邓小平为核心的党中央领导集体，取得了组织路线拨乱反正的重要成果。

在经济领域，中共中央十一届三中全会《公报》在论及经济改革时，回到了毛泽东在《论十大关系》中提出的方针，指出旧经济体制的“严重缺点是权力过于集中”，“应当有领导地大胆下放，让地方和工农业企业在国家统一计划的指导下有更多的经营管理自主权”，以便“充分发挥中央部门、地方、企业和劳动者个人四个方面的主动性、积极性、创造性，使社会主义经济的各个部门、各个环节普遍地蓬蓬勃勃地发展起来。①”1978 年 10 月，四川省选择了 6 家国有企业进行扩大企业自主权试点，取得了明显成绩。接着，四川省的试验扩大到 100 家国有企业。

1977 年 8 月 10 日，国务院发出通知，从 1977 年 10 月 1 日起提高部分职工的工资，调整的重点是工作多年、工资偏低的职工，约有 60% 的职工不同程度地增加了工资②。

1978 年 2 月，中国与日本签订了 200 亿美元的贸易协定③。1978 年 7 月 6 日 ~9 月 9 日，国务院召开务虚会，提出“为了大大加快我们掌握世界先进技术的速度，必须积极从国外引进先进技术设备。这比关起门来，样样自己从头摸索的爬行主义，要快不知多少倍。”

二、改革开放年代的国家能力提升（1979 年以来）

（一）改革的总体回顾

中国共产党从成立的第一天起，就把社会主义、共产主义作为自己的奋斗目标。然而，“我们干革命几十年，搞社会主义三十多年，截止到一九七八年，工人的月平均工资只有四五十元，农村的大多数地区仍处于贫困状态。这叫什么社会主义优越性？”“所以，社会主义必须大力发展生产力，逐步消灭贫穷，不断提高人民的生活水平。”④ 十一届三中全会后立即进行的改革开放就是基于这一理念逐步展开、深化的。改革开放构成了 1979 年以来中国经

---

① 《中国共产党第十一届中央委员会第三次全体会议公报》（1978 年 12 月 22 日），载于中共中央文献研究室编《三中全会以来重要文献选编》，北京：中国社会科学出版社，1982 年。

②③　《新中国 60 周年经济史记之经济年表》，http：//finance. ifeng. com/news/special/nianbiao/index. shtml。

④　邓小平：《邓小平文选（第三卷）》，北京：人民出版社，1993 年，第 10 ~ 11 页、第 55 ~ 61 页。

济社会变迁的主体。十一届三中全会发表的公报正式作出，要“根据新的历史条件和实践经验，采取一系列新的重大的经济措施，对经济管理体制和经营管理方法着手认真的改革，在自力更生的基础上积极发展同世界各国平等互利的经济合作，努力采用世界先进技术和先进设备”[①]。由此，改革开放构成了1979年以来包括总体性国家能力和经济发展方式在内的中国经济社会变迁的主题。

中国1979年以来的市场化改革，经历了1979～1993年增量改革阶段和1993年以来的全面改革两个阶段。增量改革肇始于农村改革，最重要的则是从禁止农村包产到户转变为允许包产到户，农村经济焕然一新。在此基础上，以集体所有制为主的乡镇企业蓬勃发展起来。由此，中国在国有经济改革停顿不前的情形下，找到了一条采取一些修补方法维持国有经济运转，把主要力量放在非国有经济方面，进而寻找新生长点的改革道路，即在非国有部门创建市场导向的企业，并依托它们实现增长[②]。1984年1月，国务院批转了国家计委《关于改进计划体制的若干暂行规定》，重点是适当缩小指令性计划的范围，扩大指导性计划的范围，并注意发挥市场调节的作用。1984年10月，中国共产党第十二届中央委员会第三次全体会议通过了《中共中央关于经济体制改革的决定》，决定“加快以城市为重点的整个经济体制改革的步伐”，“发展社会主义商品经济”，推动了新一轮改革浪潮。

1993年11月，中国共产党第十四届中央委员会召开第三次全体会议审议并通过了《中共中央关于建立社会主义市场经济体制若干问题的决定》，指出建立社会主义市场经济体制，就是要使市场在国家宏观调控下对资源配置起基础性作用，拉开了全面改革的序幕。1997年9月，中国共产党第十五次全国代表大会指出，调整和完善所有制结构，进一步解放和发展生产力，是经济体制改革的重大任务，公有制经济不仅包括国有经济和集体经济，还包括混合所有制经济中的国有成分和集体成分，公有制实现形式可以而且应当多样化，一切符合“三个有利于”的所有制形式都可以而且应该用来为社会主义服务。2003年9月，中国共产党十六届三中全会作出《完善社会主义市场经济体制若干问题的决定》，提出“坚持以人为本，树立全面、协调、可持续

① 《中国共产党第十一届中央委员会第三次全体会议公报》（1978年12月22日），载中共中央文献研究室编《三中全会以来重要文献选编》，北京：中国社会科学出版社，1982年。

② 吴敬琏：《当代中国经济改革》，上海远东出版社，2003年。

的发展观，促进经济社会和人的全面发展”。2013年11月，中国共产党十八届三中全会作出《关于全面深化改革的决定》，提出全面深化改革的总目标是“完善和发展中国特色社会主义制度，推进国家治理体系和治理能力现代化”，到2020年，在重要领域和关键环节改革上取得决定性成果，形成系统完备、科学规范、运行有效的制度体系。2015年10月，中国共产党十八届五中全会在《关于制定国民经济和社会发展第十三个五年规划的建议》中，指出坚持发展是第一要务，以提高发展质量和效益为中心，加快形成引领经济发展新常态的体制机制和发展方式。

转变经济发展方式，本质上是转变经济主体的行为方式，在改革开放以来的中国，主要体现在作为经济主体的农村家庭、国有企业、非国有企业的行为方式的变化上，而这种变化与改革相伴随。

（二）农村改革中的国家与农民关系

就国家与公众组织中的农民群体的交互关系而言，十一届三中全会所通过的《中共中央关于加快农业发展若干问题的决定（草案）》和《农村人民工作条例（试行草案）》，以及所制定的发展农业生产的一系列政策措施，可视为一个开端。而中共中央在1982～1986年连续五年发布以农业、农村和农民为主题的中央“一号文件”，则是对农村改革和农业发展作出的具体部署：1982年1月，中共中央批转了《全国农村工作会议纪要》，并以“中发1号文件”转发，文件突破了传统的“三级所有、队为基础”的体制，明确指出包产到户、包干到户或大包干“都是社会主义生产责任制”；1983年1月，第二个中央“一号文件”《当前农村经济政策的若干问题》正式颁布，从理论上说明了家庭联产承包责任制“是在党的领导下中国农民的伟大创造，是马克思主义农业合作化理论在我国实践中的新发展”；1984年1月，中共中央发出《关于一九八四年农村工作的通知》，即第三个“一号文件”，强调要继续稳定和完善联产承包责任制，延长土地承包期，明确了农村进行商品生产的重要性；1985年1月，中共中央、国务院发出《关于进一步活跃农村经济的十项政策》，即第四个“一号文件”，取消了30年来农副产品统购派购的制度，对粮、棉等少数重要产品采取国家计划合同收购的新政策，提出扩大市场调节，使农业生产适应市场的需求，促进农村产业结构的合理化，进一步把农村经济搞活，将农业税由实物税改为现金税；1986年1月，中共中央、国务院下发了《关于一九八六年农村工作的部署》，即第五个“一号文件”，肯定了农村改革的方针政策是正确的，必须继续贯彻执行，进一步摆正了农业在国民经济中的地位，在肯定原有的一靠政策、二靠科学的同时，强调增加投入，进一步深化农村改革。

1990年9月，国务院决定建立国家专项粮食储备制度，即国家拨出专款把全国农民需要向国家出售的余粮，以不低于国家制定的保护价统统收购起来，作为对全国粮食丰歉余缺进行宏观调控的国家专项粮食储备。11月，国务院决定从1990年秋粮收购开始，将合同定购改为国家定购，交售国家定购粮作为农民应尽义务，必须保证完成。国务院决定自1991年5月起调整粮油统销价格，将过去的“暗补”改为“明补”。1993年7月，八届全国人大常委会第二次会议通过了《中华人民共和国农业法》，保障了农业在国民经济中的基础地位，维护了农业生产经营组织和农业劳动者的合法权益。1993年11月，中共中央、国务院发布《关于当前农业和农村经济发展的若干政策措施》，提出为稳定土地承包关系，鼓励农民增加投入，提高土地的生产率，在原定的耕地承包期到期之后，再延长30年不变。

时隔18年，2004年2月，《中共中央国务院关于促进农民增加收入若干政策的意见》下发，成为改革开放以来中央的第六个“一号文件”，要求调整农业结构，扩大农民就业，加快科技进步，深化农村改革，增加农业投入，强化对农业支持保护，力争实现农民收入较快增长，尽快扭转城乡居民收入差距不断扩大的趋势；2005年，《中共中央、国务院关于进一步加强农村工作提高农业综合生产能力若干政策的意见》，即第七个“一号文件”公布，要求稳定、完善和强化各项支农政策，切实加强农业综合生产能力建设，继续调整农业和农村经济结构，进一步深化农村改革，努力实现粮食稳定增产、农民持续增收，促进农村经济社会全面发展；2006年2月，新华社受权全文公布了以“建设社会主义新农村”为主题的第八个“一号文件”，要求完善强化支农政策，建设现代农业，稳定发展粮食生产，积极调整农业结构，加强基础设施建设，加强农村民主政治建设和精神文明建设，加快社会事业发展，推进农村综合改革，促进农民持续增收，确保社会主义新农村建设有良好开局；2007年1月，《中共中央国务院关于积极发展现代农业扎实推进社会主义新农村建设的若干意见》下发，即第九个“一号文件”，要求用现代物质条件装备农业，用现代科学技术改造农业，用现代产业体系提升农业，用现代经营形式推进农业，用现代发展理念引领农业，用培养新型农民发展农业，提高农业水利化、机械化和信息化水平，提高土地产出率、资源利用率和农业劳动生产率，提高农业素质、效益和竞争力；2008 年 1 月，《中共中央国务院关于切实加强农业基础建设进一步促进农业发展农民增收的若干意见》下发，即第十个“一号文件”，强调按照统筹城乡发展要求切实加大“三农”投入力度，巩固、完善、强化强农惠农政策，形成农业增效、农民增收良性互动格局，探索建立促进城乡一体化发展的体制机制，并制定一系列政策措施。2015 年 1 月，中央印发了《关于农村土地征收、集体经营性建设用地入市、宅基地制度改革试点工作的意见》，试点工作将在 2017 年底完成。2015 年 10 月，中国共产党十八届五中全会在《关于制定国民经济和社会发展第十三个五年规划的建议》中，提出大力推进农业现代化。2016 年 10 月，中共中央办公厅、国务院办公厅印发《关于完善农村土地所有权承包权经营权分置办法的意见》，以建立规范高效的“三权”运行机制，健全归属清晰、权能完整、流转顺畅、保护严格的农村土地产权制度，优化土地资源配置，培育新型经营主体，促进适度规模经营发展，巩固和完善农村基本经营制度。

值得一提的是，从 2004 年开始，国家全面放开粮食收购和销售市场，实行购销多渠道经营，清理和修改不利于粮食自由流通的政策法规。2005 年 12 月，十届全国人大常委会第十九次会议通过了废止农业税条例的决定草案，决定从 2006 年 1 月 1 日起废止农业税条例，全面取消农业税。2006 年全面取消农业税以后，与农村税费改革前相比，全国农民共减轻负担 1265 亿元，对农业发展、农村繁荣和农民增收都有积极的促进作用。

（三）市场化改革和治理法制化中的国家与企业、国家与个人关系

在市场化改革中，国家与非国有企业的交互关系经历了一个从允许到支持再到鼓励的过程。1981 年 7 月，国务院发布了《关于城镇非农业个体经济的若干政策规定》，个体户从此得到官方正式认可。1988 年 4 月，七届全国人大一次会议审议通过的宪法修正案对《宪法》第十一条增加规定：“国家允许私营经济在法律规定的范围内存在和发展。私营经济是社会主义公有制经济的补充。”1992 年 10 月，中国共产党第十四次全国代表大会确定了在所有制结构上，以公有制包括全民所有制和集体所有制经济为主体，个体经济、私营经济、外资经济为补充，多种经济成分长期共同发展，不同经济成分还可

以自愿实行多种形式的联合经营。1997 年 9 月，中国共产党第十五次全国代表大会确立在所有制结构上，以公有制经济包括全民所有制和集体所有制为主体，个体经济、私营经济、外资经济、混合所有制经济是社会主义经济的重要组成部分，多种经济成分共同发展。2005 年 2 月，国务院发出《关于鼓励支持和引导个体私营等非公有制经济发展的若干意见》，即“加快民营经济发展三十六条”。2012 年 4 月国务院下发《关于进一步支持小型微型企业健康发展的意见》。2015 年 10 月，中国共产党十八届五中全会在《关于制定国民经济和社会发展第十三个五年规划的建议》中，继续毫不动摇鼓励、支持、引导非公有制经济发展，推进产权保护法治化，依法保护各种所有制权益，鼓励民营企业依法进入更多领域，引入非国有资本参与国有企业改革，更好地激发非公有制经济活力和创造力。

就国家与国有企业的交互关系而言，体现在国有企业改革的不断深化进程中。1983 年 6 月，财政部公布了《关于对国营企业征收所得税的暂行规定》之后，国营企业利改税在全国试行。1985 年 1 月起，“拨改贷”在全国各行业全面推行。1986 年 12 月，国务院作出《关于深化企业改革增强企业活力的若干规定》，进一步简政放权，改善企业外部条件，扩大企业经营自主权。1988 年 4 月，七届全国人大一次会议审议通过了《中华人民共和国全民所有制工业企业法》以法律形式确定了企业 13 项权力，即生产计划权、要求调整不必要指令性计划权、产品销售权、物资选购权、产品定价权、对外经济活动权、留用资金使用权、资产处置权、内部分配权、用工权、机构设置权、拒绝摊派权、联合经营权等。1993 年 11 月，《中共中央关于建立社会主义市场经济体制若干问题的决定》提出，进一步转换国有企业经营机制，建立适应市场经济要求，产权清晰、权责明确、政企分开、管理科学的现代企业制度。1993 年 12 月，八届全国人大常委会第五次会议通过《中华人民共和国公司法》。1994 年 10 月，国务院发出《关于在若干城市试行国有企业破产有关问题的通知》，就破产企业职工安置、破产企业土地使用权的处置、破产财产的处置、破产企业的整体接收等问题做出规定。1999 年 9 月，中共中央十五届四中全会通过了《中共中央关于国有企业改革和发展若干重大问题的决定》，提出要积极发展大型企业和企业集团，放开搞活中小企业的决策。2003 年 10 月，党的十六届三中全会提出，积极推行公有制的多种有效实现形式，大力发展国有资本、集体资本和非公有资本等参股的混合所有制经济，实现投资主体多元化，使股份制成为公有制的主要实现形式。2015 年 10 月，中国共产党十八届五中全会在《关于制定国民经济和社会发展第十三个五年规划的建议》中，强调深化国有企业改革，增强国有经济活力、控制力、影响力、抗风险能力。

在国家与公众的交互关系方面，20 世纪 80 年代以来，伴随着改革开放的步伐，单位社会开始面临前所未有的挑战和冲击，包括单位社会外组织的萌生、单位成员向体制外流失、单位职能向社区转移，以及单位自身大量破产、改制，导致单位社会的最终解体。而自 90 年代以来，伴随着中国走向市场化的改革步伐，包括住房商品化、医疗体制改革、社区建设的勃兴等改革举措推进了单位社会走向消解的进程。

1994 年 7 月，国务院作出《关于深化城镇住房制度改革的决定》，明确城镇住房制度改革的基本内容，其中包括把住房实物福利分配的方式改变为以按劳分配为主的货币工资分配方式、建立住房公积金制度等。1997 年 9 月，国务院发出《关于建立城市居民最低生活保障制度的通知》，决定从 1997 年起到 1999 年前，在全国建立起城市居民最低生活保障制度。1998 年 12 月，国务院发布了《关于建立城镇职工基本医疗保险制度的决定》，在全国范围内推开城镇职工医疗保险制度改革，要求从 1999 年初开始启动，1999 年底基本完成。

1999 年 9 月，国务院发布《城市居民最低生活保障条例》共十七条。2011 年 12 月，国务院办公厅关于印发《社区服务体系建设规划（2011—2015）》的通知。2012 年 6 月，国务院下发《社会保障"十二五"规划纲要》。2012 年 9 月，国务院下发《关于进一步加强和改进最低生活保障工作的意见》。

值得一提的是，改革开放以来，我国农村扶贫开发取得了举世瞩目的成就。这 30 多年来，我们国家一共有 6 亿多人摆脱了贫困。改革开放之初设立的扶贫标准是 206 元，而现行脱贫标准是农民人均收入按 2010 年的不变价计算为 2300 元，根据各种因素，每年不变价价格的现价一直调整，已经比以前提高了十多倍。2011 ~ 2014 年，每年农村脱贫人口分别为 4329 万、2339 万、1650 万、1232 万[①]。2015 年 10 月，中国共产党十八届五中全会通过的《关

① 习近平：《关于〈中共中央关于制定国民经济和社会发展第十三个五年规划的建议〉的说明》，http：//news. xinhuanet. com/politics/2015 - 11/03/c_1117029621. htm。

于制定国民经济和社会发展第十三个五年规划的建议》指出，通过实施脱贫攻坚工程，实施精准扶贫、精准脱贫，7017万农村贫困人口脱贫目标是可以实现的。因此可以说，改革开放30多年的进程，就是中国大规模有计划有组织扶贫开发取得巨大成就的过程，也是改革开放发展的成果惠及全体人民的进程。

（四）国家宏观调控体系、国家内部治理、治理法治化

改革开放以来，中国逐步完善了国家宏观调控体系。1993年国务院发布了《关于实行分税制财政管理体制的规定》，从1994年1月起在全国实行。分税制是指在划分中央与地方两级政府事权基础上，按税种划分中央与地方的财政收入的财政管理体制，它按市场经济要求，初步理顺了中央与地方的分配关系，提高了中央财政收入在全部财政收入中所占的比重，增强了中央政府的宏观调控能力。1993年12月，国务院作出《关于金融体制改革的决定》，建立在国务院领导下，独立执行货币政策的中央银行宏观调控体系；建立政策性金融与商业性金融分离，以国有商业银行为主体、多种金融机构并存的金融组织体系；建立统一开放、有序竞争、严格管理的金融市场体系。1998年11月，中共中央、国务院决定对中国人民银行管理体制实行改革，撤销省级分行，跨省区设置九家分行。2015年10月，中国共产党十八届五中全会在《关于制定国民经济和社会发展第十三个五年规划的建议》中，提出创新和完善宏观调控方式。2016年8月，国务院下发《关于中央与地方财政事权和支出责任划分改革的指导意见》。

在国家内部治理方面，1983年9月，中华人民共和国审计署成立。审计署的主要职责是依据《中华人民共和国审计法》的规定，对中央财政预算执行情况和其他财政收支、中央各部门、事业单位及下属单位的财务收支、省级人民政府预算的执行情况和决算、中央银行的财务收支和中央金融机构的资产、负债和损益状况、国务院各部门管理的和受国务院委托由社会团体管理的社会保障基金、环境保护资金、社会捐赠资金及其他有关基金、资金的财务收支、国际组织和外国政府援助、贷款项目的财务收支、其他法律法规规定应由审计署进行的审计项目等进行监督审计。审计署的成立对于遏止政府部门腐败起到重大作用。

在廉政建设方面，从制度上遏制腐败成为改革开放以来我国党和政府进

行国家内部治理的一个重要组成部分，出台了一系列的规章、条例。诸如《关于加强党风和廉政建设的意见》（1990年11月）、《中国共产党纪律检查机关案件检查工作条例》（1994年1月）、《党政领导干部选拔任用工作暂行条例》（1995年2月）、《关于对党和国家机关工作人员在国内交往中收受的礼品实行登记制度的规定》（1995年4月）、《关于党政机关县（处）级以上领导干部收入申报的规定》（1995年4月）、《中国共产党纪律处分条例（试行）》（1997年2月）、《中国共产党党员领导干部廉洁从政若干准则（试行）》（1997年3月）、《关于坚决防止和查处干部选拔任用工作中的不正之风和违纪违法行为的通知》（2001年5月），《党政领导干部选拔任用工作条例》（2002年7月）等。

党的十八大以来，以习近平同志为核心的党中央身体力行、率先垂范，坚定推进全面从严治党，坚持思想建党和制度治党紧密结合，集中整饬党风，严厉惩治腐败，净化党内政治生态。在制度设计层面，出台了一系列廉政新规定：2012年12月，十八届中央政治局通过《关于改进工作作风、密切联系群众的八项规定》；2013年3月，中共中央组织部印发《关于在干部教育培训中进一步加强学员管理的规定》；2013年6月，监察部、人力资源和社会保障部、财政部、审计署联合印发《违规发放津贴补贴行为处分规定》；2013年7月，中共中央办公厅、国务院办公厅印发《关于党政机关体制新建楼堂馆所和清理办公用房的通知》；2013年8月，中共中央宣传部、财政部、文化部、审计署、国家新闻出版广电总局联合印发《关于制止豪华铺张、提倡节俭办晚会的通知》；2013年10月，中共中央组织部印发《关于进一步规范党政干部在企业兼职（任职）问题的意见》；2013年10月和11月，中共中央纪委分别印发《关于严禁公款购买印制寄送贺年卡等物品的通知》和《关于元旦春节期间公款购买赠送烟花爆竹等年货节礼的通知》；2013年11月，中共中央办公厅、国务院办公厅印发《党政机关厉行节约反对浪费条例》；2013年12月，中共中央组织部印发《关于进一步做好领导干部报告个人有关事项工作的通知》；2013年12月，中共中央纪委、中央党的群众路线教育实践活动领导小组印发《关于在党的群众路线教育实践活动中严肃惩治“会所中的歪风”的通知》；2013年12月，中共中央办公厅、国务院办公厅印发《党政机关国内公务接待管理规定》；2013年12月，中共中央办公厅印发《建立健全惩治和预防腐败体系2013—2017年工作规划》；2014年1月，中共中央组织部印发《关于加强干部选拔任用工作监督的意见》；2014年3月，中共中央办公厅、国务院办公厅印发《关于厉行节约反对食品浪费的规定》；2014年5月，中央党的群众路线教育实践活动领导小组办公室印发《关于进一步惩治"会所中的歪风"的通知》；2014年7月，中共中央办公厅、国务院办公厅印发《关于全面推进公务用车制度改革的指导意见》和《中央和国家机关公务用车制度改革方案》；2014年7月，中共中央纪委机关、中共中央组织部、监察部、人力资源和社会保障部、审计署、国资委联合印发《党政主要领导干部和国有企业领导人员经济责任审计规定实施细则》；2014年8月，中央党的群众路线教育实践活动领导小组印发《关于在党的群众路线教育实践活动中全面清理整治奢华浪费的通知》；2014年9月，中共中央办公厅、国务院办公厅印发《关于严禁党政机关到风景名胜区开会的通知》；2014年11月，中共中央办公厅印发《关于深化"四风"整治、巩固和拓展党的群众路线教育实践活动成果的指导意见》；2015年3月，中共中央办公厅、国务院办公厅印发《领导干部干预司法活动、插手具体案件处理的纪录、通报和责任追究规定》和《关于推行地方各级政府工作部门权力清单制度的指导意见》；2015年7月，中共中央办公厅印发《推进领导干部能上能下若干规定》；2015年8月，中共中央发布《中国共产党巡视工作条例》；2015年8月，中共中央办公厅、国务院办公厅印发《党政领导干部生态环境损害责任追究办法》；2015年10月，中共中央发布《中国共产党纪律处分条例》和《中国共产党廉洁自律准则》；2016年7月，中共中央发布《中国共产党问责条例》；2016年7月，中共中央办公厅、国务院办公厅印发《行业协会商会与行政机关脱钩总体方案》；2016年8月，中共中央办公厅印发《关于防止干部"带病提拔"的意见》；2016年10月，中共十八届六中全会审议通过了《关于新形势下党内政治生活的若干准则》和《中国共产党党内监督条例》。在制度执行层面上，2013年、2014年、2015年、2016年全国纪检监察机关立案数量分别为17.2万件、22.6万件、33.0万件、41.3万件。2013年、2014年、2015年、2016年全国纪检监察机关处分人数分别为18.2万人、23.2万人、33.6万人、41.5万人[①]。党的十八大以来，截至2016年年底，中央纪委立案审查

① 2013～2016年数据分别来自王岐山同志在十八届中央纪委第三次、第五次、第六次、第七次全会上的讲话。

中管干部240人，给予处分的中管干部223人①。在截至2016年12月查处的15.53万起违反中央八项规定精神问题中，违纪行为发生在2013年、2014年的占78.2%；违纪行为发生在2015年的占15.1%；违纪行为发生在2016年的仅占6.7%。增量不断减少，充分表明中央八项规定精神在常和长、严和实、深和细中不断落地生根②。

好的市场经济必须是法治市场经济。市场化改革中，法律保障不可或缺。在法制建设方面，1980年9月，五届全国人民代表大会第三次会议审议通过了《中华人民共和国个人所得税法》。1982年8月，五届全国人大常委会第二十四次会议审议通过了《中华人民共和国商标法》。1984年3月，全国人民代表大会常务委员会第四次会议审议通过了《中华人民共和国专利法》，1988年4月，七届全国人大一次会议审议通过了《中华人民共和国全民所有制工业企业法》和《中华人民共和国中外合作经营企业法》，以法律形式确定了企业13项权力。1994年7月，八届全国人大常委会第八次会议审议、通过了《中华人民共和国劳动法》，其根本宗旨是保护劳动者，调整劳动关系。1995年5月，《中华人民共和国商业银行法》经八届全国人大常委会第十三次会议审议通过，从1995年7月起实施。1997年12月，八届全国人大常委会第二十九次会议通过了《中华人民共和国价格法》，于1998年5月起施行。2004年3月，十届全国人大二次会议审议通过了第四次宪法修正案，“公民的合法的私有财产不受侵犯”“国家尊重和保护人权”等内容写入《宪法》。2007年3月，第十届全国人民代表大会第五次会议通过了《中华人民共和国物权法》，自2007年10月起施行。2007年6月，十届全国人民代表大会常务委员会第二十八次会议通过了《中华人民共和国劳动合同法》，自2008年1月起施行。2014年10月，中国共产党十八届四中全会作出《关于全面推进依法治国若干重大问题的决定》，提出全面推进依法治国的总目标是“建设中国特色社会主义法治体系，建设社会主义法治国家”，加强宪法实施，加快建设法治政府，提高司法公信力，推进法治社会建设，加强法治工作队伍建设，加强党对全面推进依法治国的领导。

---

① http：//news. xinhuanet. com/politics/2017 -01/09/c_129437998. htm.

② http：//fanfu. people. com. cn/n1/2017/0817/c6437/ -29476247. html.

（五）对外开放中的中国与世界经济关系

就中国与世界经济关系而言，1979 年 7 月，中共中央、国务院批转了广东、福建两省省委关于在对外经济活动中实行特殊政策和灵活措施的报告，决定对广东、福建两省的对外经济活动给予更多的自主权，决定在深圳、珠海两市划出部分地区试办出口特区；1979 年 7 月，第五届全国人民代表大会第二次会议通过了《中华人民共和国中外合资经营企业法》，促进了我国的对外开放。1980 年 4 月，中华人民共和国恢复了国际货币基金组织的合法席位，中国人民银行行长为国际货币基金组织理事会理事，代表中国政府参加活动。1980 年 5 月，世界银行执行董事会正式决定恢复中国在世界银行、国际开发协会和国际金融公司的代表权，财政部代表中国政府参与世界银行理事会事宜。1984 年，国务院决定开放大连、秦皇岛、天津、烟台、青岛、连云港、南通、上海、宁波、温州、福州、广州、湛江、北海 14 个沿海城市和海南岛。1985 年，国务院决定在沿海地带开辟对外开放区域，开放珠江三角洲、长江三角洲、闽南东南。1988 年，沿海经济开发区进一步扩大，山东半岛、辽东半岛以及河北和广西等沿海地区的一些市、县、镇都成为沿海经济开发区。1994 年 1 月，国务院作出关于进一步深化对外贸易体制改革的决定，在实行汇率并轨的同时，重点改革进出口管理体制。2001 年 12 月，中国正式成为世界贸易组织成员。这标志着中国对外开放进入一个新阶段。2015 年 10 月，中国共产党十八届五中全会在《关于制定国民经济和社会发展第十三个五年规划的建议》中，提出完善对外开放战略布局，形成对外开放新机制，推进“一带一路”建设，积极参与全球经济治理，积极承担国际责任和义务。

三、1977 年以来的经济发展方式转变

1977 年以来的经济发展方式转变是在国家已实现工业化基础上一种量的变化，体现在产业结构变化和需求结构变化，以及劳动生产率的提高。表 2 - 5 给出了 1977 ~ 2014 年中国人均国内生产总值指数（以此表示劳动生产率）、产业结构、需求结构的演变。

表 2-5　1977~2014 年中国的人均国内生产总值指数（1952=100）、产业结构、需求结构

年份	人均国内生产总值指数	第一产业（%）	第二产业（%）	第三产业（%）	居民消费（%）	政府消费（%）	资本形成（%）	净出口（%）
1977	254.5	29.4	47.1	23.4	52.0	13.0	34.7	0.3
1978	280.5	28.1	48.2	23.7	48.8	13.3	38.2	-0.3
1979	297.7	31.2	47.4	21.4	49.2	15.1	36.2	-0.5
1980	317.1	30.1	48.5	21.4	50.9	14.5	34.9	-0.3
1981	329.4	31.8	46.4	21.8	53.1	14.4	32.3	0.2
1982	354.0	33.3	45.0	21.7	52.2	14.0	32.1	1.7
1983	386.8	33.0	44.6	22.4	52.4	13.8	33.0	0.8
1984	439.7	32.0	43.3	24.7	51.3	14.2	34.5	0.0
1985	492.2	28.4	43.1	28.5	52.2	13.5	38.5	-4.2
1986	527.8	27.1	44.0	28.9	51.1	13.5	38.0	-2.5
1987	579.6	26.8	43.9	29.3	50.6	12.6	36.7	0.1
1988	634.6	25.7	44.1	30.2	51.9	11.7	37.4	-1.0
1989	650.4	25.0	43.0	32.0	51.8	12.3	37.0	-1.1
1990	665.5	27.1	41.6	31.3	49.7	12.3	35.2	2.8
1991	716.7	24.5	42.1	33.4	48.5	13.3	35.3	2.9
1992	808.8	21.8	43.9	34.3	48.2	13.5	37.3	1.1
1993	912.2	19.9	47.4	32.7	45.5	13.0	43.5	-2.0
1994	1020.2	20.2	47.9	31.9	45.1	12.7	40.9	1.3
1995	1118.9	19.6	46.8	33.7	45.6	13.2	39.6	1.6
1996	1217.1	19.3	47.1	33.6	46.7	13.1	38.2	2.0
1997	1315.8	17.9	47.1	35.0	45.8	13.6	36.2	4.4
1998	1405.6	17.2	45.8	37.0	45.4	14.8	35.6	4.2
1999	1500.1	16.1	45.4	38.6	46.1	16.2	34.9	2.8
2000	1614.8	14.7	45.5	39.8	46.7	16.6	34.3	2.4
2001	1736.6	14.0	44.8	41.2	45.6	16.0	36.3	2.1
2002	1882.7	13.3	44.5	42.2	45.0	15.5	36.9	2.5
2003	2058.9	12.3	45.6	42.0	42.9	14.6	40.4	2.1
2004	2253.5	12.9	45.9	41.2	40.9	13.8	42.7	2.6

续表

年份	人均国内生产总值指数	第一产业（%）	第二产业（%）	第三产业（%）	居民消费（%）	政府消费（%）	资本形成（%）	净出口（%）
2005	2495.6	11.6	47.0	41.3	39.8	13.9	41.0	5.4
2006	2797.4	10.6	47.6	41.8	38.0	13.8	40.6	7.5
2007	3178.9	10.3	46.9	42.9	36.7	13.4	41.2	8.6
2008	3467.8	10.3	46.9	42.8	36.1	13.2	43.2	7.6
2009	3775.0	9.8	45.9	44.3	36.2	13.2	46.3	4.3
2010	4156.4	9.5	46.4	44.1	35.6	12.9	47.9	3.7
2011	4531.2	9.4	46.4	44.2	36.3	13.3	48.0	2.4
2012	4863.3	9.4	45.3	45.3	36.7	13.4	47.2	2.7
2013	5214.8	9.3	44.0	46.7	36.8	13.5	47.3	2.4
2014	5567.1	9.1	43.1	47.8	37.4	13.2	46.7	2.7

资料来源：1995 以前的数据，根据《新中国五十年统计资料汇编》相关数据计算得到；1995 年及其以后的数据，根据《中国统计年鉴 2015》相关数据计算得到。

就产业结构而言，从表 2－5 可以看出，第一产业增加值 GDP 占比演变可以分为两个阶段。1977～1982 年为第一阶段，在这一阶段，第一产业增加值 GDP 占比呈上升态势，这与此阶段以家庭承包责任制为核心的农村改革显著相关，而与国有企业改革为主的城市改革成效不大密切相关。1982～2014 年第一产业增加值 GDP 占比呈逐年下降态势，从 1982 年的 33.3% 下降到 2014 年的 9.1%。第二产业增加值在 GDP 中占比演变具有以下特征：1977～1990 年在波动中呈小幅下降态势；1990～1994 年呈小幅上升态势；1994～2002 年在波动中呈小幅下降态势；2002～2006 年又呈小幅上升态势；2006～2014 年在波动中呈下降态势。这种演变特征表明中国经济发展方式转变具有一种强惯性。第三产业增加值 GDP 占比演变，1977～1992 年在波动中呈总体上升态势，上升幅度较大，从 1979 年的 21.4% 上升到 1992 年的 34.3%；1992～1996 年呈小幅波动态势；1996～2014 年则在波动中呈总体上升态势，由最低的 1996 年的 33.6% 上升到 2014 年的 47.8%。

总体来看，1977～2014 年第一产业增加值 GDP 占比呈总体下降态势，第二产业增加值 GDP 占比除了 1990 年、1991 年两个年份属于整顿时期偏小外，其余年份都在 43% 及以上，而 2014 年第二产业增加值 GDP 占比则下降到 43.1%，第三产业增加值 GDP 占比也呈总体上升态势。综合起来，这可能意味着中国经济发展方式可能步入一种新的经济发展方式。

就需求结构而言，一个值得注意的经济事实是，1977～2014 年净出口国内生产总值占比比较小，1993 年及其以前还出现过负值，即进口大于出口。其中，1978～1980 年的进口大于出口可能是由于改革开放之初急需国外技术设备所致。1993 年以后净出口国内生产总值占比均为正值，1994～1997 年呈上升态势，1997～2003 年呈下降态势，2003～2007 年又呈上升态势，2007～2014 年在波动中呈下降态势，从 2007 年的 8.6% 下降到 2014 年的 2.7%。

在需求结构演变中，资本形成 GDP 占比具有明显的周期性波动特征：1977～1982 年呈下降态势，从 1978 年的 38.2% 下降到 1982 年的 32.1%；1982～1985 年则从 32.1% 上升到 38.5%；1985～1990 年则从 38.5% 下降到 35.2%；1990～1993 年又从 35.2% 上升到 43.5%，1993 年的 43.5% 可能与 1992 年南方谈话相关联；1993～2000 年则从 43.5% 下降到 34.3%；2000～2004 年又从 34.3% 上升到 42.7%；2004～2006 年呈小幅下降态势；2006～2011 年从 40.6% 上升到 48.0%；2011～2014 年呈小幅下降态势。从以上描述中，可以发现 1977～2014 年中国的资本形成 GDP 占比呈下降—上升—下降—上升的周期性波动态势。除 1993 年、1994 年两个年份外，2002 年及其以前年份资本形成 GDP 占比不超过 40%，2002 年以后则所有年份均超过 40%，经济增长中投资拉动特征明显。

在需求结构演变中，1977～2014 年居民消费 GDP 占比可划分三个阶段：1977～1988 年为第一阶段，在这一阶段居民消费 GDP 占比在 50% 上下小幅波动，最大值为 53.1%，最小值为 48.8%；1988～2010 年为第二阶段，在这一阶段居民消费 GDP 占比呈波动中下降态势，从 51.9% 下降到 35.6%，下降幅度达 16.3%；2010～2014 年为第三阶段，在这一阶段居民消费 GDP 占比呈连续小幅上升态势，如果这一趋势能保持，意味着中国经济发展方式可以进入依靠内需特别居民消费拉动阶段。

在需求结构演变中，政府消费 GDP 占比 1979～1988 年呈波动中小幅下降态势，从 1979 年的 15.1% 下降到 1988 年的 11.7%；1988～1992 年则从 11.7% 上升到 13.5%；1992～1996 年则在 12.7%～13.5% 之间波动；1996～2000 年又从 13.1% 上升到 16.6%；2000～2010 年则从 16.6% 下降到 12.9%；2010～2013 年呈小幅上升态势，2014 年又略微下降，为 13.2%。

第七节　总　结

一、总体评价

就中国而言，1840年中英鸦片战争前，基本是一个以农业立国的农业型经济社会。工业化作为一个外来词汇，对其来说是陌生的，正如对中国传统文化具有深厚感情和深入研究的梁漱溟先生所说，“如果中国完全闭关，就是再走三百年、五百年、一千年，也断不会有火车、轮船和民主精神来”[①]。清王朝1840年第一次鸦片战争失败，以及此后的西方列强不断入侵和一系列不平等条约的签订，直接导致中国近封闭性经济社会形态的超稳定性出现了破缺，沦为半殖民地经济社会后，工业化问题成为中国摆脱落后挨打、列强欺凌局面，挽救中华民族危亡的生死攸关问题。

1861年开始的洋务运动，最初的动力是希望“师夷长技以制夷”，重点是发展军事工业，因而强调建立翻译馆、新式学堂及派遣留学生来吸纳西洋的火器、机器、科学知识，并培养技术和外交的专业人才，推行一些确保与西方良好关系的外交措施，以便使中国能够获取这些国家造船和军火装备的秘诀，客观上是以自强来摆脱半殖民地大国的工业化问题，只不过事与愿违，1874年日本入侵台湾及1879年吞并琉球群岛、1875年英国试图打开云南大门、1871～1881年间俄国强占新疆伊犁、法国攫取安南、1884～1885年的中法战争、日本侵略朝鲜和甲午战争，这些都导致了巨额的军费开支和赔款，无疑是对本来就资金短缺的洋务运动的巨大打击；随着洋务运动的推进，洋务派越来越认识到，新式国防远比传统国防大花费大，一个国家要强大必须富有，而富有必须有更好的交通体系、工业和企业作支撑，因而发展了一些既有助于国强，也有助于产生利润的急迫事务，诸如轮船、铁路、开矿和电报等企业的开办，以及以求富国的诸如缫丝业和棉纺业等轻工业的开办，客观上开始关注经济落后国家的工业化问题。

不过，作为一种工业化形式，洋务运动自始至终只是一种腐败衰弱的皇

① 梁漱溟：《东西文化及其哲学》，北京：商务印书馆，1987年，第65页。

权专制下官僚体制国家的工业化。首先，这种工业化是由省级督抚在没有中央指导、规划和协调的情形下率先发动的，各省的自强领导人不是相互合作，而是相互竞争，且把他们的成就视为个人权力的根基，虽然李鸿章在1870年后行使了某些中央政府职能，但基本上仍是一个封疆大员，不能替代中央政府。其次，洋务派全然没有经济发展、工业革命和现代变革的概念，也缺乏大众的参与，自上而下的洋务运动能与中国工业化联系起来，是洋务派不自觉的结果。最后，未能招致贤能正直之人，只有一些品格低下的人愿意涉及洋务，所导致的腐败和不正之风无疑也使工业化结果大打折扣。虽则如此，由洋务运动开创的工业化之路并没有终止，甲午战争后还有后来居上态势。在这一点上，洋务运动标志着中国工业化的开始，播下了中国走向现代化的种子①。

1927~1937年中国的国家工业化，其性质上已属于国家主导下的经济落后国家的工业化，其背景则是正在逐步摆脱半殖民地经济社会地位的国家工业化。然而，由于南京国民政府是军事实力至上，并依靠军事实力来维持的独裁政权，不能与民众统一认识，而是高高站在他们之上，加上派系活动和贪污腐化，腐蚀了国民党早期的革命精神，以及蔓延的官僚主义作风窒息了它在政策上的积极性，导致其国家工业化缺乏稳固的民众基础。显然，这与所有强大的民族国家特点——人口相当大的部分被动员起来支持政府的目标相悖。本质上，国民党政权并不在任何基本方面对这个或那个经济社会阶层负有责任，或者对它本身以外的任何力量负责任，在许多方面，国民党政权就是它本身②。因此，南京国民政府什么都想控制，经济、政治、社会、教育、文化，等等，不信任民众运动和个人的首创精神，结果想要控制的太多，以致什么也未控制好，致使国家工业化的效果大受影响。最大的问题在于，与在金融、交通、关税自主、工业发展和教育等领域取得的种种成就形成鲜明对照的是，南京国民政府忽视了中国古老的地主土地所有制问题和当时占中国总人口80%的农民的困苦，孙中山先生“耕者有其田”的设想从未加以

---

① 徐中约：《中国近代史：1600—2000，中国的奋斗》，计秋枫、朱庆葆译，北京：世界图书出版公司，2013年。

② ［美］费正清、费维恺：《剑桥中华民国史：1912—1949年（下卷）》，北京：中国社会科学出版社，1994年。

考虑，致使经济社会不公正问题越来越严重①。

1949～1976年中华人民共和国时期的国家工业化，在国家层面上，中华人民共和国是一个领土统一、主权完整和独立自主的国家，主导这个国家的是获得民众广泛支持且秉着实事求是为人民服务宗旨的中国共产党人，因而新中国在很大程度上是具有民众动员色彩，具有中国特色的政党国家。在社会层面上，每个中国人都隶属于群众组织，党和政府则通过这些群众组织，不断组织群众运动去实现党预先设定的目标，使社会变成了一个中国历史上前所未有的统一体，并发出汹涌波涛般的活力。在对外关系上，与其他持各种不同信仰的中国人一样，以毛泽东为代表的中国共产党人，熟知中国1840年以来遭受的苦难，具有急切恢复中国在世界上的合法地位，重振中华民族自信心和自尊心，实现中华民族伟大复兴的理想和抱负，因而从一开始就对西方列强采取了强硬的姿态，并清楚地表明与在西方列强炮艇面前卑躬屈膝的清王朝和南京国民政府不同，不惧怕西方列强。共产党领导下的统一的、强有力的、独立自主的中央集权国家，民主集中制下的国家内部治理，出色的民众组织和动员能力，大为提高的民族自尊心和国际威信都为新中国在国家工业化道路上迈开大步并取得引人注目的经济增长速度奠定了坚实基础。以"一五计划"为例，作为一个以马克思主义扩大再生产原则，即确定生产资料的工业化为增长的主要源泉的经济战略，在国家主导下，投资率保持远远超过20%的水平，并把绝大部分投资资源投放到工业中，优先发展规模很大和资本密集的制造业方面。同时，在国家统一财政制度下，通过铁路和公路等基础设施投资，开采和提炼自然资源 的工业，着手解决地区发展的不平衡问题。比如，到1957年，诸如新疆、青海、宁夏和四川等1950年根本没有铁路的内陆省份都有铁路通到其他地区，25万上海技术人员和个人迁移上海支援内地建设。值得指出的是，"一五计划"期间中国生产资料部类的迅速发展和工业在地理上的再布局，苏联的援助功不可没。作为投资规划的核心156个项目（这些项目几乎占"一五计划"全部工业投资的一半），苏联为这些项目提供了设计和技术支撑以及机器设备。

以1949～1976年所建立的工业化为基础，1978年以来的中国经济发展方式转变，则是通过改革开放来实行的。1978年，中国开始经济体制改革。随

① 徐中约：《中国近代史：1600—2000，中国的奋斗》，计秋枫、朱庆葆译，北京：世界图书出版公司，2013年。

着改革的推进，社会主义计划经济体制逐渐被社会主义市场经济体制取代，商品和服务的价格逐步由市场来确定。改革开放的成就令世人瞩目。中国经济以较高的速度持续增长近40年，2015年的国内生产总值按不变价格计算是1978年的30倍，而且人民的物质生活水平也得到了显著提高。从2012年开始，第三产业增加值占国内生产总值份额一直高于第二产业增加值占国内生产总值份额，2015年第一、第二、第三产业增加值占国内生产总值份额分别为4.6%、41.6%、53.7%①，而在1978年相应的数值则分别为28.1%、48.2%、23.7%（见表2-5），中国经济已进入新常态，后工业化特征开始显现。改革开放38年来，中国之所以能够取得如此的成就，一个基本原因就是国家能力的不断提升、强大，表现为国家与包括农民、企业等在内的经济主体的良性互动不断广化和深化上，以及国家内部治理的法治化、规范化、技术化和标准化不断加强上，从而使国家与市场关系不断实现帕累托改进：在循序渐进地减少国家对资源的直接配置，推动资源配置依据市场规则、市场价格、市场竞争实现效益最大化和效率最大化的同时，国家承担起保持宏观经济稳定、优化公共服务、保障公平竞争、加强市场监管、维护市场秩序、推动可持续发展、促进共同富裕、弥补市场失灵等职责。党的十八大以来，我们党推出一系列重大战略举措，出台一系列重大方针政策，推进一系列重大工作，解决了许多长期想解决而没有解决的难题，办成了许多过去想办而没有办成的大事②。中国在改革发展稳定、内政外交国防、治党治国治军等方面所取得的一系列具有重大现实意义和深远历史意义的成就，在重要领域和关键环节改革所取得的突破性进展，在全面建成小康社会决战决胜所迈出的坚实步伐，在治国理政道路上所开辟出的全新征程③，都充分表明国家是有能力的国家，也是负责的国家。

二、启示

Maddison曾做过包括中国在内的世界人口和国内生产总值的长期估算。

---

① 数据来源：《中国统计年鉴2016》。

② 孙代尧：《中国特色社会主义是实现伟大梦想的旗帜》，http：//theory.people.com.cn/n1/2017/0913/c148980-29531765.html。

③ 《历史的选择，人民的期待——党的十八大以来以习近平同志为核心的党中央治国理政评述》，《人民日报》2017年1月3日。

按1990年国际元计算，1820年，中国的国内生产总值占世界国内生产总值的32.9%，到了1913年，则急剧下降到8.8%。1820年，中国单位资本GDP为600国际元，而西欧单位资本GDP为1204国际元，到了1913年中国单位资本GDP下降为552国际元，而西欧单位资本GDP则上升为3458国际元。1820年，中国人口为381百万，GDP为228.6百万国际元，人均GDP为0.6国际元，而西欧人口为133百万，GDP为160.1百万国际元，人均GDP为1.2国际元。到了1913年中国人口为437.1百万，GDP为241.3百万国际元，人均GDP下降为0.552国际元，而西欧单位人口为261百万，GDP则为902.3国际元，人均GDP上升为3.457国际元。虽然上述估算有些粗糙，但一些事实值得人们深入思考。其中，1820年以来中国与西欧经济发展差距不断拉大的一个重要原因就在于，当西欧成功完成工业化时，中国工业化还刚刚起步，而这又与国家能力薄弱密切相关。

就曾经是半殖民地且经济落后的农业国中国来说，如果以1872年洋务运动作为工业化进程起点，并以第二产业增加值GDP占比稳定大于第一产业增加值GDP占比作为工业化完成标准的话，那么，中国工业化之路走了将近一百年，即1872~1970年（见表2-4）。如果以工业增加值GDP占比稳定大于第一产业增加值GDP占比作为工业化完成标准的话（见表2-6），那么，中国工业化之路所花的时间也是将近一百年，即1872~1970年。

表2-6　1952~1977年的第一产业GDP占比、工业增加值GDP占比、现代服务业GDP占比

单位：%

年份	第一产业	工业	现代服务业	年份	第一产业	工业	现代服务业
1952	50.5	17.6	11.8	1962	39.4	28.3	7.0
1953	45.9	19.8	14.0	1963	40.3	29.6	6.2
1954	45.6	21.5	14.0	1964	38.4	31.7	6.5
1955	46.3	21.0	13.2	1965	37.9	31.8	6.9
1956	43.2	21.9	12.8	1966	37.6	34.7	7.9
1957	40.3	25.4	12.5	1967	40.3	30.7	8.7
1958	34.1	31.7	10.5	1968	42.2	28.5	8.1
1959	26.7	37.4	10.1	1969	38.0	32.3	8.4
1960	23.4	39.0	9.1	1970	35.2	36.8	7.9
1961	36.2	29.7	9.1	1971	34.1	38.2	7.3

续表

年　份	第一产业	工业	现代服务业	年　份	第一产业	工业	现代服务业
1972	32.9	39.3	7.7	1975	32.4	41.5	5.9
1973	33.4	39.4	7.8	1976	32.8	40.9	5.0
1974	33.9	38.8	7.4	1977	29.4	42.9	6.7

资料来源：国家统计局国民经济综合统计司编《新中国五十年统计资料汇编（1949—1999）》。

显然，1952～1970年国家工业化速度的快速提高，则与中国共产党领导下的强国家能力密不可分的。“中国共产党已是具相当现代化程度并已形成自己独特样式的现代型民族国家：在广大阶层参与社会的中心领域和政治秩序方面，在新的精英形成及其政治作用方面，在大众政治诉求的表达形式方面，在工业化成就和积累方面，在现代科层系统的建构方面，在社会分化的样态（即中断传统的等级秩序，以普遍主义和成就为新的身份资格）方面，在福利政策的设置方面，均已达到了一定程度的现代化水平。”① 正是因为如此，中国共产党才具备了清王朝、国民党望尘莫及的国家能力，领导中国人民完成国家统一、民族独立、实现工业化。而工业化资金积累则是国家通过在公社一级建立财政和农业银行机构，以全额提取农业剩余来完成，农业由此成为重工业所需资本的积累来源，顺应了新中国优先发展重工业的战略。

正如亚历山大·格申克龙所指出的，我们关于落后工业化的大量思想都自觉或不自觉地受到马克思宏大理论概括的支配。根据这种概括，较为落后国家的发展道路将要遵循先进的或已实现工业化国家的历史踪迹②，即“工业较发达的国家向工业较不发达的国家所显示，只是后者未来的景象”③。从某种广义上说，这一理论概括的有效性基本不容置疑。比如，最典型的莫过于德国在19世纪上半叶遵循了英格兰在较早时期走过的道路。但是，我们也须注意提防过于绝对地接受这一理论概括，因为它所包含的部分真实性可能会遮蔽现实存在的另外部分，即是说，恰恰因为其落后，落后国家最终发起工

① R. 麦克法考尔、费正清：《剑桥中华人民共和国史（下卷）》，俞金尧等译，北京：中国社会科学出版社，1992年，第488页。

② 亚历山大·格申克龙：《经济落后的历史透视》，张凤林译，北京：商务印书馆，2012年。

③ 卡尔·马克思：《资本论（第一卷）》，北京：人民出版社，1975年，第8页。

业化时，其工业化进程与更先进的国家相比将显示相当大的不同[①]。然而，中国工业化问题并不只是经济落后国家的工业化问题，也是半殖民地大国的工业化问题，还是皇权专制下官僚制国家的工业化问题。显然，这三个问题不可能毕其功于一役，致使中国在三个不同时期的国家工业化由于国家能力的本质差异而呈现不同的特征。

比较起来，这三个不同时期的工业化也存在一个共同的特征，这就是工业化的国家主导。对此，可以这样理解：在较为落后的国家，资本十分短缺且处于分散状态，人们在相当大的程度上对产业活动不信任。此外，由于工业化运动的范围性还产生了对于大规模的更迫切的需求，导致了平均来说更大的工厂规模，和工业化过程向资本与产出比率较高的部门集中。除了这些之外，在落后的国家还存在着企业家人才的短缺。此外，一个国家的工业发展越晚，落后程度越大，经济社会追求大规模工厂和企业的倾向越强，并且越可能在国家组织下进行。由此，也与渐进的英国工业化进程形成了鲜明的对比。后者拥有先是来自贸易和现代化农业的收入，随后又来自工业本身赢利的更可观的资本积累，从而排除了为给产业提供长期资本而发展任何特殊的制度安排的迫切性[②]。

如果工业化以国家主导的形式出现，它必然要求数量充足的资本，从而要以具有适度规模的资本积累为基础，因为在工业化过程中，不同产业经济部门中新企业的建立通过对于彼此产品的相互需求而支持才能促进工业化的完成，而数量不断膨胀的企业、行业形成和发展，以及已有企业、行业的扩张都需要大量的资金支撑，从而国家的财政政策必须被视为资本供给的战略性因素。

此外，在一个经济落后的国家，大规模和短时期工业化努力还要求整个经济社会的一种精神状态的更新，以冲破经济社会发展停滞不前的壁垒，唤起民众的希望，将他们的精力投入国家工业化热潮中，因为国家主导下的工业化不但意味着固定资本规模的增加，而且意味着技术、经济规模的变化，农业和小手工业劳动者向工厂工人的短时期转变，以及愿意并能够履行企业家职能的人们的涌现，因而下一剂猛药比保证更好的资源配置更迫切。自由放任的意识形态作为发动一个国家主导下的工业化过程的精神媒介可能是完全不适当的[③]。

---

①②③ 亚历山大·格申克龙：《经济落后的历史透视》，张凤林译，北京：商务印书馆，2012 年。

需要指出的是，面对西方列强的工业霸权，就经济落后的中国来说，在和平共处五项基本原则下充分利用好外援外，通过独立自主特别是经济上的关税自主，采取内部改善的形式推动国家主导的工业化具有战略性意义。

一旦原来经济落后的农业国通过国家主导初步完成工业化，即从以农业生产方式为主转变为工业生产方式的阶段结束后，其经济发展方式的转变将进入在工业化基础上不断优化经济结构的阶段，这是一个永远与时俱进的阶段。与此相适应，国家能力也将从以总体性支配性阶段发展为适应互动型阶段。这里的总体性支配型主要是指，以适应国家工业化需要，在国家与公众组织的互动过程中，国家内部互动过程中，以及国家与国际社会的交互过程中，国家几乎居于支配地位。总体性支配型国家能力有助于国家动员经济社会全部力量，利用全部重要资源，达到快速实现工业化目标。而适应互动型主要是指，为适应新的发展阶段，国家通过适应性学习上，在实现国家内部良性互动的同时，不断加强与公众组织的良性互动，与国际社会的良性交互。就改革开放以来的中国而言，迄今国家能力演变的主要方向，是从一元治理到多元治理、从集权到分权、从人治到法治、从管制政府到服务政府，从党内民主到社会民主，契合了经济社会主体间良性互动这一主题。

党的十八届三中全会提出："全面深化改革的总目标是完善和发展中国特色社会主义制度，推进国家治理体系和治理能力现代化。"这既是对 1978 年以来中国改革开放成功经验的理论总结，也是对中国在新的发展阶段所面临的各种严峻挑战的主动回应，反映了国家在适应性学习上的强大能力。作为国家能力的治理层面，国家治理体系和治理能力现代化将为国家与各种经济社会主体间实现良性互动建立国家能力基础。

第三章　居民消费及其提升与国家能力①

2012 年 11 月，胡锦涛在中国共产党第十八次全国代表大会所做的报告中指出，“以科学发展为主题，以加快转变经济发展方式为主线，是关系我国发展全局的战略抉择。要适应国内外经济形势新变化，加快形成新的经济发展方式……使经济发展更多依靠内需特别是消费需求拉动，更多依靠现代服务业和战略性新兴产业带动，更多依靠科技进步、劳动者素质提高、管理创新驱动，更多依靠节约资源和循环经济推动，更多依靠城乡区域协调互动，不断增强长期发展后劲。”

2015 年 10 月，中国共产党十八届五中全会在《关于制定国民经济和社会发展第十三个五年规划的建议》中提出，发挥消费对增长的基础作用，着力扩大居民消费朝着智能、绿色、健康、安全方向转变，以扩大服务消费为重点带动消费结构升级。

从上述国家层面的论述中可以看出，提高居民消费在国内生产总值中所占份额，以及促进居民消费结构升级，是加快转变经济发展方式的一项重要内容。然而，多年来的经济事实表明，这绝非易事。

第一节　居民消费研究综述

20 世纪 30 年代，约翰·梅纳德·凯恩斯出版了他的名著《就业、利息和货币通论》，建立起现代宏观经济学，并把消费和投资视为影响总需求波动的

---

① 本章的第一、四节内容曾发表在《经济学家》2015 年第 4 期，收入本书时，标题和数据作了变动。

两大主要决定因素，认为“消费是一切经济活动之唯一目的，唯一对象。……总需求只有两种来源：（a）现在消费，（b）未来消费。”① 此后，宏观经济学尽管发生过许多变革甚至革命，但消费作为有效需求的核心，拉动经济增长最重要的一驾马车，其在宏观经济理论体系中的重要地位从来没有被改变过。

以凯恩斯消费理论为发端，消费理论研究经历了绝对收入假说、相对收入假说、生命周期假说、持久收入假说、缓冲储备假说的演变，消费者消费的决定因素由具体的现期收入、过去收入发展到抽象的消费者一生总收入、持久收入以及各种收入的组合，消费者的消费约束由简单的当期、两时期、多时期和生命周期扩展到资本市场弱势条件下的流动性约束，消费者的消费行为由完全理性逐渐现实化为不确定性条件下的理性预期及决策。

现代消费理论的演变是实证研究和理论研究长期结合的结果。绝对收入假说虽然很好地解释了大萧条的产生，却无法解释储蓄率的长期稳定性；相对收入假说将“过去收入”引入了消费函数，认为消费收入不仅与现期收入有关，还与过去收入的峰值有关，这一假说部分地解释了储蓄率的长期稳定性问题，但由于方法的可信性存在缺陷而并不完美。持久收入假说和生命周期假说是20世纪50年代“新”消费函数研究中影响深远的贡献，前者认为消费由持久收入决定，不会对收入的短期变动有较大的反应，消费比收入更平滑，后者将消费者“各期收入”引入消费函数，认为消费—收入比即平均消费倾向，不仅与现期收入有关，还与过去各期和未来各期预期收入有关，消费者追求一生消费的平滑，这两个假说均为储蓄率的长期稳定性提供了一个合理的解释。然而，无论是持久收入假说，还是生命周期假说都没有完美地得到经验研究的支持。Flavin 指出，现实中消费对暂时性收入冲击的反应要明显大于0，即所谓的“消费过度敏感之谜”②。坎贝尔和迪顿指出，现实中消费对持久性收入冲击的反应要显著小于1，即所谓的“消费过度平滑之谜”③，对此，泽尔德斯（Zeldes）认为“折弯的消费函数”是解释“消费过

---

① 凯恩斯：《就业、利息和货币通论》，徐毓枬译，北京：商务印书馆，1983年，第9页。

② Flavin, M. A.. “The Adjustment of Consumption to Changing Expectations about Future Income” *Journal of Political Economy*. Vol. 89, No. 5, 1981, pp. 974 – 1009.

③ Campbell, J., Y and Deaton A.. “Why is Consumption So Smoth?”. *Review of Economic Studies*. Vol. 56, No. 3, 1989, pp. 357 – 373.

度敏感之谜”的关键①。此外，实证研究还表明，消费水平和收入水平随时间变化的曲线几乎是平行的，这被称为“消费与收入同步增长之谜”。基于Bewley模型，卡罗尔（Carroll）的研究进一步发现，当收入平稳增加时，消费者会将收入的一个相对固定的比例用于增加资产储备数量，消费在收入中所占比例也相对固定，与生命周期假说所认为的消费在生命的各期之间进行平滑而与当期收入几乎没有联系的观点相悖②。卡罗尔在综述其研究结果时指出，消费者最优化行为在确定性条件下取决于其一生的总收入，而在不确定性条件下往往追随其收入曲线同步波动。

由此可见，无论是绝对收入假说，还是后继的相对收入假说、生命周期假说、持久收入假说等消费理论都受到不同程度的质疑，并由此也拓展了后继者的研究思路。其中，一个突出特征是把不确定性作为常规问题来处理，并以此为基础研究现时消费和未来消费之间交替关系的跨期选择③，这是持久收入假说和生命周期假说的贡献所在。然而，囿于当时处理不确定性的数学工具的缺乏，虽然所有经济学家都认识到不确定性和预期的重要性，持久收入假说和生命周期假说还是不得不建立在确定性等价假定上，并排除了流动性约束。这样处理虽然使分析在技术上更为便捷，但无法弥补由此造成的理论内容的损失，因为在现实中，不确定性对消费者行为发挥着重大影响④。基于此，卡罗尔在其“缓冲储备”假说中，通过引入消费者预防性储蓄行为和流动性约束条件，得出消费者倾向于维持一个固定的储蓄—财富比的结论，并由此研究消费与收入在整个生命周期内的演变轨迹，解释“消费过度敏感之谜”，解释消费者“消费过度平滑之谜”⑤。此外，研究不确定性等价条件下消费者心理和偏好的形成及变动，并将其整合到消费函数理论则是近年来一个重要的研究方向。实验经济学表明：消费者偏好在不确定性条件下会发生很大的改变；消费者的偏好不仅仅取决于其个人消费，还受到周围人消费的影响；消费者的短期偏好远大于长期偏好，表现出时间不一致性；消费习

---

① Zeldes, S. P.. “Optimal Consumption with Stochastic Income: Development from Certainty Equivalence”. *Quarterly Journal of Economics*. Vol. 104, No. 2, 1989, pp. 275 – 298.

② Carroll, C. D.. “Buffer Stock Saving and the Life Cycle Permanent Income Hypothesis”. *Quarterly Journal of Economics*. Vol. 112, No. 1, 1997, pp. 1 – 55.

③④ 安格斯·迪顿：《理解消费》，胡景北、鲁昌译，上海财经大学出版社，2003年。

⑤ Carroll, C. D.. “Precautionary Saving and the Marginal Propensity to Consume out of Permanent Income”. *Journal of Monetary Economics*. Vol. 56, No. 6, 2009, pp. 780 – 790.

惯可以改善很多模型的估计效果等。更值得注意的是，直接利用包括持久收入假说、生命周期假说和缓冲储备假说等在内的现代消费函数理论来解释总量数据未免有些捉襟见肘，因为这些理论本身是为了说明个人或家庭消费行为而提出来的①，加总数据则抹杀了所有个体特征，消除或者大大减少了度量误差的影响②，因而并非全部必然地同微观经济理论相一致③。也就是说，直接运用现有消费函数理论来分析宏观上的居民消费可能存在解释力有限的问题，这是其一。

其二，虽然从系统的角度来说，微观主体对消费（以及对应的储蓄）的选择，是宏观消费的基础，研究微观主体行为可以有效地了解其决策变量及其特征，进而对政府的政策导向具有重要意义，但由于微观到宏观加总由于复杂性而极其困难，致使研究者一般通过“代表性消费者”简化处理方式，并在设定“代表性消费者”行为模型时不得不直接使用微观经济学中个体消费者行为模型来研究宏观消费问题。显然，个体消费者行为模型的多样性会导致“代表性消费者”行为模型设定上的多样性，据此所建立的计量经济模型设定也存在多样性，从而所得结果差异很大。而且，在把微观变量加总为宏观变量时还会遇到“分配效应”问题④。即，“代表性消费者”简化处理方式的问题并不在于加总，而在于“代表性消费者”是否存在，能代表宏观层次上的“平均化”的结果，至少在实证研究上没有得到支持，更进一步，如果“代表性消费者”不存在，加总不会成为麻烦，而会成为对数据的各种解释的沃土⑤。

更进一步，如果是微观消费函数理论和微观消费数据相结合的研究，则在层次上是一致的。然而，如果是微观消费函数理论和宏观消费数据相结合的研究，则在层次上是不一致的，可能会产生微观消费函数理论与宏观数据协调的问题⑥。

现代消费函数理论的不断演变表明，现代消费函数理论具有多样化的特点，任何新理论的出现都不是全盘抛弃旧理论，原因在于任何一个理论都只能部分地解释经济事实，而不能完美解释所有经济事实。消费理论的多样性

---

①②③　安格斯·迪顿：《理解消费》，胡景北、鲁昌译，上海财经大学出版社，2003 年。

④　Stoker, T. S. . “Simple Tests of Distributional Effects on Macroeconomic Equations” . *Journal of Political Economy*. Vol. 94, No. 4, 1986, pp. 763 – 795.

⑤⑥　安格斯·迪顿：《理解消费》，胡景北、鲁昌译，上海财经大学出版社，2003 年。

既是丰富的论战所致，也是丰富的论战之源，同时也说明消费研究的复杂性。比如，微观层次上的现代消费函数理论不能完美地解释宏观消费数据，可能涉及微观到宏观的非线性加总问题，因此消费研究具有复杂性，消费的多样性和非线性正是复杂性科学中所定义的复杂性中的两个。

第二节　复杂性科学分析范式下的微观消费及其加总

复杂性科学认为，复杂系统由多样化的、相互关联、相互依赖且具有自适应性的行为主体组成，这些行为主体共同产生了难以解释或预测的模式。基于这一定义，经济社会是开放的复杂巨系统。消费只不过是人们在经济社会这一复杂巨系统中的一种经济活动形式，因而也具有复杂性。对此，可以从微观和宏观两方面加以剖析。

首先，微观消费研究具有复杂性特征。微观消费研究旨在研究个体消费行为，在这一研究过程中不可避免地涉及复杂性问题。其一，研究个体消费必须考虑到个体的多样性。因为这些个体行为人分布在不同的国家和地区，既有经济发展中的国家和地区，也有经济落后的国家和地区，这是基于地区的粗略划分。既有城镇也有乡村，这是基于生活的地理环境的粗略划分。这些行为人还分布在不同年龄结构，既有小孩，也有老年人，还有中青年，这是基于年龄结构的粗略划分。这些行为人也分布在不同的收入组，既有低收入，也有中等收入，还有高收入，这是基于收入等级的粗略划分。这些行为人还有着不同的信仰和目标等。显然，个体多样性意味着微观消费模型构建的复杂性，即必须构建与现实个体的多样性相对应的多样化微观个体消费模型。从这一点来说，已有的现代消费函数模型只是多样化消费模型的一部分，只是描述了部分个体的消费行为方式，而不是通用的适合描述所有多样性个体的消费行为方式，只能阐明某些维度，还需要拓展。

其二，研究个体消费不可避免涉及个体偏好的差异性。研究个体消费行为本质上是研究个体行为人在给定的约束条件和信息下，作出自己效用最大化的决定，主流经济学建立在消费者完全理性的假定上，个体偏好的差异性依然则被忽视。个体消费偏好的最一般形式可以表述为：$u=V(c_1,\ c_2,$

c_3，…，c_T)①。其中，时期 1 到 T 表示生命周期的年份，c_1，c_2，c_3，…，c_T 表示对应各时期的消费水平。个人偏好的差异性不在于 c_1，c_2，c_3，…，c_T 的大小不同，而在于 $u=V(c_1, c_2, c_3, \cdots, c_T)$ 的具体形式的不同，而线性效用函数、柯布－道格拉斯型效用函数、替代弹性不变效用函数、跨期偏好依存效用函数，以及引入不确定性的预期效用函数②，等等，可能仅仅反映众多个体消费者中的部分个体消费者的效用函数情形。特别是，"即使对于初始状态完全相同的一组消费者，不确定性影响的逐渐积累，也会使他们的消费路径各不相同，"③此外，对一些个体消费者来说，效用函数表达式可以是跨期可加的，即 $u=v_1(c_1)+v_2(c_2)+\cdots+v_3(c_T)$，而对另一些个体消费者来说，效用函数表达式不是跨期可加的，行为经济学中的消费习惯形成理论与经典消费理论的区别就在于引入了偏好的时间不可分性。更为重要的是，如果我们考虑到 c_1，c_2，c_3，…，c_T 包括了每一时期给个体消费者带来满足的所有物品和劳务，那么个体偏好的差异性可能更为明显，因为即使某一时期一组个体消费者的总消费水平相等，并不意味着这组消费者的消费结构相同，或者是消费品的种类不同，或者是各类消费品的消费水平，或者是两者兼而有之。

其三，研究个体消费不可避免涉及个体的自适应性。个体消费是在其所处的经济社会这一复杂巨系统下进行的，即通过与经济社会网络的交互，个体获得消费所需要的收入、需要消费的物品和劳务。在这一过程中，任何个体的理性都使其能够认识进而利用经济社会规律实现自己的消费目标。也就是说，对于个体的消费决策过程来说，消费者所处的经济社会环境是影响消费决策心理的一个重要因素。

然而，实践证明，由于经济社会本体论上的复杂性（包括组分的复杂性、结构的复杂性和功能的复杂性）、经济社会不断演化所导致的复杂性增长，以及知识主体上的认知复杂性，决定了个体理性的有限性④，因而对任何个体来说，自己所处的经济社会都具有不确定性即环境的不确定性。因此，个体消费研究必须处理不确定性问题，即消费者自身需要对环境因素作出判断并形

①②③ 安格斯·迪顿：《理解消费》，胡景北、鲁昌译，上海：上海财经大学出版社，2003 年。

④ 新古典经济学的完全理性一直遭受批评。西蒙的有限理性批评了理性的程度，行为经济学和实验经济学则表明了理性的偏离，阿克洛夫与耶伦提出的"近似理性"、哈特提出的"充分理性"，以及森提出的"一致理性"则可以视为在不同程度上对完全理性假定的放松。

成自己的消费决策。在西蒙的有限理性假定下，满意是个体消费者基本的行为模式，而不是完全理性假定下的最优基本行为模式。在基于认知的复杂性条件下，个体消费者的行为模式则具有自适应性。

个体消费者的自适应性在其消费目标上，没有最优化的目标函数，而是遵循在经济社会中求生存，不求最好，但求更好的规则，这一规则体现了个体消费者在消费目标实现过程中的改进、进步、适应等动态演化本质。而且，个体消费者的多样性和个体偏好的差异性使得不同个体消费者的自适应性不同，呈现多样性；此外，由于经济社会随时间的演化所导致的环境不确定性发生变化，致使同一个体消费者的自适应性目标和策略发生变化，即呈现自适应性的动态演化过程。比如，长期疾病、非自愿地失去工作都会导致消费下降，但失业时期、与罢工有关的工作损失或者非自愿的迁移可能不会导致消费下降①。

个体消费者的自适应性在行为策略方面表现为根据能否适应环境及其变化而分别采取自然选择、复制、强化、模仿、试错、调整、创新等策略。个体消费者根据给定的约束条件和所能获得的信息选择自己的消费方式，当这种消费方式能够适应环境，并使自己满意时，则采取原有的消费方式，即复制并强化，近年来的消费研究理论前沿——消费习惯形成理论考虑了这两种特征。当个体消费者现有的消费方式不能够适应环境时，则采取新的消费方式，或模仿条件类似的其他个体消费者，或创新，并通过试错性策略加以检验，进行调整，以求不断适应环境及其变化，达到满意。个体消费者的自我适应性，可用来解释以下现象：一些行为人花费得多，储蓄得少，而另外一些行为人花费得少，储蓄得多；一些行为人喜欢创新性消费，另外一些行为人则追求循规蹈矩的舒适感。

个体消费者的自适应性还表现在个体之间的相互影响即关联性，即消费者的偏好不仅仅取决于其个人消费，还受到周围人消费的影响。杜森贝利（Duesenberry）和莫迪利安尼（Modiliani）在其相对收入假说中所提出的“示范效应”就属此类，只不过当时更多的是定性分析，因为个体的多样性、个体偏好的差异性，以及个体所面临环境差异的自适应性差异及时变，决定了个体消费者之间的相互影响可能是非线性的，就当时的数学工具来说，定量

① 安格斯·迪顿：《理解消费》，胡景北、鲁昌译，上海：上海财经大学出版社，2003年。

分析相当困难。

正是基于个体消费者在经济社会环境不确定性条件下的自适应性，在近期消费研究中才引发了“双曲线偏好”的直接描述，进而解释个体消费者的短期内偏好远大于长期偏好即偏好的时间不一致性的经济事实，引入“诱惑效用函数”说明个体消费者偏好的逆转，提出“双自我模型”解释偏好的时间不一致性和 Rabin 的避险悖论。

在个体消费研究的基础上，加总经济社会系统中相互依赖、相互作用的各类个体消费者的微观消费方式，促使我们去寻求解释和预测的宏观消费模式。

第一种加总是家庭层次的加总。显然，家庭成员的收入分布、年龄构成、偏好差异、公共消费品多寡会成为影响家庭每个成员消费行为的约束条件，而家庭成员之间的以利他主义形式表现的协调依存，意味着家庭消费不是家庭成员个体消费的简单线性加总，而是一种特殊的非线性加总。迪顿在对我国台湾地区的研究中，发现以个体为单位还是以家庭为单位来分析人口对储蓄率的影响，结论明显不同。德布拉吉·瑞指出，贫困家庭内部的支出往往并不是平均的，妇女与老人是潜在的受害者，而且，随家庭的贫困程度的上升，这种现象就越发地明显①。因为如果家庭收入低于最小的门槛，那么家庭内部不平等的消费分配就能够创造出比平等分配更高的工作能力②。因此，家庭层次的消费具有自组织、自生成等复杂性特征。

第二种加总是个体消费如何形成宏观消费。如果在个体消费研究中已考虑到个体消费者之间的相互影响，那么，从个体消费加总到宏观消费不存在任何问题。在宏观消费的已有实证研究中，之所以会出现不支持现代消费函数理论的情形，原因在于无论哪种消费函数理论均只是反映了部分个体消费者的消费行为方式，而个体的多样性、个体偏好的差异性，以及个体适应性的差异性、多维性及时变性，本质上决定了消费函数理论及模型必须多样化。“一组模型的准确度 = 该组模型的平均准确度 + 模型的多样性”。只有多样化消费函数理论及模型的有机综合，才能更好地近似解释反映众多复杂性个体的消费行为有机结合在一起的总消费，即宏观消费。

①② 德布拉吉·瑞：《发展经济学》，陶然译，北京：北京大学出版社，2002 年。

第三节　复杂性科学分析范式下的中国居民消费研究思路

在我国，基于复杂性科学分析范式的消费研究更有深层次的现实意义，至少可以拓展我们的研究思路，为深入理解当前的居民消费不足提供全新的视野。

首先，就我国个体的多样性和个体偏好的差异性来说。其一，若以个人为个体单位，我国13亿之多的人口数，这是一个特别的个体多样性形成的数量特征；其二，我国独特的城乡二元结构，无论从收入水平、收入来源、消费结构、消费习惯等哪一个角度出发，城镇居民和农村居民都有显著的差异，因此用同一的消费函数理论及模型来加以分析显然是不合理的，这不单单是简单的城乡居民居住的地理环境不同的问题，更重要的在于城乡居民所处的体制环境存在重大差别；其三，我国民族众多、宗教信仰千差万别、风俗习惯迥异、区域差距大，决定了不同地区、不同民族、不同宗教信仰、不同风俗习惯的居民及其家庭之间的消费偏好也必然存在结构化差异，即便城乡内部的各自居民之间也是如此。上述三个特征决定了我国消费研究的个体多样性和个体偏好的差异性既具有一般性还具有独特性。一些实证研究也表明，中国居民消费存在“短视行为”，既不是按凯恩斯的绝对收入假说，也不是按莫迪利安尼的生命周期假说来寻求效用最大化，而是依据现期收入和流动性资产水平以可以预期到的将来收入来计划支出，而且，在很大程度上与其消费习惯相关。

其次，就我国个体消费者的自适应性来说，其多样化和时变性特征就更为明显。其一，我国居民之间的收入差距不断扩大会造成不同收入水平个体自适应性的差异更加明显，因为在面临诸如资本市场发展不完善、流动性约束、社会保障体系的不完善甚至缺失，以及医疗教育支出不确定及不平等情形的消费决策环境下，收入水平不同的居民及其家庭在不完善市场经济中具有不同的风险规避能力和风险承担能力。其二，面对政策的冲击，不同个体的自适应性也会存在差异。其三，我国正处在一个经济快速发展、社会快速转型时期，政策的阶段性变化以及一些重大的经济社会改革无疑会极大地影响居民消费的自适应性调整及变化。比如，伴随着工业化进程的劳动力由农村向城镇流动，但户籍限制依然存在的情形下，我国庞大的两栖于城镇和农村之间的农民工群体，其消费行为既受到城镇居民消费水平、消费结构和消费理念的影响，又受到农村居民的消费水平、消费结构和消费理念的影响，这一消费者群体的适应性演变，无疑是我国居民消费研究中一个急切需要解决的问题，因为这是一个可能持续几十年、对中国未来消费有重要影响的历史性动态过程。

近年来，我国学者从不同的角度对中国消费进行了大量研究，或多或少地揭示了我国居民消费的特点，但大多只是停留在理论层面的“拿来主义”，存在运用解释个体消费行为的微观消费函数理论直接解释加总消费数据的层次不一致问题，结合上述复杂性科学分析范式下的中国消费认知和已有研究，本章尝试提出以下几个基于中国国情的消费研究思路。

第一，中国消费群体的个体多样性和个体偏好的差异性决定了中国的个体消费研究应该是多维度视角。这种多维度视角体现在需要综合考虑个体的城乡、地区、民族、宗教信仰、传统文化、风俗习惯、收入阶层等多维属性，而不是简单的“代表性消费者”分析范式所能解决的，其中的独特性和复杂性是理论研究者必然面临的挑战。

第二，中国正处在经济社会快速转型阶段的特征决定了个体消费行为自适应性研究应该是非线性动态的，需要关注其中可能存在的涌现性、良性循环或恶性循环形成的正反馈机制。

第三，基于个体的多样性和偏好的差异性，细致化研究反映现实个体消费行为的多样化消费函数理论及模型，并在层次有效划分的基础上，进行有机综合，才能更好地近似解释反映众多复杂性个体的消费行为有机结合在一起的总消费即宏观消费。

第四，在实证研究上，严格区分个体消费研究、群体消费研究和宏观消费研究，使研究的理论模型和实证数据在层次上保持协调一致。

第五，当前的中国消费研究应当以问题意识和思想创新为主导，强调研究方法的科学性、合理性，强调经济研究和政策互动的影响和现实意义。

由此可以看出，复杂性科学分析范式下的消费研究假定行为人有不同的收入和能力，分布于不同的时间和空间，他们的消费行为会影响到他们所处的经济社会这一复杂巨系统网络中的其他行为人，同时也受其他行为人的消费行为方式影响。在这一过程中，个体消费者不断收集信息，并在所掌握的信息基础上相当理智地消费。

复杂性科学分析范式下的消费研究可能会涉及多种均衡、行为人之间的非线性相互影响、行为人的不同信息处理能力、真正的不确定性而非风险以及非线性动态过程，进而有助于解释复杂的个体消费及其加总形式的宏观消费。

当然，一个包含了过多细节的消费模型会如同它想要解释的现实一样复杂，模型应该仅仅包含必要的细节，而不是越多越好。一个无人能懂的极其复杂的模型，不能让人们对关键的权衡问题有清晰的理解，但政策制定和政策建议又不能不使用模型，因此模型必须进行有目的的简化，以作为人们认识真实世界的向导，但模型并不等同于真实世界。经典消费函数理论强调约束条件下的消费最优化和对不确定性的反应，而复杂性科学分析范式强调多样性、网络性、关联性和自适应性。我们的目标是要理解越来越复杂的消费。这两类方法没有谁对谁错。他们都是模型，都对现实有用。

将复杂性科学分析范式引入消费研究，只是表明，研究经济社会这一复杂巨系统中的消费问题时，孤立地考虑个体消费行为并不足以推导出宏观消费的社会行为，个体消费者之间的相互作用是重要的，除非模型能描述个体消费者的相互影响，并包含个体消费者之间的全部反馈，否则就不可能构建起宏观消费的微观基础模型。

第四节　2000～2014 年中国居民消费率变迁及其解析

一、概述

改革开放以来，中国经济增长率只有三次连续 2～3 年低于 8%：第一次是 1979～1981 年，第二次是 1989～1990 年，第三次是 1998～1999 年；这三次回落每次过后又都回到了高速增长的轨道上，只能称之为暂态。2012 年、2013 年、2014 年中国 GDP 增长分别为 7.7%、7.7%、7.4%，连续三年低于 8%已成定势，而与之相伴的是经济结构正在发生质的变化：产业结构方面，第三产业正逐步成为产业主体；需求结构方面，消费需求正逐步成为需求主体；城乡区域结构方面，城乡区域差距正逐步缩小；收入分配结构方面，居民收入占比上升。结合以上所述中国经济增长率的持续下降，无论是政府还是学术界，大多数认为中国经济正在进入一个高效率、低成本、可持续的中高速增长阶段，并被称之为经济新常态。

本节关注的是居民消费率（其含义是居民消费支出占支出法 GDP 比重）的变迁。以 2000～2014 年的居民消费率演变为例（见表 3－1），2000～2008 年，居民消费率一直呈下降趋势，从 2000 年的 46.44% 下降到 2008 年的 35.34%，达 11.1% 之多，2008～2014 年则呈上升态势，从 2010 年的 35.34% 上升到 2014 年的 37.92%，虽然上升幅度不大，仅为 3.58%，但持续上升势头明显。

表 3－1　　2000～2014 年的中国居民消费率　　单位：%

年份	居民消费率	年份	居民消费率	年份	居民消费率	年份	居民消费率	年份	居民消费率
2000	46.44	2003	42.20	2006	37.08	2009	35.43	2012	37.12
2001	45.34	2004	40.52	2007	36.13	2010	35.92	2013	37.26
2002	44.04	2005	38.93	2008	35.34	2011	36.71	2014	37.92

资料来源：根据 2001～2015 年的《中国统计年鉴》的相关数据计算得到。

如何理解 2000～2014 年中国居民消费率的变迁？在笔者看来，一是对居民消费率形成有一清晰思路，二是注重居民消费率变迁的阶段性特征并作出解释。为此，本节在对相关文献的研究方法评述基础上，提出结构分解分析（SDA）方法，并运用 SDA 方法，构建分解 GDP 中居民可支配收入占比和居民平均消费倾向对 GDP 中居民消费率影响的核算方程，进而实证分析 2000～2014 年 GDP 中居民可支配收入占比和居民平均消费倾向对 GDP 中居民消费率的影响。

在中国居民消费的实证研究上，大多文献是参照前述消费理论，结合中国居民消费的一些自身特征，以收入分配、未来不确定性、社会保障、公共支出、人口年龄结构、年龄—收入方式、经济社会结构及转型、财政政策；或综合以上各影响因素为切入点，运用计量经济分析方法加以实证研究①。

① 参见朱国林、范建勇、严燕：《中国的消费不振与收入分配：理论和数据》，载于《经济研究》2002 年第 5 期；白重恩、李宏彬、吴斌珍：《医疗保险与消费：来自新型合作医疗的证据》，载于《经济研究》2012 年第 2 期；吕冰洋、毛捷：《高投资、低消费的财政基础》，载于《经济研究》2014 年第 5 期；方福前：《中国居民消费需求不足原因研究——基于中国城乡分省数据》，载于《中国社会科学》2009 年第 2 期；杨文辉：《利益格局与居民消费》，载于《经济研究》2012 年第 1 期；雷潇雨、龚六堂：《城镇化对于居民消费率的影响：理论模型与实证分析》，载于《经济研究》2014 年第 6 期。

独立地看，以上不同视角的中国居民消费研究，在一定程度上都观察到了引起中国居民消费率下降的各种影响因素，但比较来看，相互之间的研究结果要么是互不联系，要么是互相排斥。究其原因，一是应用的消费理论不同，其结论自然不同；二是在计量经济模型设定时，遵循的是“从简单到复杂”的建模思路，这种思路虽具有实际应用上的有限合理性，但又存在理论上的原生不完全合理性，从而导致相同问题的研究结果千差万别①。

二、居民消费率的结构分解分析及核算方程

基于以上对已有文献研究方法的评述，并考虑到个体消费行为并不足以推导出宏观消费的总体行为，本节尝试回归凯恩斯（Keynes）创立宏观经济学的传统，即宏观经济问题直接宏观分析的视角，运用结构分解分析（SDA）方法，探究影响居民消费率的宏观经济变量。

为了便于分析，记经济社会 t 期的国内生产总值为 gdp_t，经济社会 t 期的居民消费为 rsc_t，记 $prsc_t = rsc_t/gdp_t$ 为 GDP 中居民消费占比即居民消费率，则有：

$$prsc_t = \frac{rsc_t}{gdp_t} = \frac{dpi_t}{gdp_t} \cdot \frac{rsc_t}{dpi_t} = \rho_t \cdot apc_t \text{②} \qquad (3-1)$$

式（3-1）中，dpi_t 为 t 期居民可支配收入，$\rho_t = \frac{dpi_t}{gdp_t}$ 为 t 期 GDP 中居民可支配收入占比，$apc_t = \frac{rsc_t}{dpi_t}$ 为 t 期居民平均消费倾向。式（3-1）并不是简单的数学变换，它表明的是居民消费率的形成过程：首先，以 CDP 衡量的整个经济社会的国民收入在居民、企业部门和政府部门的分配，居民在这一分配过程中得到的收入份额决定了居民消费的上限（这里假定居民当期收入决定当期消费，即遵循凯恩斯绝对收入假设）；其次，居民运用自己得到的既定的可支配收入进行消费，而消费的多少则取决于居民的平均消费倾向。由式

① 李子奈：《计量经济学应用研究的总体回归模型设定》，载于《经济研究》2008 年第 8 期。

② 需要指出的是，式（3-1）的分解是基于国民收入分配角度即 GDP 中居民可支配收入占比，以及居民消费行为的衡量角度即居民平均消费倾向而设计的。实际上还存在其他分解，但从经济学的角度来说，任何引入的经济变量必须具有确切的、通常的经济含义。

（3－1）可逻辑推演出下面的推论 1 和推论 2：

推论 1　当 GDP 中居民可支配收入占比保持不变时，居民平均消费倾向越高，则居民消费率越高。

推论 2　当居民平均消费倾向保持不变时，GDP 中居民可支配收入占比越高，则居民消费率越高。

推论 1 和推论 2 是一种静态结论，就研究居民消费率的变迁来说，则需要考虑 GDP 中居民可支配收入占比和居民平均消费倾向两者随时间变化对居民消费率的影响，这种影响既包括由两者变化引起的居民消费率变化的性质，即定性分析居民消费率的上升或下降，也包括两者变化对居民消费率变化的影响程度，即定量分析。显然，由推论 1 和推论 2 又可推演出下面的推论 3：

推论 3　当居民平均消费倾向和 GDP 中居民可支配收入占比同向变化时，会引起居民消费率发生同向变化。

而当 GDP 中居民可支配收入占比和居民平均消费倾向和变化异向时，则居民消费率变化性质需要借助于定量分析，本节应用结构分解分析加以研究。

对于 t_0 到 t_1 期间居民消费率的变化，可以根据式（3－1）表示为：

$$prsc_{t1} - prsc_{t0} = apc_{t1} \cdot \rho_{t1} - apc_{t0} \cdot \rho_{t0} \tag{3-2}$$

根据式（3－2）就可以运用结构分解分析（SDA）方法分解出居民平均消费倾向和居民收入份额对居民消费率的影响程度。

正如迪茨巴彻和洛斯（Dietzenbacher and Los，1998）[①] 所指出的，使用结构分解分析往往存在“非唯一性问题”，即根据不同的因素排列次序进行分解会得到不同的分解结果。在实际应用中，一般采用两极分解法来规避“非唯一性问题”。就式（3－2）而言，有以下两种两极分解方法：

$$prsc_{t1} - prsc_{t0} = (apc_{t1} - apc_{t0}) \cdot \rho_{t0} + (\rho_{t1} - \rho_{t0}) \cdot apc_{t0} + (apc_{t1} - apc_{t0}) \cdot (\rho_{t1} - \rho_{t0}) \tag{3-3}$$

$$prsc_{t1} - prsc_{t0} = (apc_{t1} - apc_{t0}) \cdot \rho_{t1} + (\rho_{t1} - \rho_{t0}) \cdot apc_{t1} + (apc_{t1} - apc_{t0}) \cdot (\rho_{t0} - \rho_{t1}) \tag{3-4}$$

考虑时间序列型的经济数据有时间先后次序，由此当观察者选择某一时

---

① Dietzenbacher, E. and Los, B.. Structural Decomposition Techniques: Sense and Sensitivity. *Economics Systems Research*, Vol, 10, No. 4, 1998, pp. 307－324.

点作为时间切入点即参照时点时，此前的经济数据对其而言是已知的，此后的数据则是未知的，因此当假设其他数据不变，研究某一数据以参照时点为基准随时间的变化，依据时间的不可逆性，这一时间变化必须是后向的，而不变的其他数据的时点也必须是参照时点，在这一意义上，式（3－3）更具合理性。

这里将式（3－3）中$(apc_{t1}-apc_{t0})\cdot\rho_{t0}$称为居民平均消费倾向的变动效应，其含义是保持GDP中居民可支配收入占比ρ_t不变时，居民平均消费倾向变动对GDP中居民消费占比变化的影响。显然，当其值为正（负）时，会使得居民消费率上升（下降），从而居民平均消费倾向的变动效应为正（负），以上即是推论1所揭示的正相关关系；将式（3－3）中的$(\rho_{t1}-\rho_{t0})\cdot apc_{t0}$称为GDP中居民可支配总收入占比的变动效应，其含义是保持居民平均消费倾向不变时，GDP中居民可支配收入占比的变化对居民消费率的影响。同样，当其值为正（负）时，会使得居民消费率上升（下降），从而GDP中居民可支配收入占比的变动效应为正（负）以上即是推论2所揭示的正相关关系；将式（3－3）中的$(apc_{t1}-apc_{t0})\cdot(\rho_{t1}-\rho_{t0})$称为居民平均消费倾向和GDP中居民可支配收入占比的变动乘积效应，其含义是居民平均消费倾向和GDP中居民可支配收入占比即居民收入份额同时发生变化时，两者变动的乘积对居民消费率的影响。

通过如式（3－3）的结构分解可以发现，要解释一个经济社会的居民消费率的变迁，可以分别计算变迁过程中，居民平均消费倾向的变动效应、GDP中居民可支配收入占比的变动效应，以及两者的变动乘积效应。当经济中GDP中居民可支配收入占比的变动效应为主要原因时，意味着居民消费率变迁主要是国民收入分配格局变动的结果，预示着需要调整国民收入分配格局，提高GDP中居民可支配收入占比来解决居民消费率偏低的问题；当经济中居民平均消费倾向变动的变动效应为主要原因时，应重点分析影响居民平均消费倾向的各种可能因素，如居民内部的收入分配、各阶层的平均消费倾向、社会保障政策的覆盖面及到位，等等；当经济中居民平均消费倾向和GDP中居民可支配收入占比的变动乘积效应为主要原因时，则需要双管齐下。

三、中国居民消费率的实证分析

运用上述SDA方法所得到的居民消费率变迁的核算方程，依据数据的可获得性和统一性，本小节实证分析 2000 ~ 2014 年中国 GDP 中居民可支配收入占比变动和居民平均消费倾向变动对居民消费率变迁的影响及其贡献率。

（一）基本数据描述

表 3 - 2 给出了 2000 ~ 2014 年 GDP 中居民可支配收入占比和居民平均消费倾向的数据。其中，居民的可支配收入数据和消费数据取自 2001 ~ 2015 年的《中国统计年鉴》中的“资金流量表（实物交易）”。居民平均消费倾向则为居民消费支出与居民可支配收入之比。

表 3 - 2　　2000 ~ 2014 年 GDP 中可支配收入占比与居民平均消费倾向演变轨迹

单位：%

年份	GDP 中居民可支配收入占比	居民平均消费倾向	年份	GDP 中居民可支配收入占比	居民平均消费倾向	年份	GDP 中居民可支配收入占比	居民平均消费倾向
2000	67. 38	68. 91	2005	60. 24	64. 62	2010	60. 36	57. 90
2001	65. 91	68. 79	2006	59. 01	62. 83	2011	60. 47	59. 12
2002	64. 26	68. 53	2007	59. 47	60. 76	2012	60. 71	59. 30
2003	63. 88	66. 06	2008	58. 84	60. 06	2013	61. 31	61. 54
2004	61. 20	66. 21	2009	59. 44	59. 62	2014	62. 15	62. 67

资料来源：根据 2001 ~ 2015 年的《中国统计年鉴》的相关数据计算得到。

1. 2000 ~ 2014 年中国 GDP 中居民可支配收入占比的变化特点

从表 3 - 2 可以看出，2000 ~ 2014 年 GDP 中居民可支配收入占比的变化呈以下特点：（ⅰ）GDP 中居民可支配收入占比 2000 ~ 2006 年从 67. 38% 下降到 59. 01%，下降幅度达 8. 37%；（ⅱ）2006 ~ 2008 年呈先上升后下降的波动态势，上升幅度和下降幅度比较小，分别为 0. 46% 和 0. 63%；（ⅲ）2008 ~ 2014 年呈缓慢上升态势，由 2008 年的 58. 84% 上升到 2013 年的 61. 31%。对比本节一开始所描述的 2000 ~ 2014 年居民消费率的演变轨迹，可以发现，其与前述的 GDP 中居民可支配收入占比的变化轨迹基本一致，只是在时间点上，前者滞后于后者。

2. 2000 ~ 2014 年中国居民平均消费倾向的变化特点

从表 3 - 2 可以看出，2000 ~ 2014 年居民平均消费倾向的变化呈以下特点：（ⅰ）居民平均消费倾向 2000 ~ 2003 年从 68. 91% 下降到 66. 06%，下降幅度为 2.85%；（ⅱ）2003~2004 年略为上升，上升幅度很小，仅为 0.15%；（ⅲ）2004~2010 年呈快速下降态势，由 2004 年的 66.21% 下降到 2010 年的 57.90%，下降幅度达 8.31%；（ⅳ）2010~2014 年呈缓慢上升态势，由 2010 年的 57.90% 上升到 2012 年的 61.54%，上升幅度为 3.64%。可以发现，其与前述的居民平均消费倾向的变化轨迹基本一致，只是在时间点上，前者滞后于后者。

（二）2000~2014 年中国居民消费率变迁的解释

根据上述基本数据描述所揭示的 2000~2014 年 GDP 中居民可支配收入占比和居民平均消费倾向的演变特点，以及前述的居民消费率的演变特点，这里将 2000~2012 年的居民消费率划分为 2000~2006 年、2006~2008 年、2008~2010 年和 2010~2014 年四个时期。其中，2000~2006 年这一时期是三者均一致下降的阶段，2006~2008 年这一时期反映了居民消费率下降、GDP 中居民可支配收入占比小幅波动和居民平均消费倾向下降这一组合特征，2008~2010 年则反映了居民消费率小幅上升、GDP 中居民可支配收入占比小幅上升和居民平均消费倾向小幅下降这一组合特征，2010~2014 年这一时期对应的是三者均一致上升的阶段。

表 3-3 给出了 2000 年、2006 年、2008 年、2010 年和 2014 年五个计算年的居民消费率、GDP 中居民可支配收入占比，以及居民平均消费倾向数据。以便应用 SDA 方法分析 GDP 中居民可支配收入占比和居民平均消费倾向在这四个时期对居民消费率变迁的影响性质及其程度。

表 3-3　各计算年的居民消费率、平均消费倾向和 GDP 中居民可支配收入占比

单位:%

年份	居民消费率	GDP 中居民可支配收入占比	居民平均消费倾向	年份	居民消费率	GDP 中居民可支配收入占比	居民平均消费倾向
2000	46.44	67.38	68.91	2010	34.94	60.36	57.90
2006	37.08	59.01	62.83	2014	37.92	62.15	62.67
2008	35.34	58.84	60.06	—	—	—	—

资料来源：根据 2001~2015 年的《中国统计年鉴》的有关数据计算得到。

根据前面的结构分解分析（SDA）结论可知，要理解以上所述的居民消费率的阶段性特征，关键在于分析 GDP 中居民可支配收入占比和居民平均消费倾向的阶段性特征在其中的影响。表3－4给出了上述四个时期GDP中居民可支配收入占比、居民平均消费倾向在居民消费率变迁中的变动效应、变动乘积效应及其对应的贡献率。

表3－4　四个时期居民消费率变迁的结构分解分析结果　单位:%

时期	居民消费率变化值（1）	GDP中居民可支配收入占比变动效应（2）	居民平均消费倾向变动效应（3）	变动乘积效应（4）	GDP中居民可支配收入占比变动效应贡献率（5）=（2）÷（1）	居民平均消费倾向变动效应贡献率（6）=（3）÷（1）	变动乘积效应贡献率（7）=（4）÷（1）
t0＝2000年 t1＝2006年	－9.36	－5.7678	－4.0967	0.5089	61.6214	43.7682	－5.4369
t0＝2006年 t1＝2008年	－1.74	－0.1068	－1.6346	0.0047	6.1386	93.9412	－0.2706
t0＝2008年 t1＝2010年	－0.40	0.9129	－1.2709	－0.0328	－228.228	317.736	8.2080
t0＝2010年 t1＝2014年	1.06	0.2026	0.8450	0.0049	19.1179	79.7208	0.4623

注：（1）t0代表期初年份，t1代表期末年份；（2）数据误差是由计算误差引起的。

资料来源：作者根据表3－3数据，运用正文中公式（3－3）计算得到。

由表3－4可以看出，（ⅰ）2000～2006年，引起居民消费率下降的第一位因素是GDP中居民可支配收入占比的下降，其贡献率为61.62%，第二位因素是居民平均消费倾向的下降，其贡献率为43.77%，第三位因素是两者同时下降的变动乘积效应，其贡献率为－5.44%，对居民消费率下降的影响很小；（ⅱ）2006～2008年，引起居民消费率下降的主要因素是居民平均消费倾向的下降，其贡献率为93.94%，GDP中居民可支配收入占比小幅波动对居民消费率的下降影响很小，其贡献率仅为6.14%，而GDP中居民可支配收入占比和居民平均消费倾向两者的变动乘积效应对居民消费率下降的影响则更小；（ⅲ）2008～2010年，居民消费率的小幅波动主要是由GDP中居民可支配收入占比小幅上升和居民平均消费倾向小幅下降相互抑制引起的，前者的贡献率为－228.23%，后者的贡献率为317.74%，而两者的变动乘积效应对居民消费率下降的影响还是很小，仅为8.21%；（ⅳ）2010～2014年，引起居民消费率上升的主要因素是居民平均消费倾向的上升，其贡献率为79.72%，GDP中居民可支配收入占比上升对居民消费率的上升的贡献率为

19.11%，不到前者的四分之一，而两者的变动乘积效应对居民消费率上升的影响则相当小，仅为0.46%。总的来看，在所有的四个时期，居民平均消费倾向和GDP中居民可支配收入占比的变动乘积效应对居民消费率变动的贡献率都最小。

四、总结

基于国民收入分配，以及居民的总体消费行为角度，居民消费率可以分解为GDP中居民可支配收入占比和居民平均消费倾向的乘积，即后两者存在非线性关系。同时，这也意味着如果在计量经济模型构建中，将居民消费率直接表示为包括GDP中居民可支配收入占比和居民平均消费倾向的影响因素的线性回归模型，会存在问题。

就本节所构建的居民消费率的核算方程来说，它是采用递归方法得到的，即首先通过对式（3-2）的分解来获得式（3-3）的核算方程，从而分解出GDP中居民可支配收入占比、居民平均消费倾向对居民消费率的影响。这也为深入探究居民消费率的微观基础提供了思路，即应探寻GDP中居民可支配收入占比和居民平均消费倾向形成的微观基础，这将是本书进一步研究的方向。

就研究方法而言，结构分解分析即SDA方法至少有三个优点：一是可以用来进行具有经济联系的变量之间关系的比较静态分析甚至动态分析，可以检验长期的影响因素和结构变动；二是比计量经济学估计方法更为实用，分析类似的问题，计量经济学方法至少需要15年以上的数据，而它只需要两个年度的经济联系表；三是相对于其他方法而言，更便于考察经济主体之间联系的多次阶段性变化。实际上，本节实证分析中的居民消费率变迁的四个时期划分就代表了各自的结构变化时段。

对2000~2014年中国居民消费率变迁的实证核算表明：经过2000~2008年的连续下降后，2008~2010年中国居民消费率终于显现一丝上升的曙光，这归功于2008年以来GDP中居民可支配收入占比上升，但由于同期居民平均消费倾向下降的制约，致使这一时期的居民消费率呈现小幅波动情形，直至2010年及其以后GDP中居民可支配收入占比和居民平均消费倾向同时上升才真正带来居民消费率的连续上升。在笔者看来，这是近年来旨在改善国民收入分配，实现藏富于民的一系列国家政策作用的结果，以及国家实施一系列惠民工程的结果。显然，只要国家这些惠民的政策和工程是一种常态，居民消费率的继续上升就会是一种经济新常态，直至达到其完善市场经济下应有的状态。本质上，国家的惠民政策和工程是一种国家能力的提升，因为它有利于国家与市场、国家与社会在经济领域的良性互动。当然，这需要进一步的理论和实证研究。

第五节　2000～2014 年中国居民消费结构变迁及其解析

一、概述

恩格尔（Engel）定律表明，随着人们消费水平的提高，食品在人们消费支出的比例会逐渐降低。如果把食品消费和非食品消费的比例变化作为消费结构变迁的话，那么，恩格尔定律同时表明，收入水平决定人们的消费结构。推而论之，整个社会收入水平及其内部差异无疑会对居民消费结构产生影响。这里的居民消费结构含义是指，从宏观经济角度来看待的居民消费结构。这里选择居民总消费支出中不同商品组的消费支出占比的构成，来作为居民消费结构的衡量指标。

已有研究大多是从收入水平的角度来研究消费结构变迁。库兹涅茨在总结各国现代经济增长的特征时指出，“人均产值的增长率越高，消费者需求结构的改变也就越大，……从人均产值较低水平上的‘必需品’范围移向人均产值较高水平上的‘高档’商品和‘奢侈品’的范围”[①]。

钱纳里等人分析了增长和结构转变的相互依存关系，指出收入增长会引起国内需求结构和生产结构变化，并且随着收入的增加，两个经济现象主导着总需求类型的变动过程。其中，最重要的是私人消费中食品份额的下降和其他消费份额的上升[②]。

虽然恩格尔定律、库兹涅茨的统计分析结论以及钱纳里等人的结论是一个纵向角度的结论，但从横向角度来看，他们的研究也意味着同一时期处于

① 西蒙·库兹涅茨：《各国的经济增长》（中译本），北京：商务印书馆，1985，第 25 页。

② H. 钱纳里、S. 鲁宾逊、M. 赛尔奎因：《工业化和经济增长的比较研究》，上海三联书店、上海人民出版社。

不同收入水平上的人们，其消费结构也不相同。推而论之，反映整个社会收入水平差异状况的收入分配无疑会对宏观消费结构产生影响。

实际上，马克思在分析资本主义简单再生产和扩大再生产中，就曾系统论述过资本家和雇佣工人之间的收入差距所导致的不同消费结构：工人只消费必要生活资料，资本家除了必要生活资料外还消费奢侈品①。

刘易斯的二元结构模型也蕴含了收入差距影响宏观消费结构的思想。在刘易斯看来，由于劳动力存在无限供给现象，不论是“维持生计部门”还是“资本主义部门”的工人，其收入仅仅能够维持基本生计或略高一点，这种收入水平决定了他们的消费结构主要以农产品为主。而收入水平高的资本家虽然会消费非农产品，但由于消费有限，对宏观消费结构影响不大②。

20世纪90年代以来，国外研究大都集中在收入和收入差距对某些商品组消费的影响上。比如，莫汉蒂（Mohanty）、史密斯（Smith）和迈尔斯（Meyers）以收入阶层为切入点，运用斯卢茨基（Slutsky）方程估计各收入阶层的消费参数，分析了牙买加各收入阶层的农产品消费的价格弹性③；松山（Matsuyama）运用雁形理论解释了大众消费社会兴起的原因，指出收入分配过分平等和不平等都会对这一良性循环产生阻碍作用④；察赫利克等人（Cahlik et al.）研究了德国和捷克共和国消费结构的收敛现象，发现收入水平的影响不足以对此加以解释，需要结合后凯恩斯主义的消费者行为动机理论⑤；赖因—施塔勒（Rein-staller）和桑迪塔维（Sanditov）发现阶层结构平坦和容许消费多样化的社会，有利于创新型消费产品的扩散⑥；塞尔万纳森（Selvanathan）等人的跨国比较研究发现，发展中国家的食品消费占收入的比例要高于发达国家，烟草、饮料消费占收入的比例则类似⑦。

---

① 马克思：《资本论（第二卷）》（中译本），人民出版社，1975。

② 阿瑟·刘易斯：《二元经济论》（中译本），北京经济学院出版社，1989。

③ Mohanty, S., Smith, D. B., and Meyers, W. H.. “Using Income Classes to Estimate Consumption Parameters for Food Policy Analysis”. *FAPRA Working Papers*, 96 - wp159, 1997.

④ Matsuyama, K.. “The Rise of Mass Consumption Societies”. *Journal of Political Economy*. Vol. 110, No. 5, 2002, pp1035 - 1070.

⑤ Cahilk, T., Honzak, T., Honzakova, J., Jirnia, M., and Svarcova, N.. “Convergence of Consumption Structure”. Working Papers IES with number 99, 2005.

⑥ Reinstaller, A. and Sanditov, B.. “Social Structure and Consumption: on the Diffusion of Consumer Good Innovation”. *Journal of Evolutionary Economics*. Vol. 15, No. 5, 2005, pp505 - 531.

⑦ Selvanathan, S., and Selvanathan, E. A.. “Consumption Patterns of Food, Tobacco and Beverages: a cross-Country Analysis”. *Applied Economics*. Vol. 38, No. 13, 2006, pp1567 - 1584.

国内研究收入差距对消费结构影响的文献并不多见。徐海云等应用多元统计方法之一的对应分析法探索了城市居民消费结构随着收入变化的变化规律，得出各收入人群与相应的消费支出有显著而稳定的“亲缘”关系的结论[①]。秦海林运用扩展的线性支出系统（ELES）模型，描述了农村居民收入分配差距引起的农户消费结构差异[②]。

通过以上对相关文献的梳理，可以肯定的是，收入水平和居民内的收入差距对宏观消费结构存在影响。

本节试图在已有研究基础上，从以下两个方面加以拓展：一是研究收入水平和收入差距对宏观消费结构的影响，而不仅仅是关注对某一类商品组消费的影响。二是基于对已有或可能的研究方法评述，直接根据宏观消费结构的定义，而不是在先验假定的基础上，构建宏观消费结构及其变迁的阶层基础模型，进而构建各阶层对宏观消费结构变迁贡献的核算方程。

二、研究方法

一种可能研究方法是针对收入水平不同的消费者，不同的消费品设定不同的消费函数，然后进行加总，进而分析收入差距对宏观消费结构的影响。这种方法理论上可行，但在实际应用上会极其困难。其困难有二：一是对个体来说，存在离散型的耐用品消费和连续型的非耐用品消费的加总困难；二是如果考虑不同消费者存在异质性及相互影响，则微观消费模型会变得极其复杂难解，加总也会遇到更多的问题[③]。而且，问题还在于，能否以先验的经济学理论作为计量经济学模型总体设定的导向？答案看来是否定的[④]，且不说在上述居民消费研究中，存在诸多不同消费理论的选择问题。

另一种可能的研究方法是以基尼系数为基础，运用计量经济方法从总量的角度来分析收入分配对宏观消费结构的影响。应该说，这一种分析同直接加总分析法相比要简捷得多。然而，这种分析方法存在三个问题：第一个问题是，相同的基尼系数可能反映了两条不同且相交的洛仑兹曲线，由于这两

① 徐海云、涂雄苓、罗付岩：《我国城镇居民消费结构沿收入梯度的响应——基于对应分析》，载于《系统工程》2007 年第 12 期。

② 秦海林：《农村消费结构的户间差异与农户收入分配》，载于《财经科学》2006 年第 11 期。

③ 大多数这类研究都必须采用数值方法，利用计算机来进行模拟。

④ 李子奈：《计量经济学应用研究的总体回归模型设定》，载于《经济研究》2008 年第 8 期。

条不同且相交的洛仑兹曲线反映了不同的收入差距结构，从而对宏观消费结构会产生不同的影响，而对于此种情形，基尼系数方法显然无法加以判别。

第二个问题是，以基尼系数为基础的总量分析实质上是一种“代表性消费者”分析方法，而没有考虑不同收入水平的消费者可能存在的不同消费结构，即隐含地假定了单个居民或家庭的微观消费行为与反映整个居民的宏观消费行为等同，因而是值得商榷的。原因在于，经济社会中是否存在着比例大且在居民消费中起到主导作用的“代表性消费者”。显然，这取决于一个国家或地区的居民的收入分布状况。对于居民收入分布呈或接近于正态的国家或地区来说，其庞大的中产阶层就是“代表性消费者”。而对于居民收入分布趋于偏态的国家或地区来说，这种“代表性消费者”可能并不存在。原因在于，收入分配出现偏态分布时，低收入阶层群体偏大，但收入规模偏小，中等收入阶层群体和收入规模均偏小，高收入阶层虽然收入规模偏大，但群体偏小，因而均不符合“代表性消费者”的要求。正如斯托克（Stoker）所指出的，在把微观变量加总为宏观变量时会遇到“分配效应”问题，宏观消费函数的形式和系数不仅取决于微观函数的形式和系数，还取决于社会的收入分配特征。为了方便起见而使用的“代表性消费者”的处理方法是有问题的[①]。

第三个问题是，这种总量分析方法并不能详细地告诉我们，各阶层在居民可支配收入中的收入份额变化是如何影响宏观消费结构的，致使旨在通过阶层间的收入转移来达到提升宏观消费结构的政策可能缺乏理论支撑。

针对直接加总方法所呈现的复杂性和以基尼系数为基础的总量分析所存在的粗略性，本书拟借鉴坎贝尔（Campbell）和曼昆（Mankiw）研究收入差距对总消费影响时所采取的处理方法，并将其应用到收入差距对宏观消费结构的影响研究上。坎贝尔和曼昆的处理方法是，直接从总消费函数入手，假设经济中存在着两类不同消费行为的消费者，其中，一类消费者按照生命周期假说来选择各期消费路径，另一类消费者按照现期收入决定现期消费，建立了所谓的 λ 假说（λ 代表第二类消费者的比重）[②]。由此可以看出，坎贝尔

① Stoker, T. M.. “Simple Tests of Distributional Effects on Macroeconomic Equations”. *Journal of Political Ecnomy*. Vol. 94, No. 4, 1986, pp861 -883.

② Campbell John Y. and Mankiw, N. Gregory. “The Response of Consumption to Income, A Cross-country Investigation”. *European Economic Review*. Vol. 35, 1991, pp231 -249.

和曼昆的研究方法的核心是，按消费者的消费行为方式不同，将消费者进行分类。基于此，本书对数目众多的个体消费者将按研究目的划分为数目有限的阶层，同时假定同一阶层内的所有消费者的消费行为一致，阶层之间的消费行为存在差异，而对各阶层的消费结构特征通过统计资料加以描述，从而避免了消费结构函数的先验性设定，并据此来解释宏观消费结构的形成和演变。

此外，消费结构的划分也是需要考虑的。在作为主流文献的现代消费理论中，存在两种消费结构划分方法。一种是把消费者所消费的商品分为“非耐用品”和“耐用品”两大类，前者包括居民日常衣食住行等一般商品和服务，后者则主要指家具、家电、汽车、住房等商品。这种划分主要是基于“非耐用品”和“耐用品”在消费性质上的不同，在由格罗斯曼（Grossman）和拉罗克（Laroque）最早提出①，后经卡巴雷罗（Caballero）和埃伯利（Eberly）发展的（S，s）模型中，耐用品的购买是离散的，非耐用品的购买则是连续的②。另一种划分方法是将消费者所消费的商品划分为基本层次消费和非基本层次消费两大类，这一种分析是基于恩格尔（Engel）的划分方法。就第一种划分来说，分类过于简单，而且，从阶层的角度和社会整体角度来看，个体中的离散性耐用品消费特征可以转化为连续性耐用品消费特征，因而无须特别注重耐用品的离散性，实际上这也是现有文献所采用的“代表性消费者”方法所致③。就第二种划分来说，在分类上也同样存在过于简单的问题。

需要提及的是，ELES 模型虽然在研究消费结构得到广泛应用，但它也是一种“代表性消费者”分析方法，因而只能用来分析某一阶层本身的消费结构变化，以及不同阶层的消费结构的横截面比较，而对在横截面上，不同阶层是如何对宏观消费结构发生影响的，以及在时间序列上，收入差距对宏观消费结构的影响则是无法加以研究的。并且，ELES 模型本质上是一种线性分析方法。

三、理论模型

为了便于分析，记经济社会 t 期的居民消费支出为 tc_t，所消费的商品按

---

① Grossman S. J and G. Laroque. “Asset Pricing and Optimal Portfolio Choice in the Presence of Illiquid Durable Consumption Goods”. *Econometrica*. Vol. 58, No. 1, 1990, pp25 – 51.

② Caballero R. J and Eberly J. C.. “Explaining Investment Dynamics in U. S. Manufactureing: A Generalized (S, s) Approach”. *Econometrica*. Vol. 67, No. 4, 1999, pp783 – 826.

③ 安格斯·迪顿：《理解消费》，上海财经大学出版社，2003 年。

种类划分为 m 个商品组，经济社会 t 期第 j（$j=1, 2, \cdots, m$）类商品组消费支出为 tc_{jt}。记 $tpc_{jt}=tc_{jt}/tc_t$ 为居民 t 期的第 j 类商品组消费支出比例，则 t 期宏观消费结构可以表示为 $\mathbf{tcs_t}=[tpc_{1t}, tpc_{2t}, \cdots, tpc_{mt}]$。假定居民分为 n 个阶层，第 i 个阶层（$i=1, 2, \cdots, n$）t 期的消费支出为 c_{it}，第 j 类商品组的消费支出为 c_{ijt}，则 t 期第 i 个阶层的第 j 类商品组消费支出比例 pc_{ijt} 就可以表示为 $pc_{ijt}=c_{ijt}/c_{it}$，而第 i 个阶层的消费结构则为 $\mathbf{cs_{it}}=[pc_{i1t}, pc_{i2t}, \cdots, pc_{imt}]$。这样一来，基于各阶层的消费结构角度，宏观消费结构 $tpc_{jt}=tc_{jt}/tc_t$ 就可以分解为：

$$tpc_{jt}=\frac{tc_{jt}}{tc_t}=\sum_{i=1}^{n}\frac{c_{ijt}}{c_{it}}\cdot\frac{c_{it}}{tc_t}=\sum_{i=1}^{n}pc_{ijt}\cdot\frac{c_{it}}{tc_t} \tag{3-5}$$

式（3－5）表明的是，宏观消费结构 $\mathbf{tcs_t}=[tpc_{1t}, tpc_{2t}, \cdots, tpc_{mt}]$ 可以视为各阶层消费结构 $\mathbf{cs_{it}}=[pc_{i1t}, pc_{i2t}, \cdots, pc_{imt}]$ 的加权平均。其中，第 i 个阶层的权重为 c_{it}/tc_t，即该阶层 t 期的消费支出占居民 t 期的消费支出的比重。显然，$\sum_{j=1}^{m}tpc_{jt}=1$，$\sum_{j=1}^{m}pc_{ijt}=1$。

进一步，基于阶层的平均消费倾向角度，则式（3－5）可以改写为：

$$tpc_{jt}=\sum_{i=1}^{n}pc_{ijt}\cdot\frac{c_{it}}{tc_t}=\sum_{i=1}^{n}pc_{ijt}\cdot\frac{c_{it}}{dpi_{it}}\cdot\frac{dpi_{it}}{dpi_t}\cdot\frac{dpi_t}{tc_t}=\frac{\sum_{i=1}^{n}pc_{ijt}\cdot apc_{it}\cdot pdpi_{it}}{\sum_{i=1}^{n}apc_{it}\cdot pdpi_{it}}\text{①} \tag{3-6}$$

式（3－6）中，dpi_{it} 为第 i 个阶层 t 期的可支配收入，$apc_{it}=c_{it}/dpi_{it}$ 为第 i 个阶层 t 期的平均消费倾向，dpi_t 为居民 t 期的可支配收入，$pdpi_{it}=dpi_{it}/dpi_t=dpi_{it}/\sum_{i=1}^{n}dpi_t$ 为 t 期居民可支配收入中第 i 个阶层的可支配收入占比即收入份额。在式（3－6）最右边一项的推导过程中，运用了 $tc_t/dpi_t=\sum_{i=1}^{n}pdpi_{it}\cdot apc_{it}$ 这一恒等式。显然，$\sum_{j=1}^{m}pdpi_{it}=1$。

① 需要指出的是，式（3－6）还存在其他分解形式，但从经济学的角度来说，任何分解中所引入的经济变量都必须具有确切的、通常的经济含义，这里的分解是基于阶层的消费行为角度并具有经济含义的经济变量而设计的。

式（3－6）表明，宏观消费结构（$\mathbf{tcs}_t=[tpc_{1t}, tpc_{2t}, \cdots, tpc_{mt}]$）是由各阶层的消费结构（$\mathbf{cs}_{\mathbf{it}}=[pc_{i1t}, pc_{i2t}, \cdots, pc_{imt}]$）、各阶层的收入份额（$\mathbf{pdpi}_{\mathbf{t}}=[pdpi_{1t}, pdpi_{2t}, \cdots, pdpi_{nt}]$）和各阶层的平均消费倾向（$\mathbf{apc}_{\mathbf{t}}=[apc_{1t}, apc_{2t}, \cdots, apc_{nt}]$）共同决定的。

很明显，如果把阶层视为中观层次的行为主体，那么式（3－6）则表明了中观层次的消费结构到宏观消费结构的传导机制。当然，这种传导机制不是简单的阶层消费结构的加总，而是由各阶层的平均消费倾向和收入分配中的收入份额所共同决定的权重的加权平均。因此，从式（3－5）到式（3－6）不仅仅是简单的数学变换，式（3－6）反映了宏观消费结构的阶层基础，即各阶层的消费行为（以各阶层的平均消费倾向和消费结构来表征）和阶层间的收入分配对宏观消费结构的影响。为此，本书将式（3－6）称之为宏观消费结构的阶层基础模型。

更进一步，如果把上文所述的阶层细分到微观层次上的单个消费者或单个家庭，那么式（3－6）则可以表明微观层次的消费结构到宏观消费结构的传导机制。显然，当递归到微观经济主体（单个消费者或家庭）时，其消费结构和平均消费倾向以及微观经济主体之间的消费结构和平均消费倾向差异，就可以在已有微观消费理论基础上加以分析和解释，并应用微观经济数据加以验证，从而为宏观消费结构变迁研究的核算实证分析构建起完备的微观基础。显然，对于第 i 个阶层 t 期的个体而言，其可支配收入是在既定的经济社会环境中依靠其能力获得的，其总消费支出和各种商品消费支出分配则基于其可支配收入的决策结果，而第 i 个阶层 t 期的总消费和各种商品消费支出则是这些个体的加总，不过，这一加总结果由于阶层内的个体数量众多，对其中的任一个体来说都是外生的。当然，更不用说，该阶层和个体的消费结构对其他阶层和个体而言也是外生的。同样，经济社会的宏观消费结构对任何阶层和任何个体而言也是外生的。

考虑到式（3－6）中的 c_{ijt} 为 c_{it} 中的一个组成部分，以及 c_{it} 很大程度上取决于 dpi_{it}，为此，在式（3－6）中引入 $pc_{ijt}=c_{ijt}/c_{it}$、$apc_{it}=c_{it}/dpi_{it}$ 和 $pdpi_{it}=dpi_{it}/\sum_{i=1}^{n}dpi_t$ 这三个具有确切经济含义的变量，并假定消费者在决定 c_{it} 中多大比例用于 c_{ijt}，与决定 dpi_{it} 中多大比例用于 c_{it} 不相关，而 $pdpi_{it}=dpi_{it}/\sum_{i=1}^{n}dpi_t$ 对阶层或个体而言则是外生的。这样一来，利用式（3－6）就可以得到作为

因变量的 $tpc_{jt}=tc_{jt}/tc_t$ 即宏观消费结构的变动与 pc_{ijt}、apc_{it} 和 $pdpi_{it}$ 这些中间自变量变动的关系，如式（3－7）所示的核算方程：

$$\Delta tpc_{jt}=\frac{\sum_{i=1}^{n}apc_{it}\cdot pdpi_{it}\cdot\Delta pc_{ijt}}{\sum_{i=1}^{n}apc_{it}\cdot pdpi_{it}}+\frac{\sum_{i=1}^{n}pc_{ijt}\cdot pdpi_{it}\cdot\Delta apc_{it}}{\sum_{i=1}^{n}apc_{it}\cdot pdpi_{it}}+\frac{\sum_{i=1}^{n}pc_{ijt}\cdot apc_{it}\cdot\Delta pdpi_{it}}{\sum_{i=1}^{n}apc_{it}\cdot pdpi_{it}}-\frac{\sum_{i=1}^{n}pc_{ijt}\cdot apc_{it}\cdot pdpi_{it}}{(\sum_{i=1}^{n}apc_{it}\cdot pdpi_{it})^2}\cdot\sum_{i=1}^{n}pdpi_{it}\cdot\Delta apc_{it}-\frac{\sum_{i=1}^{n}pc_{ijt}\cdot apc_{it}\cdot pdpi_{it}}{(\sum_{i=1}^{n}apc_{it}\cdot pdpi_{it})^2}\cdot\sum_{i=1}^{n}apc_{it}\cdot\Delta pdpi_{it} \quad (3-7)$$

式（3－7）中，Δtc_{jt} 表示宏观消费结构中第 j 类商品组消费支出比例的变动，$\Delta pdpi_{it}$、Δapc_{it} 分别表示第 i 个阶层收入份额的变动和平均消费倾向的变动，Δpc_{ijt} 则表示第 i 个阶层消费结构中第 j 类商品组消费支出比例的变动。式（3－7）表明，宏观消费结构变迁从其阶层基础来说，是由经济社会各阶层的消费结构、平均消费倾向和收入份额发生变动引起的。本书将式（3－7）称之为宏观消费结构变迁的阶层基础模型。

将式（3－7）进一步变形为：

$$\frac{\Delta tpc_{jt}}{tpc_{jt}}=\sum_{i=1}^{n}\alpha_{ijt}\cdot\frac{\Delta pc_{ijt}}{pc_{ijt}}+\sum_{i=1}^{n}\beta_{ijt}\cdot\frac{\Delta apc_{it}}{apc_{it}}+\sum_{i=1}^{n}\gamma_{ijt}\cdot\frac{\Delta pdpi_{it}}{pdpi_{it}} \quad (3-8)$$

式（3－8）中，$\frac{\Delta tpc_{jt}}{tpc_{jt}}$ 表示宏观消费结构中第 j 类商品组消费支出比例的变化率，$\frac{\Delta apc_{it}}{apc_{it}}$、$\frac{\Delta pdpi_{it}}{pdpi_{it}}$ 和 $\frac{\Delta pc_{ijt}}{pc_{ijt}}$ 分别表示第 i 个阶层的平均消费倾向的变化率、收入份额的变化率和第 i 个阶层消费结构中第 j 类商品组消费支出比例的变化率，而 α_{ijt} 则是第 i 个阶层的第 j 类商品组消费支出比例的变化率对宏观消费结构中第 j 类商品组消费支出比例的变化率的影响因子，β_{ijt} 则是第 i 个阶层的平均消费倾向的变化率对宏观消费结构中第 j 类商品组消费支出比例的变化率的影响因子，γ_{ijt} 则是第 i 个阶层的收入份额的变化率对宏观消费结构中第 j 类商品组消费支出比例的变化率的影响因子。其中，α_{ijt}、β_{ijt} 和 γ_{ijt} 的计算式分别如式（3-9）、式（3-10）和式（3-11）所示：

$$\alpha_{ijt} = \frac{apc_{it} \cdot pdpi_{it} \cdot pc_{ijt}}{\sum_{i=1}^{n} apc_{it} \cdot pdpi_{it} \cdot pc_{ijt}} \tag{3-9}$$

$$\beta_{ijt} = \frac{pdpi_{it} \cdot apc_{it} \cdot pc_{ijt}}{\sum_{i=1}^{n} apc_{it} \cdot pdpi_{it} \cdot pc_{ijt}} - \frac{pdpi_{it} \cdot apc_{it}}{\sum_{i=1}^{n} apc_{it} \cdot pdpi_{it}} \tag{3-10}$$

$$\gamma_{ijt} = \frac{pdpi_{it} \cdot apc_{it} \cdot pc_{ijt}}{\sum_{i=1}^{n} apc_{it} \cdot pdpi_{it} \cdot pc_{ijt}} - \frac{pdpi_{it} \cdot apc_{it}}{\sum_{i=1}^{n} apc_{it} \cdot pdpi_{it}} \tag{3-11}$$

由式（3-9）可以看出，第 i 个阶层的第 j 类商品组消费支出比例的变化率对宏观消费结构中第 j 类商品组消费支出比例的变化率的影响为正（$\alpha_{ijt} > 0$），即是说，当第 i 个阶层的第 j 类商品组消费支出比例的变化率为正（负）时，会使得宏观消费结构中第 j 类商品组消费支出比例的变化率上升（下降）。$\alpha_{ijt} \cdot \frac{\Delta pc_{ijt}}{pc_{ijt}}$ 代表了第 i 个阶层的第 j 类商品组消费支出比例的变化率对宏观消费结构中第 j 类商品组消费支出比例的变化率的贡献，当其值为正时，使得宏观消费结构中第 j 类商品组消费支出占比上升，本书称其为正影响，反之为负影响。显然，式（3-8）右边第一项即 $\sum_{i=1}^{n} \alpha_{ijt} \cdot \frac{\Delta pc_{ijt}}{pc_{ijt}}$ 代表了各个阶层的第 j 类商品组消费支出比例的变化率对宏观消费结构中第 j 类商品组消费支出比例变化率的贡献的累加，当其值为正时，使得宏观消费结构中第 j 类商品组消费支出占比上升，本书称其为正影响，反之为负影响。

由式（3-10）可以看出，第 i 个阶层的平均消费倾向的变化率对宏观消费结构中第 j 类商品组消费支出比例的变化率的影响，其性质是不确定的，即 β_{ijt} 为正、为负和等于零的可能性都存在。$\beta_{ijt} \cdot \frac{\Delta apc_{it}}{apc_{it}}$ 代表了第 i 个阶层的平均消费倾向的变化率对宏观消费结构中第 j 类商品组消费支出比例的变化率的贡献，当其值为正时，使得宏观消费结构中第 j 类商品组消费支出占比上升，本书称其为正影响，反之为负影响。显然，式（3－8）右边第二项即 $\sum_{i=1}^{n}\beta_{ijt}\cdot\frac{\Delta apc_{it}}{apc_{it}}$ 代表了各个阶层的平均消费倾向的变化率对宏观消费结构中第 j 类商品组消费支出比例变化率的贡献的累加，当其值为正时，使得宏观消费结构中第 j 类商品组消费支出比例上升，本书称其为正影响，反之为负影响。

由式（3－11）可以看出，第 i 个阶层的收入份额的变化率对宏观消费结构中第 j 类商品组消费支出比例的变化率的影响，其性质也是不确定的，即 γ_{ijt} 为正、为负和等于零的可能性都存在。$\gamma_{ijt}\cdot\frac{\Delta pdpi_{it}}{pdpi_{it}}$ 代表了第 i 个阶层的收入份额的变化率对宏观消费结构中第 j 类商品组消费支出比例的变化率的贡献，当其值为正时，使得宏观消费结构中第 j 类商品组消费支出占比上升，本书称其为正影响，反之为负影响。显然，式（3－8）右边第三项即 $\sum_{i=1}^{n}\gamma_{ijt}\cdot\frac{\Delta pdpi_{it}}{pdpi_{it}}$ 代表了各个阶层的收入份额的变化率对宏观消费结构中第 j 类商品组消费支出比例的变化率的贡献的累加，当其值为正时，使得宏观消费结构中第 j 类商品组消费支出比例上升，本书称其为正影响，反之为负影响。

另外，比较式（3－10）和式（3－11）可以发现，它们是等同的，即 $\beta_{ijt}=\gamma_{ijt}$。原因在于，在式（3－6）中，apc_{it} 和 $pdpi_{it}$ 具有互换性，即单纯地从数学角度来说，第 i 个阶层的平均消费倾向和第 i 个阶层的收入份额在式(3－6)中的作用是一样的，只不过采用了不同的数学符号。

下面说明一下 α_{ijt}、β_{ijt} 和 γ_{ijt} 的经济含义。其一，从数学的角度来说，$apc_{it}\cdot pdpi_{it}\cdot pc_{ijt}$ 是第 i 个阶层的第 j 类商品组消费支出比例、平均消费倾向和收入份额的数量积，它的数值实际上就等于第 i 个阶层的第 j 类商品组消费支出 c_{ijt} 与居民可支配收入 dpi_t 的比值①；$\sum_{i=1}^{n}apc_{it}\cdot pdpi_{it}\cdot pc_{ijt}$ 代表了所有阶层的第 j 类商品组消费支出比例、平均消费倾向和收入份额的数量积之和，本书称之为经济社会的第 j 类商品组消费支出比例、平均消费倾向和收入份额的总体数量积，它的数值实际上就等于居民的第 j 类商品组消费支出 c_{ijt} 与居民可支配收入 dpi_t 的比值。因此，α_{ijt} 就代表了第 i 个阶层的第 j 类商品组消费支出在居民第 j 类

① 从经济学的角度来说，这恰好表明了第 i 个阶层的第 j 类商品组消费支出与居民可支配收入的比值是第 i 个阶层的消费结构、平均消费倾向和收入份额共同作用的结果。

商品组消费支出中所占份额。其二，从数学的角度来说，$apc_{it} \cdot pdpi_{it}$实际上就是第 i 个阶层的平均消费倾向和收入份额的数量积，可以称之为第 i 个阶层的收入份额式加权平均消费倾向；$\sum_{i=1}^{n} apc_{it} \cdot pdpi_{it}$ 代表了所有阶层的收入份额式加权平均消费倾向之和，它实际上就是前文所提及的居民平均消费倾向；$\frac{apc_{it} \cdot pdpi_{it}}{\sum_{i=1}^{n} apc_{it} \cdot pdpi_{it}}$ 则代表了第 i 个阶层的收入份额型加权平均消费倾向在形成居民平均消费倾向过程中的贡献①。因此，β_{ijt}和 γ_{ijt}就等于第 i 个阶层的第 j 类商品组消费支出在居民的第 j 类商品组消费支出中所占份额减去第 i 个阶层的收入份额式加权平均消费倾向对居民平均消费倾向的贡献。

由式（3－7）可以看出，要解释一个经济社会的宏观消费结构变迁，可以分别计算居民中各阶层的平均消费倾向、收入份额和消费结构的变化对宏观消费结构变迁的贡献。当计算结果表明，宏观消费结构变迁主要是由居民的收入分配引起时，预示着需要调整收入分配格局，以加快提升宏观消费结构。当经济中居民中各阶层的消费结构的变化为主要原因时，应重点分析影响居民各阶层消费结构的各种可能因素，如影响居民中各阶层的收入水平及其各类商品组消费的体制因素和政策因素；当经济中居民中各阶层的平均消费倾向的变化为主要原因时，应重点分析影响居民各阶层的平均消费倾向的各种可能因素，如体制因素和政策因素等。为此，本节将式（3－7）称为宏观消费结构变迁的核算方程。

此外，如果记 $\mathrm{infl}_{it} = pdpi_{it} \cdot apc_{it} / (\sum_{i=1}^{n} pdpi_{it} \cdot apc_{it})$，则由式（3－6）可以看出，它代表了 t 期第 i 个阶层消费结构中的第 j 类商品组消费支出比例 pc_{ijt} 对宏观消费结构中的第 j 类商品组消费支出比例 tpc_{jt}的影响因子。而从 infl_{it}的表达式可以看出，其值只与 t 期第 i 个阶层的收入份额 $pdpi_{it}$和平均消费倾向 apc_{it}相关，而与消费结构的具体划分无关。因此，可得下面的命题 3－1：

命题 3－1：各阶层的消费结构对宏观消费结构的影响，与消费结构的具体划分无关。

① 这一过程实际上表明了居民平均消费倾向是如何形成的，也即探究了居民平均消费倾向的阶层基础。

四、中国城乡收入分配对宏观消费结构影响的实证分析

本小节将运用上一小节所构建的宏观消费结构变迁核算方程，实证分析2000~2014年我国宏观消费结构变迁的各类影响因素的贡献。世界银行认为，中国的城乡收入差距是引起收入不平等恶化的第一因素，反映了城市与农村的不同制度安排的制度成本①。为此，本小节核算城乡居民各自的平均消费倾向变动、消费结构变动和收入份额变动对宏观消费结构变迁的影响。

（一）数据来源和处理

居民可支配收入中城镇居民收入份额由城镇居民可支配收入除以居民可支配收入得到，居民可支配收入中农村居民收入份额由农村居民纯收入除以居民可支配收入得到，农村居民平均消费倾向由农村居民生活消费支出除以农村居民纯收入得到，城镇居民平均消费倾向由城镇居民消费支出除以城镇居民可支配收入得到。其中，农村居民纯收入由农村人口数与农村居民人均纯收入相乘得到，城镇居民可支配收入由城镇人口数与城镇居民人均可支配收入相乘得到，农村居民消费支出由农村人口数与农村居民人均消费支出相乘得到，城镇居民消费支出由城镇人口数与城镇居民人均消费性支出相乘得到，而居民可支配收入则由农村居民纯收入和城镇居民可支配收入相加得到，居民消费由农村居民生活消费支出和城镇居民消费支出相加得到。考虑到2013年、2014年两个年份的相关数据来自城乡一体化入户调查数据，与以前各年份城乡各自独立调查数据来源不同，统计口径，为此，数据处理时将2000~2012年为一阶段，2013~2014年为另一阶段。

对于消费结构的划分，虽然命题3-1指出了各阶层的消费结构对宏观消费结构的影响与消费结构的具体划分即消费商品的种类多少无关，但考虑到数据的可获得性，本书依据国家统计局的消费结构分类，将我国的消费结构由八大类商品组即食品、衣着、居住、家庭设备用品及服务（以下简称家庭设备类）、交通运输、教育文化娱乐服务（以下简称文教娱乐类）、医疗保健和杂项商品与服务在消费总支出所占比例来衡量。考虑到无论是各阶层的消

① 世界银行：《中国：推动公平的经济增长》，北京：清华大学出版社，2005年。

费结构还是宏观消费结构，在时点上这八大类商品组的支出比例之和恒为100%即存在线性关系，这里剔除杂项商品与服务的支出比例，只分析核算城乡收入分配变动、城乡居民各自的消费结构和平均消费倾向变动对前七大类商品组的消费支出比例变动的贡献。

（二）基本数据描述

1. 城乡居民消费结构

表3－5给出了2000～2014年中国城镇居民消费结构演变情况。

表3－5　　2000～2014年中国城镇居民的消费结构　　单位：%

年　份	食品支出比例	衣着支出比例	居住支出比例	家庭设备支出比例	交通通信支出比例	文教娱乐支出比例	医疗保健支出比例
2000	39.18	10.01	10.01	8.79	7.90	12.56	6.36
2001	37.94	10.05	10.32	8.27	8.61	13.00	6.47
2002	37.68	9.80	10.35	6.91	10.38	14.96	6.68
2003	37.12	9.79	10.74	6.30	11.08	14.35	7.31
2004	37.73	9.56	10.21	5.67	11.75	14.38	7.35
2005	36.69	10.08	10.18	5.62	12.55	13.82	7.56
2006	35.78	10.37	10.40	5.73	13.19	13.83	7.14
2007	36.29	10.42	9.83	6.02	13.58	13.30	6.99
2008	37.89	10.37	10.19	6.15	12.60	12.08	6.99
2009	36.52	10.47	10.02	6.42	13.72	12.01	6.98
2010	35.67	10.72	9.89	6.74	14.73	12.08	6.47
2011	36.32	11.05	9.27	6.75	14.18	12.21	6.39
2012	36.23	10.94	10.94	6.69	14.73	12.20	6.38
2013	30.13	8.40	23.27	6.11	12.54	10.75	6.15
2014	30.05	8.15	22.48	6.18	13.21	10.73	6.54

资料来源：根据国家统计局2001～2015年的《中国统计年鉴》相关数据计算得到。

从表3－5可以看出，中国城镇居民的食品消费支出比例，2000～2006年在波动中呈总体下降态势，由39.18%下降到35.78%，2006～2008年则上升到37.89%，2008～2012年则在波动中下降到36.23%，2013～2014年由30.13%微下降到30.05%；中国城镇居民的衣着消费支出比例，2000～2004

年由10.01%下降到9.56%，2004～2007年上升到10.42%，2007～2012年则在波动中上升到10.94%，2013～2014年由8.40%微下降到8.15%；中国城镇居民的居住消费支出比例，2000～2012年呈波动态势，其范围在9.27%～10.94%之间，2013～2014年由23.27%微下降到22.48%；中国城镇居民的家庭设备类消费支出比例呈周期性态势，2000～2004年、2011～2012年为下降阶段，2004～2011年、2013～2014年为上升阶段；中国城镇居民的医疗保健消费支出比例，2000～2004年由6.36%上升到7.56%，2004～2012年则下降到6.38%，2013～2014年则由6.15%上升到6.54%；中国城镇居民的交通通信消费支出比例，2000～2012年呈总体上升态势，由7.90%上升到14.73%，2013～2014年则由12.54%上升到13.21%；中国城镇居民的文教娱乐类消费支出比例，2000～2002年由12.56%上升到14.96%，2002～2009年下降到12.01%，2009～2012年为上升到12.20%，2013～2014年由10.75%微下降到10.73%。

表3－6给出了2000～2014年中国农村居民的消费结构演变情况。

表3－6　2000～2014年中国农村居民的消费结构　单位：%

年份	食品支出比例	衣着支出比例	居住支出比例	家庭设备支出比例	交通通信支出比例	文教娱乐支出比例	医疗保健支出比例
2000	49.13	5.75	15.47	4.52	5.58	11.18	5.24
2001	47.71	5.67	16.03	4.42	6.32	11.06	5.55
2002	46.25	5.72	16.36	4.38	7.01	11.47	5.67
2003	45.59	5.67	15.87	4.20	8.36	12.13	5.96
2004	47.23	5.50	14.84	4.08	8.82	11.34	5.98
2005	45.48	5.81	14.49	4.36	9.59	11.56	6.58
2006	43.02	5.94	16.58	4.47	10.21	10.79	6.77
2007	43.08	6.00	17.80	4.63	10.19	9.48	6.52
2008	43.67	5.79	18.54	4.75	9.84	8.59	6.72
2009	40.97	5.82	20.16	5.13	10.09	8.53	7.20
2010	41.09	6.03	19.06	5.34	10.52	8.37	7.44
2011	40.40	6.50	18.40	5.90	10.50	7.60	8.40
2012	39.33	6.71	18.39	5.78	11.05	7.54	8.70
2013	34.13	6.06	21.11	6.08	11.69	10.08	8.93
2014	33.57	6.09	21.23	6.04	12.08	10.25	8.99

资料来源：根据国家统计局2004～2015年的《中国统计年鉴》相关数据计算得到。

从表 3－6 可以看出，中国农村居民的食品消费支出比例，2000～2006 年在波动中呈总体下降态势，由 49.13% 下降到 43.02%，2006～2008 年则上升到 43.67%，2008～2012 年则在波动中下降到 39.33%，2013～2014 年由 34.13% 微下降到 33.57%；中国农村居民的衣着消费支出比例，2000～2004 年由 5.75% 下降到 5.50%，2004～2007 年则上升到 6.00%，2007～2012 年则在波动中上升到 6.71%，2013～2014 年由 6.06% 微上升到 6.09%；中国农村居民的居住消费支出比例，2000～2002 年由 15.47% 上升到 16.36%，2002～2005 年则下降到 14.49%，2005～2009 年则上升到 20.16%，2009～2012 年又下降到 18.39%，2013～2014 年由 21.11% 微上升到 21.23%；中国农村居民的家庭设备类消费支出比例呈周期性态势，2000～2004 年、2011～2012 年、2013～2014 年为下降阶段，2004～2011 年为上升阶段；中国农村居民的医疗保健消费支出比例，2000～2012 年呈总体上升态势，由 5.24% 上升到 8.70%，2013～2014 年则由 8.93%% 微上升到 8.99%；中国农村居民的交通通信消费支出比例，2000～2012 年呈总体上升态势，由 5.58% 上升到 11.05%，2013～2014 年则由 11.69% 上升到 12.08%；中国农村居民的文教娱乐类消费支出比例，2001～2003 年由 11.06% 上升到 12.13%，2004 年下降到 11.34%，2005 年上升到 11.56%，2005～2012 年为持续下降到 7.54%，2013～2014 年由 10.08% 微上升到 10.25%。

从 2000～2014 年城乡消费结构比较来看，有以下几个特点值得注意：一是中国城乡居民的食品消费支出比例都呈下降态势，且时间节点大致一样；二是中国城乡居民的衣着消费支出比例演变趋势基本一致；三是中国城乡居民的居住消费支出比例演变趋势存在不同，这可能与城乡居民面临不同性质的房地产环境有关；四是中国城乡居民的家庭设备类消费支出比例都呈周期性波动，且时间节点基本相同；五是中国城乡居民的医疗保健类消费支出比例演变趋势存在不同，这可能是中国城乡居民的医疗保险体系差异所致；六是中国城乡居民的交通通信消费支出比例都呈总体上升态势，时间节点高度一致；七是中国城乡居民的交通通信消费支出比例演变趋势、时间节点基本一致。由此可以认为，对于中国城乡居民来说，当他们所消费的商品（比如食品类、衣着类、家庭设备类、交通通信类、文教娱乐类等）面临共同的市场环境时，他们的消费结构演变趋势基本一致，而他们所消费的商品存在不同的制度差异时（比如居住类、医疗保健类），则他们的消费结构演变也存在差异。

2. 城镇和农村居民各自的收入份额及平均消费倾向

表3-7给出了2000~2014年居民可支配收入中城镇居民收入份额、农村居民收入份额，农村居民平均消费倾向和城镇居民平均消费倾向。

表3-7　2000~2014年中国城乡居民各自的收入份额、平均消费倾向

年份	2000	2001	2002	2003	2004	2005	2006	2007
城镇居民收入份额	0.6128	0.6365	0.6663	0.6877	0.6970	0.7085	0.7231	0.7385
农村居民收入份额	0.3872	0.3635	0.3337	0.3123	0.3030	0.2915	0.2769	0.2615
城镇居民平均消费倾向	0.7959	0.7740	0.7828	0.7685	0.7623	0.7570	0.7395	0.7252
农村居民平均消费倾向	0.7412	0.7358	0.7410	0.7411	0.7440	0.7851	0.7887	0.7786
年份	2008	2009	2010	2011	2012	2013	2014	2015
城镇居民收入份额	0.7461	0.7572	0.7631	0.7668	0.7747	0.7787	0.7825	—
农村居民收入份额	0.2539	0.2428	0.2369	0.2332	0.2253	0.2213	0.2175	—
城镇居民平均消费倾向	0.7124	0.7141	0.7050	0.6951	0.6788	0.6859	0.6796	—
农村居民平均消费倾向	0.7690	0.7749	0.7403	0.7481	0.7463	0.8414	0.8474	—

资料来源：根据国家统计局2004~2015年的《中国统计年鉴》相关数据计算得到。

从表3-7可以看出，（ⅰ）2000~2014年，居民可支配收入中城镇居民的收入份额呈总体上升态势，而相应地农村居民的收入份额呈总体下降态势；（ⅱ）农村居民平均消费倾向2000~2001年微幅下降后，2002~2006年由0.7358持续上升到0.7787，2006~2008年则下降到0.7690，2009年微幅上升到0.7749，2010年小幅下降到0.7403，2010~2014年持续上升到0.8474；（ⅲ）2000~2014年，城镇居民平均消费倾向在波动中呈总体下降态势。

（三）影响居民消费结构变迁的核算分析

由于这里的数据属于离散型数据，为此，这里将采用后向差分的形式计算消费结构（包括宏观消费结构和各阶层的消费结构）、收入份额和平均消费倾向等经济变量的变化率，采用所计算年度的相关数据来计算该年度的 α_{ijt}、β_{ijt} 和 γ_{ijt}，计算结果分列于表 3－8～表 3－14 中。其中，各表中第二列与第三列至第八列之和之间的误差是由后向差分过程和计算过程中引起的。

1. 食品类消费支出比例变迁核算分析

表 3－8 给出了 2000～2012 年及 2013～2014 年，城乡居民各自的食品类消费支出比例变动、平均消费倾向变动和收入份额变动对居民的食品类消费支出占比变动的影响。

表 3－8　　2000～2014 年宏观消费结构中食品类消费支出比例变迁的核算结果

单位：%

年　份	居民食品消费支出变动比例	城镇居民食品消费支出变动效应	农村居民食品消费支出变动效应	城镇居民平均消费倾向变动效应	农村居民平均消费倾向变动效应	城镇居民收入份额变动效应	农村居民收入份额变动效应
2001	－3.48	－1.83	－1.22	0.15	－0.04	－0.21	－0.33
2002	－2.28	－0.41	－1.24	－0.06	0.04	－0.25	－0.44
2003	－1.81	－0.93	－0.52	0.08	0.00	－0.15	－0.30
2004	2.16	1.06	1.26	0.04	0.02	－0.06	－0.14
2005	－3.06	－1.79	－1.29	0.03	0.27	－0.08	－0.19
2006	－3.66	－1.62	－1.87	0.11	0.02	－0.10	－0.23
2007	0.74	0.95	0.05	0.08	－0.05	－0.08	－0.22
2008	3.36	3.04	0.43	0.06	－0.04	－0.04	－0.10
2009	－4.50	－2.54	－1.84	－0.01	0.02	－0.04	－0.13
2010	－1.77	－1.67	0.08	0.03	－0.10	－0.02	－0.06
2011	0.88	1.32	－0.46	0.04	0.03	－0.01	－0.04
2012	－0.92	－0.18	－0.71	0.05	0.00	－0.02	－0.07
2013	—	—	—	—	—	—	—
2014	－0.67	－0.19	－0.46	0.02	0.02	－0.01	－0.04

资料来源：根据 2001～2015 年的《中国统计年鉴》相关数据，依据式（3－8）～式（3－11）计算得到。

从表 3－8 可以看出，2000～2012 年及 2013～2014 年，在居民食品类消费支出比例变迁的核算中，有以下几个特征：（ⅰ）居民的食品类消费支出比例下降主要是由城乡居民各自的食品类消费支出比例下降引起的；（ⅱ）城镇居民的收入份额的提高和农村居民的收入份额的相应降低都使得居民的食品类消费支出比例下降，而且后者的效应（绝对值）都大于前者；（ⅲ）城镇居民平均消费倾向和农村居民平均消费倾向的变动都会引起了居民食品类消费支出比例波动，不过两者贡献率都比较小；（ⅳ）城乡居民间的收入分配对居民食品类消费支出比例波动的影响要大于城乡居民平均消费倾向对居民食品类消费支出比例波动的影响。

2. 衣着类消费支出比例变迁核算分析

表3－9给出了2000～2014年城乡居民各自的衣着消费支出比例变动、平均消费倾向变动和收入份额变动对居民的衣着消费支出占比变动的影响。

表3－9　2000～2014年宏观消费结构中衣着类消费支出比例变迁的核算结果

单位：%

年份	居民衣着消费支出变动比例	城镇居民衣着消费支出变动效应	农村居民衣着消费支出变动效应	城镇居民平均消费倾向变动效应	农村居民平均消费倾向变动效应	城镇居民收入份额变动效应	农村居民收入份额变动效应
2001	0.92	0.29	-0.34	-0.32	0.09	0.46	0.72
2002	-0.24	-1.93	0.23	0.13	-0.08	0.55	0.96
2003	0.60	-0.04	-0.19	-0.19	0.00	0.34	0.67
2004	-2.19	-1.89	-0.62	-0.08	-0.04	0.14	0.31
2005	5.39	4.34	1.12	-0.07	-0.56	0.17	0.39
2006	3.20	2.32	0.43	-0.23	-0.05	0.21	0.51
2007	1.31	0.42	0.19	-0.19	0.13	0.21	0.56
2008	-0.71	-0.41	-0.64	-0.17	0.12	0.10	0.28
2009	1.43	0.80	0.10	0.02	-0.08	0.15	0.43
2010	3.21	2.00	0.58	-0.12	0.43	0.08	0.23
2011	3.77	2.60	1.21	-0.13	-0.10	0.04	0.14
2012	-0.13	-0.83	0.52	-0.20	0.02	0.09	0.29
2013	—	—	—	—	—	—	—
2014	-2.26	-2.39	0.10	-0.05	-0.04	0.03	0.10

资料来源：根据2001～2015年的《中国统计年鉴》相关数据，依据式（3－8）～式（3－11）计算得到。

从3－9可以看出，2000～2012年及2013～2014年，（ⅰ）除2001年、2003年和2007年外，其余年份居民的衣着类消费支出比例变动主要是由城乡居民各自的衣着类消费支出变动引起的，而且，在大多数年份，前者的贡献（绝对值）要大于后者；（ⅱ）在大多数年份，城镇居民的收入份额的提高和农村居民的收入份额的相应降低都引起居民的衣着类消费支出比例变动，而且后者的贡献（绝对值）都大于前者；（ⅲ）城乡居民各自的平均消费倾向的变动都会引起居民衣着类消费支出比例变动，在绝大多数年份，前者的效应大于后者（绝对值）；（ⅳ）在绝大多数年份，城乡居民间的收入分配对居民衣着类消费支出比例变动的影响要大于城乡居民平均消费倾向对居民衣着类消费支出比例波动的影响。

3. 居住类消费支出比例变迁核算分析

表3－10给出了2000～2012年及2013～2014年，居民的居住类消费支出占比的变化率，以及城乡居民各自的居住类消费支出占比变动、平均消费倾向变动和收入份额变动对居民的居住类消费支出占比变动的影响。

表3－10　2000～2014年宏观消费结构中居住类消费支出比例变迁的核算结果

单位：%

年　份	居民居住消费支出变动比例	城镇居民居住消费支出变动效应	农村居民居住消费支出变动效应	城镇居民平均消费倾向变动效应	农村居民平均消费倾向变动效应	城镇居民收入份额变动效应	农村居民收入份额变动效应
2001	2.45	1.61	1.72	0.29	－0.08	－0.41	－0.65
2002	－0.34	0.17	0.96	－0.12	0.07	－0.49	－0.87
2003	0.13	2.14	－1.29	0.20	0.00	－0.34	－0.68
2004	－5.78	－2.99	－2.54	0.07	0.03	－0.12	－0.26
2005	－1.08	－0.21	－0.92	0.06	0.46	－0.14	－0.32
2006	6.30	1.34	5.45	0.18	0.04	－0.16	－0.39
2007	－1.37	－3.33	2.91	0.20	－0.13	－0.22	－0.58
2008	3.42	2.19	1.71	0.23	－0.16	－0.14	－0.39
2009	1.65	－0.99	3.49	－0.03	0.10	－0.20	－0.58
2010	－3.90	－0.76	－2.25	0.20	－0.69	－0.12	－0.38
2011	－5.13	－3.85	－1.34	0.20	0.15	－0.07	－0.22

续表

年份	居民居住消费支出变动比例	城镇居民居住消费支出变动效应	农村居民居住消费支出变动效应	城镇居民平均消费倾向变动效应	农村居民平均消费倾向变动效应	城镇居民收入份额变动效应	农村居民收入份额变动效应
2012	10.62	10.92	-0.02	0.35	-0.04	-0.15	-0.50
2013	—	—	—	—	—	—	—
2014	-2.44	-2.58	0.14	-0.02	-0.01	0.01	0.03

资料来源：根据2001～2015年的《中国统计年鉴》相关数据，依据式（3-8）～式（3-11）计算得到。

从表3-10可以看出，（ⅰ）2000～2012年及2013～2014年，居民的居住类消费支出比例变动主要是由城乡居民各自的居住消费支出比例变动引起的；（ⅱ）2000～2012年，城镇居民的收入份额的提高和农村居民的收入份额的相应降低都会使得居民的居住类消费支出比例下降，2013～2014年，城镇居民的收入份额的提高和农村居民的收入份额的相应降低都导致居民的居住类消费支出比例下降，而且所有年份后者的影响（绝对值）都不小于前者；（ⅲ）城乡居民各自的平均消费倾向的变动都会引起居民居住类消费支出比例变动，在大多数年份，前者的影响大于后者；（ⅳ）在绝大多数年份，城乡居民间的收入分配对居民居住类消费支出比例波动的影响要大于城乡居民平均消费倾向对居民居住类消费支出比例波动的影响。

4. 家庭设备类消费支出比例变迁核算分析

表3-11给出了2000～2012年及2013～2014年，居民的家庭设备类消费支出占比的变化率，以及城乡居民各自的家庭设备类消费支出比例变动、平均消费倾向变动和收入份额变动对居民的家庭设备类消费支出占比变动的影响。

表3-11　2000～2014年宏观消费结构中家庭设备类消费支出比例变迁的核算结果

单位：%

年份	居民家庭设备消费支出变动比例	城镇居民家庭设备消费支出变动效应	农村居民家庭设备消费支出变动效应	城镇居民平均消费倾向变动效应	农村居民平均消费倾向变动效应	城镇居民收入份额变动效应	农村居民收入份额变动效应
2001	-4.06	-4.56	-0.49	-0.38	0.10	0.54	0.85
2002	-11.87	-12.77	-0.21	0.15	-0.09	0.59	1.04

续表

年　份	居民家庭设备消费支出变动比例	城镇居民家庭设备消费支出变动效应	农村居民家庭设备消费支出变动效应	城镇居民平均消费倾向变动效应	农村居民平均消费倾向变动效应	城镇居民收入份额变动效应	农村居民收入份额变动效应
2003	-7.07	-6.72	-0.94	-0.17	0.00	0.29	0.58
2004	-8.18	-7.74	-0.63	-0.06	-0.03	0.11	0.23
2005	0.88	-0.68	1.58	-0.04	-0.35	0.11	0.24
2006	2.34	1.47	0.64	-0.12	-0.02	0.10	0.25
2007	5.00	3.80	0.82	-0.09	0.06	0.10	0.27
2008	2.51	1.72	0.62	-0.09	0.06	0.05	0.14
2009	5.36	3.37	1.75	0.01	-0.04	0.07	0.21
2010	5.07	3.90	0.89	-0.05	0.18	0.03	0.10
2011	2.26	0.12	2.15	-0.06	-0.04	0.02	0.06
2012	-1.08	-0.69	-0.45	-0.06	0.01	0.02	0.08
2013	—	—	—	—	—	—	—
2014	0.68	0.85	-0.17	0.00	0.00	0.00	0.00

资料来源：根据2001~2015年的《中国统计年鉴》相关数据，依据式（3-8）~式（3-11）计算得到。

从表3-11可以看出，2000~2012年及2013~2014年，（ⅰ）居民的家庭设备类消费支出比例变动主要是由城乡居民各自的家庭设备类消费支出比例变动引起的，而且，在绝大多数年份，前者的贡献（绝对值）要大于后者；（ⅱ）城镇居民的收入份额的提高和农村居民的收入份额的相应降低都引起居民的家庭设备类消费支出比例上升，而且，后者的贡献（绝对值）都不小于前者；（ⅲ）在大多数年份，城镇居民平均消费倾向的变动都会引起居民家庭设备类消费支出比例下降，农村居民平均消费倾向的变动对居民家庭设备类消费支出比例变动的影响有正有负，不过两者的影响都较小；（ⅳ）在绝大多数年份，城乡居民间的收入分配对居民家庭设备类消费支出比例波动的影响要大于城乡居民平均消费倾向对居民家庭设备类消费支出比例波动的影响。

5. 医疗保健类消费支出比例变迁核算分析

表3-12给出了2000~2012年及2013~2014年，居民医疗保健类消费支出占比的变化率，以及城乡居民各自的医疗保健类消费支出比例变动、平均消费倾向变动和收入份额变动对居民的医疗保健类消费支出占比变动的影响。

表 3-12　2000~2014 年宏观消费结构中医疗保健类消费支出比例变迁的核算结果

单位：%

年 份	居民医疗保健消费支出变动比例	城镇居民医疗保健消费支出变动效应	农村居民医疗保健消费支出变动效应	城镇居民平均消费倾向变动效应	农村居民平均消费倾向变动效应	城镇居民收入份额变动效应	农村居民收入份额变动效应
2001	3.27	1.08	1.90	-0.12	0.03	0.17	0.27
2002	3.48	2.31	0.67	0.04	-0.02	0.16	0.28
2003	8.51	6.68	1.47	-0.06	0:00	0.11	0.22
2004	0.66	0.44	0.09	-0.03	-0.02	0.06	0.12
2005	4.70	2.13	2.58	-0.03	-0.23	0.07	0.16
2006	-3.30	-4.14	0.79	-0.07	-0.01	0.06	0.14
2007	-2.37	-1.44	-1.02	-0.02	0.01	0.02	0.06
2008	0.82	0.00	0.79	-0.02	0.02	0.01	0.04
2009	1.70	-0.14	1.87	0.00	-0.01	0.01	0.03
2010	-4.67	-5.38	0.88	0.01	-0.03	0.00	-0.01
2011	2.64	-0.90	3.52	0.04	0.03	-0.01	-0.04
2012	0.82	-0.11	1.07	0.13	-0.01	-0.06	-0.18
2013	—	—	—	—	—	—	—
2014	4.40	4.21	0.23	0.07	0.06	-0.04	-0.13

资料来源：根据 2001~2015 年的《中国统计年鉴》相关数据，依据式（3-8）~式（3-11）计算得到。

从表 3-12 可以看出，（ⅰ）2000~2012 年及 2013~2014 年，居民的医疗保健类消费支出比例变动主要是由城乡居民各自的医疗保健类消费支出比例变动引起的；（ⅱ）2000~2010 年，城镇居民的收入份额的提高和农村居民的收入份额的相应降低都引起了居民的医疗保健类消费支出比例上升，2010~2012 年及 2013~2014 年，城镇居民的收入份额的提高和农村居民的收入份额的相应降低都引起了居民的医疗保健类消费支出比例下降，除 2013~2014 年外，在所有年份，后者的贡献（绝对值）都不小于前者；（ⅲ）2000~2014 年，城乡居民各自的平均消费倾向的变动都引起了居民医疗保健类消费支出比例的变动，而且前者的影响（绝对值）都大于后者，不过两者影响都较小；（ⅳ）在绝大多数年份，城乡居民间的收入分配对居民医疗保健类消费支出比例波动的影响要大于城乡居民平均消费倾向对居民医疗保健类消费支出比例波动的影响。

6. 交通通信类消费支出比例变迁核算分析

表 3－13 给出了 2000～2012 年及 2013～2014 年，居民的交通通信类消费支出占比的变化率，以及城乡居民各自的交通通信类消费支出比例变动、平均消费倾向变动和收入份额变动对居民的交通通信类消费支出占比变动的影响。

表 3－13　2000～2014 年宏观消费结构中交通通信类消费支出比例变迁的核算结果

单位:%

年　份	居民交通通信消费支出变动比例	城镇居民交通通信消费支出变动贡献	农村居民交通通信消费支出变动贡献	城镇居民平均消费倾向变动贡献	农村居民部门平均消费倾向变动贡献	城镇居民收入份额变动贡献	农村居民收入份额变动贡献
2001	10.80	6.30	3.90	-0.21	0.06	0.30	0.47
2002	19.16	14.74	3.11	0.08	-0.05	0.31	0.55
2003	10.25	5.06	4.69	-0.14	0.00	0.25	0.51
2004	6.09	4.55	1.35	-0.05	-0.02	0.08	0.17
2005	7.26	5.18	2.11	-0.04	-0.31	0.09	0.21
2006	5.68	3.86	1.59	-0.12	-0.02	0.11	0.27
2007	2.58	2.23	-0.05	-0.10	0.06	0.11	0.28
2008	-6.18	-5.58	-0.76	-0.09	0.07	0.06	0.16
2009	7.77	6.88	0.57	0.01	-0.04	0.07	0.20
2010	7.14	5.86	0.87	-0.07	0.24	0.04	0.13
2011	-3.09	-3.03	-0.04	-0.08	-0.06	0.03	0.09
2012	4.26	3.12	1.02	-0.12	0.01	0.05	0.17
2013	—	—	—	—	—	—	—
2014	4.86	4.03	0.82	-0.01	-0.01	0.01	0.02

资料来源：根据 2001～2015 年的《中国统计年鉴》相关数据，依据式（3－8）～式（3－11）计算得到。

表 3－13 可以看出，2000～2012 年及 2013～2014 年，（ⅰ）居民的交通通信类消费支出比例变动主要是由城乡居民各自的交通通信类消费支出比例变动引起的，而且，前者的贡献（绝对值）大于后者；（ⅱ）城镇居民的收

入份额的提高和农村居民的收入份额的相应降低都引起居民的交通通信类消费支出比例上升，而且，后者的影响（绝对值）大于前者；（ⅲ）城乡居民各自的平均消费倾向的变动都会引起了居民交通通信类消费支出比例变动，不过两者影响都比较小；（ⅳ）城乡居民间的收入分配对居民交通通信类消费支出比例波动的影响要大于城乡居民平均消费倾向对居民交通通信类消费支出比例波动的影响。

7. 文教娱乐类消费支出比例变迁核算分析

表3-14给出了2000~2012年及2013~2014年，居民的文教娱乐类消费支出占比的变化率，以及城乡居民各自的文教娱乐类消费支出比例变动、平均消费倾向变动和收入份额变动对居民的文教娱乐类消费支出占比变动的影响。

表3-14　2000~2014年宏观消费结构中文教娱乐类消费支出比例变迁的核算结果

单位：%

年份	居民文教娱乐消费支出变动比例	城镇居民文教娱乐消费支出变动贡献	农村居民文教娱乐消费支出变动贡献	城镇居民平均消费倾向变动贡献	农村居民平均消费倾向变动贡献	城镇居民收入份额变动贡献	农村居民收入份额变动贡献
2001	2.22	2.27	-0.35	-0.07	0.02	0.10	0.16
2002	12.35	10.35	1.14	0.04	-0.03	0.17	0.29
2003	-1.19	-3.00	1.54	-0.10	0.00	0.18	0.35
2004	-1.47	0.15	-1.77	-0.03	-0.01	0.05	0.10
2005	-2.45	-2.94	0.50	-0.03	-0.26	0.08	0.18
2006	-1.47	0.09	-1.77	-0.08	-0.02	0.07	0.18
2007	-5.45	-2.95	-2.92	-0.09	0.06	0.10	0.27
2008	-8.99	-7.18	-2.00	-0.11	0.08	0.06	0.18
2009	-0.29	-0.47	-0.15	0.01	-0.05	0.09	0.27
2010	0.51	0.47	-0.37	-0.08	0.27	0.05	0.15
2011	-0.85	0.88	-1.69	-0.09	-0.06	0.03	0.10
2012	-0.02	-0.07	-0.13	-0.18	0.02	0.08	0.26
2013	—	—	—	—	—	—	—
2014	0.28	-0.14	0.42	-0.01	-0.01	0.01	0.02

资料来源：根据2001~2015年的《中国统计年鉴》相关数据，依据式（3-8）~式（3-11）计算得到。

从表3-14可以看出，2000~2012年及2013~2014年，（ⅰ）居民的文教娱乐类消费支出比例变动主要是由城乡居民各自的文教娱乐类消费支出比例变动引起的，而且，在绝大多数年份，前者的贡献（绝对值），要大于后者；（ⅱ）城镇居民的收入份额的提高和农村居民的收入份额的相应降低都使得居民的文教娱乐消费支出比例上升，而且，后者的影响（绝对值）都不小于前者；（ⅲ）除2001年和2009年外，城镇居民平均消费倾向变动都引起居民文教娱乐类消费支出比例下降，而农村居民平均消费倾向变动对居民文教娱乐类消费支出比例的影响有正有负，不过两者的影响都比较小；（ⅳ）在绝大多数年份，城乡居民间的收入分配对居民文教娱乐类消费支出比例波动的影响要大于城乡居民平均消费倾向对居民文教娱乐类消费支出比例波动的影响。

综合以上实证结果，可以发现：（ⅰ）中国宏观消费结构变迁主要是由城镇和农村居民各自的消费结构变迁引起的，而且收入份额较高的城镇居民的贡献要大于收入份额较低的农村居民；（ⅱ）城镇居民收入份额的提高和农村居民收入份额的降低均会使得宏观消费结构中的食品类和居住类两类消费支出比例下降，使得衣着、家庭设备类、医疗保健、交通通信和文教娱乐类消费支出比例上升，而且农村居民收入份额下降的贡献要大于城镇居民收入份额上升的贡献；（ⅲ）在大多数年份，城镇居民平均消费倾向变动会使得食品类和居住类两类消费支出比例上升，使得衣着、家庭设备类、医疗保健、交通通信和文教娱乐类消费支出比例下降，但贡献率都较小；（ⅳ）在大多数年份，农村居民平均消费倾向变动会使得食品、居住和医疗保健消费支出比例下降，使得衣着、家庭设备类、交通通信和文教娱乐类消费支出比例上升，但贡献率都较小。

对此，笔者是这样理解的：无论是城镇居民还是农村居民，随着他们的收入水平的提高，其更高的消费需要层次可以得到逐步满足和实现，导致其消费结构也会随之发生变迁，这是城镇居民和农村居民消费上的一种自我选择，这种对不同类消费品的自我选择在宏观上的表现就是宏观消费结构变迁，也是宏观消费结构发生变迁的主因。实际上，比较前文中的公式（3-9）、式（3-10）和式（3-11）就可以发现这一点即 $\alpha_{ijt} > \beta_{ijt} = \gamma_{ijt}$。而在宏观消费结构发生变迁中，究竟是城镇收入阶层还是农村收入阶层的消费结构变迁影响大，则取决于他们各自在整个经济社会中的消费地位即消费份额。显然，城镇阶层和农村阶层的消费地位即消费份额是由其收入份额和平均消费倾向共同决定的。前文中的式（3－10）和式（3－11）表明，阶层的收入份额和平均消费倾向变动对宏观消费结构变迁影响系数是相同的即 $\beta_{ijt}=\gamma_{ijt}$，因此比较它们对宏观消费结构变迁影响程度的大小只需要比较它们的变动程度。就我国的城镇收入阶层和农村收入阶层来说，由于城乡居民收入差距不断拉大所导致的城乡收入阶层各自的收入份额变动大于城乡收入阶层各自的平均消费倾向变动，致使城镇阶层和农村阶层的收入份额变动对宏观消费结构变迁的影响大于城镇阶层和农村阶层的平均消费倾向变动对宏观消费结构变迁的影响，从而在宏观消费结构变迁的所有影响因素中，前者的影响成为仅次于城乡收入阶层各自的消费结构变迁的影响，而平均消费倾向变动的影响则比较小。

五、总结

研究宏观消费结构变迁的影响因素，本质上要求注重宏观消费结构的阶层基础，特别是消费者的收入水平及消费者之间的收入水平差异，以及由此差异带来的消费结构差异，从而从客观上排除了运用“代表性消费者”作为分析工具的可能性。然而，对所有不同消费者赋予不同的消费结构函数然后加总，理论上虽然可行，但其复杂程度却使其失去了应用意义，并且存在先验设定模型的正确性验证问题。从这一点上说，本节直接根据宏观消费结构的定义，在对消费者进行阶层分类的基础上，运用分解方法构建起宏观消费结构的阶层基础理论模型，不失为一种可取的方法，也是一种新的尝试。而且，其中的阶层划分，可以随研究的目的而定。这是其一。

其二，就本节的宏观消费结构变迁核算方程而言，它是基于宏观消费结构的阶层基础理论模型求增量和变化率得到的，从而得出居民中各阶层的消费结构、收入份额和平均消费倾向的变动在宏观消费结构变迁过程的贡献，因而也具有阶层基础。显然，无论是宏观消费结构的阶层基础模型还是宏观消费结构变迁的阶层基础模型，抑或是宏观消费结构变迁的核算方程，不同阶层的消费行为差异都可以由各阶层的消费结构和平均消费倾向来衡量的。

其三，需要提及的是，本节的核算实证分析还可以按式（3－8）～式(3－11）继续递归下去，包括三大部分：一是核算分析城镇居民内部的收入分配变动、城镇居民各阶层的消费结构变动和城镇居民各阶层的平均消费倾向变动对城镇居民消费结构变迁的贡献；二是核算分析农村居民内部的收入分配变动、农村居民各阶层的消费结构变动和农村居民各阶层的平均消费倾向变动对农村居民消费结构变迁的贡献；三是深入探究单个城镇家庭和单个农村家庭的消费结构变迁和平均消费倾向演变的微观机理，这将是笔者进一步的研究方向。

第六节　提高居民消费的政策工具、供给体系改革与国家能力

一、中国居民消费 GDP 占比低下的原因总结

上述对居民的总体消费分析表明，进入新常态以来，虽然居民消费在 GDP 中占比持续上升，但还是不到40%，远低于世界平均水平（61%）以及越南（66%）、印度尼西亚（63%）、印度（54%）和泰国（51%）等国的水平①，也低于改革开放以来中国的历史水平（1983 年的 52.4%，见本书第二章的表 2－5），可以说中国还没有成功培育出可以促进经济进步的消费导向的大批居民家庭。其原因在于，虽然居民可支配收入在 GDP 中占比达到 60%，但居民的总体平均消费倾向也在 60% 左右，导致居民总体消费在 GDP 占比偏低。而居民的总体平均消费倾向不高，则与居民内部收入分配中收入不平等程度偏高密切相关，其根本原因在于要素收入分配中劳动收入份额的下降。如果考虑到改革开放以来特别进入 21 世纪以来，中国人力资本的快速增长，以及劳动力从低效率的农业岗位转移到效率更高的制造业和服务业，劳动收入份额的下降就显得尤其突出，意味着人力资本提升和更高效率的劳动力转移，未能抵消由于生产率巨大提高和高水平投资带来的利润飞涨。

从上文对中国城乡居民的消费结构分析来看，有以下特征：城乡居民的食品消费支出绝对值在增加的同时，其在居民消费中所占比例呈总体下降态势；城乡居民的衣着消费支出绝对值在增加的同时，其在居民消费中所占比

① 林重庚、迈克尔·斯宾塞：《中国经济中长期发展和转型——国际视角的思考与建议》，北京：中信出版社，2011 年。

例变化不大；城乡居民的居住消费支出绝对值在增加，其在居民消费中所占比例也在增加；城乡居民的家庭设备类消费支出在绝对值增大的同时，其在居民消费中所占比例比例呈周期性态势；城乡居民的医疗保健消费支出不但绝对值在增加，其在居民消费中所占比例也呈总体上升态势；城乡居民的交通通信消费支出不但绝对值增加，而且其在居民消费中所占比例呈总体上升态势；虽然居民的文教娱乐类消费支出绝对值也是增加，在其在居民消费中所占比例却呈徘徊态势。总体来说，随着城乡居民的收入水平提高，城乡消费结构虽然也在演变，但其演变并不明显，特别是进入新常态以来。其原因可能在于：消费品的供给结构与城乡居民消费的需求结构不匹配、不协调，消费品供给体系还主要是面向低收入水平时的城乡居民消费，并没有及时转变到针对中等收入水平的城乡消费结构，产品的品质、品种、规格、安全性、多样性等远远满足不了变化了的消费结构；完善的社会保障体系还没有完全建立起来，致使城乡居民的预防性储蓄意愿较高，储蓄率居高不下；繁荣的中产阶层还没有培育起来，导致城乡居民耐用消费品拥有率还没有上升到一个高度；中国住房制度的不完善导致住房支出在居民消费所占比例较大，影响了居民其他消费品的消费。

二、提高居民消费的政策工具与国家能力

就提高居民整体收入而言，主要包括两条途径：一是扩大就业，提高劳动收入份额；二是改善国民收入分配。对于前者来说，重点是减少不利于就业的政策障碍，使经济增长的劳动密集度提高。首先，在不牺牲贷款质量和增加违约风险的同时改善小微企业的信贷环境。企业获取信贷的难度越低，创造的就业岗位就越多。通过开放中国的服务业来帮助新兴的私有企业，也会创造出更多的工作岗位，因为服务业的劳动密集度比制造业高得多。其次，对国有企业进行更深层次的改革，扭转国有企业增长中的过度资本倾向，使其提供更多的就业岗位和提高劳动收入份额。再其次，保证经济可持续增长，从长期来看，有助于就业更多转向服务业，由于服务业的劳动密集度高于农业，服务业的增长将自然地扩大劳动者所得在国民收入中的份额。而且，随着知识经济的深入，高技能劳动力的回报也会得到提高，进而带来整体劳动收入的增加。最后，使一些旨在增加 GDP 中劳动收入份额的政策工具落到实

处，比如规定最低工资标准并强制执行、《劳动合同法》的实施等。

就后者来说，政府可以通过有效利用所掌握的国有资源，提高国民收入分配中居民收入份额。比如，除了战略性国有企业，对一般性国有企业引入真正的市场竞争，制定更严格的贷款标准，要求其将更多利润上缴财政，为政府在不减少总支出水平的情形下，对居民家庭和私人企业减税。从庞大的国有资产中通过股权划分转移一部分给社会保障基金，既负担了强制缴费型养老金体系的历史成本，又可降低在职员工的缴费率，削减诸如医疗、工伤和失业保险等对劳动力征收的许多税费。

此外，提高居民的财产性收入无疑也有利于居民整体收入水平的提高。比如，改变长期以来对银行存款执行较低的管制利率，以提高储户的收益和家庭收入，其可能性在于通过提高存款利率和降低贷款利率，适当挤压银行利润空间，让居民储户和借款人从中获益。另外，对农村家庭来说，如何盘活农村土地的使用权，提高农村居民的基本收入，无疑会提高农村居民的消费倾向，现阶段正在推行的土地所有权、土地使用权和土地经营权三权分置，需要在实践中加以总结和完善。

无疑，以上政策工具的实施和落实取决国家的汲取能力、再分配能力、规制能力和渗透能力。对国家汲取能力、再分配能力、规制能力的详细考察将在第六章论述收入调节和避免“中等收入陷阱”时进行。不过，可以定性说明的是，进入新常态以来，正是由于国家的强汲取能力、强分配能力和以反腐败为标志的规制能力，中国的社会保护力度大大加强，阻止了社会不公进一步恶化的趋势，在涉及绝大多数民众福祉的方面，比如，最低生活保障、医疗保养老保障、住房保障、工伤保险、失业保险等，政府出台了一系列社会政策，其保障范围越来越广，保障水平越来越高，保障体制越来越健全。

以医疗保障为例，21 世纪之初，中国卫生总费用中个人支出的比重一度高达 60%。这就是说，当时医疗费用的负担主要压在居民个人肩上。无怪乎当时人们普遍感到看病贵。这是因为，在 20 世纪最后十几年间，国家在一定程度上放弃了为民众提供医疗保障的责任，但 2004 年以来医疗卫生领域出现了引人注目的反向运动，即政府财政与医疗保险支付的份额越来越大，个人支出的份额越来越小。到 2010 年，个人支出的份额已降至 34.77%，2013 年降至 33% 以下，到“十二五”末期降至 30% 以下。就个人卫生支出占卫生总费用的比重而言，中国现在不仅低于世界的平均水平（40.8%），也已低于高收入国家的平均水平（40.5%），只是仍高于高于欧洲国家的平均水平（24.8%）和日本的水平（17.7%）[①]。

上述具体事实，反映国家在与公众组织互动中比较强的认知能力、适应能力、学习能力和实现能力。基于这种能力可以预期，“十三五”规划所提出的，到2020年，通过产业扶持，解决3000万人脱贫，通过转移就业解决1000万人脱贫，通过易地搬迁，解决1000万人脱贫，以及通过将2000万完全或部分丧失劳动能力的贫困人口全部纳入低保覆盖范围，即总共7000万贫困人口的脱贫目标的实现，无疑将有力提高居民消费。

三、提高居民消费的供给体系改革与国家能力

（一）提高居民消费的供给体系改革

从长期来看，通过消费品供给侧结构性改革，建立起能满足居民消费结构递进的消费品供给体系是最重要的。消费品供给侧结构性改革，就是用改革的办法推进消费供给结构调整，减少无效和低端消费品供给，扩大有效和中高端消费品供给，增强消费品供给结构对消费需求结构的适应性和灵活性，包括以下几方面的内容：

一是当前我国公共产品和服务领域供给短缺和质量不高的矛盾尤为突出，需要把增加公共产品和服务供给作为消费品供给侧结构性改革的重点。破除公共产品和服务领域的政策体制束缚，充分释放公共产品特别是现代服务业全面快速增长的巨大潜力，推动公共产品和服务业优质高效发展。具体而言，对税收边际成本高、税收弹性大的消费品供给领域，如小微企业，应采取结构性减税政策，促进大众创业、万众创新，激发亿万群众的创造活力，加速劳动力资源的重新配置，生产适应居民消费结构需求的消费品。在财政支出政策方面，加大网络信息基础设施、城乡教育卫生以及前景广阔的城乡养老服务业等服务性消费品供给体系的投入，以适应人们日益增长的现代服务性消费的需求。

二是通过加快生态环境治理、推进生态文明建设，以绿色、低碳、可持

① 王绍光：《国家治理与国家能力——中国的治国理念与制度选择（上）》，载于《经济导刊》2014年第6期。

续发展理念开展消费品供给结构改革，积极回应人们对生活质量的热切期盼。比如，天然气作为清洁能源，本应在能源结构优化中发挥重要作用，但是由于价格机制和进口、流动体制上的问题，我国与国外能源企业签订的“照付不议”高价格进口的天然气给自己套上了沉重的枷锁。在国际上天然气价格大幅度下降的情况下，低价格的液化天然气无法进入国内市场，造成目前国内天然气终端价格较高，与煤炭、石油等比较不具有竞争力，结果是天然气消费广阔的市场空间始终未能打开，形成低水平的供大于求的格局。

三是在消费领域，新常态下传统的模仿型排浪式消费阶段基本结束，个性化、多样化消费渐成主流。但是，我国低质量的供应体系难以满足日渐精细化对高品质产品和高端服务的需求。一方面，在国内各大商场、超市充斥的降价打折的商品无人问津；另一方面，对于国外商品的消费和出境的消费却在激增，消费品供给结构破局势在必行。

（二）改革消费品供给结构的国家能力

随着中高收入群体的扩大，人民生活水平普遍提高，居民需求结构发生深刻变化，由物质型消费为主向服务型消费为主转型成为消费结构变革的大趋势，消费品供给结构也必须通过改革加以呼应。这一改革能否切实开展，能否取得成效，关键在于国家与消费品供给改革的经济主体—企业能否形成良性互动，以及国家内部的良好治理。

比如，加快生态环境治理、推进生态文明建设，实现绿色、低碳生产方式的可持续发展，需要关停诸如钢铁、水泥、电解铝、家电等污染大、能耗高的产能过剩产业。中央重视环境保护并非一两天，为何一些地方的环境问题始终原地踏步难向前？“没有真抓”“不是真重视”是主要原因，其背后是形式主义作祟。环保履职“形式化”已经成为近年环境治理难的症结所在。然而，受经济利益和政绩考核等因素影响，一些地方重发展、轻保护。在环保问题上，一些地方政府“口头上重视，手头上忽视”“形式上重视，实质上轻视”。环境保护能不能落到实处，关键看地方政府及其领导干部。一些地方主官谈环保措施头头是道，做环保计划漂漂亮亮，然而落实检查却流于形式。特别是在减煤压钢等去产能环节弄虚作假，使环境治理效果大打折扣。

在此之前，环保部层面已有跨区域督查机构，但由于只有检查、调查和建议权，难以对地方政府形成有力约束。现在升格为中央环保督察，重大问题要向中央报告，督察结果要移交移送中央组织部，这些结果将作为被督察对象领导班子和领导干部考核评价任免的重要依据，这会有效遏制地方政府环保履职不力。

显然，由于督察环保目标完成情况盯紧地方党委、政府，把环保工作“党政同责”“一岗双责”的主体责任关联在一起，对造成生态环境损害负有责任的领导干部，不论是否已调离、提拔或者退休，都必须严肃追责，无疑会促使各级地方政府只有真抓实干，深入践行绿色发展，才能经受住更严格的环境督察检验，真正还百姓以“绿水青山”。可以预期，上述国家内部治理能力的提高有助于突破利益固化的藩篱，促进消费品供给结构改革顺利推进。

第四章　产业结构升级优化与国家能力

实现产业结构优化是现阶段中国加快转变经济发展方式的一个重要内容。2015 年 10 月，中国共产党十八届五中全会在《关于制定国民经济和社会发展第十三个五年规划的建议》中提出，要提高劳动密集型产品科技含量和附加值，营造资本和技术密集型产业新优势，提高我国产业在全球价值链中的地位。支持节能环保、生物技术、信息技术、智能制造、高端设备、新能源等新兴产业发展，支持传统产业升级，构建产业新体系。实施重大公共设施和基础设施工程。发展物联网技术和应用，发展分享经济，促进互联网和经济社会融合发展。大力推进农业现代化。

第一节　产业结构演变规律与中国产业结构优化

一、产业结构演变基本趋势和中国的产业结构演变

西蒙·库兹涅茨总结现代各国的经济增长特征时指出，作为现代经济增长特征的人均产值的加速增长，是随着生产结构的同等显著的加速变动一同发生的[①]，表现为包括农业以及渔业、林业和狩猎业等在内的 A 部门份额的显著下降，包括矿业、制造业、建筑业、电力、煤气和水、运输、仓储和通信等在内的 I 部门份额的显著上升，包括商业、金融、保险和房地产、住房收入以及各种个人的、专业的、文娱的、教育的和政府的服务等在内的 S 部门份

① ［美］西蒙·库兹涅茨：《各国的经济增长》，常勋等译，北京：商务印书馆，2005 年。

额微微的而且不是始终如一的上升[①]。其中，I部门份额的上升主要是由制造业促成的，但在制造业内部情形并不一致，金属加工和化学、石油等行业的份额上升显著，运输和公用事业则上升得最迅速，而纺织和服装、木材和皮革行业的份额则下降了；S部门中只有政府服务的份额在大多数国家倾向于上升[②]。同时，在现代经济增长的连续发展过程中，会相继出现迅速成长的各种新的生产部门。这种种新的部门的产生与高速发展是与导源于科学并与科学发展相联结的种种工艺技术革新和创造发明相联系的[③]。

从经济史数据来看，中国的产业结构演变也基本符合西蒙·库兹涅茨所总结的产业结构演变趋势。正如本书第二章所指出的，就曾经是半殖民地且经济落后的农业国中国来说，如果以1872年洋务运动作为工业化进程起点，并以第二产业增加值GDP占比稳定大于第一产业增加值GDP占比作为工业化完成标准的话，那么，中国工业化之路走了将近一百年，即1872～1970年（见表2-4）。如果以工业增加值GDP占比稳定大于第一产业增加值GDP占比作为工业化完成标准的话，那么中国工业化之路所花的时间也是将近一百年，即1972～1970年（见表2-6）。

改革开放以来，又如本书第二章所指出的，1977～2015年中国第一产业增加值GDP占比呈总体下降态势，第二产业增加值GDP占比除了1990年、1991年两个年份属于整顿时期偏小外，其余年份都在43%及以上。而从2012年起，第三产业增加值GDP占比开始超越第二产业增加值GDP占比。在2012年、2013年、2014年、2015年两者分别为45.3%、46.7%、47.8%、50.2%和45.3%、44.0%、43.1%、40.9%。其中，第二产业中制造业增加值所占份额最大，第三产业中所占份额较大的依次是批发及零售业、金融业、房地产业。

二、产业结构演变的一般性原因

对于现代经济增长条件下生产结构的改变原因，在西蒙·库兹涅茨看来，涉及以下几个方面：第一，人均产值的增长率越高，消费者需求结构的改变也就越大。从在人均产值较低水平上的“必需品”范围移向在人均产值较高

①②③ ［美］西蒙·库兹涅茨：《各国的经济增长》，常勋等译，北京：商务印书馆，2005年。

水平上的“高档”商品和“奢侈品”的范围，需求偏重某种产品的选择性意味着工业重心的转移是必然的，因为发明是对潜在报酬的反映，而在现代经济以前时期，农业部门的极大比重反映了在低生产率的情况下食物需要的优先性。第二，国际贸易和其他的国际流动。由于反映各国产品间生产相对优势的各国进出口结构的不断变动，从而也促使了一国的产出结构变动。第三，在现代经济增长中，创造出“新”产品的技术革新具有突出地位，不仅带来生活条件的改变，还会造成新的需求压力，那些在任何一定时候增长得远比其他部门更快的工业部门通常就因为它们是当时技术革新的中心。而且，技术革新在个别或少数行业首先出现后，随着时间的推移，会从某一生产领域逐步转移到另一生产领域。值得强调的是，需求变化又会创造新的需求和某些潜在的巨大需求。比如，汽车的普遍使用，给居民稠密的城市带来了空气污染，这又创造出对某些补救措施的需求①。

不过，西蒙·库兹涅茨的上述论述是针对当时诸如英、美、法、德、日本等非共产党发达国家作出的，对于当时的共产党国家如苏联，西蒙·库兹涅茨则认为，虽然当时的苏联可以归入发达国家集团中的重要大国，由于共产党国家借以保证经济增长的社会结构和制度方式同非共产党国家有很大不同，并不适宜同上述国家比较②。这样一来，西蒙·库兹涅茨实际上只分析了在他看来属于市场经济国家的现代经济增长及其产业结构演变情形，显然并不全面。如果我们换一个角度来思考，将共产党执政的国家所实行的计划经济体制视为一种发展中国家实现其经济起飞的一种手段，其进入现代经济增长的方式及其产业结构演变无疑有助于拓展我们的研究视角，并从中得到有益的经验和教训。中国的情形就是如此。正如前文所说，面对西方列强的工业霸权，就经济落后的中国来说，在和平共处五项基本原则下充分利用好外援外，通过独立自主特别是经济上的关税自主，采取内部改善的形式推动国家主导的工业化具有战略性意义。国家的作用在此又一次得到体现。事实上，即使一般被人们认为自由放任下的英国产业革命，国家也在其中创立了一条在19世纪起很大作用的制度，随后，各文明国家也都采用了这种制度，这一制度就是对工厂的监督，即通过法令规定了有关工厂卫生、学徒教育、劳动时间的限制等义务原则。产业革命通过自己的经济后果来加速旧规章的毁灭，

①② ［美］西蒙·库兹涅茨：《各国的经济增长》，常勋等译，北京：商务印书馆，2005年。

同时又通过自己的社会后果来制定新的必要的规章[①]。也许正因为如此，所以H. 钱纳里、S. 鲁宾逊、M. 赛尔奎因在他们所著的《工业化和经济增长的比较研究》一书中，将诸如苏联、东欧等中央计划国家纳入了分析对象[②]，他们的分析表明，无论是发达国家，还是发展中国家，抑或是中央计划国家（中央计划国家在多数方面同准工业国家而不是发达国家更接近），工业份额增加的原因是国内需求的变动、工业产品中间使用量的增加，以及随要素比例变动而发生的比较优势的变化[③]。不过，中央计划经济国家的效率却很低[④]。

三、中国的产业结构优化问题

中国的工业化之路就是中国的产业结构演变之路，这条路正如第二章所指出的，肇始于洋务运动时期，不过直到中华人民共和国成立，中国产业结构演变速度都极为缓慢。中国真正进入现代经济增长时期，实现工业化，并使三大产业结构发生质的变化主要是1949～1978年这一时期的功绩。对此第二章已专门论及，这里不再赘述。当然，无须讳言，这种在国家主导下，通过中央计划体制快速实现工业化的方式，虽然大大缩短了像中国这样一个大国的庞大工业体系构建时间，但也带来了可能需要中国花几十年才能转变的经济发展方式问题。而产业结构失衡则是其中的一个重要方面，产业结构优化正是针对这一问题提出的。

单从三大产业增加值GDP占比数据，并与国外数据比较后来判断其合理与否，是不可能分析产业结构失衡问题的。从动态过程来看，产业结构处于不断演变中，产业结构合理与否与这一国家所处的经济发展阶段密切相关。就国别比较而言，作为样本的国家必须保证在其他条件类似才有价值。对此，可以利用前述的影响产业结构演变的三大因素来加以分析。当将产业结构与需求结构联系在一起加以研究时，可以发现产业结构失衡的微观基础实际上就是供给和需求的失调问题。在计划经济体制下，由于市场被抑制，微观层面的供给和需求的失调与否也就随之被隐蔽起来，但我们还是可以通过对宏

① ［法］保尔·芒图：《十八世纪产业革命》，杨人楩、陈希泰、吴绪译，北京：商务印书馆，2012年。

②③④ H. 钱纳里、S. 鲁宾逊、M. 赛尔奎因：《工业化和经济增长的比较研究》，吴奇、王松宝等译，上海三联书店、上海人民出版社，1995年。

观层面上的数据挖掘，即通过对居民的收入数据和支出数据与产业数据比较，得出一些定性结论。具体而言，在1957年、1964年、1977年城镇居民家庭平均每人生活费收入分别为235.4元、227.0元、260.0元；1957年、1965年、1978年农村居民家庭平均每人纯收入分别为73.0元、107.2元、117.1元。与这一城镇居民和农村居民人均收入低增长率相对应，是城镇居民家庭和农村居民家庭人均消费的低增长率。表4－1给出了城镇居民家庭1957年、1964年、1977年三个年份的人均消费，农村居民家庭1957年、1965年、1977年三个年份的人均消费，以及1957年、1964年、1965年、1977年四个年份的第一、二、三产业的增长率，以及第二产业中工业的增长率。

表4－1　居民人均消费和产业增加值指数

年份	城镇居民家庭人均消费（元）	农村居民家庭人均消费（元）	产业增加值指数			
			第一产业（1952＝100）	第二产业（1952＝100）	工业（1952＝100）	第三产业（1952＝100）
1957	222.0	70.9	120.6	245.5	247.2	158.3
1964	220.7	—	113.6	370.8	391.0	183.4
1965	—	95.1	124.6	460.6	492.0	212.4
1978	311.6	116.1	163.4	1325.8	1455.5	351.2

资料来源：根据国家统计局国民经济综合统计司编写的《新中国五十年统计资料汇编（1949—1999）》计算得到。

从表4～1可以看出，第二产业的增长速度远远高于城镇居民和农村居民人均消费增长率，也远远高于第一、三产业的增长速度，而第二产业中的工业增长速度则更高。1977年城镇居民人均消费和农村居民人均消费分别为1957年的1.40倍、1.64倍，1977年第一产业和第三产业增加值指数分别为1957年的1.35倍、2.22倍，而1977年第二产业和工业增加值指数则分别为5.40倍、5.86倍。因此，从居民消费速度增长与产业增长速度匹配而言，1952～1997年的中国计划经济时期，中国的产业结构失衡是明显的。这是中国重工业优先大推进战略下的必然结果。具体而言，中国大多数投资投向了第二产业，第二产业中的投资又大多数投向了工业，工业中的大多数投资又投向了重工业。中国重工业优先大推进战略可以概括为：在产业上，从最上游的战略性行业以及与下游关联的行业开始；在储蓄构成上，主要来自政府和国有企业；在投资决策上，政府为主导；在需求增长之源上，主要为国内企业和政府投资；家庭收入增长受到抑制；经济运行通过政府加以协调；在对外开放程度上，比较低。由此，从1952年到1978年，资本形成总额的年均增长率为10.4%，1978年为1952年的13倍，但居民消费增长仅达4.3%，1978年仅为1952年的3倍。服务的增长也不受重视。在正常情况下，工业和服务业会扩张，但在1952~1977年的中国，这个一般性规律也不存在①。1957年服务业增加值占GDP为12.5%，到1977年则降为6.7%。

中国自1978年末开始改革开放以来，已经经历了将近40年的转型期。虽然直至今天，中国的市场化改革还远远没有完成，但至少已经走出了指令性体制，同时，市场在资源配置方面正起着越来越重要的基础性作用。不过，由于计划经济的惯性作用及路径依赖，再加上转型过程中以GDP为核心的地方政府政绩考核，致使地方政府之间进行"锦标赛竞争"，刺激了主要依赖要素积累，尤其是物质资本形成的追赶式增长，由此引发的政府过多干预可能导致产业结构失衡问题相比于计划经济时期更为严重，可以视为转型过程中政府与市场磨合型产业结构失衡。依据配第—克拉克定理，随着经济的发展和人均国民收入水平的提高，第一产业增加值GDP占比逐渐下降，第二产业增加值GDP占比逐步提高，随着经济进一步发展，第三产业增加值GDP占比也逐渐上升，并超过第二产业。

表4-2　2001~2015年中国消费、投资增长率与第二、第三产业结构演变　单位:%

年份	社会消费品零售总额增长率	全社会固定资产投资增长率	城镇居民人均消费增长率	农村居民人均消费增长率	第二产业	第三产业
2001	10.10	13.05	6.22	4.25	44.8	41.2
2002	11.80	16.89	13.58	5.35	44.5	42.2
2003	9.10	27.74	7.98	5.94	45.6	42.0
2004	13.30	26.83	10.31	12.42	45.9	41.2
2005	14.88	25.96	10.59	16.97	47.0	41.3
2006	15.79	23.91	9.49	10.71	47.6	41.8
2007	18.23	24.84	14.96	13.96	46.9	42.9
2008	22.72	25.85	12.46	13.55	46.9	42.8

① ［美］巴里·诺顿：《中国经济：转型与增长》，安佳译，上海人民出版社，2010年。

续表

年份	社会消费品零售总额增长率	全社会固定资产投资增长率	城镇居民人均消费增长率	农村居民人均消费增长率	第二产业	第三产业
2009	15.87	29.95	9.09	9.09	45.9	44.3
2010	18.76	12.06	9.84	9.72	46.4	44.1
2011	18.48	23.76	12.54	19.15	46.4	44.2
2012	14.54	20.29	9.98	13.16	45.3	45.3
2013	13.25	19.11	10.87	26.69	44.0	46.7
2014	11.96	14.73	8.01	11.99	43.1	47.8
2015	10.68	9.76	7.13	10.02	40.9	50.2

资料来源：根据2001～2016年的《中国统计年鉴》相关数据计算得到。

从表4－2可以看出，除2010年外，2001～2014年其余各年份，全社会固定资产投资增长率都大于甚至远高于社会消费品零售总额增长率。2015年社会消费品零售总额为300930.8亿元，比上年增长10.68%，而全社会固定资产投资为561998.3亿元，比上年增长9.76%，前者略高于后者，这一趋势能否维持优待观察。2001～2015年，城镇、农村居民消费支出比增长率，相比于强劲的全社会固定资产投资增长率弱势明显。

此外，2001～2008年经济增长依赖第二产业趋势并没有明显改善，2008年以后，第二产业增加值GDP占比才开始下降，第三产业增加值GDP占比呈稳定上升态势。不过，从第二产业的内部构成看，传统的劳动密集型和资源密集型产业所占比重依然较大，意味着经济增长还是主要通过廉价的劳动力和资源的不合理利用实现，这种粗放的增长方式不但使资源利用效率低下，部分行业出现重复建设现象，而且还使一些现代工业及服务行业由于得不到投资又难以发展壮大。这种不合理的结构导致产能过剩比较严重。其中，传统产业中的钢铁、水泥、电解铝、家电等的过剩尤为严重，任其发展，很可能形成恶性循环，最终导致厂房闲置、设备锈迹斑斑的“铁锈时代”。当然，这里并不是说第二产业所有行业都产能过剩。一些高端产能，比如集成电路、发动机等，国内供给就相当短缺。风电设备总体是为过剩，但控制系统、叶轮等零部件却仍缺乏，不得不依赖进口。即是说，当前我国产业结构失衡是一种产能过剩与有效供给不足并存的失衡。

第二节　产业结构升级与国家经济制度

从国别比较的角度来看，不管是1949～1978年的计划经济时期，还是1979年以来的改革开放时期，上述的中国产业结构演变过程与其他发展中国家具有相似的特征。比如，都是从农业发展开始的，随着发展的继续进行，经济增长的产业带动从农业经济转向工业化和多元经济模式，人均国内生产总值达到一定门槛，由于第一产业和第二产业增加值在GDP份额的下降，第三产业的份额不可避免地将会增加。不过，中国产业结构演变还有一些与其他经济体不同的方面。比如，中国的投资多于其他经济体，相比其他经济体，投资又集中于制造业，经济也快于其他经济体①。对此，本节尝试将从制度角度加以解释。

作为人类相互交往的规则，制度抑制着可能出现的、机会主义的和乖僻的个人行为，使人们的行为更可预见并由此促进着劳动分工和财富创造，并隐含着某种对违规的惩罚②。在这一点，制度无疑也会对产业结构演变发生作用。如果我们把经济增长的产业带动从农业经济转向工业化和多元经济模式称为产业结构的第一次现代升级，而把人均国内生产总值达到一定门槛，由于第一产业和第二产业增加值在GDP份额的下降，第三产业的份额不可避免地将会增加的情况，称为产业结构的第二次现代升级，那么，从经济史来看，产业结构的第一次现代升级至少存在两种制度模式。第一种模式即为以英国产业革命形式为基础的资本主义制度模式；第二种模式即肇始于苏联的社会主义制度模式。

一、资本主义市场经济体制与产业结构升级

以英国产业革命形式为基础的资本主义制度模式，是指在18世纪的最后三十余年，随着英国近代大工业的升起，在英国产生的一种制度模式。大工

---

① ［美］巴里·诺顿：《中国经济：转型与增长》，安佳译，上海人民出版社，2010年。

② ［德］柯武刚、史漫飞：《制度经济学：社会秩序与公共政策》，韩超华译，北京：商务印书馆，2004年。

业集中了并且增加了生产资料，以使它的产量加速和增多。它使用机器，因为机器能以绝对准确和很快的速度来完成最复杂或最繁重的工作。在机器不断扩大使用范围的过程中，越来越复杂的设备以及越来越多而又有组织的人员便构成了大企业，即真正的工业王国。作为这个巨大活动的动力、原因和结果的资本，在人力和机械力的炫耀后面活动，被其自身所固有规律即利润律鼓舞着，这个规律推动它不断地生产以便不断地扩大自己。不停地生产成为一切企业的规律，如果完全任其自然，生产就会继续到过分的地步乃至达到毁灭性的生产过剩，所以，这些企业生产的制成品必须出售，出售才能获利。当以出售为目的的大量商品抛到市场，价格随之降低，需求也随之增多，又使交易倍增。随着竞争加剧，市场必须扩大，又促进运输工业发展。其结果是，竞争就从个人扩展到那些比过去任何时候都更加热望追求物质利益的地区和国家。胜利者就是那些无视其对手而能扩大自己事业范围并能找到越来越多的新市场的人，生产者的野心使生产者敢于冒险。整个世界只不过是一个大市场而已①。从技术观点看，产业革命就在于发明和使用那些能够加速生产和经常增加产量的方法。例如，纺织工业中的机械方法，冶金工业中的化学方法。从经济观点上看，产业革命的特点就是资本的集中和大企业的形成，而大企业的活动不但不是一种例外的事实，而且还变成工业的正常形式的倾向。从社会观点上看，产业革命已使一些社会阶级诞生，而这些阶级的发展和对抗正占满着我们时代的历史。由以上引述可以看出，正是竞争的资本主义，即通过在自由市场上发生作用的私有企业的经济活动引发了产业结构的第一次现代升级，农业不再是起主导作用的经济活动，并为工业和服务部门所取代。原因在于，资本主义制度确立的私人所有权及其保护促进了要素市场和产品市场的竞争，扩大了市场规模，导致更大的专业化分工；资本主义制度确立的工厂组织形式不仅降低了交易费用，也降低了创新成本，提高了创新收益率；两者结合在一起就为技术变革铺平了道路，并加快了创新速度②。不过，资本主义制度下产业结构的第一次现代升级是一个渐进过程，因为决定产业结构升级的技术变革，从最初的概念到确定技术可行，即从发明到商业上可行，从创新到以后的扩散，常常是一个漫长而曲折的过程。瓦特的蒸汽机是18世纪的发明，然而以其为动力的汽船用了几乎一百年的时间

①② ［法］保尔·芒图：《十八世纪产业革命》，杨人楩、陈希泰、吴绪译，北京：商务印书馆，2012年。

才取代了原有的运输工具——帆船[①]。

资本主义制度以建立和保护排他性私人产权为基础，并通过以契约为基础的自愿交易，来激励人们进行经济活动。私人产权意味着一项财产的所有者有权不让他人拥有和积极地使用该财产，并有权独自占有在使用该财产时所产生的效益。同时，所有者要承担该财产在运用中所发生的所有成本。这一排他性是私人产权得以发挥激励作用的前提。能够自由缔约的私人自主权即经济自由权则是资源得到有效配置的前提。契约的自我执行及诸如法律和国家的外在支持则促进了市场经济的有效运行。经济史表明，那些为财产提供良好制度保护的国家繁荣了起来，而没有这样做的国家则变得越来越贫穷。侵犯可让渡的产权、法制废弛，阻碍竞争，并不必然使商业活动无法产生，但一定会削弱商业活动孕育创新和推动增长的能力。缺乏秩序和信任，以及国家任意没收财产的惯例抑制了对工业和企业的投资[②]。正是有形资产和无形资产（知识）的产权建立和保护，构成了以技术变革为导向的产业结构第一次现代升级的重要制度基础。

更为重要的是，资本主义本身是发展的、演化的，不仅从来不是，而且永远不可能静止不变。开动和保持资本主义发动机运动的根本推动力，来自资本主义企业创造的新消费品、新生产方法或运输方法、新市场、新产业组织形式。伴随这一过程的是经济结构革命化，即不断地破坏旧结构，不断地创造新结构，这个创造性破坏过程就是资本主义的本质[③]。资本主义制度与其以前制度的最大不同在于，经济人的利润动机和维护自身利益成为一种理性：把货币单位提高为计算单位，即把货币单位转变为合理的成本—利润计算工具（复式簿记），从而强有力地推进了企业的逻辑性，使理性个人主义精神，上升为资本主义精神；资本主义精神不但产生现代科学的心理状态，还使得超乎寻常才能和抱负的人才开始趋向经营工商业，最早是商业和金融，然后是矿业，最后是工业。由此，不但现代机械化的工厂和它所生产的大量产品，不但现代技术和经济组织，而且现代文明的全部特色和成就都是（直

① ［美］道格拉斯·C. 诺斯：《经济史上的结构和变革》，厉以平译，北京：商务印书馆，1992年。

② ［德］柯武刚、史漫飞：《制度经济学：社会秩序与公共政策》，韩超华译，北京：商务印书馆，2004年。

③ ［美］约瑟夫·熊彼特：《资本主义、社会主义与民主》，吴良健译，北京：商务印书馆，2007年。

接地或间接地）资本主义制度的产物[①]。至此，我们可以理解，资本主义制度下产业结构的现代升级不可能停留在第一次，还会推进到第二次、第三次……

二、社会主义计划经济体制与产业结构升级

理论上，社会主义经历了由英国的托马斯·莫尔和意大利的康帕内拉创立，法国的摩莱里、马布利发展，法国的圣西门、傅立叶及英国欧文定型的空想社会主义，到由马克思、恩格斯创立的科学社会主义两个阶段。空想社会主义者认为他们当时所处的资本主义社会根本不是什么“理性和永恒正义的王国”，而是“一幅令人极度失望的讽刺画”，提出未来社会要废除私有制和雇佣劳动，消灭阶级和阶级差别；实行共同劳动、合理分配，有计划组织生产；消灭城乡之间、脑力劳动与体力劳动之间的对立和差别；坚持教育与劳动相结合，发展科学、文化艺术以推动生产、造福社会；实行民主选举，依法管理社会；实行婚姻自由、男女平等；国家的职能由对人的控制逐步转向对物的管理，直至最后消亡；等等[②]。

科学社会主义是马克思与恩格斯亲密合作、共同创立的理论成果。马克思和恩格斯认为，资本主义生产方式内在矛盾的产生、发展，决定了资本主义必然走向灭亡。资本主义生产方式发展到机器大工业阶段以后，便以生产资料使用社会化、劳动过程社会化和劳动产品社会化为主要内容的生产社会化的程度日益提高，这一社会化生产同资本主义的私人占有便发生了对抗性的矛盾，资本主义生产方式越是占统治地位，越是不断发展，“社会的生产和资本主义占有的不相容性，也必然越加鲜明地表现出来”[③]。同时，“这种生产方式日益迫使人们把大规模的社会化的生产资料变为国家财产，因此它本身就指明完成这个变革的道路。无产阶级将取得政权，并且首先把生产资料

---

① ［美］约瑟夫·熊彼特：《资本主义、社会主义与民主》，吴良健译，北京：商务印书馆，2007 年。

② 转引自赵耀、王伟光、鲁从明、蔡长水主编：《马克思列宁主义基本问题》，北京：中共中央党校出版社，2001 年。

③ 恩格斯：《社会主义从空想到科学的发展》，载于《马克思恩格斯选集》第 3 卷，北京：人民出版社，1995 年，第 744 页、第 754 页。

变为国家财产。[①]”最终实现“代替那存在着阶级和阶级对立的资产阶级旧社会的，就是这样一个联合体，在那里，每个人的自由发展是一切人的自由发展的条件”[②]。即未来社会是一个“以每个人的全面而自由的发展为基础原则的社会形式”[③]。其初期目标是推翻资产阶级，夺取政权，建立自己的政治统治，实行无产阶级专政。无产阶级专政是一种新型的民主共和国，既区别于资产阶级共和国，又继承其合理形式，是“达到消灭一切阶级差别，达到消灭这些差别所由产生的一切生产关系，达到消灭和这些生产关系相适应的一切社会关系，达到改变由这些社会关系产生出来的一切观念的必然的过渡阶段”[④]。具体而言，无产阶级专政的主要任务是：镇压剥削阶级的反抗，使无产阶级与广大劳动群众成为国家和社会的真正主人；废除资本主义私有制，建立生产资料公有制；组织农民合作社，把农民吸引到社会主义方面来；改造与私有制相适应的一切经济关系和一切社会关系，进而改造人的传统观念。

实践中，20世纪社会主义革命不是在西方发达国家发生的，而是在生产力水平落后的诸如俄国、中国这样的国家发生的。其原因在于，如巴黎公社革命的西方无产阶级革命“也会大大影响世界上其他国家，会完全改变并大大加速它们原来的发展进程”[⑤]。而且，东方国家发生的革命，也不同于马克思和恩格斯的设想。关键在于，这些经济落后的东方国家取得社会主义革命成功后，如何不通过资本主义制度的卡夫丁峡谷，而享用资本主义制度的一切肯定成果。

此外，20世纪那些社会主义革命取得成功的国家在社会主义实践中所奉行的道路虽不尽相同，但绝不乏相似之处，不过社会主义一词在学术研究中仍然存在争议。熊彼特从经济制度的角度为社会主义下了一个定义，即“不是由私人占有和经营企业，而是由国家当局控制生产资料、决定怎样生产、

① 恩格斯：《社会主义从空想到科学的发展》，载于《马克思恩格斯选集》第3卷，北京：人民出版社，1995年，第744页、第754页。

② 马克思、恩格斯：《共产党宣言》，载于《马克思恩格斯选集》第1卷，北京：人民出版社，1995年，第294页。

③ 马克思：《资本论》（第一卷），北京：人民出版社，1975年，第649页。

④ 马克思：《1848年至1850年的法兰西阶级斗争》，载于《马克思恩格斯选集》第1卷，北京：人民出版社，1995年，第462页。

⑤ 恩格斯：《共产主义原理》，载于《马克思恩格斯选集》第1卷，北京：人民出版社，1995年，第241页。

生产什么以及谁该得到什么的那种社会组织”[1]。“在这个模式中，原则上社会的经济事务属于公共范围而不是属于私人范围”[2]。对此，汤姆·博托默尔认为，这样看待社会主义运动是非常狭隘的观点，熊彼特只关心社会的经济改革，而当他查究社会主义能否发挥良好作用时，是指社会主义在经济上是否有效率和能否增加生产，没有思考社会主义是一场阶级运动，它要求消灭和缩小阶级差别，从而获得更大的社会平等，把人民群众从统治阶级强加的抑制中解放出来。一句话，社会主义的特性是一场人类解放运动，在这场运动中，经济制度改造只是一个要素，它本身使建设不同类型的社会制度有多重多样的选择。此外，社会主义者中也很少有人把社会主义等同于中央集权的公有制和计划经济。[3] 而在雅诺什·科尔奈的研究中，社会主义国家就是指那些共产党执政的国家。[4]

在笔者看来，正是执政的共产党在一定时期内能以马克思主义作为指导思想，秉承解放人类信念，以干部制作为实现国家动员、社会动员的组织架构，通过计划或命令经济等国家手段，才快速完成了产业结构的第一次现代升级即快速工业化。那么，为什么经济落后的东方国家从西方引入的是社会主义而不是边沁的功利主义呢？就当时中国而言，凄惨的物质贫穷、列强欺凌的现实图景，激发了中国知识分子主流中的大同及中华崛起复兴思想，这一思潮与马克思主义中的人道主义思想在意识形态上存在着对应，而后者在很大程度上则是一种经历巨大经济进步以后并且在这种经济进步基础上发展起来的，十月革命一声炮响给中国送来了马克思主义也就水到渠成。

而以马克思主义作为指导思想的共产党一旦执政，其解放人类的理念和承诺就必须付诸实施和实现，否则就会在曾追随着它的人民群众失去威信，进而动摇其执政基础。由此，我们不难理解，一旦共产党领导民众取得社会主义革命胜利并建立社会主义国家，就开始着手以最快速度实施工业化，以期迅速使经济社会摆脱落后面貌。而之所以选择工业化，是因为“资产阶级在它的不到一百年的阶级统治中所创造的生产力，比过去一切世代创造的全

---

①② ［美］约瑟夫·熊彼特：《资本主义、社会主义与民主》，吴良健译，北京：商务印书馆，2007 年，第 25 页、第 258 页。

③ 汤姆·博托默尔：《导论》，载约瑟夫·熊彼特：《资本主义、社会主义与民主》，吴良健译，北京：商务印书馆，2007 年。

④ ［匈牙利］雅诺什·科尔奈：《社会主义体制：共产主义政治经济学》，北京：中央编译出版社，2007 年。

部生产力还要多，还要大”[①]。不过，如果希望工业化在短期内能够实现，落后的国家在道路选择上就不能以英国为榜样，后者所拥有的诸如较大规模的私人资本积累、足够容量的工业品市场等前提条件是前者所不具备的，因为这些取得社会主义革命胜利的国家当初都处于贫穷和经济不发达状态，工业占国民经济的比例非常低，构成现代工业部门的大型工厂（具有先进的生产技术和组织形式）的规模相当小。为此，后者选择了通过社会主义计划经济体制的制度手段来创造出工业化所需的前提条件。具体而言，社会主义计划经济体制在经济上以生产资料国家（这里的既包括中央政府，也包括各级地方政府）所有制为基础，通过对生产、分配、交换和消费的过程控制（主要手段为计划或者命令）来实现资源的国家配置，以期保证国家的计划或规划能不折不扣地实现，从而最终完成社会主义工业化；而国家对经济活动的控制和协调则基于干部制度的国家内部动员和基于群众组织的社会动员来达到。党管干部的人事原则，个人服从组织、下级服从上级、全党服从中央的组织原则，以及党员、党小组、党支部、党总支、各级地方党委、中央委员会等由下自上的组织架构，在政治上保证了执政党内部动员的党内协调。党对政府、人大、政协、法院、检察院的绝对领导，在立法、司法、行政层面上保证了国家内部动员的行政性协调。在诸如工会、青联、妇联、共青团等各类社会组织，以及诸如文联、作家协会、音乐家协会等各类协会之类的群众组织置于党的领导下，则在社会层面保证了社会动员的高效性。

上述的社会主义计划经济体制为社会主义国家通过国家主导的投资计划促进经济增长，进而实现以工业化为目标的产业结构快速升级提供了体制保障。在国内生产活动中，基于经典工业化目标即工业优先发展，有形物质产品的生产优先于服务类生产，第一部类生产优于第二部类生产。具体计划或规划上，由于在经济增长的需求拉动上，投资相对于消费见效快，并能直接带来固定资本的增加，还能自我推动，因而投资优先。工业被认为是经济增长的引擎，也是快速工业化的核心，因此，投资上工业必须优先于其他任何产业。机械化是提高生产率和促进生产技术发展的重要手段，因而工业化主要偏重于重工业，其中煤、机械和钢铁最为重要。同时，出于国家生存和安全的考虑，生产性活动优先、工业优先和重工业优先也意味着军事工业优先。

---

① 马克思、恩格斯：《共产党宣言》，载于《马克思恩格斯选集》第1卷，北京：人民出版社，1995年，第277页。

基于资本集中和积聚，有利加速产业结构升级，在工业生产中，大型企业、新企业、新设备优先。实际结果是，以第一个社会主义国家苏联为例，1950年，苏联社会总产值比1913年增加了17.2倍，其中工业产值增加了12倍，工业中生产资料产值增加高达26倍①，社会主义计划经济体制对苏联的工业化贡献可见一斑。至于社会主义计划经济体制对中国工业化的贡献，正如本书第二章所指出的，也是令人惊叹。因此，哈佛大学教授加尔布雷思（John Kenneth Gallbraith）在70年代初期访问中国后，得出了社会主义计划经济体制行得通的结论也就不足为怪②。

三、社会主义市场经济体制与产业结构升级

尽管通过社会主义计划经济体制，新生的社会主义国家实现了初步工业化，基本上完成了产业结构的第一次现代升级，但还是造成了生产的低效：强调产品数量，却以牺牲质量和种类为代价；集中生产投资品而不是消费品；忽略创新和消费者的需求；过多的垂直整合；计划引起了产量和投资的季节性波动和大量的非意愿性存货③。上述生产低效，其本质在于社会主义计划经济体制下的粗放式经济增长方式。这种粗放式经济增长方式也无法推进产业结构的第二次现代升级，即经济活动的重心在从第一产业转移到第二产业后，应进一步转移到第三产业。原因在于，第三产业大多与服务业特别是现代服务业密切相关，其基础则是满足不断升级的居民消费结构，而在社会主义计划经济体制下，这一要求是无法实现的。

社会主义计划经济体制本质上是用计划等行政手段配置资源。其有效性取决于编制的计划能否反映客观经济事实，以及能否严格准确地执行。其能有效运转的隐含前提是，作为计划制定者的国家能收集和处理整个经济社会的全部信息并及时跟踪和更新，以及保证整个经济社会利益一体化，不存在任何冲突。显然，社会主义国家的经济社会现实不具备上述两个隐含前提。第一个隐含前提因涉及巨大的信息成本而不具备，而信息成本之所以巨大，

---

① Bergson, A.. *The Real National Income of Soviet Russia Since* 1928. Ann Arbor: Harvard University Press, 1961.

② 转引自杨叔进：《中国：改革·发展与稳定》，北京：中国发展出版社，2000年。

③ Rawski, Thomas G.. *China's Transition to Industrialism: Producer Goods and Economic Development in the Twentieth Century*. Ann Arbor: University of Michigan Press, 1980.

就在于经济社会中经济主体多元化、经济主体之间关系复杂化、经济决策多样化、经济行为动态化。第二个隐含前提因涉及经济社会中经济主体间利益差别甚至利益冲突也不具备，因为只有消灭了阶层差别、城乡差别、脑力劳动体力劳动差别、地区差别才有可能使个体利益与整体利益一致、特殊利益与整体利益一致，然而现实却正相反。

实际层面，早在20世纪50年代，社会主义计划经济体制的缺陷就在苏联开始显露出来。进入60年代以后，苏联、东欧国家增长率逐年下降，效率降低、技术进步放慢，同实现资本主义市场经济体制的资本主义国家相比，差距也是越来越大。改革社会主义计划经济体制问题越来越迫切①。然而，诸如苏联、东欧社会主义国家虽经努力，但改革还是归于失败，最终走上了通过所谓“休克疗法”实行经济、政治体制剧变，导致共产党执政地位丧失、国家分裂。与苏联、东欧社会主义国家不同，中国经过1958～1978年的行政性分权改革、1978～1983年的“以计划为主，市场为辅”的经济体制改革、1983～1992年实行“公有制基础上的有计划的商品经济”的经济体制改革，终于在1992年党的十四大提出经济体制改革的目标是“建立社会主义市场经济体制”。

社会主义市场经济体制本质上是一种以共同富裕为根本原则，以使市场在资源配置中起决定性作用为目标，以公有制为主体、多种所有制经济共同发展的基本经济制度，以及以按劳分配为主体、多种分配方式并存的分配制度为制度基础，融现代市场体系、宏观调控体系、开放型经济体系为一体的经济体制。围绕建立社会主义市场经济体制这一目标，1992年以来的中国经济改革可以粗略地划分以下几个阶段：1993～1997年的经济市场化改革全面铺开阶段；1997～2012年的以保障和改善民生为主的社会体制改革启动阶段；2012以来的全面深化改革阶段。1993～1997年，经济体制改革以市场化为导向全面铺开，主要内容包括以建立现代企业制度为目标的国有企业改革，将中央地方财政包干制改造为分税制的财政体制改革，按照统一税法、公平税负、简化税制、合理分权的原则规范税制的税收体制改革，以建立中央银行制度和商业银行制度为核心的银行制度改革，以汇率市场化为核心的外汇管理体制改革，以统一政策，放开经营，平等竞争为目标的外贸体制改革等。

① 吴敬琏：《当代中国经济改革》，上海远东出版社，2003年，第25页。

这一阶段的市场化取向改革无疑增强了中国经济活力，使中国改革开放以来的高速增长态势得以保持，但从产业带动而言，第二产业的带动甚是明显，1992 年第二产业增加值 GDP 占比为 43.9%，1993 年则跃升为 47.4%，1994 年、1995 年、1996 年、1997 年依次为 47.9%、46.8%、47.1%、47.1%，直至 1998 年才降为 45.8%（见表 2－5）。同时，第一产业增加值 GDP 占比则保持此前的持续下降态势，第三产业增加值 GDP 占比呈先下降再有所上升的态势。Petty－Clark 法所预示的，随着人均收入水平的不断增加，在经济活动重心转移到第二产业后，会继续转移到第三产业的情形正处于门槛上。其中原因在于，市场化改革已席卷非经济领域特别是教育、社会保障和医疗卫生方面，随着这些本应由国家向公民提供的公共服务或者福利的市场化，而市场只为有支付能力的消费者服务，致使以服务业为主的第三产业发展受到抑制。

伴随 1993～1997 年的经济市场化改革全面铺开，也出现了诸如大规模下岗失业、普通民众享有的保障和救助越来越少、上学难、就医难、生态环境日益恶化、贫富悬殊等社会矛盾。这些问题也促使国家开始认真对待邓小平的警告："社会主义的目的就是要全国人民共同富裕，不是两极分化。如果我们的政策导致两极分化，我们就失败了。[①]"从而转向社会体制改革，由此进入 1997～2012 年的以保障和改善民生为主的社会体制改革启动阶段。

这一阶段的以保障和改善民生为主的社会体制改革是在分税制改革后，中央政府财政汲取能力不断增强条件下开展的，主要包括旨在缩小地区差距的西部大开发战略、中部崛起战略、东北振兴战略，旨在缩小城乡收入差距的取消农业税的农村税费改革，旨在提供社会安全保障的城乡居民最低生活保障制度、城镇职工基本医疗保险制度、城镇居民基本医疗保险制度、农民工基本医疗保险制度、新型农村合作医疗保险制度、企业职工养老保险制度等。上述社会改革为中国向消费型社会转型奠定了制度基础。由此，从 2006 年起，第二产业增加值 GDP 占比呈稳步下降态势，以及从 2004 年起，第三产业增加值 GDP 占比呈稳步上升态势。从 2012 年起，第三产业增加值 GDP 占比开始反超第二产业增加值 GDP 占比（见表 2－5）。特别是，2015 年第三产业增加值 GDP 占比达 50.8%，第三产业在带动经济增长中的中心作用开始显现。

---

① 邓小平：《一靠理想二靠纪律，才能团结起来》，载《邓小平文选（第三卷）》，北京：人民出版社，1993 年，第 110～111 页。

随着经济市场化改革全面铺开，以及以保障和改善民生为主的社会体制改革启动，中国进一步改革的深层次问题开始涌现，正如2013年的《中共中央关于全面深化改革若干重大问题的决定》所指出的，改革进入攻坚期和深水区，需要以强烈的历史使命感，最大限度集中全党全社会智慧，最大限度调动一切积极因素，敢于啃硬骨头，敢于涉险滩，以最更大决心冲破思想观念的束缚，突破利益固化的藩篱，推动中国特色社会主义制度自我完善和发展。同时，必须更加注重改革的系统性、整体性、协同性。全面深化改革意味着必须协同深化经济体制改革、政治体制改革、文化体制改革、社会体制改革、生态文明体制改革、党的建设制度改革。假以时日，在坚持全面建成小康社会、全面深化改革、全面依法治国、全面从严治党的战略布局下，通过推进经济建设、政治建设、文化建设、社会建设、生态文明建设和党的建设，基于工业化和信息化的进一步融合，产业迈向中高端水平，先进制造业加快发展，新产生新业态不断成长，服务业比重进一步上升的产业结构优化格局必将凸显。

第三节　产业政策与国家能力

政策与制度具有长期性、稳定性特点不同，政策是短期的、暂时的、机动的。产业政策的含义是国家有意识地促进产业发展。许多政策都可以视为“产业政策”，从关税和外贸政策（保护），到税收优惠、各种补贴、出口加工区，等等。

一、产业政策的学术争论及其启示

从理论上来看，经济中的市场不完善、外部性和收益递增等经济事实都是支持产业政策有利于产业结构升级的理论基础。其背后的逻辑是，如果市场能够实现社会所想达到的资源配置，那么国家就根本没有必要对产业活动进行强制性干预，产业政策也就失去了存在的理由。问题是，市场并不能使所有产业活动都达到最优化，存在着偏离帕累托最优的市场失灵，需要国家来纠正此类市场失灵以实现帕累托改进。这类产业政策的最优形式取决于市场不完善的性质，如果由于资本市场不完善，某些产业的规模小于社会最优水平，那么产业政策重点应体现在消除特定的市场失灵方面，而旨在保护新兴产业的政策理论则不在此列。

支持采取产业政策的福利经济学就是建立在这一经济逻辑基础上。在福利经济学看来，如果某个产业能带来积极的外部影响即外部经济，那么采取直接补贴这一最简单产业政策形式，将鼓励私人扩大其经济活动，继而有利于整个经济社会经济发展。再如，如果某个产业能带来积极的外部性影响，而国际市场价格导致本国的产业规模从社会福利角度看过小，那么，关税就是最优的干预政策①。

就旨在保护新兴产业的政策理论而言，其逻辑是，如果引进国外先进技术发展一个特定的产业，将会对这个国家的经济增长做出很大贡献，但由于引进国外先进技术和安装生产设备需要很长时间和很大的投资，那么尽管这样的项目成功的概率很大，私人企业家仍会因为其风险高而迟疑不决。而且，私人企业还会担心随着时间的推移，其花了时间和费用辛辛苦苦培养出来的技术人员和工人会被其他企业挖走。显然，在上述风险和外部性并存的情形下，私人企业很难在自由市场的条件下发展这个新产业。自然的结论是，如果预期今后会对国家发展做出重大贡献的新产业，在当前无法通过市场竞争建立起来，那么政府在这一新产业成长为成熟产业前给予支持和保护，就是必要的，也是合乎需要的。实际上，上述新产业的支持和保护理论，是对弗里德里希·李斯特在其《政治经济学的国民体系》一书中所提出的幼稚产业保护理论的翻版。由李斯特提倡的，对诸如钢铁这样的主要工业品征收保护性关税，是在1879年俾斯麦领导第二帝国时开始应用的。其结果是，德国于19世纪末在重化工业领域超过了英国。

而发展经济学关于产业政策的作用则有多种理论。20世纪四五十年代的发展经济学把经济发展同工业化联系起来，认为由于存在各种市场失灵，贫困国家不能自然而然地进入经济起飞阶段，因此需要政府在其中发挥重要作用，特别是通过产业政策来促进国家工业化。保罗·罗森斯坦—罗丹（Paul Rosenstein-Rodan）强调的是，制造业中规模经济和生产率增长的重要性，以

---

① Matsuyama, K.. "Agricultural productivity, comparative advantage, and economic growth". *Journal of Economic Theory*. Vol. 58, No. 2, 1992, pp. 317－334.

及由此带来的以外部经济形式表现出来的累积效益[①]。汉斯·辛格（Hans Singer）认为，在一段时期内通过国内经济封闭运行实行工业化，可以弥补预料到的专门生产初级产品所造成的不利条件，并培育出有国际竞争力的工业部门[②]。而在保罗·普雷维什（Paul Prebisch）看来，发展中国家要想持续增长，除了采用进口替代工业化政策外，没有其他选择[③]。这一理论到了70年代后期和80年代开始受到其他学者的批判。安·O. 克鲁格（Anne O. Kruger）认为，由于政府失灵总是比市场失灵更为严重，致使产业政策不会发挥作用也不可能发挥作用，指望利用产业政策或者其他任何政策干预来解决发展问题都是徒劳的，注重创建自由市场和守夜人性质的政府才是应有之义[④]。不过，这些研究文献虽列举了某些发展中国家极为失败的产业政策案例作为实证支撑，其选择性案例处理方法还是存在有失偏颇之嫌。此外，政府失灵总是比市场失灵更为严重的立论，出于意识形态的考量居多，并非基于理论和实证推导的逻辑结果。

其中，对“东亚奇迹”的一系列研究及其论点对克鲁格的反驳最为引人注目。这些研究都把成功的产业政策视为日本、韩国等国家在二战后取得巨大发展成就的核心因素。与其他许多研究类似，它们立足于公共选择理论，或多或少地认为市场失灵总是比政府失灵严重，而产业政策是促进经济增长的强大工具。产业政策能取得成功，是因为实施政策的当权者自己希望工业化能顺利完成，或者是因为政治体制所产生的激励迫使他们这样行动。问题不在于产业政策学术争论中的谁对谁错，而在于能否从规范性和实证性两个方面加以一般性解释。否则，倡导用产业政策去解决发展中国家的问题，必然是盲目的。比如，斯大林在20世纪30年代促进苏联工业化的办法，与朴正熙在60年代对韩国的政策完全不同，其出发点则是相同的，即两国政府在当时都明确致力于快速工业化。再比如，拉丁美洲采纳的是进口替代的

① Rosenstein, P.. “Problems of Industrialization in Eastern and Southeastern Europe”. *Economic Journal*. Vol. 53, No. 2, 1945, pp. 202 – 211.

② Singer, H. W.. “The Distribution of Gains between Investing and Borrowing Countries”. *American Economic Review*. Vol. 40, No. 1, 1950, pp. 473 – 485.

③ Prebisch, P.. “Commerical Policy in the Undeveloped Countries”. *American Economic Review*. Vol. 49, No. 1, 1959, pp. 251 – 273.

④ Krueger, A. O.. “*Liberalization Attempts and Consequences*”. in *Foreign Trade Regimes and Economic Developmemnt*. Vol. 10 (Cambridge, Mass: Ballinger), 1978.

工业化政策，把本国市场封闭在国际竞争之外。而韩国的模式则是通过激励设计来鼓励出口产业的发展，当然，在这一过程中本地市场也受到了保护。

运用产业政策促进产业结构升级既有成功案例，也有失败的案例表明，对其中原因的探究既要考虑所比较国家的产业政策的具体形式，又要考虑这些国家之间的经济社会结构差别，即不但要观察到各个国家（地区）采纳的产业政策的类型相去悬殊，还要分析各国（地区）选择了不同策略来促进工业发展的政治经济背景。换言之，在产业政策的学术研究上，需要分析实现特定的产业政策选所需的政治均衡。例如，斯大林采纳的特定工业化模式是来自其社会主义意识形态，毛里求斯建立了成功的出口加工区是由于诺贝尔经济学奖得主詹姆斯·米德爵士（James Meade）说服了执政的工党。这意味着产业政策的内容和结果之所以不同，是因为各国（地区）的政策制定者的观念和意识形态的区别所致。然而，这仅仅是潜在的众多解释中的一种。

在詹姆斯·罗宾逊（James A. Robinson）看来，采纳不同的产业政策及其结果的成败，与思想观念或经济学家们的关系并没有那么大（当然在特殊条件下也可能很重要），更多取决于具体社会的政治均衡特征：哪些利益团体能被动员，关系到怎样的利益，处于怎样的政治体制环境等。因此，以产业政策来促进工业化是一个国家政治选择的内生结果。不管理论的结果如何，在利益和制度没有理顺的情况下，工业发展是难以推动的。产业政策有着促进经济发展的巨大潜力，但只有在政治环境合适的情况下，这样的潜力才能发挥①。而在笔者看来，一个国家的政治均衡结果反映的是这个国家的国家能力强弱，而国家能力的强弱则决定了该国产业政策的绩效。

日本、韩国成功促进工业发展的案例令人吃惊，极有说服力，很好地证明了产业政策的价值。但不幸的是，也有大量失败的产业政策案例，其中某些典型来自撒哈拉以南的非洲国家。许多非洲国家在独立之后采纳了各类产业政策，如加纳和津巴布韦等国制定了五年计划和宏大发展目标。与那些成功促进产业发展的国家和地区一样，这些计划往往是由公共部门牵头。但糟糕的是，没有任何一个撒哈拉以南的非洲国家培育出了有国际竞争力的工业。在通常情况下，尽管实现了快速的资本积累，这些产业的效率却极其低下，

---

①　詹姆斯·罗宾逊：《产业政策和发展》，《比较》2016 年第 1 辑，北京：中信出版社。

全要素生产率令人沮丧。此外，虽然拉丁美洲的情形或许没那么糟糕，甚至还有少数成功案例（特别是巴西），但普遍情况依然是拉丁美洲国家政府对工业发展的刺激政策并不成功。大多数政府保护和产业补贴并未扶植起有国际竞争力的企业，而是出现了缺乏竞争力、为受保护的国内市场提供劣质产品的垄断企业或寡头企业。詹姆斯·罗宾逊的解释是，虽然产业政策在各国的实施方式肯定有区别（如对内思路和对外思路），但上述案例的主要差异是在政治方面。即是说，成功国家的政治因素使经济主管部门能制定理性的经济政策，而不成功国家的政治因素则采用或采纳服务于政治的项目或政策工具。因此，产业政策可能发挥作用，也可能遭遇失败。区别在于实施政策的机构的目标和行动，而这些是由政治体制决定的。与其他因素相比，如约束边界和思想观念的差异相比，政治因素对产业政策成败的影响似乎要大得多。要真正解释产业政策的不同结果，我们必须深入剖析这些政治因素。成功国家和不成功国家的哪些政治因素导致了不同的结果？为什么它们的政治均衡差异如此之大，可以决定产业政策实施的成败？

二、国家的产业政策能力

所有经济社会都面临的一个基本挑战是，在经济社会不同群体的利益冲突中制定政策。产业政策的制定和实施也不例外。比如，在产业政策出台过程中，既得利益集团会联系起来成为一个相对紧密的压力和游说集团，采取集体行动，使产业政策偏离原定方向或者使产业政策有利于自己，而与最初的设想相去甚远。这样一来，出台的产业政策一开始就是非适宜性的。显然，旨在促进产业结构升级或优化的适宜性产业政策需要克服出现在产业政策设计过程中的这种惰性①。

即，现实中的产业政策必然是代表不同利益集团在决策机构中相互博弈的结果，这意味着产业政策是一个与抉择有关的政治经济学过程，而有效的产业政策及其实施则必然是强国家能力的结构。换言之，在强国家能力下，各方面的利益在决策过程中都得到广泛的代表，并能有意识地采取步骤来消除既得利益集团对政策制定过程的影响。例如，2008 年的金融危机，被人指

① 这里所谓的惰性，是指新政策取代旧政策这一过程的预期等待时间。

责为华尔街的游说团体要求放松监管的结果。

显然，如果政治代表的形式至关重要，那么可以推测西方的议会制相对于总统制，比例代表制相对于多数选举制，具有较为广泛的政治代表性，更容易让决策者建立更广泛的政治联系，来支持产业政策。其原因在于，广泛的政治代表性反映了国家与公众组织存在良好的交互，这是强国家能力在主体间互动能力的一个基本组成部分，表示了国家选择和应对公众的共同需求的集体服务能力，以及帮助产业发展的生产支持能力。

而且，即使不存在利益冲突时，政策在设计过程中也会存在非适宜性问题，这是由于作为强制力的国家的有限理性所致。国家之所以是一个有限理性主体而不是完全理性主体，是因为它所面对的经济社会是一个开放的复杂巨系统，国家对它的认知是有限度的，这种限度来自国家获取信息所需的能力是有限的，国家处理信息的能力是有限的。这种有限理性会使国家在制定产业政策时具有一定的局限性，不可能考虑到方方面面，以及对产业政策的实际效果的预测具有不确定性，从而有可能偏离促进产业结构优化的目标并带来风险性。正如罗兰所指出的，在总和的和个别层面上，结果的不确定性都是改革的关键特征①。产业政策制定和实施也不会例外。

对于有限理性国家来说，要引导经济社会实现产业结构优化，就必须尽可能减少或规避非适宜性制度安排以及由此引起的风险性，这就要求国家采取合适的实施方式，即合理抉择。由于有限理性国家可能仅仅具备有关制度安排备选方案的不完全信息，也无力计算最佳制度方案②，并且对所选取的具体方案的后果仅仅有着非常不完全的了解③。因此，其在实现产业结构优化过程中行为的目标即合理抉择不应该是寻求最优，而是寻求满意，即寻找令人满意的方案。

这种抉择过程可以大致概括如下：首先，判定问题，并确定所需要解决的问题；其次，形成能解决问题的一些方案或措施；再次，从满意的角度进行方案选择，并作出决定，予以实施；最后，在执行过程中先小范围试验，总结其中的经验教训，再作下一步打算。本书把这种通过试错方式以求解决

---

① ［比］热若尔·罗兰：《转型与经济学》（中文版），张帆、潘佐红译，北京大学出版社，2002年。

②③ 郝伯特·西蒙：《现代决策理论的基石——有限理性说》（中文版），杨砾、徐立译，北京经济学院出版社，1989年。

经济社会中存在的问题的政策安排称为试错式政策构建。

构建适宜性政策的试错式逻辑框图如图4-1所示。下面对此框图作一些具体说明。政府在进行决策时，首先必须对产业结构有一粗略的了解，这种了解是通过信息收集和分析这一环节来完成的。一旦发现产业结构存在问题时，就需要提出相应的政策。从适宜性的角度考虑，所提出的政策必须理论上是适宜的，因为如果政策在理论上都不是适宜的，就不可能在实施过程中是适宜的。但并不是说，理论上适宜的政策在实施过程中就会一定是适宜的。原因就在于，前面已述及的国家是一个有限理性而不是完全理性的政府。因此，这里所说的理论上的适宜性产业政策是指国家在自己收集的信息范围内，充分发挥自己信息处理能力情形下所能提出的适宜性政策。其他环节的含义在图4-1中已清晰地表示出来，不再赘述。

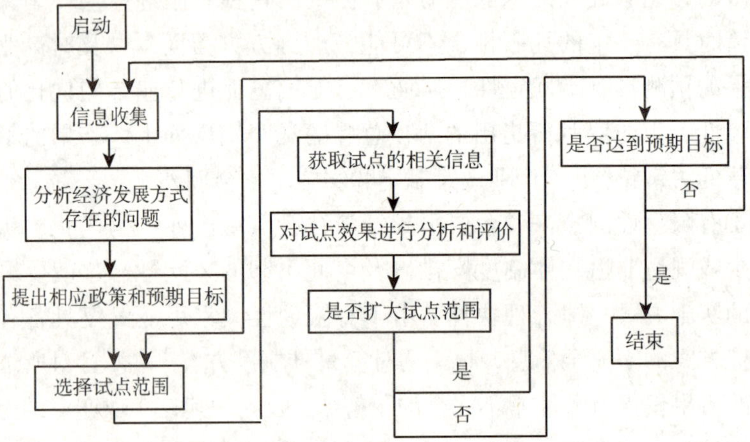

图4-1　构建适宜性政策的试错式逻辑

很明显，以上所述的试错式制度构建是一个不断试错过程和学习过程，从而可以最大限度地减少或规避非适宜性制度安排以及由此带来的风险性，达到使经济社会实现平稳转变经济发展方式的目的。因为正如西蒙所指出的，学习理论对所观察到的行为所做的解释，看来要比理性行为理论的解释更好些①。

产业政策不但在设计过程中存在非适宜性问题，在实施过程中也存在非

① 郝伯特·西蒙：《管理行为——管理组织决策过程的研究》（中文版），杨砾、韩春立、徐立译，北京经济学院出版社，1988年。

适宜性问题，即其在实施过程中也可能会遭遇诸如实施成本巨大、与其他制度或政策不兼容等问题。

就实施成本而言，主要是由产业政策所带来企业和国家内部各权力机构的收益和损失不确定性引起的，因为产业政策意味着企业相应转变其生产方式，其收益和损失也将随之发生变化，而企业的收益和损失则关系到国家内部各权力机构的利益。对此，可以作一简要分析。

假定在初始状态贴现率为 δ。所有参与方从所面对的产业政策中获益的事前概率为 p，收入的净现值为 $g>0$，从产业政策中受到的损失的概率为 $1-p$，损失为 $l>0$。不确定性是针对单个经济主体的，因此在总体足够大的情形下，由于大数定理的作用，p 也是产业政策的事后获益者的百分比。如果失败者回到现状，则其付出的成本是 ξ，并且假定 $l>\xi$，即失败者总是愿意回到现状即逆转。简单起见，假定维持现状的收益为0。显然，如果 $pg-(1-p)l<0$，则考虑国家内部部门利益和地方利益的部门和地方政府根本就不会去实施产业政策（这里假设国家层面的产业政策是由各级地方政府和中央各部门去实施的）。而如果 $p<1/2$，则大多数参与方总是事后愿意逆转，这样一来，旨在通过大多数企业改变生产方式以达到产业结构升级的预期就会落空。更糟糕的是，即使 $pg-(1-p)l>0$，如果参与方知道产业政策无法实施而逆转，只要 $[pg-(1-p)l]/(1+\delta)-\xi<0$，即产业政策的收益比维持现状的收益0更差，产业政策也必然无法实施。这一点类似于费尔南德斯（Fernandez）和罗德里克（Rodrik）在分析转型经济学时所提出的反对改革的现状偏好情形①。

就产业政策的互补性来说，它涉及两个方面的内容，一是产业政策之间的互补性，二是产业政策与其他制度安排之间的互补性。对于前者，可以以存在互补性的两项产业政策来分析。

假定产业政策1给 p_1 比例的参与方带来净现值为 $g_1>0$，给 $1-p_1$ 比例的参与方，带来损失为 $l_1>0$。类似地，假定产业政策2给 p_2 比例的参与方带来净现值为 $g_2>0$，给 $1-p_2$ 比例的参与方，带来损失为 $l_2>0$。考虑两种情形。

第一种情形：旨在促进产业结构升级，以产业政策1开始，产业政策1结束后才进行产业政策2，并且，在这种串行产业政策安排中，假定产业政策1由于缺乏产业政策2，其收益被减少 γ 来模拟互补性。如果两种产业政策均

---

① Fernandez, R. and Rodrik, D.. "Resistance to Reform: Status Quo Bias in the Presence of Indivdual-Specific Uncertainty". *American Economic Review*. Vol. 81, No. 4, 1991, pp. 1146–1155.

得到实施即为适宜性的，则串行产业政策安排下的预期结果必须满足：

$$E_1 = p_1 g_1 + (1 - p_1) l_1 - \gamma + [p_2 g_2 + (1 - p_2) l_2]/(1 + \delta) > 0 \quad (4-1)$$

第二种情形：假定促进产业结构升级的产业政策 1 和产业政策 2 同时实施的。显然，在这种并行产业政策安排中，不存在产业政策安排之间的互补性问题。如果两种产业政策安排得到实施，则并行产业政策安排下的预期结果必须满足：

$$E_2 = p_1 g_1 + (1 - p_1) l_1 + p_2 g_2 + (1 - p_2) l_2 > 0 \quad (4-2)$$

比较式（4-1）和式（4-2）可以看到，串行产业政策安排由于存在互补性，其预期结果比并行产业政策安排绝对地差。也就是说，并行产业产业政策安排的适宜性要优于串行产业政策安排。

更值得注意的是，由于互补性的存在，在串行制度安排中，当实施制度安排 1 以后还有可能出现回到原状即逆转现象。事实上，即使式（4-1）得到满足，只要 $p_1 < 1/2$、$p_1(g_1 - \gamma) > \xi_1 p_1(g_1 - \gamma) > \xi_1$ 和 $p_2 g_2 - l_1 - (1 - p_2) l_2 - \xi_1 < 0$ 三者同时成立，就会出现逆转情形。

至于旨在促进产业结构升级的产业政策与其他制度安排之间的互补性，可以通过下述的一个简单模型来分析，该模型建立在米格姆（Migrom）和罗伯茨（Roberts）发展的超模博弈论（theory of super-modular game）的基础上①。

记产业政策域为 E，其他制度安排域为 NE，并考虑所有经济主体均参与两个域的博弈。假定域 E 的参与方的策略为促进产业结构升级（记为 Γ_1）或维持现状（记为 Γ_2），域 NE 的参与方的策略为改变现状（记为 Λ_1）或维持现状（记为 Λ_2），并且，

$$u(\Gamma_1, \Lambda_1) \geqslant u(\Gamma_2, \Lambda_2) \geqslant u(\Gamma_2, \Lambda_1) \geqslant u(\Gamma_1, \Lambda_2) \quad (4-3)$$

$$v(\Gamma_1, \Lambda_1) \geqslant v(\Gamma_2, \Lambda_2) \geqslant v(\Gamma_2, \Lambda_1) \geqslant v(\Gamma_1, \Lambda_2) \quad (4-4)$$

式（4-3）和式（4-4）意味着，任一参与方只有在其他参与方改变现状时，改变现状才有利。显然，式（4-3）和式（4-4）满足以下的所谓超模条件（互补条件）：

---

① Migrom P. and J. Roberts, "Rationalizability, Learning, and Equilibrium in Games with Stra-tegic Co-mplementarities". *Econometrica*. Vol. 59, No. 4, 1990, pp. 1255 - 1277.

$$u(\Gamma_1,\Lambda_1)-u(\Gamma_2,\Lambda_1)\geqslant u(\Gamma_1,\Lambda_2)-u(\Gamma_2,\Lambda_2) \quad (4-5)$$

$$v(\Lambda_1,\Gamma_1)-u(\Lambda_2,\Gamma_1)\geqslant u(\Lambda_1,\Gamma_2)-u(\Lambda_2,\Gamma_2) \quad (4-6)$$

式（4－5）意味着，当域 E 的参与方面临的政策环境是 Λ_1 而不是 Λ_2 时，他们选择 Γ_1 而不是 Γ_2 的边际收益有所增加；式（4－6）意味着，当域 NE 的参与方面临的制度环境是 Γ_1 而不是 Γ_2 时，他们选择 Λ_1 而不是 Λ_2 的边际收益有所增加。也就是说，域 E 和 NE 是制度互补的，即 Γ_1 和 Λ_1 以及 Γ_2 和 Λ_2 在制度上互相补充，而当不同域存在制度互补时，帕累托低劣的整体制度安排有可能出现和延续，也有可能存在无法进行帕累托排序的多重制度安排①。因此，与其他制度不兼容的产业政策也是非适宜性的。

正面的例子在先行发达国家工业化过程中都曾出现过。美国在汉密尔顿的倡导下，通过利用关税措施保护国内工业，再用关税收入修建运河、公路等公共基础设施，从而把边远地区整合到统一的国内市场中，于19世纪上半叶建立了“美国体制”，为美国工业化奠定了基础。德国在俾斯麦的领导下实现国家统一并开始工业化时，还向包括技术教育和应用性研究与开发的工业基础设施进行了大量投资，并设置了关税壁垒以抵制制造品的进口。结果是，在19世纪最后的25年里，德国在热力学、光学、电力技术、电子技术和电磁技术等领域中的科学新发现数量是英国的2.5倍，而且，生理学方面的开创新研究占世界上60%以上。正是在这一以科学知识为基础的“无形技术”新体制对以工匠技能为基础的传统体制的替代过程中，德国在重化工业方面取得了世界领先地位。日本在明治维新时期，虽因西方列强强加的不平等条约而无法利用关税来快速工业化，但其政府通过建立技术引进型示范工厂（如缫丝厂和钢厂）和向目标产业（如船运业活动造船业）发放补贴，以及效仿德国建立西方式教育和科研制度等互补性政策和制度来促进工业化，而当关税自主权得到恢复时，又立即逐步提高重化工业的保护性关税②。

能否解决产业政策的适宜性问题和互补性问题，以及多大程度上得到解决，取决于国家能力的强弱，特别是国家的适应性学习能力。国家适应性学习能力是指国家面对环境等因素造成的种种不确定性时，发现和纠正现有制度或政策缺陷、接受新信息、学习新知识、尝试新方法、应对新挑战，使制

---

①［日］青木昌彦：《比较制度分析》，周黎安译，上海远东出版社，2001年。

②［日］速水佑次郎：《发展经济学——从贫困到富裕》，李周译，北京：社会科学文献出版社，2003年。

度和政策适应经济社会变化的能力，其基础是学习能力，其表现是变革能力。适应性学习的推动者既包括决策者，也包括政策倡导者。学习的来源则可以分为两大类：一类是各个时期、各个地方的实践；一类是系统性试验。前者主要是指本国的政策与制度遗产、本国内部各地区不同的实践、国外的过去及现在的经验教训，后者主要是指在小范围内进行的、旨在发现解决问题有效工具的干预性实验。实验本质上是一种试错型学习，从中可以吸取正反两方面的经验与教训。

从逻辑上来说，一个适应性学习能力强的国家具备以下几个特征：决策者对新出现的问题、困难、不平衡十分敏感，并负责地作出反应；决策者秉着只有通过实践与试验的方式进行学习，而不是照搬照抄国外的经验或时髦的理论，才能找到解决政策与制度问题的途径；国家能培育出多样化、多元化的学习之源，同时又能不失全局性的协调；对从实践和试验中产生的新事物，在进行集中式纵向推广应用的同时，允许或鼓励分权式横向推广应用①。

国家的产业政策能力除了上面提到的集体服务能力、生产支持能力、适应性学习能力以外，国家的信誉能力和国家内部的责任分配能力也是必不可少的。其中，国家的信誉能力是从可信性角度衡量国家与公众组织的互动能力，而国家的责任分配能力则反映了在产业政策实施过程中国家权力内部的规制绩效。就前者而言，其背景是在许多情况下，如果公众组织的私人决策要基于对国家未来行动的预期，而国家的产业政策激励可能随时间发生改变时，则会带来可信性问题。比如，为鼓励私人发明家对国家支持产业中的新项目投入更多资源，国家在制定产业政策时承诺通过新的专利来保护他们对所有成功创新的垄断权。然而，一旦这些发明已经实现，如果国家可以找到很好的理由来放弃对专利的保护，从而让其他企业自由使用新的发明，以便以更低廉的价格给公众提供新产品，如此虽然取悦了公众，但却会导致发明者及潜在发明者不会相信国家的承诺，也就不会积极开拓新的项目，最终由于这种短视的失信行为影响产业结构升级或优化。对此，可以通过独立的司法体系，以法治形式来防止政府的失信行为，而提高可信性的关键在于，要使逆转承诺的成本远远高于放弃的成本。

就后者来说，产业政策的实施不可能是中央事事亲为，需要进行恰当的

---

① 王绍光：《学习机制与适应能力：中国农村合作医疗体制变迁的启示》，载于《中国社会科学》2008 年第 6 期。

垂直分配，即如何实现分权化和集权化的平衡。分权化的益处在于较低层级的国家权力结构由于能更多了解本地信息，从而能更好代表地方利益，还可以鼓励地方国家权力机构之间的某些形式的有益竞争，以及提供试点空间。集权化的益处在于存在外溢效应或外部性时，中央有更强的协调能力，还有助于充分利用规模效应，以及风险分担。其存在的问题包括如何在给不同层级的政府能力建设提供恰当激励的同时，保持经济控制和政治控制的一致性。分权化意味着地方官员拥有过大的自由裁量权，这种裁量权在促进地方发展的同时，如果不受监督或监督不到位，比如对下负责机制薄弱，以及缺乏独立的司法结构，地方官员就很容易借助权力谋求私利，造成结构性腐败和治理失败。

三、中国的产业政策及国家能力

正如前所述，通过产业政策促使本国产业结构升级或优化，是世界各国促进本国经发展过程中一个普遍的现象，其效果各有千秋，自当别论。比如，农业是人们所需的大多数食物和工业所需的原材料来源，显然在经济中是一个举足轻重的部门。20 世纪 30 年代作为新政的一部分，美国的农业政策致力于将价格维持在竞争性市场决定的价格水平之上。基于国家安全的考虑，二战后针对美国石油公司的反托拉斯行动一直被搁置起来。对于烟草行业，香烟的营销活动被加以限制。针对汽车行业的公共政策主要包括反托拉斯、防止外国竞争和对汽车烟雾污染、安全和油耗的管制。在计算机行业主要考虑的公共政策是反托拉斯和软件的版权保护。如何抑制垂直联合和垂直势力，以保证为大众提供多样性产品，是电影电视行业的公共政策的主要关注点。医疗保健行业公共政策最基本的问题则是资源的市场与非市场配置①。产业政策的核心是对自由市场的控制和避免这种控制力量所产生的弊端。

中国的产业政策既有一般性，也有其特殊性，其中制定和实施过程所蕴含的国家能力值得仔细研究。在社会主义计划经济体制时期，产业政策的取向是以农为本的前提下，优先加快发展重化工业。在向社会主义市场经济体制转型过程中，产业政策的制定和实施遵循的则是产业市场化、传统产业优

---

① ［美］沃尔特·亚当斯、詹姆斯·W. 布罗克主编：《美国产业结构（第 10 版）》，封建新、贾毓玲译，北京：中国人民大学出版社，2003 年。

化升级、支持发展战略性新兴产业的思路。这一思路主要体现在国民经济和社会发展规划（2005 年以前称为计划）中。以国民经济和社会发展第十三个五年规划为例，涉及产业规划包括以下几个方面：一是提出了工业化和信息化融合发展水平进一步提高，产业迈向中高端水平，先进制造业加快发展，新产业新业态不断成长，服务业比重进一步上升的总体目标要求；二是支持战略性新兴产业发展，发挥产业政策导向和促进竞争功能，更好地发挥国家产业投资引导基金作用，培育一批战略性产业；三是着力构建现代农业产业体系、生产体系、经营体系，提高农业质量效益和竞争力，推动粮经饲统筹、农林牧渔结合、种养加一体、一二三产业融合发展，走出高效、产品安全、资源节约、环境友好的农业现代化之路；四是引导制造业朝着分工细化、协作紧密方向发展，促进信息技术向市场、设计、生产等环节渗透，推动生产方式向柔性、智能、精细转变；五是实现智能制造工程，构造新型制造体系，促进新一代信息通信技术、高档数控机床和机器人、航空航天装备、海洋工程设备及高技术船舶、先进轨道交通装备、节能与新能源汽车、电力装备、农机装备、新材料、生物医药及高性能医疗器械等产业发展壮大；六是开展加快发展现代服务业行动，放宽市场准入，促进服务业优质高效发展，推动生产性服务业向专业化和价值链高端延伸、生活性服务业向精细和高品质转变，推动制造业由生产型向生产服务型转变。

国民经济和社会发展规划在中国经济社会发展中所发挥的作用，在韩博天（Sebastian Helimann）和奥利弗·麦尔敦（Oliver Mellton）看来，是确定政策优先顺序的推动力，政策调整的界限，是授予机构权力的依据，是决定各级政府之间权力分配的关键，并已经成为治理各种问题的核心机制[①]。胡鞍钢则认为，规划在战略决策协调、资源动员、宏观调控方面发挥着重要的功能[②]。不过，巴里·诺顿关心的是，规划是否提高了中国整体经济的灵活性，是否有助于其走向理想的发展道路，巴里·诺顿的结论是，上述两点都是不明确的[③]。实际上，巴里·诺顿的观点也可以转化为这样一个问题，即没有规划而仅仅依靠以美国为代表的自由市场加上救火式的宏观调控的经济运行模

① 韩博天、奥利弗·麦尔敦：《规划：中国政策过程中的核心机制》，载于《开放时代》2013 年第 6 期。

② 胡鞍钢：《中国独特的五年计划转型》，载于《开放时代》2013 年第 6 期。

③ 巴里·诺顿：《经济发展计划体系在中国的回归：论韩博天、麦尔敦和胡鞍钢的研究》，载于《开放时代》2013 年第 6 期。

式，中国经济会如何？会达到现在这一成就吗？关键是不能因为规划的部分目标在规划期结束时没有达到就否定规划的作用，否则难免存在因噎废食之嫌。本质上，这是西方所谓主流学者在主观上以西方价值规范研究中国特别是当代中国时，由于中国情形与其所秉承的规范的偏离甚至背离所产生的迷失，以及客观上难以避免的隔靴搔痒式研究所致。20 世纪 80 年代初，在中国刚刚开始改革开放时，西方社会对中国是一片赞扬之声，认为中国改革开放会使中国很快演变成为另一个西方式国家；但当他们最终意识到中国不可能成为另一个“他们”时，西方就从 90 年代初开始掀起一波又一波“中国威胁论”。当他们意识到中国以自己的方式实现中华民族复兴和中国崛起不可遏制，意识到事实上中国已经崛起时，西方又抛出“大国责任论”和“利益相关者论”等①。显然，对很多西方人来说，中国改革开放以来所选择的道路就是对西方价值的挑战和竞争。当然，那些对美国和西方模式不再感兴趣的西方人则开始实事求是地研究中国。前些年所谓的要以“北京共识”取代“华盛顿共识”的讨论就起源于西方，而非中国。虽则如此，西方学术界的主流观点还是将中国的经济体制改革简单地看成从计划向市场经济的转轨，把中国的五年计划视为经济计划的残余，并经常有意无意地将“完善社会主义市场经济体制”变换为“完善市场经济体制”。而韩博天（Sebastian Helimann）和奥利弗·麦尔敦（Oliver Mellton）则不同，在他们的《规划：中国政策过程中的核心机制》（*The Reinvention of Development Planning in China*, 1993—2012）一文中，第一次在英文文献中对西方主流观点进行补漏②。

中国国民经济和社会发展规划的制定过程很大程度上反映了国家与公众组织互动能力、国家内部互动能力、国家与国际社会互动能力的不断提升。中国制定五年计划（规划）的方式依次经历了内部集体决策模式、“一言堂”决策模式、内部集体决策模式重建、咨询决策模式、集思广益决策模式五个阶段。其中，集思广益决策模式是一种中国独特的基于民主集中制的决策模式，参与的主体包括中央政府的各个部门、智库与专家、非政府机构、国际机构和学者、社会公众等。集思广益过程包括前一期规划的中期评估、本期规划的基本思路研究、党中央《建议》编制、正式编制《纲要》。集思广益环节则有：在编制前期，通过一些机制安排发动方方面面为规划提供意见与

① 郑永年：《国际发展格局中的中国模式》，载于《中国社会科学》2009 年第 5 期。

② 胡鞍钢：《中国独特的五年计划转型》，载于《开放时代》2013 年第 6 期。

建议；起草人员对征集来的信息进行分析、比较、鉴别，在“去粗存精、去伪存真”基础上，起草阶段性决策文本；阶段性政策草案形成后，发给相关方面征求意见；在不同决策层面，领导人或领导机构经过商议确定本层面的政策草案，直至最高决策层面确认最终政策文件，使之具有法律效力；将以形成的政策文件，向各方面传达，或征询意见，或为形成共识打下基础[①]。由此可以看出，集思广益决策模式自始至终考虑到了吸纳各方面的利益相关者参与决策，从而为实现国家与公众组织的良好互动、国家内部的良好互动、国家与国际社会的良好互动提供了一个良好平台。

中国国民经济和社会发展五年规划作为总体规划，为中央各部门和地方各级权力机构各自制定具体实施的子规划提供了蓝图，子规划是把总体规划中所提出的宏观目标落实到具体行政行为的重要中间环节。因此，从这些子规划与总体规划的关系可以观察国家内部关系及国家内部规制能力的强弱。胡鞍钢等人的研究发现，地方的子规划与中央的总体规划趋于相互匹配，“十二五”达到了 74.9%。而且，地方目标和指标数要多于国家目标和指标数，反映了地方以完成国家目标和指标为主，辅以本地区目标和指标的思量，既体现了一般性，也体现了特殊性，表明中央和地方的关系越来越激励相容[②]。显然，规划建议和规划纲由中央起草，执行规划的细节由地方所制定的子规划确定，有助于国家的核心任务和政策目标不受行业或部门利益的干扰[③]。更重要的是，规划中的经济指标、社会指标成为领导干部考核的内容，2006 年，“十一五”规划引入“约束性”指标，其中保护耕地、节能减排和减少污染物进入地方干部的考核指标。比如，2015 年，原环保部层面的跨区域督查机构升格为中央环境保护督察后，由于重大问题要向中央报告，督察结果要移交移送中央组织部，这些结果将作为被督察对象领导班子和领导干部考核评价任免的重要依据，无疑会有效遏制地方政府环保履职不力。

不过，干部考核作为一种经济激励机制之外实现规划目标的激励机制，在实际运行过程中也表现出了其一些局限：其一，由规划细化出来的各项任

① 胡鞍钢：《中国特色的公共决策民主化——以制定“十二五”规划为例》，载于《清华大学学报（哲学社会科学版）》2011 年第 2 期。

② 胡鞍钢、鄢一龙、吕捷：《中国发展奇迹的重要手段：以五年计划转型为例（从“六五”到“十一五”）》，载于《清华大学学报（哲学社会科学版）》2011 年第 1 期。

③ 韩博天、奥利弗·麦尔敦：《规划：中国政策过程中的核心机制》，载于《开放时代》2013 年第 6 期。

务指标众多，且其中不乏相互冲突的目标，致使基层干部难以应付，只注重关系他们政绩的几个“硬指标”，比如经济增长，社会稳定等，执行效果也随之打折扣。其二，尽管量化了各种指标，评估过程也尽量客观中立，但现实中的主观评价仍然很关键，可能存在借“客观的”标准之名，行合理化主观评判之实，其中是否基于行贿，或出于上下级相互利用的考量，则不得而知。其三，除非国家规划与市场激励机制相一致，否则很难激励地方政府积极配合完成规划目标，收入分配、平等教育没有多少建树莫不与此有关。其四，评估上的由上而下层级体系与信息上的由下而上层级体系所引起的信息不对称，即对下级提供数据和资料的依赖，为实际中下级谎报数据提供了便利，特别是一些难以量化的政策领域，以及一些影响经济、税收、就业的政策，很容易发生报喜不报忧的治理困境，这是一种上下级之间相互不信任又彼此依赖的治理困境。上述问题需要通过全面深化改革，推进国家治理体系和治理能力现代化才能从根本上解决。

除总体规划和地方规划外，还存在有别于地方规划的区域规划和专项规划。区域规划在中央的协调下，统筹地区之间的经济社会协调发展。比如，以改造东北老工业基地为主的《东北地区振兴计划》、以发展世界一流产业和服务产业群为目标的《长江三角洲地区区域规划》，以及促进地区融合和加强产业分工合作的《珠江三角洲地区改革发展计划纲要（2008—2020 年）》等均属此列。专项规划主要着眼于协调跨部门、跨地方的投资、监管以及政府行动①，原则上限于关系国民经济和社会发展大局，需要国务院审批和核准的重大项目，以及安排国家投资数额较大的领域，包括如农业、水利、能源、交通、通信等基础设施建设，如土地、水、海洋、煤炭、石油、天然气等重要资源的开发和保护，如生态建设、环境保护、防灾减灾、科技、教育、文化、卫生、社会保障、国防建设等公共事业，以及需要政府扶持或者调控的产业。

就地区差异而言，珠江三角洲的出口导向型经济可以说是一种典型的“自由放任”型经济，地方有关部门对本地的产业发展并没有长远的政策，只要是外资就受到欢迎，致使低技术、劳动密集、高能耗、高污染成为珠江三角洲的经济特色。当土地的供应不能持续、劳资关系发生变化，再加上金融

① 朱宝芝：《国家专项规划的编制与管理》，载于杨伟民主编：《发展规划的理论和实践》，北京：清华大学出版社，2010 年。

危机对珠江三角洲经济造成负面冲击时，产业升级成为不二选项，产业政策调整恰逢其时。长江三角洲的出口导向型经济则与珠江三角洲有很大不同，其一开始就拒绝低技术和高污染产业。而浙江经济模式则根本不同，是一种以内部需求为导向的经济模式，其资本主要来自民间资本，其产品都是以先抢占内部市场为主，出口为辅，因而更能承受国际市场的冲击，同时，浙江的企业创新更具有自主性，也更具竞争力，此外，浙江国有企业和民营企业两者相互补充又相互竞争，形成了共同发展的双赢局面。

正如韩博天和奥利弗·麦尔敦所强调的，如今中国的国民经济和社会发展五年规划被制定者视为市场的补充，并不旨在替代市场机制，而以五年为一政策周期，同时又不同步于党和政府换届周期，无疑有助于稳定国家目标衔接，也为允许逐步修订这些目标留有余地。从规划的制定过程来看，无论是国家与公众组织，还是国家内部都存在很好的良性互动。而在规划的实施过程中，即实现国家对社会的承诺则不尽如人意，即一些得以有效执行，另一些则存在难以逾越的障碍或执行不力。原因在于，规划既不同于市场，也不同于宏观调控，更不同于计划，需要规划决策层利用自己掌控的体制通过一定的手段去实现规划目标，这些可以是市场性的，也可以计划性的，其所寻求的是在政策弹性和地区差异性前提下希望做到高度集中规划和地方自主性达到一种平衡，这种平衡的微妙性导致不能企望规划能解决一切问题。其中，解决干部考核制度中由于信息不对称所引起的规划目标实现效率低下问题，可能需要通过政治体制改革，推进国家内部治理体系和治理能力才是治本之道。不过，规划所包含的评估和调整机制却能使决策者及时发现问题并调整政策优先顺序。

第五章 创新型经济增长与国家能力

《中共中央关于制定国民经济和社会发展第十三个五年计划的建议》指出，必须把创新摆在国家发展全局的核心位置，不断推进理论创新、制度创新、科技创新、文化创新等各方面创新，让创新贯穿党和国家一切工作，让创新在全社会蔚然成风。优化劳动力、资本、土地、技术、管理等要素配置，激发创新创业活力，推动大众创业、万众创新，释放新需求，创造新供给，推动新技术、新产业、新业态蓬勃发展，加快实现发展动力转换。

第一节 创新与创新型经济增长

一、概述

创新是指人们在生产力、生产关系和上层建筑全部领域中进行的创造性活动，既包括知识创新（含科技创新和文化创新），也包括制度创新（含法律创新、政策创新、体制与机制创新等）。在新制度经济学派那里，“技术进步和制度演变都看成是一种创新过程”①。20世纪初，熊彼特在其《经济发展理论》一书中首先提出了“创新理论”。在熊彼特看来，“创新”是在生产体系中引入生产要素和生产条件的新组合，包括引进新产品、采用新技术、开辟新市场、控制原材料新供应来源和实现新企业组织②。

其中，技术创新的过程包括重要变量之间极其复杂的关系——发明、创

---

① 汪丁丁：《制度创新的一般理论》，载于《经济研究》1992年第5期。

② 约瑟夫·熊彼特：《经济发展理论——对于利润、资本、信贷、利息和经济周期的考察》，叶华译，北京：中国社会科学出版社，2009年。

新、推广途径和投资活动[1]：新发明在初始阶段通常都非常原始，同时新发明的生产成本很高，而发明转化成创新的速度以及随后推广的速度将依赖于改进功能和降低生产成本的实际与预期轨迹；当新产品成本大致与旧技术一般成本持平时，那些即使在降低成本方面微小的改进也会带来对新技术的广泛采纳；创新和投资决策由于以未来为导向，并且不可避免地具有高度不确定性，致使创新的采纳和推广速度受到期望方式的影响很大，甚至可能长时间推迟引进潜在的优越的新技术；新技术的采用常常取决于是否有一些支持要素的存在，甚至需要整体基础设施的支持，并且需要磨合期来培育、支持；由于新产品和新工艺需要的新机器、设备和基础设施支持，意味着创新会孕育投资，而投资反过来又会刺激和创新活动。值得指出的是，创新还可能会孕育其他创新，因为现有创新可能大大提高对引进另一个创新所带来的经济回报，将那些在技术上可能、但经济上不诱人的新技术推进到可被采用的阶段，其机制在于现有创新提供了一个诱发机制，可以使一些互补性和相关型技术的概念创造、设计和工作成为可能。

当然，只有当经济环境有利于消费和投资活动的增长时，才会进行新产品和过程的引进。而技术创新在经济领域内的影响不仅体现在削减成本和释放资源以作他用，而且也体现在它们作为反向链接和正向链接的枢纽作用。反向链接主要体现在对建筑、机器、设备和原材料的需求方面，即初始创新和投资需求决定了在生产—产品领域的进一步投资，进而可能滋生以“工艺”为导向并集中在生产—产品领域第二轮创新，并导致最后一轮创新，最终扩展到其他经济领域，从而提高生产力。创新的正向链接可能体现在产品价格的降低，并作为投入进入前向产业，随之引发市场规模扩大，进而加快产业资本激烈、生产增加和技术进步，正向链接的绩效则取决于创新所进入产业的数目，其对其他生产投入的替代性，其占总投入成本的比例和削减产品成本的程度。更重要的是，创新不仅可以诱发新产品和生产工艺的创造和推广，反过来又会促进原始创新的广泛采用。此外，初始创新的影响力也取决于其在多大程度上处于“重大自然轨迹”的核心，即是否发生在重要经济领域。正是技术创新在经济中占据的战略地位，在引发投资和进一步的技术变革意义上，它意味着技术创新具有促进经济增长的能力。

---

① 内森·罗森伯格：《探索黑箱——技术、经济学和历史》，王文勇、吕睿译，北京：商务印书馆，2004年。

就制度创新而言，制度作为一个经济社会的博弈规则，构造了人们在政治、社会或经济领域里交换的激励：制度通过为人们提供日常生活的规则来减少不确定性[①]；制度通过其对交换与生产成本的影响来体现经济绩效，并与所用技术一起，决定了构成总成本的交易费用和转型成本[②]；制度能从根本上改变个人的支付价格，使思想、意识形态以及教条等时常在个人选择中扮演着重要角色[③]；实施机制的结构，以及其不完美的频率与严重程度，是影响交易费用与契约形式的重要因素[④]；特定的制度不仅决定了哪些经济活动是有利的、可行的，还将通过进入管制、治理结构以及组织的灵活性等因素，型塑厂商和其他组织的内部结构的适应性效率[⑤]；获取纯粹知识的激励不仅受到货币报酬或惩罚的影响，还受社会对这种发展的容忍程度的影响。在西方近现代历史上，正是通过专利法、商业秘密法以及其他一些法律，激励机制得到了发展，而激励机制的发展提高了创新报酬率，带动了发明产业的发展并使这一产业融入现代西方世界经济的演化过程中，并构成了第二次经济革命的基础[⑥]。需要指出的是，尽管规则还是那些规则，如果不同经济社会的实施机制、发生的方式以及行为规范，以及行为人的主观模型不同，其实际的激励结构以及被感知到的政策效果也不会相同。

从短期来看，制度具有稳定性，这一稳定性来自于一系列约束的复杂组合，特别是嵌套在科层结构中的各种正式规则。在这种科层结构中，任何一种改变都只会产生比原先状态更高的成本。但这并不意味着制度就此一成不变，也不意味着现有制度就是有效率的。从长期来看，制度总是处在演化之中，因而也不断改变人们可能的选择。变迁通常由对构成制度框架的规则、规范和实施的复杂结构的边际调整所组成，而相对价格的根本性变化乃是制度变迁的最重要来源，包括要素价格比率的变化、信息成本的改变、技术的变化等。重要的是，无论是在政治上还是在经济上，谈判力量的改变将带来重构契约的努力，而战争、革命、征服以及自然灾害都会导致不连续的制度变迁，即正式规则的剧烈变动。因此，厂商的最大化行为既可以在现有约束集合中作选择，也可以去改变约束。不过，制度变迁一般具有渐进性特点，其关键因素是存在一个能使交换双方的新一轮谈判与妥协成为可能的制度环境。而且，在总体制度框架内的渐进性变迁要比经济组织投入资源直接去改

---

①②③④⑤⑥ 道格拉斯·C. 诺思：《制度、制度变迁与经济绩效》，杭行译，格致出版社、上海三联书店、上海人民出版社，2008 年。

变政治规则以增加他们的利润的情况普遍得多①。

制度创新可能涉及降低交易费用的制度（如货币、期货市场）、影响生产要素的所有者之间配置风险的制度（如合约、分成制、合作社、公司、保险、公众组织安全计划）、提供职能组织与个人收入流之间的联系的制度（如财产转移、劳动者权利）、确立公共产品和服务的生产与分配的框架制度（如高速公路、飞机场、学校和农业试验站）等领域②。例如，具有无限寿命和有限责任的公司制度创新提高了对获取资本的限制，因而允许创新者获取内涵与规模经济中的利润；组织工会是为了形成一种政治力量，以保证工人分享工业发展所形成的增长红利；农业研究和推广体系的发展，代表了农民和一般公共机构为使社会在农业生产中应用先进的生物和机械技术获得潜在的新收入流所作出的努力。

二、创新型经济增长为何重要

考虑一个如下的规模报酬不变动态总量生产函数：

$$Y_t = F(K_t, L_t, R_t, t) \tag{5-1}$$

式（5-1）中，Y_t 为 t 期经济社会总产出，K_t 为 t 期资本存量，L_t 为 t 期就业人口数量，R_t 为 t 期土地总量。

由式（5-1）可知经济社会人均收入 y_t 为 Y_t/N_t，其增长率 g_{y_t} 则为：

$$g_{y_t} = \frac{\partial Y_t/\partial t}{Y_t} + \phi_t^K g_t^K + \phi_t^L g_t^L + \phi_t^R g_t^R - g_t^N = J_t + F_t - g_t^N \tag{5-2}$$

式（5-2）中，$J_t = (\partial Y_t/\partial t)/Y_t$ 反映了经济社会 t 期由于创新使生产函数发生变化而引起的经济增长，可以称之为创新的增长效应（Fei and Ranis, 1999）；ϕ_t^K、ϕ_t^R、ϕ_t^L 分别为 t 期资本、土地、劳动的产出弹性③，g_t^K、g_t^L、g_t^R、

① 道格拉斯·C. 诺思：《制度、制度变迁与经济绩效》，杭行译，格致出版社、上海三联书店、上海人民出版社，2008 年。

② T. W. 舒尔茨：《制度与人的经济价值的不断提高》，载于 R. 科斯、A. 阿尔钦、D. 诺斯：《财产权利与制度变迁——产权学派与新制度学派译文集》，刘守英等译，上海三联书店、上海人民出版社，1994 年。

③ 当经济社会为完全竞争经济且 $\phi_t^K + \phi_t^L + \phi_t^R = 1$ 时，ϕ_t^K、ϕ_t^L、ϕ_t^R 就是资本收入份额、土地收入份额和劳动收入份额。

g_t^N 分别为资本增长率、土地增长率、劳动增长率、人口增长率，而由资本增长率、土地增长率、劳动增长率所引起的经济增长可以称之为要素数量的增长效应并记为 $F_t(F_t = \phi_t^K g_t^K + \phi_t^L g_t^L + \phi_t^R g_t^R)$；$g_t^N$ 反映的是，其他条件相同情形下，人口增长率越低的经济社会其人均收入增长率越高。

根据式（5－2）可以识别不同收入水平下经济增长停滞陷阱。其一，李嘉图陷阱以及在此基础上深化的所谓"刘易斯拐点"。李嘉图陷阱指的是，低收入水平经济社会在农业停滞的状态下进行工业发展必然受到自然资源制约的问题。具体来说，如果工业化初期的人口迅速增长［即式（5－2）中的人口增长率 g_t^N 较大］，与食品供给不匹配［即在作为人均农业产出增长的式(5－2)中，其右端前四项之和小于其右端第五项］，致使食品价格大幅度上扬，并引起工资上涨，可能会严重打击依赖于劳动密集技术的工业化初期的工业，结果是经济增长停滞，"刘易斯拐点"无法跨越。其经济含义是，如果发展中国家不努力提高农业生产率，试图依靠强制把资源从农业配置到工业来实现经济结构转型，就有可能掉入李嘉图陷阱。本质上，李嘉图陷阱反映了一个经济社会从广泛型经济增长向斯密型经济增长（或更深化的马克思型经济增长）转型的不成功。

其二，中等收入陷阱。在斯密型经济增长或马克思型经济增长的经济社会，其经济增长动力主要来自资本积累［即式（5－2）中的 $\phi_t^K g_t^K$］以及由资本积累决定的非农业劳动力数量增长［即式（6－2）中的 $\phi_t^L g_t^L$］，而资本积累的基础是劳动的专业化分工和市场规模的扩大。然而，由于资本边际报酬递减规律的作用，以及因人均收入提高发生的需求结构改变，这种斯密型经济增长或马克思型经济增长不可持续，需要转变到以广义技术进步为动力的库茨涅兹型经济增长上来，否则，经济社会会出现经济增长停滞，陷入中等收入陷阱。其数理分析如下：

（1）记劳动的边际产出为 $w_t = \partial Y_t / \partial L_t$，资本的边际产出为 $r_t = \partial Y_t / \partial K_t$，土地的边际产出为 $v_t = \partial Y_t / \partial R_t$，基于 $Y_t = r_t \cdot K_t + w_t \cdot L_t + v_t \cdot R_t$（规模报酬不变），通过对其求关于 t 的偏导，可得 $\partial Y_t / \partial t = (\partial r_t / \partial t) \cdot K_t + (\partial w_t / \partial t) \cdot L_t + (\partial v_t / \partial t) \cdot R_t$，进而有：

$$J_t = \phi_t^K J_t^K + \phi_t^L J_t^L + \phi_t^R J_t^R \qquad (5-3)$$

式（5－3）中，$J_t^K = \frac{(\partial r_t / \partial t)}{r_t}$ 反映了资本边际产出上的创新效应，$J_t^L =$

$\frac{(\partial w_t/\partial t)}{w_t}$反映了劳动边际产出上的创新效应，$J_t^R = \frac{(\partial v_t/\partial t)}{v_t}$反映了土地边际产出上的创新效应。式（5-3）表明，一个经济社会如果没有创新（$J_t=0$），意味着该经济社会在劳动边际产出、资本边际产出、土地边际产出不可能同时增长，即不同要素间的收入增长存在冲突。

（2）记 $p_t^K = Y_t/K_t$ 为资本平均生产率，$p_t^L = Y_t/L_t$ 为劳动平均生产率，$p_t^R = Y_t/R_t$ 为土地平均生产率；记 p_t^{Lg} 为劳动平均生产率的增长率，p_t^{Kg} 为资本平均生产率的增长率，p_t^{Rg} 土地平均生产率的增长率。显然，$p_t^{Kg} = J_t + F_t - g_t^K$，$p_t^{Lg} = J_t + F_t - g_t^L$，$p_t^{Rg} = J_t + F_t - g_t^R$，由此可得：

$$J_t = \phi_t^K p_t^{Kg} + \phi_t^L p_t^{Lg} + \phi_t^R p_t^{Rg} \tag{5-4}$$

式（5-4）表明，一个经济社会如果没有创新（$J_t=0$），该经济社会的劳动平均生产率、资本平均生产率和土地平均生产率不可能同时增长，即存在要素平均生产率增长冲突，此情形可以视为中等收入陷阱的生产率根源。

（3）记 g_t^r 为资本边际产出的增长率并称之为利润增长率，g_t^w 为劳动边际产出的增长率并称之为工资增长率，g_t^v 为土地边际产出的增长率并称之为地租增长率，则有：

$$\begin{cases} g_t^r = \frac{\partial r_t}{\partial K_t} \cdot \frac{K_t}{r_t} \cdot g_t^K + \frac{\partial r_t}{\partial L_t} \cdot \frac{L_t}{r_t} \cdot g_t^L + \frac{\partial r_t}{\partial R_t} \cdot \frac{R_t}{r_t} \cdot g_t^R + \frac{\partial r_t}{\partial t}/r_t \\ g_t^w = \frac{\partial w_t}{\partial K_t} \cdot \frac{K_t}{w_t} \cdot g_t^K + \frac{\partial w_t}{\partial L_t} \cdot \frac{L_t}{w_t} \cdot g_t^L + \frac{\partial w_t}{\partial R_t} \cdot \frac{R_t}{w_t} \cdot g_t^R + \frac{\partial w_t}{\partial t}/w_t \\ g_t^v = \frac{\partial v_t}{\partial K_t} \cdot \frac{K_t}{v_t} \cdot g_t^K + \frac{\partial v_t}{\partial L_t} \cdot \frac{L_t}{v_t} \cdot g_t^L + \frac{\partial v_t}{\partial R_t} \cdot \frac{R_t}{v_t} g_t^R + \frac{\partial v_t}{\partial t}/v_t \end{cases}$$

基于 $Y_t = r_t \cdot K_t + w_t \cdot L_t + v_t \cdot R_t$，并分别对其关于 K_t、L_t、R_t 求偏导，则有：

$$\begin{cases} (\partial r_t/\partial K_t) \cdot K_t + (\partial w_t/\partial K_t) \cdot L_t + (\partial v_t/\partial K_t) \cdot R_t = 0 \\ (\partial r_t/\partial L_t) \cdot K_t + (\partial w_t/\partial L_t) \cdot L_t + (\partial v_t/\partial L_t) \cdot R_t = 0 \\ (\partial r_t/\partial R_t) \cdot K_t + (\partial w_t/\partial R_t) \cdot L_t + (\partial v_t/\partial R_t) \cdot R_t = 0 \end{cases}$$

综合上述两组等式并结合式（5-3）可得：

$$J_t = \phi_t^K g_t^r + \phi_t^L g_t^w + \phi_t^R g_t^v \tag{5-5}$$

式（5-5）表明，一个经济社会如果没有创新（$J_t=0$），该经济社会的工资率、利润率和地租率不可能同时增长，即存在功能性收入增长冲突。在此情形极有可能落入缺乏创新→要素收入增长冲突→经济社会不稳定→经济衰退这一陷阱之中，致使经济社会一旦陷入中等收入陷阱就难以跨越。

第二节　技术创新与经济增长

一、中间产品种数扩大的技术创新与经济增长

假定第 i 个厂商的生产函数为如下形式：

$$Y_t^i = A_t\,(l_t^i)^{1-\alpha}\sum_{j=1}^{n_t^p}(x_t^{ij})^{\alpha} \tag{5-6}$$

式（5-6）中，Y_t^i、l_t^i、x_t^{ij}、n_t^p 为厂商 i 在 t 期的产出、劳动投入量、第 j 种专门化中间产品投入量、投入的中间产品种数。其中，$0<\alpha<1$。

假定 t 期第 i 个厂商生产的最终产品价格标准化为 1，第 j 种中间产品的价格为 p_t^j，劳动工资率为 w_t，并且 p_t^j、w_t 对厂商 i 而言给定，基于厂商 i 的利润最大化原则，则有：

$$x_t^{ij}=l_t^i(\alpha A_t/p_t^j)^{1/(1-\alpha)} \tag{5-7}$$

以及：

$$w_t=(1-\alpha)(Y_t^i/l_t^i) \tag{5-8}$$

就式（5-6）而言，n_t^p 的扩大代表发生了某种发明或改造的技术创新。假定某一已被发明出来的第 j 种中间产品的单位生产成本为 1，其生产和销售量为 $X_t^j=\sum_i x_t^{ij}$，也即所有生产厂商对第 j 种中间产品的需求总量，并且该中间产品的发明者在生产与销售方面拥有的垄断权具有暂时性并服从泊松分布，即在 t 期发明的该中间产品，在未来 $\tau\geqslant t$ 期仍保持垄断性的概率为 $\exp(-\sigma(\tau-t))(\sigma\geqslant0)$。考虑到垄断者在每一时期的定价原则是利润最大化，即使 $(p_t^j-1)X_t^j$ 最大化，从而有：

$$p_t^j=1/\alpha>1 \tag{5-9}$$

由此可得，发明第 j 种中间产品的收益现值为：

$$V_t^p = \int_t^{\infty} (p_t^j - 1) X_t^j \exp(-(\sigma + r)(\tau - t)) d\tau \tag{5-10}$$

式（5-10）中，r 为利率且不随时间变化。假定该中间新产品创新成功的成本为 η^p 且不随时间改变，而且发明者的企业可以自由进入。显然，如果 $V_t^p > \eta^p$，则在 t 期会有无限的资源用于创新，也即 n_t^p 将趋于无穷大，而当 $V_t^p < \eta^p$ 时，则意味着 t 期会没有资源用于创新，也就没有中间产品种数 n_t^p 的扩大，因此均衡条件只能是 $V_t^p = \eta^p$。代入式（5-7）、式（5-9）、式（5-10）及 $X_t^j = \sum_i x_t^{ij}$，可得：

$$r + \sigma = (1 - \alpha)\left(\sum_i l_t^i / \eta^p\right)(A_t)^{1/(1-\alpha)} \alpha^{(1+\alpha)/(1-\alpha)} \tag{5-11}$$

假定代表性家庭消费决策的原则是家庭消费总效用最大化，其总效用为：

$$U = \int_0^{\infty} u(c_t) \exp[-(\rho - h_t)t] dt \tag{5-12}$$

式（5-12）中，$u(c_t)$、h_t、ρ 为该代表性家庭 t 期人均消费 c_t 时的效用、家庭规模增长率、消费效用的贴现率。该代表性家庭的人均预算约束为：

$$da_t / dt = w_t + r \cdot a_t - c_t - h_t \cdot a_t \tag{5-13}$$

式（5-13）中，a_t 为代表性家庭 t 期的资产。该代表性家庭的信用约束为：

$$\lim_{t \to \infty} \left\{ a_t \cdot \exp\left[-\int_0^t (r - h_v) dv\right] \right\} \geqslant 0 \tag{5-14}$$

设 $u(c_t) = (c_t)^{1-\theta} / (1-\theta)$，可得考虑人均预算约束和信用约束时，代表性家庭实现效用最大化的消费选择为：

$$\gamma_t^c = (dc_t / dt) / c_t = (r - \rho) / \theta \tag{5-15}$$

式（5-15）的 γ_t^c 即为代表性家庭的消费增长率。根据式（5-11）可得：

$$\gamma_t^c = \left[(1 - \alpha)\left(\sum_i l_t^i / \eta^p\right)(A_t)^{1/(1-\alpha)} \alpha^{(1+\alpha)/(1-\alpha)} - \sigma - \rho\right] / \theta \tag{5-16}$$

由于第 j 种中间产品的发明者的垄断权是暂时的，为此，将中间产品种数分为垄断性和竞争性两部分，并假设中间产品中已转化为竞争性中间产品的种数为 n_t^c，则垄断性中间产品的种数为 $n_t^p - n_t^c$。因为在单位时间内，每一垄断性中间产品转化竞争性产品的概率为 σ，当 $n_t - n_t^c$ 足够大时，n_t^c 随时间的变化可近似为：

$$\Delta n_t^c \approx \sigma(n_t^p - n_t^c) \tag{5-17}$$

对厂商 i 来说，根据式（5－7）和式（5－9）可知，其 t 期对垄断性中间产品的需求量为 $x_t^{ijm} = l_t^i\ (\alpha^2 A_t)^{1/(1-\alpha)}$。而其 t 期对竞争性中间产品的需求量，由于按边际生产成本 1 定价，则为 $x_t^{ijc} = l_t^i\ (\alpha A_t)^{1/(1-\alpha)}$。显然，由于 $0 < \alpha < 1$，可知 $x_t^{ijm} < x_t^{ijc}$。进而，根据式（5－6），可得 t 期厂商 i 的产量为：

$$Y_t^i = (A_t)^{1/(1-\alpha)}(\alpha)^{2\alpha/(1-\alpha)} l_t^i n_t^p [1 + (n_t^c/n_t^p)(\alpha^{-\alpha/(1-\alpha)} - 1)] \tag{5-18}$$

由此可得，t 期经济社会的总产出为：

$$Y_t = (A_t)^{1/(1-\alpha)}\ (\alpha)^{2\alpha/(1-\alpha)} n_t^p [1 + (n_t^c/n_t^p)(\alpha^{-\alpha/(1-\alpha)} - 1)] \cdot \sum_i l_t^i \tag{5-19}$$

根据总资源约束条件，有：

$$C_t = Y_t - \eta n_t^p - (\alpha^2 A_t)^{1/(1-\alpha)} n_t^p [1 + (n_t^c/n_t^p)(\alpha^{-1/(1-\alpha)} - 1)] \cdot \sum_i l_t^i \tag{5-20}$$

式（5－20）中，C_t（$C_t = H \cdot c_t$，H 为代表性家庭总数量且不随时间改变）为 t 期经济社会的总消费。显然，当 n_t^c/n_t^p 趋于稳定值时，式（5－19）意味着 Y_t 的增长率与 n_t^p 的增长率一致，式（5－20）意味着 n_t^p 的增长率与 C_t 的增长率一致也即与代表性家庭的 c_t 的增长率一致，均为 γ_t^c（见式（5－16））。由式（5－17）可知，n_t^c/n_t^p 的稳定值为 $(n_t^c/n_t^p)^* = \sigma/(\gamma_t^c + \sigma)$。

二、消费品种数扩大的技术创新与经济增长

假设代表家庭所消费的消费品分为 n_t^d 种，其消费目标为 $\tilde{c}_t = [\sum_{l=1}^{n_t^d} (c_t^l)^{\beta}]^{1/\beta}$ 即消费指数，$u(\tilde{c}_t) = (\tilde{c}_t)^{1-\beta}/(1-\beta)$。其中，$0<\beta<1$，$\beta$ 越

大表明不同消费品之间的替代性越强。该代表性家庭的总效用为 $\tilde{U} = \int_0^{\infty} u(\tilde{c}_t)\exp[-(\rho - h_t)t]dt$，代表性家庭消费决策的原则依然是家庭消费总效用最大化，其预算约束为：

$$da_t/dt = w_t + r \cdot a_t - \sum_{l=1}^{n_t^d} c_t^l p_t^l - h_t \cdot a_t \tag{5-21}$$

式（5－21）中，p_t^l 为 t 期第 l 种消费品的价格，$\sum_{l=1}^{n_t^d} p_t^l c_t^l = e_t$ 为代表性家庭的消费支出。可得代表性家庭消费总效用最大化时，其对第 l 种消费品的需求量为：

$$c_t^l = (p_t^l)^{-1/(1-\beta)}\left(\sum_{k=1}^{n_t^d} p_t^k c_t^k\right)\Big/\left[\sum_k^{n_t^d} (p_t^k)^{-\beta/(1-\beta)}\right] \tag{5-22}$$

式（5－22）中，$p_t^d = \sum_k^{n_t^d} (p_t^k)^{-\beta/(1-\beta)}$ 为消费品市场均衡时的总体价格指数。

假设第 l 种消费品的发明成功成本为 η^d，其发明成功后的单位生产成本为 1，其生产和销售量为 $C_t^l = H \cdot c_t^l$（H 为前述的不随时间改变的代表性家庭总数），并且该消费品的发明者在生产与销售方面拥有持久垄断权。考虑到垄断者在每一时期的定价原则是利润最大化，即使 $(p_t^l - 1)C_t^l$ 最大化，从而有：

$$p_t^l = 1/\beta > 1 \tag{5-23}$$

类似于前面式（5－10）、式（5－11）的分析，可得均衡时发明的条件为：

$$V_t^d = \int_t^{\infty}(p_t^j - 1)C_t^l \exp(-r(\tau - t))d\tau = \eta^d \tag{5-24}$$

式（5－24）意味着 $C_t^l = H \cdot c_t^l$ 必为常数，从而 c_t^l 必为常数，即其增长率为 0。而由式（5－22）、式（5－23）可知，代表性家庭消费总效用最大化时，其每种消费品的消费数量相同，可得 c_t^l 的即代表性家庭的总消费为 $c_t = n_t^d \cdot c_t^l$，且其总消费增长率为：

$$\gamma_t^c = \frac{\dot{c}_t}{c_t} = \frac{1}{\theta}\left[r - \rho + \frac{(1-\theta)(1-\beta)}{\beta} \cdot \frac{\dot{n}_t^d}{n_t^d} \right] = \frac{\dot{n}_t^d}{n_t^d} \tag{5-25}$$

结合由经济社会的总消费为 $C_t = H \cdot c_t = H \cdot n_t^d \cdot c_t^l$ 可知，C_t 的增长率与代表性家庭的 c_t 的增长率一致，也与消费品种数的增长率一致，即：

$$\gamma_t^C = \frac{\dot{C}_t}{C_t} = \gamma_t^c = \frac{\dot{c}_t}{c_t} = \frac{\dot{n}_t^d}{n_t^d} = \frac{\beta}{\theta + \beta - 1}(r - \rho) \tag{5-26}$$

当 $\theta + \beta > 1$ 时，式（5－26）表明，总消费增长率与 $r - \rho$ 成正比。

三、产品质量提高型技术创新与经济增长

将式（5－6）所表示的厂商 i 在 t 期的生产函数作如下修改：

$$Y_t^i = A_t (l_t^i)^{1-\alpha} \sum_{j=1}^{n_t^q} (\tilde{x}_t^{ij})^{\alpha} \tag{5-27}$$

式（5－27）中，$\tilde{x}_t^{ij}$ 为经过质量调整的第 j 种中间产品投入量，其他变量一如式（5－6）。假设第 j 种中间产品的初始质量等级标准化为 1，然后按间隔 $q > 1$ 依次递进为 q，q^2，…，$q^{k_t^j}$，k_t^j 为 t 期第 j 种中间产品的最高等级，$q^{k_t^j}$ 为第 j 种中间产品的最高质量水平。由此，将 $\tilde{x}_t^{ij}$ 表示为：

$$\tilde{x}_t^{ij} = \sum_{k=0}^{k_t^j} (q^k x_t^{ijk}) \tag{5-28}$$

假设生产最高质量等级产品的厂商具有垄断性，则根据利润最大化原则，可知第 j 种中间产品中最高质量等级的产品价格为 $p_t^{k_t^j} = 1/\alpha$。而式（5－28）表明，不同的质量等级是完全可以替代的，即每单位最优质量产品相当于 q 单位次优产品，因此，当最高等级按 $1/\alpha$ 定价，则次一级产品最多按 $1/(\alpha q)$ 定价，依次类推。显然，如果 $1/(\alpha q) < 1$，意味着次优产品生产厂商赢利为负，无法与最优质量产品生产厂商竞争，也就无法生存下去。在此情形下，每种中间产品中只有最高质量等级产品才会被生产。如果 $1/(\alpha q) \geqslant 1$，则生产最高质量等级产品的厂商可以按伯特兰价格竞争策略定价，即将价格限制为 $q - \varepsilon$（ε 为任意小正数），则次优产品生产厂商至多按 $1 - \varepsilon/q$ 定价，从而

导致次优产品生产厂商赢利为负，于是次优产品及其以下厂商被挤出市场。而且，由于$1/\alpha \geqslant q$，因而限制性定价不超过垄断性定价。

综合起来，生产最高质量等级产品的厂商存在垄断性，这种垄断性意味着式（5－27）中，厂商i只使用最高质量等级的中间产品，因而式（5－27）可改写为：

$$Y_t^i = A_t (l_t^i)^{1-\alpha} \sum_{j=1}^{n_t^q} (q^{k_t^j} x_t^{ijk_t^j})^{\alpha} \tag{5-29}$$

类似于前面式（5－6）、式（5－7）的分析，可得：

$$x_t^{ijk_t^j} = l_t^i [\alpha^2 A_t (q)^{\alpha k_t^j}]^{1/(1-\alpha)} \tag{5-30}$$

记$Q = \sum_{j=1}^{nq} (q)^{\alpha k_t^j/(1-\alpha)}$为总质量指数，可得$t$期经济社会的中间产品总量为：

$$X_t = (A_t)^{1/(1-\alpha)} (\alpha)^{2\alpha/(1-\alpha)} Q \tag{5-31}$$

将式（5－30）代入式（5－29）中，可得t期经济社会的总产出为：

$$Y_t = (A_t)^{1/(1-\alpha)} (\alpha)^{2\alpha/(1-\alpha)} Q \sum_i l_t^i \tag{5-32}$$

根据式（5－30）和最高质量等级的中间产品价格，可得最高质量等级的中间产品的垄断利润现值为：

$$V_t^q = (p_t^{k_t^j} - 1) x_t^{ijk_t^j} [1 - \exp(-rT_{k_t^j})] \sum_i l_t^i / r \tag{5-33}$$

式（5－33）中，$T_{k_t^j}$为最高质量等级为k_t^j的中间产品保持最高质量等级的持续时间，r为利率。假定最高质量等级为k_t^j的中间产品创新成功的概率$\sigma_{k_t^j}$与研究的总投入$R_{k_t^j}$成正比，随着质量等级越来越高而下降，且服从泊松分布。具体地，可设为：

$$\sigma_{k_t^j} = R_{k_t^j} \phi(k_t^j) \tag{5-34}$$

式（5－34）中，$d\phi(k_t^j)/dk_t^j < 0$。假定各研究部门成功的概率相互独立，且研究部门众多，任一单个研究部门的技术突变不会影响总质量指数，即是说，在大数定律作用下，总质量指数，从而总量经济增长会沿着一条平稳的

路径演进。由此可得最高质量等级为 k_t^j 的中间产品的持续时间 $T_{k_t^j}$ 的概率密度函数为：

$$f(T_{k_t^j} \leqslant \tau) = \sigma_{k_t^j} \exp(-\sigma_{k_t^j} \tau) \tag{5-35}$$

结合式（5－33）和式（5－35），可得最高质量等级为 k_t^j 的中间产品的期望利润值为：

$$E(V_t^q) = (p_t^{k_t^j} - 1) x_t^{ijk_t^j} (\sum_i l_t^i / r) \sigma_{k_t^j} \int_0^{\infty} [1 - \exp(-r\tau)] \exp(-\sigma_{k_t^j} \tau) d\tau \tag{5-36}$$

代入 $p_t^{k_t^j} = 1/\alpha$ 和式（5－30）可得：

$$E(V_t^q) = (1-\alpha)(A_t)^{1/(1-\alpha)}(\alpha)^{(1+\alpha)/(1-\alpha)}(q)^{\alpha k_t^j/(1-\alpha)} \sum_i l_t^i / (r + \sigma_{k_t^j}) \tag{5-37}$$

式（5－37）表明，由于最高质量等级为 k_t^j 的中间产品的生产厂商的垄断地位持续时间是随机的，导致期望利润现值也是随机的。假定潜在研究者只考虑式（5－37）的期望利润而不考虑其随机性，则潜在研究者的期望净利润流为：

$$\Delta E(V_t^q) = \sigma_{k_t^j} E(V_t^q) - R_{k_t^j} = R_{k_t^j} [\phi(k_t^j) E(V_t^q) - 1] \tag{5-38}$$

如果研究与开发领域可以自由进入，则应有 $\Delta E(V_t^q) = 0$。考虑到 $R_{k_t^j} > 0$，并结合式（5－37）可得研究与开发自由进入条件为：

$$r + \sigma_{k_t^j} = \phi(k_t^j)(1-\alpha)(A_t)^{1/(1-\alpha)}(\alpha)^{(1+\alpha)/(1-\alpha)}(q)^{\alpha k_t^j/(1-\alpha)} \sum_i l_t^i \tag{5-39}$$

式（5－39）表明创新成功概率取决于最高质量等级 k_t^j 两种效应的综合结果。第一种效应由式（5－39）中的 $(q)^{\alpha k_t^j/(1-\alpha)}$ 项产生，反映创新的期望收益随 k_t^j 而递增；另一种效应即式中的 $\phi(k_t^j)$，反映该部门的创新越来越困难。显然，如果第一种效应占主导，研究与开发将表现出收益递增，各部门的增长率将越来越大；如果第二种效应占主导，则研究与开发表现出收益递减，各部门的增长率将越来越小；如果这两种效应恰好抵消，则研究与开发表现出收益不变，各部门增长率将趋于相同，正是稳定状态的内生经济增长所揭示的。由此可以看出，上述两种效应之间的平衡关系，主要取决于$\phi(k_t^j)$的形式。其中能使两种效应恰好抵消的一种形式是$\phi(k_t^j)=q^{-(k_t^j+1)\alpha/(1-\alpha)}/\xi$，此时创新成功概率$\sigma_{k_t^j}$为常数并记为$\sigma$，其值为：

$$\sigma = (1-\alpha)(A_t)^{1/(1-\alpha)}(\alpha)^{(1+\alpha)/(1-\alpha)}(q)^{\alpha/(1-\alpha)}\sum_i l_t^i/\xi - r \quad (5-40)$$

由式（5－34）可知$R_{k_t^j}=\sigma/\phi(k_t^j)$，结合式（5－40）可得各部门研究与开发投入的总和为：

$$Z_t = \sum_{j=1}^{n_t^q} R_{k_t^j} = Qq^{\alpha/(1-\alpha)}\left[(1-\alpha)(A_t)^{1/(1-\alpha)}(\alpha)^{(1+\alpha)/(1-\alpha)}\sum_i l_t^i - r\xi\right] \quad (5-41)$$

假设经济社会的家庭总消费为C_t，基于总资源约束条件$C_t=Y_t-X_t-Z_t$，并代入式（5－31）、式（5－32）和式（5－41）可得：

$$C_t = Q\left[(1-\alpha^2)(A_t)^{1/(1-\alpha)}(\alpha)^{2\alpha/(1-\alpha)}\sum_i l_t^i - \sigma\xi q^{\alpha/(1-\alpha)}\right] \quad (5-42)$$

就总质量指数$Q=\sum_{j=1}^{n_t^q}(q)^{\alpha k_t^j/(1-\alpha)}$而言，对于部门$j$，如果没有创新发生，$q^{\alpha k_t^j/(1-\alpha)}$将没有变化，而如果发生创新，则该项将上升为$q^{\alpha(k_t^j+1)/(1-\alpha)}$，那么该项由于研究取得成功而产生的变化率为$q^{\alpha/(1-\alpha)}$，因为单位时间创新成功的概率为$\sigma$，且$\sigma$对各部门均相同，因此$Q$变化率的期望值为$E(\Delta Q/Q)=\sigma(q^{\alpha/(1-\alpha)}-1)$，当部门数$n_t^q$充分大时，依据大数定律，可得总质量指数的增长率为$\gamma_Q=E(\Delta Q/Q)=\sigma(q^{\alpha/(1-\alpha)}-1)$，结合式（5－39），并考虑到前述的$C_t=H\cdot c_t$（$H$为代表性家庭总数量且不随时间改变）及式（5－15），可知当市场均衡时，有：

$$\gamma_Q = \frac{\left[q^{\alpha/(1-\alpha)}-1\right]\left[(1-\alpha)(A_t)^{1/(1-\alpha)}(\alpha)^{(1+\alpha)/(1-\alpha)}\sum_i l_t^i/\xi - \rho\right]}{1+\theta\left[q^{\alpha/(1-\alpha)}-1\right]} \quad (5-43)$$

式（5－31）、式（5－32）、式（5－41）和式（5－42）表明，总产出Y_t、中间产品总量X_t、研究开发总投入和家庭总消费C_t均与总质量指数成正比，即它们的增长率均与总质量指数相同，即均等于γ_Q。

第三节　制度创新与经济增长

一、诱致性制度创新与强制性制度创新

基于制度变迁理论，制度创新也可以分为诱致性制度创新和强制性制度创新两种类型。前者指的是，现行制度安排的变更或替代，或者是新制度安排的创造，是个人或组织在响应获利机会时自发倡导、组织和实行的；后者则意味着制度创新由国家命令和法律引入和实行。需要强调的是，诱致性制度创新必须在原有制度安排下无法得到的获利机会引起，而强制性制度创新可以纯粹因在不同利益集团之间对现有收入再分配而发生，并且前者还往往需要借助于国家的行动来促进创新过程①。

就诱致性制度创新而言，制度选择集合的改变、技术改变、制度服务的需求改变以及其他制度安排的改变，都会引起原先均衡的制度体系变为不均衡。制度选择集合的改变既可能来源于社会科学知识的进步所带来的人的有限理性的提高，这种提高不仅表现在个人管理现行制度安排的能力，还表现在提高个人领会和创造新制度安排的能力；也可能来源于对其他经济社会制度安排的学习和模仿，不过，借用其他经济社会的制度安排来完成本经济社会的制度创新，虽然会极大地降低了创新成本，但也可能事与愿违，因为制度移植的效率极大地依赖于本经济社会现存的其他制度安排；还可能来源于国家政策的变动，取消一种带有限制性政策的效应，相当于扩大制度选择集合，而有约束力的新的限制则可能导致原先效率较低的制度安排可能成为占优势的制度安排。

技术改变除了在制度结构方面起决定性作用即生产力决定生产关系之外，还能改变特定制度安排的相对效率并使某些其他制度安排不再发生作用，这是通过对生产和交易费用的影响来实现的。而以要素和产品相对价格变动为特征的制度服务的需求改变，则是历史上多次产权制度创新的主要原因之一。

---

①　林毅夫：《关于制度变迁的经济学理论：诱致性变迁与强制性变迁》，载于R. 科斯、A. 阿尔钦、D. 诺斯：《财产权利与制度变迁——产权学派与新制度学派译文集》，刘守英等译，上海三联书店、上海人民出版社，1994年。

至于其他制度安排的改变之所以会引起诱致性制度变迁，是因为制度安排之间的彼此依存和相互影响。

此外，当制度不均衡出现时，诱致性制度创新最大可能是从一个制度安排开始，然后逐渐传导到其他制度安排，这一过程在一个由历史确定的制度结构中发生，并以这个现行的制度结构为条件。值得注意的是，这一创新能否发生取决于个别创新者的预期收益和费用。

其中，诱致性正式制度创新，由于需要得到受这一制度创新管束的某些群体的准许，致使创新者不得不花时间和精力去组织、谈判，以得到这些群体的一致性意见。而且，由于制度创新不能获得类似知识产权的保护，导致创新者的收益将少于经济社会收益，即存在外部性问题。此外，制度安排作为一种公共产品，还会碰到“搭便车”问题。

而诱致性非正式制度创新则大为不同。它不需要也不可能由集体行动完成，不过只有当经济社会的大多数个体放弃了原先的制度安排并接受新制度安排时，诱致性非正式制度创新才真正完成，诸如价值观、伦理规范、道德、习惯、意识形态均属此种情形。其中，意识形态作为个人与其所处的经济社会达成协议的一种节约费用的工具，由于能以“世界观”的形式使决策过程简化，能帮助个人对自己和其他人在劳动分工、收入分配和现行制度结构中的作用作出道德评判，因而是一种最重要的非正式制度，而认为现行制度安排合乎理性的意识形态则能淡化机会主义行为，从而克服“搭便车”问题。此外，诱致性非正式制度创新只存在外部性问题，而不存在“搭便车”问题，其费用主要来自其周围的社会压力，而不是创新过程所花费的时间、精力和资源，其实施主要决定于经济社会的相互作用。

显然，如果只有诱致性制度创新这一种制度创新的话，那么经济社会中制度安排的供给将少于最优量。历史事实表明，国家也可以利用其强制力量实现制度创新，这一形式制度创新即为强制性制度创新。不过，强制性制度创新只有当统治者按照税收净收入、政治支持以及其他进入统治者效用函数的商品来衡量，其预期边际收益大于其预期边际费用时，才可能发生。国家不能进行制度创新的原因可能在于：统治者的偏好和有限理性；意识形态刚性；官僚政治；集团利益冲突；社会科学知识的局限性。其一，如果统治者更为关心其在国际政治舞台上的威望，那么他可能牺牲国民利益而构建强化军事力量的制度安排，而不是进行一项有利于国民利益的制度创新。其二，强制推行新制度安排并改变原先的意识形态，可能会伤害统治者权威的合法性，意识形态刚性的阻碍即在于此。其三，统治者效用最大化以及致力于强制性制度创新的能力，还取决于各级官僚机构及属员能在多大程度上把统治者的目标视为他们自己的目标。其四，如果一项强制性制度创新的受损者是统治者依赖其支持的利益集团，那么统治者会因为害怕自己的政治支持受到侵蚀而放弃进行强制性制度创新。其五，由于社会科学知识不足，进行一项强制性制度创新，国家可能心有余而力不足。

二、制度创新型经济增长

总体来说，经济增长取决于专业化、市场交换与人力资本和有形资本的供给。前述的技术创新主要决定人力资本和有形资本使用效率的提高。而制度创新对经济增长的促进作用主要体现在，新的制度安排通过保护经济主体的私人产权，保证经济主体能够对自己的资产进行合乎情理的控制，来激励经济主体扩大诸如投资、生产和交换等经济活动，进而促进经济增长。而制度创新的政治和法律基础则是一部能创造稳定性，能保证市场稳固的宪法。这是因为，“宪法秩序的变化，即政权的基本规则变化，能深刻地影响创新的制度安排的预期成本和收益”①。中国 1979 年以来的改革开放充分表明了这一点。

（一）中国农村家庭承包责任制与经济增长

第一个例子也是最典型的例子莫过于中国农村的产权结构由于改革而发生的深刻变化，以及其所带来的农业增长和农民收入水平的提高。中国的改革是从农村实行家庭联产承包责任制开始的②。改革伊始，中国是个整体上比

① V. 奥斯特罗姆等编：《制度分析与发展的反思——问题与抉择》，王城等译，北京：商务印书馆，1996 年，第 14 页。

② “为什么要从农村开始呢？因为农村人口占我国人口的百分之八十，农村不稳定，整个政治局势就不稳定，农民没有摆脱贫困，就是我国没有摆脱贫困……进行农村改革，给农民自主权，给基层自主权，这样一下子就把农民的积极性调动起来了，把基层的积极性调动起来了，面貌就改变了。”参见邓小平：《改革的步子要加快》，载于《邓小平文选》（第三卷），北京：人民出版社，1993 年，第 237 ~ 238 页。

较贫穷的国家①。人民公社化以后，大搞“一大二公”“一平二调”，并取消了农民的自留地，使广大农民的生活越来越困难。所以，农民对集体经济感到失望，期盼包产到户，家庭经营。更为重要的是，生存成为当时中国农民必须面对和解决的现实问题。正是在这一点上，作为经济主体的农户充分表现了他们在制度创新上的主动性和适应性。

1978 年以前的农地制度的变迁过程始终贯穿着政府和农户之间的博弈。农户出于对自身利益的追求，一方面以消极怠工表达对人民公社的不满；另一方面5 次发起“包产到户”对人民公社进行冲击，虽然都因受到压制而夭折，但却提高了政府维护旧产权的成本，以及增加了政府调整人民公社制度的预期收益。同时，也为政府配合经济社会的自组织转型而进行有组织转型奠定了基础。

1978 年前后，一些农民为了获得生存自发地推动了制度创新，其基本特征是：政府对产权的限制（表现为政府对经济活动的直接控制）逐渐减少，农民收回了越来越多的产权。在这个新的制度安排创造的巨大利益面前，部分省份为新的产权制度提供了政治保护。而新产权制度的收益也改变了中央政府对它的预期，1980 年承认了新产权的合法性，并在全国推广。1983 年年底，实行“包干到户”的生产队已占98.3%。在这种产权制度中，集体拥有土地的所有权和发包权，农户通过承包拥有了比较完整的土地使用权；农户成为最基本的劳动组织和生产组织；农户拥有依法上缴国家税收和集体提留外的剩余产品。“包产到户”的产权制度承认了农户对剩余产品的所有权。1998 年3 月，在全国人大九届二次会议上，家庭承包经营作为一项基本经济制度正式写入中国宪法。农户集剩余控制权和剩余收益权于一身，解决了始终困扰改革开放人民公社的激励不足问题，表现为 1978 ~1994 年农业总产值年平均增长率为 7.7%，同期粮食、棉花、油料年平均增长率分别为 4.8%、17.7%、17.6%。

（二）中国私营企业的再生和成长与经济增长

第二个典型例子是个体企业和私营企业的涌现。他们不是国家有组织改

① 据统计，1957 ~1976 年，全国城镇职工基本上没有提高工资，相反，工资水平还有所降低。1957 年职工平均工资为624 元，1976 年则只有575 元。而农村居民“一五”时期货币收入为32.4 元，1976 ~1978 年平均为54.4 元，20 年间平均每年才增加1 元。

革下的产物，他们的产生属于自创生，它们的成长属于自成长。

就个体企业而言，农村家庭联产承包责任制使农民个人或家庭真正成为独立的资产积累主体，极大地刺激了农业总产出和剩余产品的增加。农民的个人财产也大幅度上升。这一货币财富的积累，成为农民向非农产业转移，个人或合伙集资创办工商企业，租赁和购买集体企业的资金基础。可以说，“包产到户”是农村个体企业的资金条件形成的原始起点。

在城镇，“文化大革命”结束以后，大量“上山下乡”的知识青年回城，解决他们的就业门路成为当时一个紧迫的问题。1980 年就需要安排 1200 万人就业。当时在职职工已经超过 1 亿人，不少部门都人浮于事，明显过剩。就是在这种强大的就业压力下，催生了城镇个体工商户。满足人民需要的个体企业很快在商业、饮食业、运输业以及修理业等行业发展起来。

同时，在改革开放初期，传统的意识形态对个体经济还是比较宽容的。所以，70 年代末和 80 年代初由就业问题提出恢复和发展个体经济之后，理论界几乎没有什么争议。其原因有以下几方面：一是与中国几千年的自然经济和半自然经济历史状况形成的传统观念有关。二是人们对历史经验教训的总结。50 年代中期社会主义改造完成以后，个体经济被当成“资本主义尾巴”看待，一再受到排挤、打击，不但堵塞了一条就业门路，而且给人民生活带来了很多的不便。三是与个体经济不存在剥削的性质有关。个体工商业者既是生产资料的私有者，又是劳动者，主观上是谋取生活出路，改善自己的生活境况，因而合乎当时的主流意识形态。

就私营企业而言，同其他类型企业一样，私营企业的自创生和自成长也离不开资本、劳动力和市场等生产和经营所必需的要素。其中最重要的是，存在一个可以生存，进而成长的政治环境是私营企业不可或缺的条件。

在资本方面，私营企业的产生和发展是建立在个体企业的恢复和先期发展的基础上。其中，一些有魄力、有创新精神的个体工商户凭借其劳动和经营先行致富，形成了财产的相对集中，具备了创办私营企业的资金前提。因此，城乡个体工商户的辛勤劳作积累了私营企业所需的最低资本。

在劳动力方面，1978 年，中国有 80% 的劳动力处于国有部门之外。国有企业职工在就业劳动力中比重只占 18%，与国有企业接近的城市集体部门职工比重也仅占 5%，而农村人民公社却占据劳动力比重的 70% 之强。同时，中国的农村劳动力和城市中没有工作的劳动力由于不享受社会保障，为了生存和追求更大的物质利益，更倾向于通过雇工，实现自己的劳动力价值。一是其中的一部分人没有资金或没有能力从事个体生产和经营，当雇工是这部分人的谋生需要；二是有一部分人虽然从事个体生产和经营，但经济效益差，远没有为别人做工的收入高。此外，家庭联产承包责任制的实施，使生产要素的配置与组合趋向于合理，使农业部门的大量潜在过剩劳动力转化为现实的过剩劳动力，迫切需要转移到其他行业就业。而农民在农村经济转型中所形成的独立经济主体的地位和变换社会身份的权利，使自己能够自主支配自身劳动力要素，自由实行跨行业、跨地区流动，并可以根据自己的意愿和需要选择就业的领域和就业的方式。其中，除了少数具备一定资金条件、敢于冒风险和有能力的劳动者转而从事个体工商业经营，规模扩大后就是后来的私营企业主外，绝大部分劳动者由于长期的经济封闭和传统的小农经济意识，一般既无自主经营能力，又不愿与他人共担风险，只求出力干活，获取一份稳定保险的劳动收入，他们愿意为私营企业主做工。

在市场方面，无疑私营企业对市场具有极强的依赖性。改革开放以前，中国虽然实行了几十年的计划经济体制，但改革开放初期计划经济的程度并不高，给私营企业提供一定的市场空间。因此，私营企业主能够进行非指令性计划产品的生产，并通过市场渠道获得自己所需要的、非指令性计划的生产资料。此外，实行计划经济以及重工业化的优先发展战略造成长期商品短缺，特别是日用消费品的短缺，比如服装、塑胶制品、小五金、小电器、化妆用品等，给私营企业的再生和成长提供了的市场空间。

在意识形态方面，中国共产党的十一届三中全会又重新确立了坚持辩证唯物主义的思想路线，形成了一个政治气氛比较宽松的环境。具体表现在对待任何新事物、新情况采取“不争论，大胆地试，大胆地闯”① 的工作策略方式。对私营企业再生的处理就是如此。在改革开放初期，动摇国有制统治地位的任何图谋都会遇到来自传统意识形态的强烈反对。而对于私营企业来说，所遭遇的阻力更大。在传统的意识形态看来，私营企业是私有经济，私营企业主就是资本家，剥削剩余价值，属于资本主义性质。对此，邓小平等中国改革的领导人采取了“不争论”的策略和“看一看”的方针，从而为中国转型私营企业在单一的公有制经济的缝隙中再生和成长，提供了相对宽松

① 邓小平：《邓小平文选》（第三卷），北京：人民出版社，1993 年，第 374 页。

的政治环境。

（三）中国市场化取向改革与总体经济增长

当然，改革开放以来，中国最大的制度创新无疑是市场化取向改革，也是诱致性制度创新和强制性制度创新有机结合的典范。上文所述的中国农村家庭承包责任制、私营企业的再生和成长可以归结到前者，而1992年党的十四大所确立的建立社会主义市场经济体制目标及其此后的逐步实施则可以归结到后者。中国这一市场化取向改革，无疑是一种降低交易费用的宏观层面的制度创新，是由包括组织、工具、特定技巧以及实施特征等在内的一系列创新构成的有机整体①。

中国在由计划经济体制向市场经济体制的转型过程中，由于市场的恢复和不断扩大、深化，衍生了各种经济主体，改变了原有经济主体的行为方式，以及经济主体间的序关系。同时，在体制转型过程中对私人收益保护的逐渐完善，又刺激了技术进步和技术应用。其他情况相同时，技术进步的私人收益随市场扩大而增加。只需强调的是，正是市场经济功能的逐渐恢复和发展刺激了经济系统的劳动分工和专业化生产，以及市场的出现、存在与发展保持了对经济主体的竞争压力，减少了交易中合作失败的风险，从而有助于提高劳动生产率②。

值得指出的是，中国改革开放前计划经济体制下曾取得的经济增长，留下了惊人的物质资本、人力资本以及技术存量，这些可以视为开启市场化改革的一种原始积累。而市场化改革反过来又提高了这些原始积累的使用效率，从而促进了经济增长。同时，这些原始积累又为市场的迅速扩大提供了强有力的物质基础，同西方资本主义经济史上的原始积累相比，会大大缩短建立和完善市场经济体制的时间。这一过程主要由特大型和大型国有企业来完成。因为他们能凭借其特有的垄断地位，凭借国家的特殊政策、资金的大力支持，不断扩大经营规模，以适应不断扩大的市场，增加物质总产出，从而获取高

---

① 道格拉斯·C. 诺思：《制度、制度变迁与经济绩效》，杭行译，格致出版社、上海三联书店、上海人民出版社，2008年。

② 关于专业化分工促进生产率提高的数学分析，可参见杨小凯、黄有光：《专业化与经济组织》，北京：经济科学出版社，1999年。

额垄断利润。虽然国有企业产权模糊[①]，但不可否认，部分国有企业在市场化改革过程中为了自己的利益也会不断去主动适应改变的环境，通过制度演进、技术引进和技术创新等方式，减少或消除隐蔽性失业，而同样实现创新型产出增长。

改革开放以来，中国在由计划经济体制向市场经济体制转型的过程中，伴随着经济社会有序演进是市场经济的功能生长和发展。其中，承担商品交换机制的商业功能的恢复和发展是一关键性因素。马克思对此有一精辟论述：流通是商品所有者的全部相互关系的总和。在流通之外，商品所有者只同他自己的商品发生关系……商品所有者能够用自己的劳动创造价值，但是不能创造增值的价值……可见，商品生产者在流通领域以外，也就是不同其他商品所有者接触，就不能使价值增值，从而使货币或商品转化为资本[②]。在计划经济体制下，这种流通功能是由国家来完成的，取代了商品交换的场所——市场的功能。实践表明，这种取代是不成功的。从理论上说，商品流通过程所要完成的功能不但是商品本身的交换，即物质流，还有信息流。经济社会作为一复杂巨系统，其中的物质、能量和信息的交换频繁，各种流错综复杂[③]。

国家即使能够计划好物质流的流通，它也难以处理好信息流[④]，经济社会中的经济主体则不同。虽然他们也会关心其他信息，但最主要还是关心与自己经济活动相关的信息。因此，要处理的信息量小，同时市场是全息信息载体[⑤]，经济主体随时可以从市场获得自己所需的信息，因而时效性可以得到

① 市场经济下的国有企业与计划经济下的国有企业区别在于，前者界定和行使立约权的交易效率比后者高得多，因为前者有自由的要素市场可以利用。可参见杨小凯、黄有光：《专业化与经济组织》，北京：经济科学出版社，1999 年。

② 马克思：《资本论》（第一卷），北京：人民出版社，1975 年第 1 版。

③ 经济主体与环境之间，以及个体相互之间存在着物质流、能量流和信息流。这些流的渠道是否通畅，运转迅速到何种程度，都直接影响到经济社会各种功能的发挥和演化进程。

④ 原因就在于，政府要处理的信息量是整个社会的信息，因而是巨大的。此外，社会的信息每时每刻都在不断更新，政府要进行即时获取和处理也存在巨大困难。

⑤ 根据信息理论，信息是人们在通信（包括人与人、人与自然的通信）中得到的数据、资料、消息、情报、知识等。需要强调的是信息具有时效性。而信息流则是指各种信息作业，包括：信息的获取，信息的表示和固定，信息的发送、传输和接收，信息的加工和处理，信息的存储、检索和提取，信息的利用和控制。社会越向前发展，人的生活越依赖信息，所谓信息革命就是基于这种现实的总结。它标志着信息作业在内容、形式、种类、质量、数量、规模诸方面日趋复杂。参见许国志主编，顾基发、车宏安副主编：《系统科学》，上海科技教育出版社，2000 年。

保证。即，市场能降低交易费用的一个重要方面，正是在于它能降低信息成本。

此外，发达资本主义国家的经济史也表明，其市场化过程的一个重要标志就是商业革命，早期资本主义就是一部商业发展史①。可以认为，正是先期的商业革命，才为后来的工业革命创造了条件②。中国与西方发达市场经济国家差距的形成，就在于中国没有发生以英国为代表的西方式的商业革命③④。而中国由计划体制向市场体制转型本质之一就是在商业革命上的一种补课，是对原始公有经济→自然经济→市场经济，即经济社会的经济形态演进历程的一种回归，从社会形态来说，是对农业社会→商业社会→工业社会→信息社会的一种回归。显然，这种回归过程也是劳动生产率不断提高的过程，这是中国改革开放以来制度创新被视为经济高速增长重要因素之一的内在逻辑所在。

第四节　创新与国家能力

一、引言

如上所述，创新的重要性不言而喻。创新作为破坏均衡的主要因素，推

---

① “大约从1400年开始，世界商业的发展和变化非常之大，作家们有时用“商业革命”一词来概述以后三个世纪的经济进步。”参见戴尔·古德主编：《康普顿百科全书》（技术与经济卷）（中译本），北京：商务印书馆，2001年，第16页。

② 诺斯的分析表明，工业革命实际上是以前一系往事的渐进式的累积，真正的革命是在十九世纪后半期发生的，时间要晚得多。参见道格拉斯·C. 诺斯：《经济史上的结构和变革》（中译本），北京：商务印书馆，1992年。

③ 经济史数据表明，公元1000～1820年与公元1世纪人均GDP相比，西欧提高了0.14百分点，中国提高了0.03百分点，增长差距是明显的。参见戴尔·古德主编：《康普顿百科全书》（技术与经济卷）（中译本），北京：商务印书馆，2001年。

④ 城市化水平的差距也源于商业革命。以当时城镇居民超过一万人称为城市来衡量，公元1000年时，中国城市居民已达到3%，西欧的记录为0，农业时代的中国城市化指标在世界上居于绝对领先地位。到1500年，西欧的城市化指标迅速提高到6.1%，大大超过中国的3.8%。到1820年，西欧的城市化指标则为12.3%，中国仍徘徊在3.8%。这一差距随着工业革命的到来，迅速拉大，到1890年，西欧的城市化指标为31%，中国只有4.4%。参见罗伯特·杜普莱西斯：《早期欧洲现代资本主义的形成过程》，沈阳：辽宁教育出版社，2001年。

动经济走向更高收入、更高产出和更高的福利水平，正如马克思和恩格斯在《共产党宣言》中所指出的“资产阶级除非使生产工具，从而使生产关系，从而使全部社会关系不断地革命化，否则就不能生存下去”①。因为“开动和保持资本主义发动机运动的根本推动力，来自资本主义企业创造的新消费品、新生产方法或运输方法、新市场、新产业组织形式。……它不断地从内部使经济结构革命化，不断地破坏旧结构，不断地创造新结构。这个创造性破坏的过程，就是资本主义的本质性的事实。……在资本主义市场上真正占主导地位的并不是教科书中所说的那种竞争，而是新产品、新技术、新供应来源、新组织形式的竞争……这种竞争冲击的并不是现有企业的盈利空间和产出能力，而是它们的基础和生命”②。而且，创新作为对知识的创造，它不可能、也不应该以一种纯粹形式语言加以“推测”，因为创新过程的本质是对现有常规的离经叛道，本身不能简化为简单的计算，虽然随后对成功的创新的模仿可以进行这样的简化③。

上述创新型经济增长的微观基础的分析表明，无论是中间产品种数扩大的技术创新，还是消费品种数扩大的技术创新，抑或是中间产品质量提高型的技术创新，以及诱致性制度创新和强制性制度创新都会引起创新型经济增长，其创新的微观基础则来自创新型企业对创新利润的追求。在这一过程中，创新试验的自由、创新的激励、应对创新的不确定性及风险，无疑是其中的重要环节。本节所要论述的是，创新的自由、激励及风险与国家能力之间的牵扯。

图5－1给出了国家能力与企业创新的政治—经济动力学关系。从图5－1可以看出，企业创新程度取决于其在创新上的研发、投资和企业所拥有的专用知识。而企业的研发和投资热情在宏观层面上则又取决于一个国家所拥有的人力资本存量和国家能力存量，后者体现在国家对企业创新的税收和补贴政策，以及知识产权保护程度上。企业研发无疑有助于增加企业的专用知识，但这只是一个影响因素，有助于增加企业专用知识的还包括具有公共产品部

---

① 马克思、恩格斯：《共产党宣言》，载于《马克思恩格斯选集》第1卷，北京：人民出版社，1995年，第290页。

② 约瑟夫·熊彼特：《资本主义、社会主义与民主》，吴良健译，北京：商务印书馆，2007年，第146－149页。

③ 内森·罗森伯格：《探索黑箱——技术、经济学和历史》，王文勇、吕睿译，北京：商务印书馆，2004年。

分特性的公共知识，这种公共知识包括基础知识和应用性知识。其中，基础知识的强弱取决于国家对教育部门的累计投入及其绩效，而应用性知识则既取决于国家对科研部门的累计投入及其绩效，也取决于由教育部门累积生产的人力资本存量。问题在于，无论是国家对教育部门的投入及其绩效，还是对科研部门的投入及其绩效，最终又取决于国家能力存量。

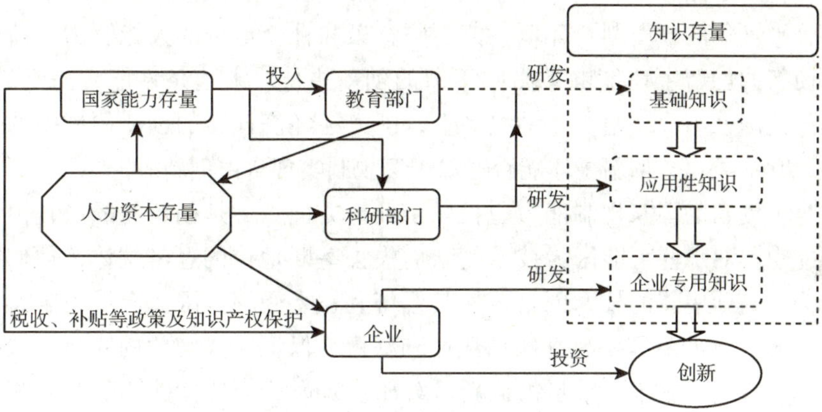

图 5－1　国家能力与企业创新

二、自由创新与国家规制能力

在图 5－1 中，无论是教育部门的基础知识创新，还是科研部门的应用型知识创新，抑或是企业专用知识创新，以及建立上述三大知识创新基础上的技术创新和制度创新，创新主体的创新自由能否得到保证是一个关键因素，因为创新无法预知或从某些基本原则推导出来，唯有能试验包括技术、组织形式、组织规模等各种不同可能性，才能有效解答经济社会层出不穷的问题。

创新最根本的特征在于，其过程充满了众多不确定性，即无法预计求索的结果或预先决定一条通往目标最快捷的途径，因而行动不能被计划。其背后的逻辑是，创新过程是一个信息自然积累过程，包括哪些方案是徒劳的应当放弃之类的信息，甚至即使失败的创新也往往能提供有用的信息，因此创新过程中的至关重要的信息只能在未来某个时刻而非现在就可以获得。当创新主体被允许自由地进行其研究时，创新主体就可以保持众多的选择，因为随着创新进展中的信息不断获得以及不确定性的逐渐减少，创新主体可以评估其创新选择，进而更加明智地进行资源分配，没有前途的创新将会被放弃，创新资源从而得到更有效的利用。而一种鼓励，至少是能容忍，多元化的体制在创新上有更多的优势①。

自由创新意味着在创新领域，创新主体能享有不受制于外部力量的高度自主，特别是能够不受制于来自国家的无法预测的、随意的干涉，以及存在一个公平竞争的自由创新环境，使不同背景和社会地位的人能够为创新而竞争，使新的创新主体能够不受制于旧的创新主体。上述条件能否得到满足，反映的是国家与公众组织互动关系上，国家在经济社会的创新领域中的规制能力，其本质是，创新主体能否通过国家规制实现自由创新。

自由创新的国家规制能力包括以下几个方面：一是创新的经济自由国家规制能力。对那些可能因为技术创新而失去垄断地位的经济主体，他们往往会认为，其他主体的技术创新将使其经济利益上受损，因而会尽力阻碍技术创新，对此，需要国家通过保护法律和秩序，保证私人契约的履行，扶植竞争市场等规制措施来保护自由创新。对那些认为“创造性破坏”及其相关的制度创新将侵蚀其经济权力，改变其拥有巨大经济权力的经济社会结构的既得利益集团，需要国家冲破利益固化的藩篱，包括打破部分垄断行业的高层人员对重要公共资源的占用和支配权，把本属于社会利益的部门利益收归社会；通过反贪污腐败的制度化打击少数腐败分子的公共权力市场化和寻租行为；剪断某些有背景的民营企业的权钱交易的链条，使资源配置真正市场化。由此可以看出，创新的经济自由国家规制不是规制创新的经济自由，而是规制妨碍创新的经济不自由，因为国家永远做不到像单个创新主体那样的多样化和差异化的创新行动，正如米尔顿·弗里德曼所指出的，不管是建筑还是绘画，科学还是文学，工业还是农业，文明的巨大进展从没有来自集权的政府。哥伦布并不是由于响应议会大多数的指令才出去找寻通往中国的道路，虽然他的部分资金来自具有绝对权威的王朝。牛顿和莱布尼茨，爱因斯坦和博尔，莎士比亚、米尔顿和帕斯特纳克，惠特尼、麦考米克、爱迪生和福特，简·亚当斯、弗洛伦斯、南丁格尔和艾伯特·施韦特，这些在人类知识和理解方面，在文学方面，在技术可能性方面，或在减轻人类痛苦方面开拓新领

① 内森·罗森伯格：《探索黑箱——技术、经济学和历史》，王文勇、吕睿译，北京：商务印书馆，2004 年。

域的人中，没有一个是出自响应政府的指令①。

二是创新的政治自由国家规制能力。创新的政治自由会促使国家的政策和制度更有可能对经济社会的真实的创新需要作出回应。同时，创新特别是社会科学知识创新和制度创新要求用新的理论做指导，意味着对教条主义的突破，需要国家保证创新的政治自由，使不同观点进行平等讨论，言论自由是政治自由的一个重要内容，也是创新理论的一个必要条件。对此，英国思想家约翰·斯图尔特·米尔给出了一个论证，“迫使一个意见不能发表就是对整个人类的掠夺。假如那意见是对的，就失去了一个以错误换真理的机会；假如那意见是错的，也失去了从真理与错误的冲突中产生出来的、对于真理更加清楚的认识和更加生动的印象。”而且，“在精神奴役的气氛中，从来没有而且永远不会有治理活跃的人民”②。一个历史事实是，“在近代最初的科学史上，像在经济和政治领域一样，英国和荷兰在科学领域里也起了重要作用。这两个国家通过国际贸易的经验学会了采取宽容的态度，都与天主教进行斗争，两国的政府都更倾向于对那些探求自然知识的人采取一定程度的容忍态度，给予相当的自由，荷兰的埃尔策维尔斯出版社和其他出版社出版了大量书刊，它们在那些关键性的年月里大大促进了知识的发展。③”事实上，中国改革开放以来的理论创新和制度创新在很大程度上与创新的政治自由不断扩大和深化密切相关。比如，邓小平所总结的“计划多一点还是市场多一点，不是社会主义与资本主义的本质区别。计划经济不等于社会主义，资本主义也有计划；市场经济不等于资本主义，社会主义也有市场。计划和市场都是经济手段”④。这一理论创新就是在“过去那种片面、粗暴过火的所谓批判，以及残酷斗争、无情打击的处理，决不能重复。无论是开会发言、写文章，都要进行充分的说理和实事求是的科学分析”⑤ 的政治自由下获得的。前述的 20 世纪 80 年代农村家庭承包责任制产生和确认，以及私营企业的再

---

① 米尔顿·弗里德曼：《资本主义与自由》，张瑞玉译，北京：商务印书馆，2004 年。

② 转引自陆南泉：《苏联剧变 20 年后的再思考》，载于《经济社会体制比较》2012 年第 2 期。

③ ［英］亚·沃尔夫：《十六、十七世纪科学、技术和哲学史（上册）》，周昌忠等译，北京：商务印书馆，2011 年，第 14 页。

④ 邓小平：《在武昌、深圳、珠海、上海等地的谈话要点》，载于《邓小平文选（第三卷）》，北京：人民出版社，1993 年，第 373 页。

⑤ 邓小平：《党在组织战线和思想战线上的迫切人物》，载于《邓小平文选（第三卷）》，北京：人民出版社，1993 年，第 47 页。

生和成长更是创新的政治自由（开明）的充分例证。

三是创新的社会平等国家规制能力。创新的社会平等包括内部和外部两个方面。创新的内部社会平等是指在创新面前，需要国家保证创新主体能够自行其是，能够自己确定其创新的行为方式，能够根据自己所执着追求的创新目标去行动，而不受其所处的社会阶层、社会地位、收入水平、教育水平、职业、民族、信仰，以及所有制形式、经济规模、地域等因素的影响。创新的外部社会平等是指，需要国家保证经济社会主体在选择创新和非创新经济社会活动时，在经济、政治、文化等资源使用上机会平等，不存在偏向甚至歧视，即是竞争性的。威廉·鲍莫尔所提到的，中世纪的中国和古罗马也曾有过大量的、令人惊叹的发明，但没有广泛应用经济社会，即熊彼特所定义的创新①，其原因就在于此。比如，皇权专制官僚体制的旧中国的经济活动的主要游戏规则似乎对通过竞争与生产行为获得的财富与地位持有很大偏见，通往成功的道路在于通过基于儒家典籍的科举考试及第得到高官厚禄，并不存在将创新当作主要武器的生机勃勃的竞争性市场②。对于追求权力和地位的古罗马人来说，只有财富与工商业无关，那么获得财富就没有什么可耻的③。扼杀外在的动力，鼓励弄虚作假是大型官僚结构的典型特征，不过，市场与专制社会不同，可以将那些因官僚抵制有效变革而瘫痪的企业淘汰出局④，从而减少那些阻碍创新的机制所产生的不良影响⑤。当然，没有一个自由竞争的市场也不一定会阻止独创性的发挥与杰出发明的出现，但自由竞争市场的缺乏会确实削弱甚至不利于后来创新的发展，进而阻碍加速经济增长。

三、创新激励与国家知识产权保护能力

创新激励指的是，通过给创新主体提供激励，以使他们投身于生产性的创新活动，而不是创新性的寻租行为，更不是从事破坏性活动，甚至某些犯罪活动。创新的激励包括确保创新主体创新权益免受侵犯，以及创新成果的自由交易。

---

①②③ ［美］威廉·鲍莫尔：《资本主义增长奇迹——自由创新机器》，郭梅军等译，北京：中信出版社，2004 年。

④ 兰德斯：《国富国穷》，北京：新华出版社，2001 年，第 480 页。

⑤ 同①②③。

显然，如果创新主体的创新权益得不到保证，则创新主体就会缺乏创新的动力，反过来说，只有创新主体的创新权益得到保护，经济社会才会出现创新型经济增长，而这又取决于产权保护特别是知识产权保护的国家能力。如果创新主体不能自由地寻找机会传播他们的创新成果及出让使用创新成果的权利以获得创新利润，即不存在创新的自由交易，就意味着创新主体的创新目标无法实现，创新根基也就丧失了。

在发展理论中，创新型经济增长、知识创新与知识产权保护应是一个相互作用、相互促进的协调机制。创新型经济增长对社会变革起着决定性作用，它带来了社会物质财富的快速增长，也引起了社会生活方式的巨大变化。在知识创新、经济发展、知识产权保护的协调体制中，经济处于中轴的地位，知识与知识产权保护为之进行曲线偏向摆动。其中，知识进步是创新型经济增长的动力机制，知识产权保护则是创新型经济增长的保障机制。国家对知识产权的保护主要是通过知识产权法来实施的。知识产权法作为财产非物质化革命的法律文明，表现了制度创新的本质属性。同时，知识产权法是创造性成果的激励和调节机制，宣示了知识创新的价值目标，适应了创新主体要求实现自己智力创造或投资带来的收益的权益诉求。为此，国家作为知识产权制度和政策的制定者，既要考虑知识活动主体的收益预期，即在法律中将其利益诉求转化为权利主张，同时也要考虑其他团体利益以及社会公共利益的存在①。

就创新者利益而言，以企业技术创新为例。假设经济社会存在创新型企业 H 和非创新型企业 L 两种不同类型企业群，并设创新型企业的创新利润为 r^H，非创新型企业利润为 r^L，且 $r^H > r^L$；记 $P^I \leqslant 1$ 为国家对企业创新权益的保护指数，可称之为创新的法治保护指数，其值越大表明国家对创新的法治保护越好。设创新的法治保护指数 $P^I \in [0, \mathrm{P}]$，其中 P 为由迄今为止国家法治能力投资所决定的创新的法治保护指数最大值。记 $T^J \leqslant 1$ 为国家对企业所征税率，如果 $T^H = T^L$ 则意味着企业的税负公平；如果 $T^J < 0$，则意味着国家对企业存在补贴。由此，J 类型企业群中的创新型企业和非创新型企业的效用可以表示如下：

$$U^H(P^I, T^H, G) = \lambda G + (1 - T^H) P^I r^H \tag{5-44}$$

---

① 吴汉东：《知识产权法的制度创新本质与知识创新目标》，载于《法学研究》2014 年第 3 期。

以及：

$$U^L(P^I,T^L,G)=\lambda G+(1-T^L)r^L \tag{5-45}$$

式（5-44）和式（5-45）中，$G=T^H P^I r^H+T^L r^L$ 为国家的公共支出，λ 为企业对国家公共服务的评价。比较式（5-44）和式（5-45）可知，只有当$(1-T^H)P^I r^H>(1-T^L)r^L$ 时，创新型企业才会进行创新。显然，鼓励企业技术创新有两条途径：降低税率 T^H；加强知识产权保护即提高 P^I。前者同后者相比，前者是一种政策，具有暂时性特点，后者则作为一种制度，具有持久性，有利于企业的长期预期形成，从而促进创新。

就创新者与其他经济主体的相互影响而言，创新激励之所以需要国家知识产权保护，是因为还需要国家解决创新激励过程可能出现的以下问题：创新的利益外溢问题；创新的外部性问题；技术许可费标准问题；创新者独占技术信息问题；寻租及破坏性的企业家行为问题；"赢家通吃"的专利竞赛问题。创新的利益外溢问题是指，一项创新带来的利益很大一部分被那些没有做出任何贡献的其他经济社会主体得到了，而真正的创新者并没有得到任何补偿，即创新产生了巨大的利益外溢，在这一情形下，创新投资者不太可能在创新过程中投入对社会而言最优数量的资源，即创新激励不足。与创新的利益外溢不同，创新的外部性问题是指，一项具有"创新性破坏"特征的创新由于能够破坏原有产品的可销售性，从而给这些原产品所有者带来损失，而创新者作出创新决定时，并没有激励去考虑上述损失，除非原有产品的所有者就是创新者。技术许可费标准问题是指，虽然拥有专利技术的企业通过授予技术使用权而获利，从而缓解创新激励中的利益外溢和技术独占问题，但仍存在许可费适当问题，过低的许可费将导致创新者没有激励授权其他主体使用自己的技术创新，过高的许可费则可能造成其他主体在使用这项创新上望而却步。创新者独占技术信息问题是指，创新者有激励拒绝让其他经济社会主体，尤其是竞争者使用自己的创新，这一创新传播障碍不仅导致与这项创新相关行业的效率低下，还会迟滞经济社会基于这项创新的新一轮创新。寻租及破坏性的企业家行为问题是指，如果企业家通过寻租或诸如法律诉讼、建立垄断等破坏性行为能获得利益，那么企业家们可能会群起效仿，导致从事创新的真正企业家数量下降，致使整个经济社会创新不足。"赢家通吃"的专利竞赛问题是指，如果创新竞赛中，创新的胜利者得到了所有的利益，而那些追求创新目标但却未能获得专利的经济社会主体的努力却前功尽弃，则意味着后者在后继的创新竞争中可能会动力不足，致使整个经济社会创新者数量减少，创新成功率也随之下降。

四、创新常态化与法治化的国家能力

一个经济社会要实现创新型经济增长，必须将经济活动中可能具有偶然性和随意性的创新转变为常态化创新，使创新对整个经济社会具有一种内在强制力。在威廉·鲍莫尔看来，资本主义经济能使创新具有强制性，对企业而言，创新成了生死攸关的大事。资本主义一旦形成，一系列的创新以及随后的生产率和人均 GDP 的增长必然会发生。而资本主义经济本质上是一种市场经济，这种资本主义市场经济由于在其发展过程中，能逐步消除所有不利于自由市场发展的制度性障碍，从而成为制造大规模创新和经济增长的机器。正是在市场经济条件下，企业通过将创新活动常态化，从而将创新过程中的不确定性最小化。美国大约 70% 的研究和支出是由私人行业进行的，这种支出大多被纳入企业的正常活动①。常态化创新完全改变了罗曼蒂克式的发明，因为常态化创新的决策过程及其竞争性后果，同其他任何形式的投资决策过程及其后果几乎没有什么区别。企业面临的是一个普通的预算分配决策，即在诸如厂房、设备、广告、研究与开发等各项用途上分配投资支出，其目标都可以概括为获取最大的利润，其一个共同的特征是支出是现在发生的，而这些支出的回报却需要未来才能实现，都充满不确定性和风险。

显然，常态化创新需要一种系统化创新机制来支撑，以确保其不会沦为偶然性和完全不可预料性，这一系统化创新机制就是法治化市场机制。法治化市场机制通过经济利益上的激励来体现其效率，即通过对那些能提供更大更好效用、产品最适合消费者需要的企业提供更高回报来推动企业创新，从而形成常态化创新，正是由法治化市场经济中的无形之手所造成的不可抗拒的压力，即必须不断生产更好的新产品和新工艺竞争才能维持企业生存，使企业的常态化创新成为独立创新活动的补充者和替代者。前者对后者的替代反映了由于企业将创新活动纳入他们的常规运作过程之中，经济社会的创新活动将不再是一个很难预料的过程，经济社会的心理变化也将不再支配那些

① ［美］威廉·鲍莫尔：《资本主义增长奇迹——自由创新机器》，郭梅军等译，北京：中信出版社，2004 年。

拥有创新所需要的决断和灵感的个人的偶然出现。常态化创新表明创新将越来越成为一个惯例性的和可预测性的过程，相比于独立创新过程存在的巨大风险，风险变得越来越可控。更为重要的是，常态化创新之所以常态化，还在于创新激发进一步创新，即已显示出来的能够带来利润的创新机会势必会吸引其他的创新主体，包括创新投资、与现有创新相关的横向和纵向创新等，使创新在时间序列上呈现出一个累积的正反馈过程。

由于创新主体创新的动力来自对创新利润的不懈追求，而创新利润本质上又是一种暂时性垄断利润，因而在创新经济的市场结构中，完全竞争和完全垄断都不可能是最佳选项。前者意味着创新利润为零利润，从而不可能激发创新主体的出现，更不用说涌现；后者意味着创新主体只要创新成功，就可以一劳永逸地享受着创新利润，从而缺乏不断创新的动力。只有在少数大型企业支配某一特定市场的寡头垄断中，寡头之间的彼此竞争才能形成激烈的创新竞赛，观察并追踪彼此的创新行为，其特征是，在很长一段时间内，每个企业都处于暂时的均衡状态，有相当稳定的研发支出，而一旦有某种创新突破出现时，研发支出将提高并在此后的一段时间内维持这一新的较高水平，直到又一轮新的随机冲击引起新的提高，并在创新投资水平上存在一个棘轮效应①。

综上所述，可以认为实现创新型经济增长，不仅需要独立创新，更需要常态化创新，后者的基本前提则是经济社会必须是一个法治化市场经济的社会。这里之所以强调法治化市场经济，而不是市场经济的一般概念，是因为在市场经济中，无论是经济人（包括创新主体）还是国家，同其他类型经济一样，也是自利的，机会主义是他们的天性，如果经济人和国家都不会受到约束，前者可能损害其他经济人的利益（包括其他创新主体的创新利益），后者容易利用自己的权力换取利益，比如客观上放任企业的非生产性寻租行为，从而妨碍常态化创新。而法治化市场经济则通过预先制定的规则来划分国家和其他经济社会主体各自的权利范围，建立决策和解决纠纷的程序。通过法治化方式，即无论是国家还是其他主体都置身于法治的框架之下，都受到法律的约束。

常态化创新所需要的法治化市场经济的建立和完善，其推动力不外乎内部压力、外部压力和知识的力量。内部压力的有效性反映了国家与创新主体

① ［美］威廉·鲍莫尔：《资本主义增长奇迹——自由创新机器》，郭梅军等译，北京：中信出版社，2004年。

的交互能力。从经济社会的创新主体来看，他们从自己的创新利益出发有对建立法治市场经济的需求，并随着经济发展而上升。创新主体看到自己创新的长期利益，希望约束自己同时也约束其他主体，尽管这样一来自己的短期创新利益会下降。当然，创新主体也希望约束国家的行为。这一希望具有成为现实的可能，因为国家也需要固定的、可预测的、透明的制度规则，使自己诸如税收、经济发展、社会稳定等利益得以保证并广化和深化。即，国家与公众组织在法治化市场经济的推动方面的良好的互动，存在潜在的双赢和多赢。

外部环境的压力也有助于推动法治市场经济的建立与完善。国家如何纾解外部压力，反映了国家与国际社会的交互能力。比如中国加入 WTO，虽然经过了漫长十五年之路，但也意味着中国向法治市场经济迈出了一大步。WTO 的规则是一种法治规则，代表国家形象的政府必须学会以法治方式处理事情，从而会潜移默化地促进国家加大和深化国内法治市场经济建设。

知识的力量在于提高人们的认识，帮助人们利用历史知识为经济社会带来福利，并了解现状和推测未来，知道自己的根本利益所在和目前存在的困境。在诸如经济市场化改革中，利益问题和认识问题显得尤为重要。其中，公共知识分子由于相关的学术背景，并致力于相关学术研究，可能更为关注公共利益，关注经济社会的整体利益，推进人类的知识，告诉人们法治市场经济是实现常态化创新的最有效制度，能使人们的整体利益实现最大化，增强国家在国际社会中的竞争力。国家与公众组织特别是知识团体的良性互动，无疑有利于法治市场经济的建设。

第五节　启　示

无论是知识创新（科技创新和文化创新），还是制度创新（法律创新、政策创新、体制与机制创新等）都能形成和促进创新型经济增长。在这一过程中，国家的作用显得尤为重要，这种作用既体现在激励以企业为创新主体的微观层面的技术创新和制度创新，也体现在国家本身在宏观层面的制度创新，反映了国家与公众组织的交互能力、国家与国际社会的交互能力、国家内部的交互能力。

一、中国的技术创新方式转变与国家的认知、决策、实现能力

从技术创新层面来看，改革开放30多年来，中国高速发展，年均增长率达9.9%。在这一过程中，制造业贡献巨大。目前，中国制造占全球制造业市场份额的20%，竞争力水平居全球首位，并且中国已超越日本成为第二大经济体。然而，从我国高技术产业新产品产值占工业总产值的比率来看，我国经济增长方式远非创新驱动，更多的还是依赖于低成本、大市场容量和政府推动①。为了实现转变经济发展方式，亟须企业转型升级、提升创新能力。在改革开放初期，由于技术基础和资金积累的限制，中国企业的技术追赶多依托于技术引进，并在此基础上进行二次创新②。然而，随着我国企业在全球竞争中的迅速崛起，很多国外技术转让方开始对技术授权采取保守态度，技术引进的“天花板”效应逐步显现，竞争优势难以持续③，需要真正实现原始创新。

此外，经过三十多年的高速经济增长，中国的剩余劳动力已从1990年的9800万人减少到2012年的4267万人，这使得中国当前的综合失业率约在6.6%④，已经和同期的城镇登记失业率相当，低于西欧发达国家（如法国）的失业率，因而大规模的剩余劳动力在中国已不复存在，而剩余劳动力的短缺则意味着工资上涨更快⑤。另外，中国经济在很大程度上已具有资本密集型经济特征，而产能过剩也通常集中在资本密集型产业（如钢铁业），继续通过大投资来实现高速经济增长既不现实，也缺乏效率，必须通过供给侧结构性改革来实现产业结构优化。综合起来，由于大规模的剩余劳动力已不复存在，创新成为中国当今及今后经济增长的唯一动力，而在中国的技术水平逐渐接近于国际前沿，以及国外禁止对华先进技术转移的情形下，中国的技术创新

---

① 许庆瑞、吴志岩、陈力田：《转型经济中企业自主创新能力演化路径及驱动因素分析——海尔集团1984—2013年的纵向案例研究》，载于《管理世界》2013年第4期。

② 吴晓波、马如飞、毛茜敏：《基于二次创新动态过程的组织学习与模式演进——杭氧1996—2008纵向案例研究》，载于《管理世界》2009年第5期。

③ 张米尔、田丹：《从引进到集成：技术能力成长路径转变研究——“天花板”效应与中国企业的应对策略》，载于《公共管理学报》2008年第1期。

④ 徐文舸：《“新常态”下的供给约束——我国农业剩余劳动力究竟还有多少?》，载于《人口与社会》2015年第4期。

⑤ 龚刚：《论新常态下的供给侧改革》，载于《南开学报（哲学社会科学版）》2016年第2期。

也将由引进型创新向自主型创新转型。

综上所述，中国经济进入新常态意味着中国经济进入了一个新的发展阶段，在这一阶段，发展知识密集型经济、实施创新驱动发展方式将成为中国跨越中等收入阶段的主要动力机制。而供给侧结构性改革就是在新常态背景下，以创新发展为目标的涉及教育体制、科研体制、企业制度等在内的一系列改革。这一系列改革，正如《中共中央关于全面深化改革若干重大问题的决定》所指出，其目标是完善和发展中国特色社会主义制度，推进国家治理体系和治理能力现代化。其中，积极稳妥从广度和深度上推进市场化改革，大幅度减少政府对资源的直接配置，推动资源配置依据市场规则、市场价格、市场竞争实现效益最大化和效率最优化，政府履行好保持宏观经济稳定、加强和优化公共服务，保障公平服务，加强市场监管，维护市场秩序，弥补市场失灵，更好地创造和契合以企业为代表的创新主体所需的法治市场经济，无疑会健全鼓励原始创新、集成创新、引进消化吸收再创新的体制，健全技术创新市场导向机制，发挥市场对技术研发方向、路线选择、要素价格、各类创新要素配置的导向作用，促进产学研协同创新机制的广化和深化，使企业在技术创新中的主体地位得以强化，进一步激发企业创新活力。

从技术创新的知识产权保护来看，《中共中央关于全面深化改革若干重大问题的决定》提出，探索建立知识产权法院，打破行政主导和部门分割，建立主要由市场决定技术创新项目和经费分配、评价成果的机制，发展技术市场，健全技术转移机制。创新和技术转移是经济增长两个关键的激励因素，都有助于提高生产率和产品质量，否则增长速度会减缓。当然，技术转移有可能成为技术创新活动的障碍，因为如果一家企业付出了大量的投入去实施其创新项目，结果却发现包括其竞争对手在内的其他企业很快地分享了其创新成果，该企业的创新动力显然会受到极大打击。技术创新与技术转移之间的这一矛盾在法治市场经济条件下能成功地部分调和，即是说，快速的技术转移可能导致一定程度上对创新投资的抑制作用，但市场机制提供了足够的刺激使得技术转移没有消灭技术创新活动，因为市场机制将把创新的使用权留给那些能够最有效地利用它的企业，即能够最有效地使用创新的企业。此外，由于时间因素，向竞争对手提供其最新的产品和生产工艺，创新企业并没有完全牺牲优先占有创新能够带来的全部优势。而且，企业通过内部化创新的外部性和促进技术转移及广泛应用，还会激励进一步创新，即有利可图的技术许可交易刺激了新一轮的创新投资[1]。同时，由于在市场经济条件下，基于创新的替代性和互补性而共享新技术的企业比只依靠于自身研发资源的企业具有更大的优势，致使建立在此基础上的技术联盟制度能够激励联盟成员增加新技术的研发投资，从而提高整个经济社会的技术创新能力[2]。此外，《中共中央关于全面深化改革若干重大问题的决定》还提出，整合科技规划和资源，完善政府对基础性、战略性、前沿性科学研究和共性技术研究的支持机制；国家重大科研基础设施驿站规定应该开放的一律对社会开放；建立创新调查制度和创新报告制度，构建公开透明的国家科研资源管理和项目评价机制。

显然，《中共中央关于全面深化改革若干重大问题的决定》所涉及的通过加快完善现代市场体系，深化科技体制改革，反映了国家在复杂的政治、经济环境中对亟须解决的创新驱动发展问题有着相当强的理性认知能力，从而对中国进入新常态后"五位一体"建设有着全局的把握。对经济社会发展的理性认知和判断是国家能力的一个重要方面。而一个国家在确定其发展目标后，对实现目标的途径、方法、手段做出怎样的具体决策，则取决于国家的决策能力，国家的决策能力可以在很大程度上决定着国家后期行为的成败。之后是国家对决策的实践阶段。这个阶段的成功与否，体现的是国家的实现能力。国家的实现能力反映了国家实现预期目标的一种能力。"实践"是国家实现其目标的行为过程，而"实现"是行为的结果。"实现"能力是国家与公众组织的交互、国家与国际社会的交互、国家内部的交互能力在实践层面的有机综合，对国家制定的目标实现起到决定性作用。原因在于，在这一过程中，即使国家制定的目标是合理的，决策是理性的，实现条件也是具备的，现实中存在的各种阻碍因素也有可能使国家无法完全实现其期望目标。因此，国家的实现能力主要体现在三个方面：行为过程的设计和安排是否合理；对阻碍因素的应对措施是否有效；绩效的评价和目标行为调整。其中，最为关键的是如何克服加快完善现代市场体系过程中原有的计划经济思维定式及模式的惰性、冲破既得利益的藩篱、解决有限理性及机会主义行为问题。

①② ［美］威廉·鲍莫尔：《资本主义增长奇迹——自由创新机器》，郭梅军等译，北京：中信出版社，2004 年。

二、新常态下中国的制度创新及国家制度创新能力

作为知识产品创新的技术创新，伴随着经济不断市场化，也将日益商品化，而由此形成的知识经济市场，离不开相应制度的保障、规范和约束，为包括技术创新在内的知识创新活动进行产权界定并提供激励机制、为知识创新行业进行资源配置并提供交易机制；为知识创新成果进行产权保护并通过市场规范机制。因此，制度创新必须相伴相随。

对已处于新的历史起点的中国而言，其制度创新来源有两类。一类是借鉴国外有益经验，特别是代表人类文明成果的共性制度。比如，建设统一开放、竞争有序的市场体系，使市场在资源配置中起决定性作用。形成企业自主经营、公平竞争，消费者自由选择、自主消费，商品和要素自由流动、平等交换的现代市场体系。包括健全归属清晰、权责明确、保护严格、流转顺畅的现代产权制度，公有制经济和非公有制经济财产权都不可侵犯；建立诸如统一的市场准入制度、法治化营商环境等公平开放透明的市场规则；实行统一的市场监管，清理和废除妨碍全国统一市场和公平竞争的各种规定和做法，严禁和惩处各类违法实行优惠政策行为，反对地方保护，反对垄断和不正当竞争；建立健全社会征信体系和优胜劣汰市场化退出机制，完善企业破产制度；完善主要由市场决定的价格机制，凡是能由市场形成价格的都交给市场，政府不进行不当干预；完善诸如资本市场、人民币汇率市场化、利率市场化等金融市场体系。

另一类是结合中国国情和阶段性发展特点的制度创新。比如，建立城乡统一的建设用地市场；创新城乡发展一体化体制机制，包括构建新型农业经营体系、赋予农民更多财产权利、推进城乡要素平等交换和公共资源均衡配置、完善城镇化健康发展机制；创新混合所有制经济形式，包括创新国有资产管理体制、完善国有企业现代企业制度、创新非公有制经济健康发展体制机制；创新具有适合中国国情、当今时代和经济全球化背景的国家治理体系，包括创新宏观调控体系、建设法治国家及服务型国家、创新财税体制、创新开放型经济新体制、创新人民代表大会制度、创新协商民主制度、创新基层民主制度、创新司法体制、创新权力运行制约及监督体制；创新教育文化医疗卫生社会保障体制机制等。以知识产权制度创新为例，必须根据中国所处

发展阶段的发展需求对知识产权作出有选择性的制度安排，即遵循从“选择保护”到“全面保护”、从“弱保护”到“强保护”的渐进发展规律，这也是西方国家的普遍做法。美国1790年著作权法奉行的是低水平保护政策，游离于《伯尔尼公约》长达102年之久[①]。日本1885年公布了专利法，但长期排除药品及化学物质专利，直到1975年修正案中才得以改变[②]。具体而言，在国际层面，以建立更为公平、合理视为知识产权国际秩序为目标，积极推动国家知识产权制度的改革；在国内层面，现阶段，遵守“最低保护标准”，现行立法不必“攀高”，以最大限度实现法律的本土化与国际化之间的协调，防止“知识产权法律移植中的递减效应”，并保护具有本土特色和优势的知识产权资源[③]。

无论吸收世界文明成果的引进吸收型制度创新，还是具有中国本土特征的特色创新，都需要国家制度创新能力支撑。应该说，新常态下中国制度创新的目标是明确的，而目标的实现正如《中共中央关于全面深化改革若干重大问题的决定》所指出的，必须通过全面深化改革才能完成，只有通过全面深化改革才能消除理论创新的种种障碍，使不同观点进行平等讨论，真正贯彻“双百方针”，同时也为改革提供新的理论指导创造条件。1978年以来中国改革开放之路，其本质就是一条制度创新之路，改革开放的成功实践也为全面深化改革提供了重要经验，包括：坚持党的领导，贯彻党的基本路线，不走封闭僵化的老路，不走改旗易帜的邪路，坚定走中国特色社会主义道路，始终确保改革正确方向；坚持解放思想、实事求是、与时俱进、求真务实、一切从实际出发，总结国内成功做法，借鉴国外有益经验，勇于推进理论和实践创新；坚持以人为本，尊重人民主体地位，发挥群众首创精神，紧紧依靠人民推动改革，促进人的全面发展；坚持正确处理改革发展稳定关系，胆子要大、步子要稳，加强顶层设计和摸着石头过河相结合，整体推进和重点突破相促进，提高改革决策科学性，广泛凝聚共识，形成改革合力。

上述的重要经验也是中国的国家制度创新能力的真实写照。经济学与政治学的诸多研究表明，一方面，国家行政能力和国家机构的质量对经济繁荣

---

① 吴汉东：《知识产权制度运作：他国经验与中国路径探索》，载于《中国版权》2007年第2期。

② 张韬略：《英美和东亚专利制度历史及其启示》，载于《科技与法律》2003年第1期。

③ 宋志国：《我国知识产权法律移植中的递减效应原因探析》，载于《政治与法律》2006年第5期。

和社会发展有着重要影响，对制度创新的影响也是如此，忽视法治与反腐不力则会造成不利影响；另一方面，在现实中，中国在国际评估机构中的腐败与政府质量指数上难以得到理想分值。同时，多数制度经济学学者认为具备可预见性、法治、政治中立等客观性特征的韦伯式官僚体制才是推动国家能力发展的核心制度因素，但这并不适用中国，存在所谓“中国式悖论”[①]。中国制度创新的国家能力必须在充分理解中国特色国家治理体制基础才能做出正确评估，正如埃文斯（Evans）和劳赫（Rauch）的研究所指出的，中国还存在着韦伯式以外的其他提升国家能力和政府质量的方式[②]。在组织结构中，中国共产党的影响显著存在于诸如权力机关——全国人民代表大会及各级地方人民代表大会、行政机关——国务院及各级地方政府、民主协商机关——中国人民政治协商会议及各级地方政治协商会议、各级司法机关、军队、群众团体等，即国家是在基于坚持党的领导这一前提下组织起来的。国家权力在运行过程中，不同于法制规则，以命令即规则对上负责形式按层级秩序排列进行权力授予，更高级层级的命令要优先于较低层级命令，并通过意识形态与政策目标混合的政绩考核方式来考察、选拔、任用各级干部。这一在坚持党的领导的前提下，系统绩效目标和分层有序的命令授权相结合的干部制，为保障目标的实现，上级会给予下级相当大的自主权，使各层国家组织拥有“调适式威权”，促使基层干部有责任体察公众需求。在提升国家效率与抑制腐败方面，公众的信念与价值观以及人们对政策的反应，这些在政治“输出端”的作为相比于在政治“输入端”的自由民主等更有利于提升政治的合法性[③]，有利于提高公众对国家表现的满意度，增强了国家与公众组织的交互能力，进而提升国家能力。显然，维持上述系统绩效目标和分层有序的命令授权相结合的干部制的核心，是劝说而非规则，不是明确的法律后果，而是“家长式”的说服力。在干部制组织形式中，规则指导、法律规制或经济激励并居于首要地位，更重要的是基于意识形态的干部负责制度，即干部对组织的方针、政策强烈忠诚甚至热心，干部的核心能力在于领会认同组织的路线、

---

① Rothstein, B.. “The Chinese Paradox of High Growth and Low Quality of Govenrnent: The Cadre Organization Meets Max Weber”. *Goverance*. Vol. 28, No. 4, 2015, pp. 533 – 548.

② Evans, Peter B., and Rauch, James E.. “Bureaucratic Structure and Bureaucratic Performance in Less Developed Countries”. *Journal of Public Economics*. Vol. 75, No. 1, 2000, pp. 49 – 71.

③ Wang, Zhengxu. “Citizens' Satisfaction with Government Performance in Six Asian-Pacific Giants.” *Japanese Journal of Political Science*. Vol. 11, No. 1, 2010, pp. 51 – 75.

方针、政策，然后在不同情形下有针对性地贯彻实施，从而形成了思路灵活、专业目标严谨等优势。干部制与韦伯式官僚体制之间的最主要差异，不在于专业能力、教育程度与技能水平，而在于这些能力用于何处，如何运用。具体而言，干部制注重政策思想的坚定贯彻，加上干部具备迅速充分理解上层意志的能力，使得其能在一个快速变化的经济社会，更好地把握不确定性与动态变化，进而实行有效应对。改革开放以来，中国所取得的惊人的经济增长成就，以及公众福祉的提升，无疑是中国式干部制效力的最好佐证。此外，已有研究表明，中国人民对国家提供的服务相当满意，也相当信任①。当然，干部制并非十全十美，它存在诸如不够专业、责任模糊、不顾规则、家长式作风等不足，进而增加了政策的不可预测性，需要在政治包容性、法治等方面进行动态适应性变革②。

① Wang, Zhengxu. "Citizens' Satisfaction with Government Performance in Six Asian-Pacific Giants." *Japanese Journal of Political Science*. Vol. 11, No. 1, 2010, pp. 51 - 75.

② Rothstein, B.. "The Chinese Paradox of High Growth and Low Quality of Govenrnent : The Cadre Organization Meets Max Weber". *Goverance*. Vol. 28, No. 4, 2015, pp. 533 - 548.

第六章　改善收入分配的国家能力与持续经济增长

进入21世纪第二个10年后，中国经济呈现出一种新常态。从经济增长速度看，2012年、2013年、2014年、2015年GDP增长分别为7.7%、7.7%、7.3%、6.9%，已连续四年低于8%①；从产业结构方面来看，第二产业增加值比重则分别为45%、43.7%、42.7%、40.5%，第三产业增加值比重为45.5%、46.9%、48.1%、50.5%，呈现出前者递减后者递增趋势（特别的是，2015年第三产业增加值比重首次超过50%），第三产业正逐步成为产业主体；从全国居民可支配收入实际增长速度来看，分别为10.6%、8.1%、8.0%、7.4%，均高于经济增长速度②。

不过，也应该看到，就居民内部收入分配而言，2012年、2013年、2014年我国基尼系数分别为0.474、0.473、0.469，虽然呈逐年降低之势，但依然处于高位，凸显出居民内部收入分配不平等过大问题。

中国经济结构调整过程中，增长速度由高速转为中高速，居民收入差距依然过大无疑会增添人们关于中国经济增长是否会逐渐停滞，落入“中等收入陷阱”的担心。

---

① 在1979~2012年期间，只有三次连续2~3年低于8%：第一次是1979~1981年，第二次是1989~1990年，第三次是1998~1999年，这三次回落每次过后又都回到了高速增长的轨道上，只能称之为暂态。

② 相对比，2012年我国国内生产总值为1978年的28.13倍，城镇居民人均可支配收入只为1978年的13.1倍，农村居民人均纯收入则只为1978年的14.05倍，其平均增长速度都只及国民总收入增长速一半左右，凸显出国民收入分配中的非居民偏向问题。

第一节　收入分配恶化、经济增长停滞与“中等收入陷阱”

“中等收入陷阱”（middle income trap）是2007年世界银行在《东亚复兴：关于经济增长的观点》中首次提出的一个概念[①]（Gill & Kharas，2007）。不过，报告并没有给出一个直接明确的“中等收入陷阱”定义，只是指出“比起较富或较穷的国家来说，中等收入国家的增长会相对较慢”。吴（Woo）尝试从追赶指数（CUI）这一相对指标来划分中等收入阶段，进而定义“中等收入陷阱”[②]；艾肯格林等人（Eichengreen et al.）将中等收入国家连续7年或更长时间人均GDP增速超过3.5%后再连续7年时间内增速下降至少2%的阶段称之为中等收入陷阱[③]；艾亚尔等人（Aiyar et al.）则从停滞的角度来定义“中等收入陷阱”，只不过其定量方法更为复杂[④]。

而国内大多数学者认同的“中等收入陷阱”，则是指当一个国家人均收入达到世界中等收入水平后，由于不能顺利实现经济发展方式的转变，导致增长动力不足，致使人均国民收入增速不能超过高收入经济体，甚至出现增长停滞甚至负增长，从而不能拉近与高收入经济体之间的收入差距，长期停留

① Gill，Indermit and Kharas，Homi. . *An East Asian R enaissance Ideas f or Economic Growth*. Washington D. C：The World Bank，2007.

② Woo，W. T. . “Understanding the Middle-Income Trap in Economic Development：the Case of Malaysia”，World Economy Lecture Delivered at the University of Nottingham，Globalization and Econimic Policy（GEP）Conference，2011.

③ Eichengreen，B. ，Park，D. and Shin，K. “Growth Slowdown Redux：New Evidence on the Middle-Income Trap”. NBER Workeing Paper，No. 18673，2012.

④ Aiyar，S. et al. “Growth Slowdowns and the Middle-Income Trap”. http//www. wyzxwk. com.

在中等收入阶段①。由此可以看出，学者们普遍把经济增长停滞作为刻画“中等收入陷阱”的一个主要标志。

总结陷入和成功跨越“中等收入陷阱”的国际经验，以及归纳已有研究文献，可以认为，已进入中等收入阶段的国家能否避免落入“中等收入陷阱”，关键在于能否继续降低收入不平等程度、能否实现创新驱动、能否发挥市场决定性作用、能否充分利用世界经济、能否维护宏观经济稳定，以及能否使国家治理体系和国家治理能力现代化②。其中，无论是实现创新驱动、发挥市场决定性作用，还是充分利用世界经济、维护宏观经济稳定，其目标无非是实现经济可持续增长，必须以经济社会稳定为基本前提。

从经济社会稳定的经济基础看，社会成员间或阶层间收入差距如何无疑是一个重要的考量。与已有研究不同，本文尝试引入国家能力并从数理层面加以分析。其内在逻辑是，当经济增长过程中收入不平等过大，而国家又缺乏汲取能力、再分配能力和法治能力加以收入调节或调节不到位，导致经济

① 参见姚洋：《包容性增长避免陷入中等收入陷阱》，载于《人民论坛》2011 年第 12 期；华生、汲铮：《中等收入陷阱还是中等收入阶段》，载于《经济学动态》2015 年第 7 期；蔡昉：《避免“中等收入陷阱”探寻中国未来的增长源泉》，北京：社会科学文献出版社，2012 年；郑秉文：《“中等收入陷阱”与中国发展道路——基于国际经验教训的视角》，载于《中国人口科学》2011 年第 1 期；张德荣：《“中等收入陷阱”发生机理与中国经济增长的阶段性动力》，载于《经济研究》2013 年第 9 期；姚枝仲：《什么是真正的“中等收入陷阱”》，载于《国际经济评论》2014 年第 6 期；张晓晶：《跨越中等收入陷阱：国际经验与中国出路》，载于《国际经济评论》2015 年第6 期；田国强、陈旭东：《中国如何跨越“中等收入陷阱”——基于制度转型和国家治理的视角》，载于《学术月刊》2015 年第 5 期。

② 参见刘鹤：《拉美经济的主要挑战和经验教训》，载于《比较》第 20 辑，北京：中信出版社，2005 年；Ohno，K.. “Avoiding the Middle-Income Trap：Renovating Industrial Policy Formulation in Vietnam”. ASEAN Economic Bulletin，Vol. 26，No. 1，2009，pp. 25 – 43；Vandenberg，P. and Zhuang，J. “How Can China Avoid the Middle-Income Trap?”. Asian Development Bank，2011；林重庚、迈克尔·斯宾塞：《中国经济中长期发展和转型——国际视角的思考与建议》，北京：中信出版社，2011 年；Jankowska，A. Nagengast，A.，and Perea，J. R. “The Product Space and the Middle-Income Trap：Comparing Asian and Latin American Exper-iences”. OECD Publishing，2012；李月、邸玉娜、周密：《中等收入陷阱、结构转换能力与政府宏观战略效应》，《世界经济》2013 年第 1 期；Pritchett，L. and Summers，L. H. “Asiaphoria Meets Regression to the Mean”. NBER Working Paper，No. 20573，2014；李扬、张晓晶：《“新常态”：经济发展的逻辑与前景》，载于《经济研究》2015 年第5 期；张平：《中等收入陷阱的经验特征、理论解释与政策选择》，载于《国际经济评论》2015 年第 6 期。

社会冲突、经济社会动荡甚至革命时，经济停滞就会随之发生①。问题还在于，一旦经济增长出现停滞，反过来又会影响经济社会稳定，因为经济停滞时期，包括抗争、革命、政变等导致经济社会冲突的成本对任何阶层来说都要低些②。这样一来，经济社会就有可能落入一种经济社会动荡—经济增长停滞—经济社会动荡恶性循环。反之，虽然经济增长过程中收入不平等过大，但国家有能力通过诸如收入再分配等措施加以调节并到位，从而能维持经济社会稳定时，则可以避免经济增长停滞。可以说，避免由收入不平等引致的经济增长停滞是避免“中等收入陷阱”的先决条件。这里的国家能力是指国家通过政策实施实现其目标的能力③（Skocpol，1985），需要放在一个和社会相互关系的视角下加以分析，可以归纳为提取、渗透、规制、分配四种能力④。

本章余下的内容安排如下：第二节以收入阶层为切入点，通过构建相关数理模型，从理论层面分析收入不平等在何种条件下会引起经济社会中的阶层冲突甚至革命，革命如何导致经济增长停滞甚至经济衰退，以及收入再分配国家能力的作用机制；第三节实证分析进入新常态的中国能否实现包容性经济增长，对中国能否避免“中等收入陷阱”给出一个定性结论；第四节为总结。

---

① 参见 Olson. *The Rise and Decline of Nations：Economic Growth，Stagflation，and Social Rigidities.* New Haven，Conn：Yale University Press，1982；Muller，Edward N. and Seligson，Mitchell A. “Inequality and Insurrections”. *American Political Science Review.* Vol. 81，No. 2，1987，pp. 425 – 451；Alesina，A. and Perotti，R. “Income Distribution，Political Instability，and Investment”. *European Economic Review.* Vol. 40，No. 6，1996，pp. 1203 – 1228；Bénbau，Roland. “Unequal Societies：Income Distribution and the Social Contract.” *American Economic Review.* Vol. 90，N0. 1，2000，pp. 96 – 129.

② Haggard，Stephan and Kaufman，Robert R. . *The Political Economy of Democratic Transitions.* Princ-eton，NJ：Princeton University Press，1995.

③ Skocpol，Theda. “Bring the State back in：Strategies of Analysis in Current Research”. in Evans，Peter B. Rueschemeyer，Dietrich. and Skocpol，Theda. *Bringing the State back.* Cambridge，New York：Cambridge University Press，1985.

④ Migdal，Joel. *Strong Societies and Weak States：State-society Relations and State Capabilities in the Third World.* Princeton，N. J：Princeton University Press，1988.

第二节　改善收入分配的国家能力：数理分析

本节以已处于中等收入水平的经济社会为研究对象，以阶层间收入不平等为切入点，构建融收入不平等、收入调节、国家能力于一体的数理模型。这里的中等收入水平经济社会除了处于世界银行所界定的中等收入水平区间这一特征外，在笔者看来，还应包括以下几点：其一，在产业结构上，随着中等收入水平等级越来越高，第一产业增加值在 GDP 中的比重会越来越小；其二，在阶层结构上，随着中等收入水平等级越来越高，中等收入阶层会逐渐涌现，并且在总人口比例中越来越大；其三，面临向高收入阶段跨越的增长动力转换。在分析方法上，本节的数理模型主要借鉴了阿西莫格鲁（Acemoglu）和罗宾逊（Robinson）在政治发展分析中所运用的以收入阶层为基础的政治经济学方法①，贝斯利和佩尔松在产权、税收分析中引入国家能力的政治经济学方法②以及贝斯利和佩尔松在社会冲突、经济发展中引入国家能力的政治经济学方法③。

一、阶层间收入不平等的形成

考虑一个如下的规模报酬不变动态总量生产函数：

$$Y_t = F(K_t, L_t, R_t, t) \tag{6-1}$$

式（6-1）中，Y_t 为 t 期经济社会总产出，K_t 为 t 期资本存量，L_t 为 t 期就业人口数量，R_t 为 t 期土地总量。

考虑到现实中的经济社会，无论是资本的使用，还是土地的使用，抑或是劳动力的使用，都存在二元甚至多元化特征。比如，使用劳动力的正规经

---

① Acemoglu, D. and James A. R.. *Economic Origins of Dictatorship and Democracy*. Cambridge: Cambridge University Press, 2006.

② Besley, T. and Persson, T.. "The Origins of State Capacity: Property Rights, Taxation, and Politics". *American Economic Review*. Vol. 99, No. 4, 2009, pp. 1218-1244.

③ Besley, T. and Persson, T.. "State Capacity, Conflict, and Development". *Econometrica*. Vol. 78, No. 1, 2010, pp. 1-34.

济部门和非正规经济部门，以及正规经济部门的一般劳动力和高素质劳动力；以资本存量大小衡量的大、中、小、微企业；农村土地使用中的小规模经营和规模经营，以及用地性质上的农村用地和城市用地等。为此，假定 $L_t = \sigma_t^p L_t^p + L_t^f + \sigma_t^h L_t^h$，$K_t = \xi_t^s K_t^s + K_t^m + \xi_t^l K_t^l$，$R_t = \zeta_t^a R_t^a + R_t^c + \zeta_t^u R_t^u$。其中，$L_t^p$、$L_t^f$、$L_t^h$ 分别为 t 期非正规经济部门就业劳动力数量、在正规经济部门就业的一般劳动力数量、在正规经济部门就业的高素质劳动力数量，K_t^s、K_t^m、K_t^l 分别为 t 期小微型企业、中型、大型企业的资本存量，R_t^a、R_t^c、R_t^u 分别为 t 期农村土地小规模经营数量、农村土地规模经营数量、城市性土地经营数量。引入 σ_t^p、σ_t^h 是为了反映不同类型劳动力的生产率差异，且 $\sigma_t^h > 1 > \sigma_t^p > 0$；引入 ξ_t^s、ξ_t^l 是为了反映资本的规模效应，且 $\xi_t^l > 1 > \xi_t^s > 0$；引入 ζ_t^a 是为了反映农村土地使用中的规模效应，引入 ζ_t^u 是为了反映土地使用中城乡二元结构，且 $\zeta_t^u > 1 > \zeta_t^c > 0$。

而无论是劳动力质量上的多层次，还是资本存量上的数量差异，抑或是土地经营上的多元化，最终都可以归结它们内部之间的收益的不同。为此，记非正规经济部门的劳动力工资为 w_t^p，正规经济部门的一般劳动力工资为 w_t，正规经济部门的高素质劳动力工资为 w_t^h；小微型资本的收益率为 r_t^s、中型资本的收益率为 r_t、大型资本的收益率为 r_t^l；农村土地小规模经营的收益率为 v_t^a，农村土地规模经营的收益率为 v_t，城市土地经营的收益率为 v_t^u。

至此，利用式（6－1）可以分析经济社会的功能性收入分配，以及在此基础形成的不同收入阶层，以及阶层间收入不平等。假定总产品价格标准化为1，基于总产出最大化有：

$$w_t = \frac{\partial Y_t}{\partial L_t} = \frac{\partial Y_t}{\partial L_t^f}, w_t^p = \frac{\partial Y_t}{\partial L_t^p} = \sigma_t^p w_t, w_t^h = \frac{\partial Y_t}{\partial L_t^h} = \sigma_t^h w_t \tag{6-2A}$$

$$r_t = \frac{\partial Y_t}{\partial K_t} = \frac{\partial Y_t}{\partial K_t^m}, r_t^s = \frac{\partial Y_t}{\partial K_t^s} = \xi_t^s r_t, r_t^l = \frac{\partial Y_t}{\partial K_t^l} = \xi_t^l r_t \tag{6-2B}$$

$$v_t = \frac{\partial Y_t}{\partial R_t} = \frac{\partial Y_t}{\partial R_t^c}, v_t^a = \frac{\partial Y_t}{\partial R_t^a} = \zeta_t^a v_t, v_t^u = \frac{\partial Y_t}{\partial R_t^u} = \zeta_t^u v_t \tag{6-2C}$$

式（6－2A）表明了不同性质劳动力的劳动边际产出差异，式（6－2B）表明了不同资本数量的资本边际产出差异，式（6－2C）表明了使用不同性质、不同规模土地经营的土地边际收益差异。

根据式（6－2A）、式（6－2B）和式（6－2C）就可以划分收入阶层，并分析阶层间收入不平等。为此，作如下假定：

假定6-1：处于中等收入水平阶段的经济社会按收入水平由低到高可以划分为 n 个收入阶层，各阶层内部所有个体完全同质，记 t 时期第 i 个收入阶层的个体收入为 $y_t^i(i=1,2,\cdots n)$，且对于任意两个收入阶层 i 和 j，如果 $i>j$，有 $y_t^i>y_t^j$。

假定6-2：记 t 时期经济社会总人口为 $N_t(N_t>L_t)$，t 时期各收入阶层占经济社会总人口比例分别为 $\lambda_t^i(0<\lambda_t^i<1)$，显然，$\sum_i \lambda_t^i = 1$。

记经济社会的平均收入为 y_t，则 $y_t = Y_t/N_t = \sum_i \lambda_t^i y_t^i$，设阶层 i 的收入在总收入中所占的比重为 $\theta_t^i=\lambda_t^i y_t^i/y_t$。记 $s_t^i=\theta_t^i/\lambda_t^i$，则有：

$$y_t^i=s_t^i y_t, \text{且对于 } i>j, \text{有 } s_t^i>s_t^j \tag{6-3}$$

各收入阶层的形成来源于式（6-2A）、式（6-2B）、式（6-2C）所表示的收入来源差异。比如，非正规性经济部门劳动者、农村土地小规模经营者和小资本经营者可能大部分属于低收入阶层，正规经济部门一般劳动者、农村土地规模经营者和中等规模企业经营者大部分可以归到中等收入阶层，高收入阶层则可能主要由正规经济部门的高素质劳动者、大规模企业经营者和城市土地经营者组成。当然，上述阶层的划分标准是否合适，值得商榷，但不会影响下文的定性结论。当经济社会按收入水平粗略划分为低收入阶层、中收入阶层和高收入阶层时，则有：

$$\theta_t^P=(L_t^p\sigma_t^p w_t+K_t^s\xi_t^s r_t+R_t^a\zeta_t^a v_t)/Y_t=\lambda_t^P y_t^P/y_t \tag{6-4A}$$

$$\theta_t^M=(L_t^f w_t+K_t^m r_t+R_t^c v_t)/Y_t=\lambda_t^M y_t^M/y_t \tag{6-4B}$$

$$\theta_t^E=(L_t^h\sigma_t^h w_t+K_t^l\xi_t^l r_t+R_t^u\zeta_t^u v_t)/Y_t=\lambda_t^E y_t^E/y_t \tag{6-4C}$$

式（6-4A）、式（6-4B）、式（6-4C）中，y_t^P、y_t^M、y_t^E 分别为 t 时期低收入阶层（记为 P）、中收入阶层（记为 M）、高收入阶层（记为 E）的个体收入，且 $y_t^P<y_t^M<y_t^E$；λ_t^P、λ_t^M、λ_t^E（$0<\lambda_t^P$，λ_t^M，$\lambda_t^E<1$，且 min（λ_t^M，λ_t^P）$>\lambda_t^E$）分别为 t 时期阶层 P、阶层 M、阶层 E 占经济社会总人口比例；θ_t^P、θ_t^M、θ_t^E 分别为 t 时期阶层 P、阶层 M、阶层 E 在经济社会总收入中的收入份额。这里，假定 $0<s_t^P<s_t^M<1<s_t^E$。至于低收入阶层和中等收入阶层的分界线，可以在实证中根据细分的各收入阶层收入分配地位数据加以确定（见本章第三节的实证分析）。

式（6-3）表明，如果收入不平等是基于各阶层收入与平均收入的比较，那么 s_t^i 则反映了阶层 I 在经济社会的收入分配地位。比如，s_t^P、s_t^M 越小（s_t^E 相应地越大），意味着低收入阶层和中等收入阶层相对越穷，经济社会收入越不平等，因此，$s_t=[s_t^P,s_t^M,s_t^E]$ 反映了经济社会收入不平等程度。

以下所有分析如不作特别说明，均采用上述不受经济规模和人口规模影响的标准化分析。

二、阶层间收入不平等、经济社会动荡与经济衰退

作为阶层间不平等的一种主要形式，收入不平等达到一定程度会引起经济社会冲突，包括小范围内的抗争，发生重大的社会动荡和骚乱，甚至革命。革命的目的在于控制社会及社会财富，可简化为占经济社会多数人口比例的革命阶层对高收入阶层的收入的剥夺。

假定6-3：革命成功至少需要 λ_t^{PR} 比例的低收入阶层民众和 λ_t^{MR} 比例的中等收入阶层民众同时参加，且 $0<\lambda_t^{PR}\leqslant\lambda_t^P$ 和 $0<\lambda_t^{MR}\leqslant\lambda_t^M$。

假定6-3意味着中等收入阶层和贫穷阶层的联合才能构成革命的威胁。为此，不妨认为中等收入阶层为革命的领导者①，低收入阶层为革命的追随者。假设革命成功后，高收入阶层的收入被剥夺即 $y_t^{ER}=0$，并在革命者中进行平均分配②。因此，革命成功后，阶层 P 和阶层 M 中参加革命的每个行动者收入 y_t^{PR} 和 y_t^{MR} 分别为：

$$y_t^{PR}=(1-\varepsilon_t^R)s_t^Py_t+\frac{(1-\mu_t^R)\theta_t^Ey_t}{\lambda_t^{PR}+\lambda_t^{MR}},y_t^{MR}=(1-\varepsilon_t^R)s_t^My_t+\frac{(1-\mu_t^R)\theta_t^Ey_t}{\lambda_t^{PR}+\lambda_t^{MR}}\qquad(6-5)$$

式（6-5）中，$\mu_t^R(0<\mu_t^R<1)$ 表示革命造成的破坏（以相当于富裕阶层收入的比例表示），ε_t^R 表示革命的成本（以相当于革命者原有收入的比例表示）。显然，$y_t^{MR}>y_t^M$ 且 $y_t^{PR}>y_t^P$ 时，革命才会发生。引入式（6-3），可得革

① 这也许是因为中等收入阶层成员受教育程度高，见多识广。参见 Acemoglu, D. and James A. R.. *Economic Origins of Dictatorship and Democracy*. Cambridge: Cambridge University Press, 2006.

② 这里引入了“排他”策略消除革命过程中存在的集体行动问题。

命发生的条件为：

$$\theta_t^E > \theta_t^{PR} = \frac{(\lambda_t^{PR} + \lambda_t^{MR})\varepsilon_t^R s_t^P}{(1 - \mu_t^R)} \text{以及} \theta_t^E > \theta_t^{MR} = \frac{(\lambda_t^{PR} + \lambda_t^{MR})\varepsilon_t^R s_t^M}{(1 - \mu_t^R)} \quad (6-6A)$$

由此，属于低收入阶层或中等收入阶层的第 k 阶层的个体的革命条件可写为：

$$\theta_t^E > \theta_t^{kR} = (\lambda_t^{PR} + \lambda_t^{MR})\varepsilon_t^R s_t^k / (1 - \mu_t^R) \quad (6-6B)$$

式（6-6A）和式（6-6B）表明，就革命本身而言，革命成本越低（ε_t^R 越小），革命所造成的经济社会损失越小（μ_t^R 越小），则 θ_t^{kR} 越小，第 k 阶层的个体的革命倾向越高。就收入初次分配而言，阶层收入分配地位越低（s_t^k 越小），θ_t^{kR} 也越小，第 k 阶层的个体的革命倾向越大；高收入阶层的收入份额 θ_t^E 越高，革命对民众吸引力越大。因此，θ_t^{kR} 可视为第 k 阶层的个体的革命门槛。

值得注意的是，当 $\theta_t^E > \theta_t^{MR}$ 成立时，$\theta_t^E > \theta_t^{PR}$ 自然成立（前述的低收入阶层为革命的追随者的意涵即在于此）。即是说，中等收入阶层的收入分配地位对革命的发生起决定性作用，由此可得命题 6-1。

命题 6-1：阶层间收入分配地位不平等达到一定程度会引起革命；包括低收入阶层和中等收入阶层在内的革命阶层，其收入分配地位越低，革命的倾向越大；其中，中等收入阶层的收入分配地位在革命发生条件中起决定性作用。

由于革命成本 ε_t^R 和革命所造成的损失 μ_t^R 对革命的成功也有着重要的影响，有必要对其作一些补充。按照阿西莫格鲁和罗宾逊的观点，当公众组织相对发达，民众容易被组织起来，革命成本就会降低；当诸如歉收、经济萧条、国际金融或债务危机，甚至战争等暂时性经济社会震荡发生时，革命成本也会降低；如果一个经济社会为资本密集型（不论是物质资本还是人力资本）而不是土地密集型的经济社会，其在革命中遭受的损失就越大①。

需要说明的是，式（6-6A）和式（6-6B）是一种基于静态动力学分析得出的结论。引入基于马尔科夫均衡或非马尔科夫均衡的动态博弈分析，革命约束条件的表达式会繁杂些，但不会改变由式（6-6A）和式（6-6B）所

① Acemoglu, D. and James A. R. *Economic Origins of Dictatorship and Democracy*. Cambridge: Cambridge University Press, 2006.

引出的定性结论（命题6-1）。这样简化处理的目的在于表明，对于给定的处于中等收入水平的经济社会，一旦收入不平等达到一定程度而又不进行收入调节，革命威胁会随之而来。革命所引起的经济社会动荡，表现为对经济社会的生产能力造成破坏，这种破坏体现在生产性资本和生产性土地的减少，以及复杂经济关系的瓦解[①]，从而对经济增长造成负面影响。具体分析如下：

假定6-4：革命对物质资本破坏的比例为ψ_t^K，对劳动力破坏的比例为ψ_t^L，对土地破坏的比例为ψ_t^R，且$0<\psi_t^R<\psi_t^K<\psi_t^L<1$。

假定6-4意味着革命所引起的经济社会动荡对人力资本的破坏性最大，物质资本次之，土地最小。结合前文的式（6-1），并考虑到资本、劳动力、土地在给定的生产技术条件下，它们之间的比例为既定的约束，革命后当经济社会恢复生产时，其初期总产出实际为：

$$Y_t^R=(1-\psi_t^L)F(K_t,L_t,R_t,t) \tag{6-7}$$

比较式（6-1）和式（6-7）可以看出，革命后经济出现了衰退，并且人力资本越密集的经济社会，革命所造成的经济衰退越严重。综合式（6-6A）、式（6-6B）和式（6-7）可得命题6-2。

命题6-2：对于资本密集型的处于中等偏上收入阶段的经济社会来说，革命发生的可能性会小于资源密集型经济社会，但一旦发生革命，其经济衰退则更严重。

经济衰退意味着民众的收入水平和生活水平绝对降低，进而可能引起经济社会更大的动荡，最糟糕的莫过于陷入革命→镇压→革命的恶性循环中，这是因为镇压与革命如同一辙，也会破坏经济社会生产能力，造成经济社会损失，引发经济衰退。显然，如果一个处于中等收入阶段的经济社会出现这一情形，无疑表明该经济社会落入了“中等收入陷阱”。

三、收入调节、国家性质与国家能力

即使革命成功，通过革命获得政权的新国家，其在未来的历史进程中也

① Acemoglu, D. and James A. R. *Economic Origins of Dictatorship and Democracy*. Cambridge: Cambridge University Press, 2006.

同样可能面临收入不平等问题，如不能妥善解决，必将又出现惊人相似的革命历史一幕。因此，对已处于中等收入阶段的经济社会而言，旨在避免收入不平等所引起的革命，进而避免落入“中等收入陷阱”，其一劳永逸的解决之道，莫过于国家能事前通过收入调节，甚至政治制度变革等多项选择协调各阶层利益冲突，做到防患于未然。这是处于中等收入阶段的经济社会避免落入“中等收入陷阱”的先决条件。这里的收入调节指的是国家通过征税等方式获取财政收入，然后以社会性支出等方式直接或间接转移给各收入阶层，以达到调节各收入阶层分配地位的目的。社会性支出主要包括社会保障与福利、教育、医疗卫生保健、住房保障、社区生活设施、娱乐、文化服务等方面，即与各收入阶层生存权、平等权、发展权、社会机会、防护性保障等增进人们可行性能力相关的社会性支出。

就国家的征税和社会性支出的阶层对象而言，可以分为有针对性征税和无针对性征税两种情形，以及有针对性社会性支出和无针对性社会性支出两种情形，下面分别以阶层 P、阶层 M 和阶层 E 为例加以讨论。

假定6－5：t 时期第 i 个阶层所负担的税率为 τ_t^i，单位征税成本为 $C(\tau_t^i)$，并设 $C(0)=0$（不征税时，没有成本），以及 $C'(\cdot)>0$（随着税率增长，征税成本增长）和 $C''(\cdot)>0$（随着税率增长，征税成本增长得更快），且 $C'(0)=0$ 和 $C(1)=1$。

由此，国家的净税收收入可以表示为：

$$T_t^G = \sum_i (\tau_t^i - C(\tau_t^i))\theta_t^i y_t \quad (6-8)$$

设 $f(\tau_t^i)=\tau_t^i - C(\tau_t^i)$。由假定6－5可知，对于 $\tau_t^i \in (0,1)$，有 $f(\tau_t^i)>0$。即当 $\tau_t^i \in (0,1)$ 时，有 $T_t^G>0$。由式（6－8）可以看出，$C(\tau_t^i)$ 不仅反映了国家的征税能力强弱，也反映了国家的汲取能力强弱。这是因为在同样税率条件下，征税成本 $C(\tau_t^i)$ 越小，国家的净税收收入 T_t^G 越大（$dT_t^G/dC(\tau_t^i)<0$）。记 $T_t^G/y_t = \sum_I (\tau_t^i - C(\tau_t^i))\theta_t^i$，并称之为国家汲取能力。

设 T_t^G 中用于社会性支出的比例为 $\kappa_t(0\leqslant\kappa_t\leqslant1)$，此参数用来反映国家的再分配能力，并设其绩效为 $\eta_t(0\leqslant\eta_t\leqslant1)$，此参数用来反映国家的规制能力即法治能力（比如反贪腐能力）。其中，η_t 的值越大，意味着国家的法治能力越强。不过，κ_t 的情形不是如此：国家（包括政府）公共支出所覆盖的范围既包括上述的社会性支出，还包括诸如国防、公共秩序和安全等纯粹公共性产品支出，行政管理、立法等一般性公共服务支出，以政府投资为主的经济性支出。因此，存在一个既能注重公平又能促进效率的最优社会性支出比例 κ_t。

（一）针对性征税和针对性社会性支出情形

设国家针对阶层 P、阶层 M、阶层 E 的征税税率分别为 τ_t^P、τ_t^M 和 $\tau_t^E(0 \leqslant \tau_t^I \leqslant 1)$，即税率向量为 $\tau_t = [\tau_t^P, \tau_t^M, \tau_t^E]$。通过社会性支出，阶层 $I(I = P, M, E)$ 得到的份额为 $\chi_t^I(0 \leqslant \chi_t^I \leqslant 1)$，且 $\sum_I \chi_t^I = 1$，并记社会性支出份额向量为 $\chi_t = [\chi_t^P, \chi_t^M, \chi_t^E]$。由此可得收入再分配后各收入阶层的个体收入：

$$\hat{y}_t^I = \frac{(1 - \tau_t^I)\theta_t^I + \kappa_t \eta_t \chi_t^I \sum_I (\tau_t^I - C(\tau_t^I))\theta_t^I}{\lambda_t^I} y_t$$

据此，收入再分配后阶层 P 的收入为：

$$\hat{y}_t^P = \frac{(1 - \tau_t^P)\theta_t^P + \kappa_t \eta_t \chi_t^P \sum_I (\tau_t^I - C(\tau_t^I))\theta_t^I}{\lambda_t^P} y_t$$

由此可得 $\frac{\partial \hat{y}_t^P}{\partial \tau_t^P} = \frac{-[1 - \kappa_t \eta_t \chi_t^P (1 - C'(\tau_t^P))]\theta_t^P y_t}{\lambda_t^P} < 0$

显然，$\hat{y}_t^P$ 要取得最大值，τ_t^P 必须为 0（角点解）。而当：

$$\begin{cases} \partial \hat{y}_t^P / \partial \tau_t^E = \kappa_t \eta_t \chi_t^P (1 - C'(\tau_t^E))\theta_t^E y_t / \lambda_t^P = 0 \\ \partial \hat{y}_t^P / \partial \tau_t^M = \kappa_t \eta_t \chi_t^P (1 - C'(\tau_t^M))\theta_t^M y_t / \lambda_t^P = 0 \end{cases}$$ 时，由于：

$$\begin{cases} \partial^2 \hat{y}_t^P / \partial^2 \tau_t^E = -\kappa_t \eta \chi_t^P C''(\tau_t^E)\theta_t^E y_t / \lambda_t^P < 0 \\ \partial^2 \hat{y}_t^P / \partial^2 \tau_t^M = -\kappa_t \eta \chi_t^P C''(\tau_t^M)\theta_t^M y_t / \lambda_t^P < 0 \end{cases} \text{及} \frac{\partial^2 \hat{y}_t^P}{\partial \tau_t^E \partial \tau_t^M} = \frac{\partial^2 \hat{y}_t^P}{\partial \tau_t^M \partial \tau_t^E} = 0$$

$\hat{y}_t^P$ 取得最大值，此时有 $\tau_t^E = \hat{\tau}_t^E$，$\tau_t^M = \hat{\tau}_t^M$。其中，$\hat{\tau}_t^E$、$\hat{\tau}_t^M$ 满足 $C'(\hat{\tau}_t^E) = C'(\hat{\tau}_t^M) = 1$。记 $\hat{\tau}_t^E = \hat{\tau}_t^M = \hat{\tau}_t$，此外，考虑到 $\partial \hat{y}_t^P / \partial \chi_t^P > 0$ 可得，阶层 P 偏好的最优税率向量和社会性支出份额向量为：

$$\hat{t}_t^P = [\tau_t^P, \tau_t^M, \tau_t^E] = [0, \hat{\tau}_t, \hat{\tau}_t], \hat{\chi}_t^P = [\chi_t^P, \chi_t^M, \chi_t^E] = [1, 0, 0]$$

同理可得，阶层 M 偏好的税率和社会性支出份额分别为：

$$\hat{t}_t^M = [\tau_t^P, \tau_t^M, \tau_t^E] = [\hat{\tau}_t, 0, \hat{\tau}_t],\ \chi_t^M = [\chi_t^P, \chi_t^M, \chi_t^E] = [0,1,0]$$

阶层 E 偏好的税率和社会性支出份额分别为：

$$\hat{t}_t^E = [\tau_t^P, \tau_t^M, \tau_t^E] = [\hat{\tau}_t, \hat{\tau}_t, 0],\ \chi_t^{EP} = [\chi_t^P, \chi_t^M, \chi_t^E] = [0,0,1]$$

显然，在针对性征税和针对性社会性支出情形下，各阶层在收入调节愿景上存在最优税率冲突和最优社会性支出冲突，需要国家根据经济社会目标加以抉择，而这种抉择本身又取决于国家能力。

假设国家只针对高收入阶层征税且征税税率为 $\tau_t^E \in (0,1)$，而社会性支出则只针对低收入阶层或中等收入阶层，则收入调节后低收入阶层和中等收入阶层收入变化值分别为：

$$\Delta\hat{y}_t^P = \frac{\kappa_t \eta_t \chi_t^P (\tau_t^E - C(\tau_t^E)) \theta_t^E y_t}{\lambda_t^P},\ \Delta\hat{y}_t^M = \frac{\kappa_t \eta_t \chi_t^M (\tau_t^E - C(\tau_t^E)) \theta_t^E y_t}{\lambda_t^M}$$

显然，当税率为 $\hat{\tau}_t^E$ 时，$\hat{\Delta} y_t^P$ 和 $\hat{\Delta} y_t^M$ 都取得最大值。对于 $0 < \tau_t^E \leqslant \hat{\tau}_t^E$，则有 $\Delta\hat{y}_t^P > 0$ 和 $\Delta\hat{y}_t^M > 0$。此情形下，当 $y_t^{PR} > \hat{y}_t^P(\tau_t^E)$ 且 $y_t^{MR} > \hat{y}_t^M(\tau_t^E)$ 成立时，革命才会发生［记 $f(\tau_t^E) = \tau_t^E - C(\tau_t^E)$］，即：

$$\theta_t^E > \frac{\varepsilon_t^R s_t^P}{\dfrac{1-\mu_t^R}{\lambda_t^{PR} + \lambda_t^{MR}} - \dfrac{\kappa_t \eta_t \chi_t^P f(\tau_t^E)}{\lambda_t^P}},\ \theta_t^E > \frac{\varepsilon_t^R s_t^M}{\dfrac{1-\mu_t^R}{\lambda_t^{PR} + \lambda_t^{MR}} - \dfrac{\kappa_t \eta_t \chi_t^M f(\tau_t^E)}{\lambda_t^M}} \tag{6-9A}$$

[①]

由此，属于低收入阶层或中等收入阶层的第 k 阶层的个体的革命条件可写为：

$$\theta_t^E > \hat{\theta}_t^{kR} = \frac{\varepsilon_t^R s_t^k}{\dfrac{1-\mu_t^R}{\lambda_t^{PR} + \lambda_t^{MR}} - \dfrac{\kappa_t \eta_t \chi_t^k f(\tau_t^E)}{\lambda_t^k}} \tag{6-9B}$$

比较式（6-9A）和式（6-6A）或式（6-9B）和式（6-6B），并考虑

---

① 当 $y_t^{PR} > \hat{y}_t^P(\tau_t^E)$ 且 $y_t^{MR} > \hat{y}_t^M(\tau_t^E)$ 成立时，式（6-9A）两个不等式中的分母必然大于0，下式（6-9B）也是如此。

到$f(\tau_t^E)>0$，可以发现，与没有收入调节相比，革命阶层的革命门槛提高了（$\hat{\theta}_t^{kR}>\theta_t^{kR}$），即，国家能借助收入调节降低革命的威胁。此外，由（6－9B）可知：

$$\frac{\partial\hat{\theta}_t^{kR}}{\partial\kappa_t}>0,\frac{\partial\hat{\theta}_t^{kR}}{\partial\eta_t}>0 \tag{6-10}$$

式（6－10）的经济含义是，国家汲取能力越强[$C(\tau_t^E)$越小]、国家再分配能力越强（κ_t 越大）和国家法治能力越强（η_t 越大），国家借助收入调节降低革命威胁的能力越强。

综合起来，可得命题6－3。

命题6－3：对于有针对性征税和针对性社会性支出情形，如果国家具有一定的国家能力（包括汲取能力、再分配能力、法治能力），则其主导的收入调节有助于减轻来自低收入阶层和中等收入阶层的革命威胁；国家能力越强，效果越明显。

（二）无针对性征税和无针对性社会性支出情形

记$\rho_t^P=\chi_t^P/\lambda_t^P$、$\rho_t^M=\chi_t^M/\lambda_t^M$和$\rho_t^R=\chi_t^R/\lambda_t^R$，并作如下划分：如果$\rho_t^P>1$，则称此类型国家为亲贫穷阶层国家；如果$\rho_t^R>1$，则称此类型国家为亲权贵国家；如$\rho_t^M>1$，则称此类型国家为亲中产阶层国家；如果满足$\rho_t^P=\rho_t^M=\rho_t^R=1$，则称此类型国家为中性国家。显然，$\rho_t^P$、$\rho_t^M$、$\rho_t^R$ 既不可能同时大于1，也不可能同时小于1。在很大程度上，$\rho_t=[\rho_t^P,\rho_t^M,\rho_t^R]$表示了经济社会中各阶层所拥有的政治权力，也反映了经济社会的政治体系，因此本文称之为国家的事实政治性质。而上文中的χ_t^I 实际上反映了国家在收入调节中对各阶层的偏好。

无针对性征税和无针对性社会性支出意味着国家对各阶层所有个体的税率和社会性支出的阶层偏好相同，即$\rho_t^P=\rho_t^M=\rho_t^R=1$和$\tau_t^P=\tau_t^M=\tau_t^E=\tilde{\tau}_t$。由此可得收入调节后阶层$P$、阶层$M$、阶层$E$的个体收入分别为：

$$y_t^{PT}=(s_t^P+\kappa_t\eta_t(\tilde{\tau}_t-C(\tilde{\tau}_t))-\tilde{\tau}_t s_t^P)y_t \tag{6-11A}$$

$$y_t^{MT}=(s_t^M+\kappa_t\eta_t(\tilde{\tau}_t-C(\tilde{\tau}_t))-\tilde{\tau}_t s_t^M)y_t \tag{6-11B}$$

$$y_t^{ET}=(s_t^E+\kappa_t\eta_t(\tilde{\tau}_t-C(\tilde{\tau}_t))-\tilde{\tau}_t s_t^E)y_t \tag{6-11C}$$

式（6－11A）、式（6－11B）、式（6－11C）中，$\Delta y_t^I=(\kappa_t\eta_t(\tilde{\tau}_t-$

$C(\tilde{\tau}_t)) - \tilde{\tau}_t s_t^I) y_t$ 是各阶层在再分配后的收入变化量。其中，$d\Delta y_t^I / d(\tilde{\tau}_t) = \kappa_t \eta_t (1 - C'(\tilde{\tau}_t)) - s_t^I$。

显然，基于通过收入调节旨在避免发生革命的目的，对阶层 P、阶层 M 来说，Δy_t^P、Δy_t^M 必须为正，对阶层 E 来说，Δy_t^E 必须为负。记使 Δy_t^P 最大化的税率为 $\tilde{\tau}_t^P$，使 Δy_t^M 最大化的税率为 $\tilde{\tau}_t^M$，它们分别满足式（6－12A）和式（6－12B）：

$$C'(\tilde{\tau}_t^P) = 1 - s_t^p / (\kappa_t \eta_t) \quad (6-12A)$$

$$C'(\tilde{\tau}_t^M) = 1 - s_t^M / (\kappa_t \eta_t) \quad (6-12B)$$

下面分类讨论无针对性征税和无针对性转移支付情形下，国家通过收入调节避免革命的条件。

情形1：$s_t^P < s_t^M < \kappa_t \eta_t$。此时，根据假定6－5，可知 $\tilde{\tau}_t^P > \tilde{\tau}_t^M > 0$，而且当税率为 $\tilde{\tau}_t^P$ 时 Δy_t^P 取得最大值，所以 $\Delta y_t^P(\tilde{\tau}_t^P) > 0$。并且，$\Delta y_t^P(\tilde{\tau}_t^M) > \Delta y_t^M(\tilde{\tau}_t^M) > 0$。

此情形下，对于 $0 < \tilde{\tau}_t < \tilde{\tau}_t^M < \tilde{\tau}_t^P$，均有 $d\Delta y_t^P / d(\tilde{\tau}_t) > 0$ 和 $d\Delta y_t^M / d(\tilde{\tau}_t) > 0$，（假定6－5）。而当 $y_t^{PR} > y_t^{PT}(\tilde{\tau}_t)$ 且 $y_t^{MR} > y_t^{MT}(\tilde{\tau}_t)$ 成立时，革命才会发生，即：

$$\theta_t^E > (\lambda_t^{PR} + \lambda_t^{MR})(\varepsilon_t^R s_t^P + \kappa_t \eta_t (\tilde{\tau}_t - C(\tilde{\tau}_t)) - \tilde{\tau}_t s_t^P) / (1 - \mu_t^R)$$

以及 $\theta_t^E > (\lambda_t^{PR} + \lambda_t^{MR})(\varepsilon_t^R s_t^M + \kappa_t \eta_t (\tilde{\tau}_t - C(\tilde{\tau}_t^M)) - \tilde{\tau}_t s_t^M) / (1 - \mu_t^R)$

由此可得属于低收入阶层或中等收入阶层的第 k 阶层的个体的革命条件为：

$$\theta_t^E > \tilde{\theta}_t^{kR} (\lambda_t^{PR} + \lambda_t^{MR})(\varepsilon_t^R s_t^k + \kappa_t \eta_t (\tilde{\tau}_t - C(\tilde{\tau}_t)) - \tilde{\tau}_t s_t^k) / (1 - \mu_t^R) \quad (6-13A)$$

比较式（6－13A）和式（6－6B），并考虑到 $\Delta y_t^k(\tilde{\tau}_t) > 0$，可以发现，与没有收入调节相比，革命阶层的革命门槛提高了（$\tilde{\theta}_t^{kR} > \theta_t^{kR}$），即，国家能借助收入调节降低革命的威胁。而且，国家汲取能力越强（$C(\tilde{\tau}_t)$ 越小）、国家再分配能力越强（κ_t 越大）和国家法治能力越强（η_t 越大），国家借助收入调节降低革命威胁的能力越强。

情形2：$s_t^P < \kappa_t \eta_t < s_t^M$。此时，根据假定6－5，可知 $\tilde{\tau}_t^P > \tilde{\tau}_t^M = 0$，$\Delta y_t^P(\tilde{\tau}_t^P) > 0$，$\Delta y_t^M(\tilde{\tau}_t^M) = 0$，即 $y_t^{MT}(\tilde{\tau}_t^M) = y_t^M$。

此情形下，对于 $0 < \tilde{\tau}_t < \tilde{\tau}_t^P$，有 $d\Delta y_t^P / d(\tilde{\tau}_t) > 0$ 且 $d\Delta y_t^M / d(\tilde{\tau}_t) < 0$，而当

$y_t^{PR} > y_t^{PT}(\tilde{\tau}_t)$ 且 $y_t^{MR} > y_t^{MT}(\tilde{\tau}_t)$ 成立时，革命才会发生，即：

$$\theta_t^E > \tilde{\theta}_t^{PR} = (\lambda_t^{PR} + \lambda_t^{MR})(\varepsilon_t^R s_t^P + \kappa_t \eta_t(\tilde{\tau}_t - C(\tilde{\tau}_t)) - \tilde{\tau}_t s_t^P)/(1 - \mu_t^R)$$

$$\text{以及 } \theta_t^E > \tilde{\theta}_t^{MR} = (\lambda_t^{PR} + \lambda_t^{MR})(\varepsilon_t^R s_t^M + \kappa_t \eta_t(\tilde{\tau}_t - C(\tilde{\tau}_t)) - \tilde{\tau}_t s_t^M)/(1 - \mu_t^R) \quad (6-13B)$$

比较式（6－13B）和式（6－6A），并考虑到 $\Delta y_t^P(\tilde{\tau}_t) > 0$ 和 $\Delta y_t^M(\tilde{\tau}_t) < 0$，可以发现，与没有收入调节相比，低收入阶层的革命门槛提高了（$\tilde{\theta}_t^{PR} > \theta_t^{PR}$），即，国家能借助收入调节减轻低收入阶层的革命威胁。然而，中等收入阶层的革命门槛却降低了（$\tilde{\theta}_t^{MR} < \theta_t^{PR}$），即，国家无法借助收入调节减轻中等收入阶层的革命威胁。

显然，情形2意味着通过无针对性征税和无针对性社会性支出，只能部分解决革命威胁问题，此时有针对性征税和针对性社会性支出效果会更好一些，即通过向富裕阶层征税并向贫穷阶层和中等收入阶层进行社会性支出，以此提高革命门槛。不过，正如下文所分析的，这可能会提高富裕阶层抵制甚至政变的可能性。

情形3：$s_t^P > \kappa_t \eta_t$。此时，由于 $s_t^M > s_t^P$，根据假定6－5，意味着 $\tilde{\tau}_t^P = \tilde{\tau}_t^M = 0$。$\Delta y_t^P(\tilde{\tau}_t^P) = \Delta y_t^M(\tilde{\tau}_t^M) = 0$，即 $y_t^{PT}(\tilde{\tau}_t^P) = y_t^P$ 和 $y_t^{MT}(\tilde{\tau}_t^M) = y_t^M$。

此情形下，革命的发生条件等同于前文的式（6－6A）和式（6－6B），因而国家收入调节丝毫不能降低革命的威胁。

综合上述的情形1、情形2、情形3，可得命题6－4。

命题6－4：在无针对性征税和无针对性转移支付情形下，强国家能力（$\kappa_t \eta_t > s_t^M > s_t^P$）下的收入调节有助于同时减轻来自低收入阶层和中等收入阶层的革命威胁；弱国家能力（$\kappa_t \eta_t < s_t^P < s_t^M$）下国家无法借助收入调节减轻来自低收入阶层和中等收入阶层的革命威胁；当国家能力介于强弱之间（即 $s_t^P < \kappa_t \eta_t < s_t^M$）时，收入调节有助于减轻来自贫穷阶层的革命威胁，但国家无法借助收入调节减轻来自中等收入阶层的革命威胁。

收入调节不仅对革命阶层即低收入阶层和中等收入阶层的革命存在影响，也会对高收入阶层的抵制甚至政变产生影响。

就高收入阶层 E 而言，如前所述，其收入调节后的收入变化量 Δy_t^E 为负，并且税率越大，Δy_t^E 减少的越多，因为 $d\Delta y_t^E / d\tilde{\tau}_t = -(s_t^E - \kappa_t \eta_t) - \kappa_t \eta_t C'(\tilde{\tau}_t)$

$<0(s_t^E>1)$。因此，富裕阶层 E 具有抵制税收负担的可能，从而对经济社会稳定构成威胁，甚至会演变为政变。当然，富裕阶层的政变同贫穷阶层和中等收入阶层的革命一样，也存在行动成本。

假设其值为富裕阶层收入 y_t^E 的一个比例，记为 ω_t^E，则政变后富裕阶层 E 的个体收入为 $y_t^{EC}=(1-\omega_t^E)y_t^E$。显然，只有当 $y_t^{EC}>y_t^{ET}(\tilde{\tau}_t)$ 时，高收入阶层才会发动政变，由此可得高收入阶层抵制或政变的条件为：

$$\tilde{\tau}_t s_t^E-\kappa_t\eta_t(\tilde{\tau}_t-C(\tilde{\tau}_t))>\omega_t^E s_t^E \text{ 即 } (\tilde{\tau}_t-\omega_t^E)s_t^E>\kappa_t\eta_t(\tilde{\tau}_t-C(\tilde{\tau}_t)) \tag{6-14}$$

记 $\tilde{\tau}_t^C s_t^E-\kappa_t\eta_t(\tilde{\tau}_t^C-C(\tilde{\tau}_t^C))=\omega_t^E s_t^E$，并称 $\tilde{\tau}_t^C$ 为高收入阶层发动政变的门槛税率，简称政变门槛税率。当实际税率 $\tilde{\tau}_t$ 大于政变门槛税率 $\tilde{\tau}_t^C$ 时，意味着式（6-14）成立，高收入阶层抵制或发动政变 $(d\Delta y_t^E/d\tilde{\tau}_t<0)$。

对于政变门槛税率 $\tilde{\tau}_t^C$，有：

$$d\tilde{\tau}_t^C/d\omega_t^E=s_t^E/(s_t^E-\kappa_t\eta_t+\kappa_t\eta_t C'(\tilde{\tau}_t^C))>0 \tag{6-15A}$$

$$d\tilde{\tau}_t^C/d\kappa_t=\eta_t(\tilde{\tau}_t^C-C(\tilde{\tau}_t^C))/(s_t^E-\kappa_t\eta_t+\kappa_t\eta_t C'(\tilde{\tau}_t^C))>0 \tag{6-15B}$$

$$d\tilde{\tau}_t^C/d\eta_t=\kappa_t(\tilde{\tau}_t^C-C(\tilde{\tau}_t^C))/(s_t^E-\kappa_t\eta_t+\kappa_t\eta_t C'(d\tilde{\tau}_t^C))>0 \tag{6-15C}$$

$$d\tilde{\tau}_t^C/ds_t^E=\omega_t^E-\tilde{\tau}_t^C/(s_t^E-\kappa_t\eta_t+\kappa_t\eta_t C'(\tilde{\tau}_t^C)) \tag{6-15D}$$

式（6-15A）~（6-15C）意味着，政变成本越高（ω_t^E 越大），国家汲取能力越强 $(C(\tilde{\tau}_t^C)$ 越小)、国家再分配能力越强（κ_t 越大）和国家法治能力越强（η_t 越大），富裕阶层发动政变的门槛税率越高，富裕阶层发动政变的可能性越小。

对于式（6-15D），当 $\omega_t^E>\tilde{\tau}_t^C$ 时，意味着式（6-14）不成立［注意式（6-14）中的第二个不等式］，即高收入阶层不会抵制或发动政变；当 $\omega_t^E<\tilde{\tau}_t^C$ 时，有 $d\tilde{\tau}_t^C/ds_t^E<0$，即高收入阶层的收入分配地位越高（$s_t^E$ 越大），高收入阶层发动政变的门槛税率越低，高收入阶层发动政变的可能性越大。

综合起来，可得命题6-5。

命题6-5：收入越不平等的经济社会，针对收入调节，高收入阶层抵制或发动政变的可能性越大，而强国家能力则有助于降低高收入阶层抵制或发动政变的可能性。

至此，就无针对性征税和无针对性转移支付而言，国家在进行税率抉择时，必须通盘考虑前述的使低收入阶层社会性支出最大化的税率 $\tilde{\tau}_t^P$，使中等收入阶层社会性支出最大化的税率 $\tilde{\tau}_t^M$，使高收入阶层不抵制或不发动政变的政变门槛税率 $\tilde{\tau}_t^C$，而其抉择能力也在一定程度上反映了国家的规制能力和渗透能力。在强国家能力条件下（$\kappa_t\eta_t > s_t^M > s_t^P$），国家选择的实际税率首先必须满足 $\tilde{\tau}_t < \tilde{\tau}_t^C$，以防止来自高收入阶层的政变；其次，为防止来自低收入阶层和高收入阶层的革命威胁，并考虑到 $\tilde{\tau}_t^G > \tilde{\tau}_t^P \geqslant \tilde{\tau}_t^M$，国家选择的实际税率 $\tilde{\tau}_t$ 又必须满足 $0 < \tilde{\tau}_t \leqslant \tilde{\tau}_t^M$。

综合起来，在无针对性征税和无针对性社会性支出情形及强国家能力条件下，国家选择的实际税率应满足 $0 < \tilde{\tau}_t < \min(\tilde{\tau}_t^C, \tilde{\tau}_t^M)$。同理，在一般国家能力下，国家选择的实际税率应满足 $0 < \tilde{\tau}_t < \min(\tilde{\tau}_t^C, \tilde{\tau}_t^P)$。

而在弱国家能力条件下，由于无针对性征税和无针对性社会性支出无法减轻来自贫穷阶层和富裕阶层的革命威胁，此时针对性征税和针对性社会性支出则可以起到减轻来自低收入阶层和中等收入阶层的革命威胁的作用，即只针对高收入阶层征税，且对高收入阶层征税税率 τ_t^E 满足 $0 < \tau_t^E < \tilde{\tau}_t^C$，而转移性支付则只针对低收入阶层或中等收入阶层。

第三节　中国改善收入分配的国家能力与持续经济增长：实证分析

本节结合上一节的数理模型，实证分析已进入新常态的当下中国能否实现包容性经济增长，包括以下几个方面：新常态以来，中国人均物质资本存量、人力资本存量演变态势，以及对经济社会稳定的影响；新常态以来，包括汲取能力、再分配能力、法治在内的中国国家能力演变，以及对经济社会稳定的影响；新常态以来，中国的阶层间收入不平等演变，以及对经济社会稳定的影响。需要说明的是，由于诸如贫穷阶层中参加革命的比例 λ_t^{PR}、中等收入阶层中参加革命的比例 λ_t^{MR}、革命成本 ε_t^R、革命所造成的损失 μ_t^R、政变成本 ω_t^E、单位征税成本 $C(\tau_t)$ 很难获得甚至不可能获得。为此，以下的实证分析主要是定性分析。

一、新常态与持续经济增长

前述的现阶段中国人均收入已进入中等偏上收入阶段，经济增长速度转为中高速，产业结构逐渐以第三产业特别是现代服务业为主等一些典型经济特征，本质上是中国人均物质资本存量、人力资本存量不断增强的必然结果。表6-1给出了1982~2015年15岁及以上人口中大专及以上人口占比（本书以此指标反映人力资本），以及GDP中第三产业增加值占比。

表6-1　1982~2015年15岁及以上人口中大专及以上人口占比、GDP中第三产业增加值占比

单位：%

年份	1982	1990	1996	1999	2000	2002	2003	2004	2005
大专及以上人口占比	0.919	1.73	2.75	3.77	3.70	5.60	6.46	6.72	6.46
GDP中第三产业增加值占比	22.5	32.4	33.7	38.6	39.8	42.3	42.1	41.2	41.4
年份	2006	2007	2008	2009	2010	2011	2012	2013	2014
大专及以上人口占比	7.16	7.50	7.61	8.22	7.99	11.22	11.81	12.61	12.85
GDP中第三产业增加值占比	41.9	42.9	42.9	44.4	44.2	44.3	45.5	46.9	48.1

资料来源：根据各年《中国统计年鉴》计算得到。其中，1982年、1990年、2000年及2010年的数据来源于全国人口普查数据，其余年份为来源于全国人口抽样调查数据。

从表6-1以看出，在1982年、1990年、2000年、2010年这四个全国人口普查年，随着时间的推移，15岁及以上人口中大专及以上人口占比不断上升，而只进行了全国人口抽样调查的其余年份，15岁及以上人口中大专及以上人口占比数据变化也同样表明了这一态势。其中，15岁及以上人口中大专及以上人口占比可以作为反映中国人力资本状况的一个指标。在1982年这一数值是0.919%，而到2014年这一数值增长到12.85%，与此相对应，1982年GDP中第三产业增加值占比为22.5%，2014年这一数值增长到48.1%。特别是2012年进入新常态以来，GDP中第三产业增加值占比一改以前的波动态势，呈现稳定上升，且每年增加值均在1%之上，反映了知识密集型生产性服务业的不断壮大。

表6-2给出了1990~2014年人均资本存量。从表6-2可以看出，1990~2014年，中国人均资本存量呈稳定增加态势，1990年人均为2664元，到2014年人均资本则增加到40968元。

表 6－2　　1990～2014 年人均资本存量　　单位：元/人

年　份	1990	1995	1999	2000	2001	2002
人均资本存量	2664	4390	6583	7217	8040	8947
年　份	2003	2004	2005	2006	2007	2008
人均资本存量	10119	11525	13008	14703	16814	19165
年　份	2009	2010	2011	2012	2013	2014
人均资本存量	22067	25478	29146	32903	36920	40968

资料来源：资本存量以 1990 年为基年，2000 年及其以前的数据，来源于张军等（2004），2000 年以后的数据基于张军等（2004）的方法根据《中国统计年鉴 2015》计算得到，而某一年人均资本存量则为该年资本存量除以全国总人数得到。

综合起来，根据前文的命题 6－2，上述两种经济特征无疑增加了低收入阶层和中等收入阶层的革命成本，同时也增加革命所造成的经济社会损失，从而提高了低收入阶层和中等收入阶层的革命门槛，进而减少了因收入不平等引发经济社会动荡的可能性，为中国实现持续经济增长，避免落入“中等收入陷阱”创造了有利条件。

二、政府的财政收入、财政支出、转移支付与国家汲取、再分配和法治能力

决定社会性支出的因素主要有以 GDP 衡量的经济社会总体收入水平和国家汲取能力。其中，国家汲取能力采用国家财政收入占 GDP 比重来衡量。需要说明的是，这里之所以用财政收入而不是税收收入，主要是考虑到一则国家财政收入与税收收入一样都是取之于民，二则税收收入在国家财政收入中占绝大比例，三则国家的财政收入和支出才真正反映了国家的财政能力。此外，考虑现实中国家财政收入—支出平衡中存在财政赤字或财政盈余问题，因而用社会性支出及其分项占一般公共预算支出比重来表示国家的再分配能力。表 6－3 给出了 1978～2014 年我国财政收入占 GDP 比重。

表 6－3　　1978～2014 年中国财政收入占 GDP 比重　　单位：%

年　份	1978	1980	1985	1990	1991	1992	1994	1995	1996
财政收入占 GDP 比重	31.02	25.48	22.12	15.64	14.35	12.86	10.79	10.38	10.50

续表

年　份	1997	1998	1999	2000	2001	2002	2003	2004	2005
财政收入占 GDP 比重	11.02	11.83	12.86	13.59	15.08	15.78	16.00	16.47	17.15
年　份	2006	2007	2008	2009	2010	2011	2012	2013	2014
财政收入占 GDP 比重	17.84	19.10	19.24	19.86	20.41	21.65	21.95	21.97	22.07

资料来源：根据《中国统计年鉴 2015》相关数据，运用式（6－4）计算得到。

从表6－3可以看出，新常态以来的2012～2014年，我国财政收入占GDP比重呈微小幅度上升态势，占比为22%左右，表明国家的汲取能力已趋于稳定小幅上升。对此，可以与改革开放以来的历史数据作一比较。1978～2011年国家的汲取能力呈先降后升的演变轨迹，其转折点为1994年的分税制改革。

社会性支出分项包括教育支出、社会保障和就业支出、医疗卫生与计划生育支出、住房保障支出等。表6－4给出了2009～2014年社会性支出及其分项占一般公共预算支出比重，这些分项包括教育支出、社会保障和就业支出、医疗卫生与计划生育支出、住房保障支出①。

表6－4　2009～2014年中国社会性支出及其分项占一般公共预算支出比重

单位：%

年　份	2009	2010	2011	2012	2013	2014
社会性支出占一般公共预算支出比重	29.84	32.11	34.65	36.17	35.13	35.70
教育支出占一般公共预算支出比重	13.68	13.96	15.10	16.87	15.69	15.18
社会保障和就业支出占一般公共预算支出比重	9.97	10.16	10.17	9.99	10.33	10.52
医疗卫生与计划生育支出占一般公共预算支出比重	5.23	5.35	5.89	5.75	5.91	6.70
住房保障支出占一般公共预算支出比重	0.95	2.64	3.50	3.56	3.20	3.32

资料来源：根据《中国统计年鉴 2015》相关数据计算得到。

从表6－4可以看出，2009～2014年社会性支出在一般公共预算支出占比从29.84%增加到35.70%，反映了国家再分配能力呈总体上升态势。其中，

① 考虑到社会保障支出与医疗卫生支出存在一些重合，实际的社会性支出占比比这里的社会性支出占比小一些。

教育支出占一般公共预算支出比重，以及住房保障支出占一般公共预算支出比重，均呈先上升后略微下降态势，而社会保障和就业支出占一般公共预算支出比重，以及医疗卫生与计划生育支出占一般公共预算支出比重，均呈上升态势。

公共预算中的社会性支出有多大比例能成为实际社会性支出，即社会性支出效率，取决于国家的规制能力即法治能力。显然，诸如截留、挪用甚至受贿这些腐败行为无疑会降低社会性支出效率，反映的则是国家规制能力欠缺。据此，本书以反腐败程度作为衡量收入调节中的国家法治能力，并作定性分析。

对腐败状况存在着客观评估和主观评估两种方法，两种方法各有利弊。前者主要通过某国家或地区查办腐败案件或贪官的数量来对腐败犯罪进行评估，具有较强的客观性和说服力。但是，查办腐败案件的多少，并不能准确反映腐败犯罪的严重程度或变化情况，因为每个国家或地区都在一定程度上存在腐败犯罪的黑数[①]；后者主要通过问卷调查了解民众的“社会安全感”，来评估腐败的严重程度，由于其可以生成相当精细的量化数据，因而便于纵向与横向的比较研究。不过，这种主观评估方法由于感知具有差异性和不准确性，存在主观认知和客观状况差距无法消除的弊端。

考虑到腐败行为本身的隐秘性，以及无法判断已被发现的腐败在实际存在的腐败行为中的比例，基于数据的可获得性和连续性，本书借用主观评估方法所给出的数据，给出一个大致的评判。

2012 年 12 月 6 日，四川省委副书记李春城涉嫌严重违纪接受调查拉开了中央十八大以来的强力反腐序幕。中央发起了一场大规模的反腐战役，涉及范围之广、强度之大，都是以往反腐运动所不可比拟的[②]：一是查处腐败大案要案毫不手软，形成了强大震慑效应。截至 2017 年 6 月底，共立案审查中管干部 280 多人、厅局级干部 8600 多人、县处级干部 6.6 万人。

二是通过探索实践监督执纪“四种形态”，有效遏制腐败蔓延势头。截至 2017 年 6 月底，共处置问题线索 236.2 万件，立案 141.8 万件，处分 140.9 万人，移送司法机关依法处理 5.4 万人。

三是锲而不舍落实中央八项规定精神，以党风带动政风民风好转。狠抓

① 何家弘：《中国腐败犯罪的现状评估》，《现代法学》2014 年第 6 期。

② 资料来源：http：//www. ccdi. gov. cn/yw/201709/t20170918_107260. html。

国际追逃追赃，让腐败分子无藏身之地。截至2016年年底，共追回外逃人员2566人，追回赃款86.4亿元，目前已有45名“百名红通人员”落网。

四是推动正风反腐向基层延伸，着力解决群众身边的腐败问题。截至2017年6月底，党的十八大以来共处分乡科级及以下党员干部134.3万人，处分农村党员干部64.8万人。

党的十八大以来的反腐成果赢得了党心、民心。国家统计局问卷调查结果显示，人民群众对反腐败工作成效表示很满意或比较满意的比例由2012年的75%增长至2016年的92.9%。

正风、肃纪、惩贪、“打虎”“拍蝇”“猎狐”，从不敢腐到不能腐再到不想腐。短短5年，中国共产党在党风廉政建设和反腐败斗争走出了一条卓有成效的路子，使我们有理由相信国家法治能力的不断强大。

综合起来，随着国家的汲取能力、再分配能力和法治能力的不断增强，根据命题6-3、命题6-4和命题6-5，意味着国家通过收入调节调控各收入阶层分配地位，进而降低经济社会动荡的可能性，实现持续经济增长，避免中国落入“中等收入陷阱”的能力增强。

三、收入阶层划分、阶层间收入不平等与持续经济增长

对于阶层结构的分析和表述，人们常采用类比的方法，比如“金字塔形”“橄榄形”或“纺锤形”“倒丁字形”等。“金字塔形”指的是富裕阶层比例很小，中等收入阶层呈过渡状，而贫穷阶层比例很大的阶层结构；“橄榄形”或“纺锤形”指的是中等收入阶层比例比较大，而富裕阶层和贫穷阶层占比例比较少的阶层结构；“倒丁字形”则是指处于低社会经济地位的阶层的比例巨大，而在此之上处在不同社会经济地位的阶层比例都较小。无论是“金字塔形”阶层结构，还是“橄榄形”阶层结构，抑或是“倒丁字形”阶层结构，在阶层划分中，都是以低收入阶层、中等收入阶层和高收入阶层三大阶层为比照。与现实比较，这种比照可能比较粗略，但有利于理论分析和切入要点。不过，就实证而言，还必须注意中国的阶层结构一个重要的特征，这就是由于制度因素而造成的城乡二元阶层结构①。因此，中国收入阶层划分及

① 参见李强：《“丁字形”社会结构与“结构紧张”》，载于《社会学研究》2005年第2期；李培林：《中产阶层成长和橄榄形社会》，载于《国际经济评论》2015年第1期。

其分析应既包括城乡内部各收入阶层①，还应包括城乡之间。

此外，对于居民内部的收入分配，国际的通行做法是以个人为基本计算单位。本书基于数据的可获得性，依照国家统计局《中国统计年鉴》的标准，以家庭为基本计算单位，并以家庭人均可支配收入（对农村家庭而言，2012年及其以前的数据为农村家庭人均纯收入）来衡量家庭间的收入不平等及阶层划分。同时，这样处理也比较符合中国以家庭为中心的伦理传统。

（一）城镇居民

表6－5给出了2000～2014年城镇各收入阶层收入再分配后的收入分配地位。表6－5中，2012年及其以前，城镇以家庭为单位被划分为最低收入户（10%）、低收入户（10%）、中等偏下收入户（20%）、中等收入户（20%）、中等偏上收入户（20%）、高收入户（10%）、最高收入户（10%）七个收入阶层。2012年以后，城镇以家庭为单位被划分为低收入户（20%）、中等偏下收入户（20%）、中等收入户（20%）、中等偏上收入户（20%）、高收入户（20%）五个收入阶层。

表6－5　　2000～2015年城镇各收入阶层的收入分配地位

年份	最低收入户	低收入户	中等偏下收入户	中等收入户	中等偏上收入户	高收入户	最高收入户
2000	0.4225	0.5786	0.7362	0.9392	1.1922	1.5022	2.1196
2001	0.4086	0.5622	0.7211	0.9281	1.1902	1.5125	2.2035
2002	0.3127	0.4737	0.6407	0.8643	1.1515	1.5284	2.4661
2003	0.3057	0.4686	0.6347	0.8591	1.1524	1.5490	2.5775
2004	0.3038	0.4701	0.6394	0.8668	1.1729	1.5890	2.6935
2005	0.2987	0.4656	0.6395	0.8758	1.2011	1.6395	2.7421
2006	0.3035	0.4712	0.6424	0.8733	1.1947	1.6216	2.7184
2007	0.3054	0.4718	0.6456	0.8735	1.1886	1.6128	2.6683
2008	0.3022	0.4666	0.6461	0.8862	1.2201	1.6634	2.7637
2009	0.3059	0.4752	0.6547	0.8967	1.2238	1.6528	2.7265

① 由于统计调查口径发生变化，2012年及其以前的数据城乡居民调查数据与2013年及其以后的数据不具可比性。

续表

年份	最低收入户	低收入户	中等偏下收入户	中等收入户	中等偏上收入户	高收入户	最高收入户
2010	0. 3113	0. 4859	0. 6647	0. 9013	1. 2135	1. 6245	2. 6914
2011	0. 3153	0. 4893	0. 6648	0. 8962	1. 2114	1. 6313	2. 6980
2012	0. 3344	0. 5084	0. 6823	0. 9127	1. 2137	1. 6122	2. 5982
2013	—	0. 3671	0. 6540	0. 8968	1. 2099	2. 1429	—
2014	—	0. 3818	0. 6688	0. 9071	1. 2127	2. 0971	—

资料来源：根据 1996 ~2015 年《中国统计年鉴》的相关数据，运用式（6 –3）计算得到。

从表 6 –5 可以看出，2000 ~2005 年，城镇最低收入户和低收入户的收入分配地位均呈下降态势，2005 ~2012 年则在略微波动中均呈上升态势，因而可以将他们归到一个阶层并称之为低收入阶层；2000 ~2003 年，城镇中等偏下收入户和中等收入户的收入分配地位均呈下降态势，2003 ~2012 年则在略微波动中均呈上升态势，因而可以将他们归到一个阶层并称之为中等收入阶层；2000 ~2012 年，中等偏上收入阶层的收入分配地位在 1. 15 ~1. 22 之间呈波动态势，可视为一个独立阶层，可称之为中等偏上收入阶层；2000 ~2005 年，城镇高收入户和最高收入户的收入分配地位均呈上升态势，2005 ~2012 年则在略微波动中均呈下降态势，因而可以将他们归到一个阶层并称之为高收入阶层。其中，低收入阶层、中等收入阶层、中等偏上收入阶层、高收入阶层在以家庭为单位的城镇居民中所占比例分别为 20%、40%、20%、20%。

由表 6 –5 可以看出，2014 年与 2013 年相比，除高收入阶层的收入分配地位下降外，其余各阶层收入分配均有所上升。如果将表 6 –5 中 2013 年、2014 年两个年份的低收入户视为低收入阶层，中等偏下收入户和中等收入户归为中等收入阶层，中等偏上收入户视为中等偏上收入阶层、高收入户视为高收入阶层，那么，2000 ~2012 年城镇收入阶层的上述划分就可以和统计口径发生变化的 2013 年、2014 年统一起来。

综合起来，可以发现 2000 ~2014 年，城镇居民中收入分配地位低于 1 的家庭占总家庭数超过 60%；新常态以来，2012 年与 2011 年相比，2014 年与 2013 年相比，除高收入阶层的收入分配地位下降外，其余各阶层收入分配均有所上升。根据命题 6 –5，前者意味着经过收入再分配后，高收入阶层抵制或政变意愿在下降；根据命题 6 –1，后者意味着经过收入再分配后，低收入阶层和中等收入阶层的革命意愿在下降，持续经济增长得以保证。

（二）农村居民

表6－6给出了2002～2014年农村各收入阶层收入再分配后的收入分配地位。

表6－6　　2002～2014年农村各收入阶层的收入分配地位

年份	低收入户	中等偏下收入户	中等收入户	中等偏上收入户	高收入户
2002	0.3462	0.6251	0.8742	1.2241	2.3815
2003	0.3302	0.6126	0.8669	1.2229	2.4203
2004	0.3429	0.6273	0.8781	1.2286	2.3603
2005	0.3279	0.6201	0.8759	1.2299	2.3802
2006	0.3296	0.6195	0.8777	1.2396	2.3626
2007	0.3253	0.6236	0.8837	1.2390	2.3647
2008	0.3150	0.6165	0.8829	1.2453	2.3716
2009	0.3007	0.6035	0.8737	1.2551	2.3906
2010	0.3159	0.6118	0.8822	1.2571	2.3737
2011	0.2867	0.6099	0.8897	1.2746	2.4054
2012	0.2926	0.6073	0.8894	1.2811	2.4012
2013	0.3235	0.6706	0.9486	1.3283	2.3970
2014	0.2798	0.6676	0.9608	1.3596	2.4209

资料来源：根据2003～2015年《中国统计年鉴》相关数据，运用式（6－3）计算得到。

从表6－6可以看出，2002～2014年，农村居民中收入分配地位低于1的家庭占总家庭数也超过60%；2002～2012年，低收入户的收入分配地位在0.2867～0.3462间呈小幅波动，中等偏下收入户在0.6035～0.6273间呈微幅波动，中等收入户在0.8669～0.8894间呈微幅波动，中等偏上收入户在波动中呈小幅上升态势，高收入户在2.3603～2.4203间呈小幅波动。

新常态以来，2012年与2011年相比，低收入阶层和中等偏上收入阶层的收入分配地位略微上升，中等偏下收入阶层、中等收入阶层和高收入阶层的收入分配地位略微下降；2014年与2013年相比，低收入阶层的收入分配地位下降了0.0437，中等偏下收入阶层的收入分配地位略微下降，而中等收入阶层、中等偏上收入阶层、高收入阶层的收入分配地位则分别上升了0.0122、

0.0313、0.0239。根据命题6－1，此情形意味着低收入阶层和中等偏下收入阶层的革命意愿会上升，中等收入阶层的革命意愿会下降；根据命题6－5，此情形也意味着针对收入再分配，中等偏上收入阶层、高收入阶层抵制或政变意愿在上升。

从实现持续经济增长出发，考虑到农村低收入阶层大都属于农村贫困人口（2014年农村低收入阶层的人均可支配收入为2768.1元，低于2014年的脱贫标准2800元），需要通过脱贫攻坚来提高这一阶层的收入分配地位。无疑，正在实施的精准扶贫、精准脱贫等脱贫攻坚工程，会有助于降低农村经济社会动荡，为实现持续经济增长提供社会基础。

值得指出的是，20世纪中叶，新中国农村完成的土地改革，以及改革开放以来在农村实施的家庭联产承包责任制的土地平等使用配置制度，为农村经济社会提供了稳固的经济基础。与此形成鲜明对比的是，土地分配的严重不平等，是拉美国家未能实现持续经济增长，从而陷入“中等收入陷阱”的重要因素。

（三）城乡居民收入差距

表6－7给出了1990～2014年城乡居民收入差距。其中，城乡收入差距以城镇居民人均可支配收入与农村居民人均纯收入之比来衡量。从表6－7可以看出，1990～2014年，城乡居民收入差距呈先上升后下降的态势，最高出现在2009年，其值为3.3328。进入新常态以来，城乡收入差距已呈稳定下降趋势。

表6－7　　1990～2014年城乡居民收入差距

年　份	1990	1995	1999	2000	2001	2002	2003	2004	2005
城乡居民收入差距	2.2004	2.7147	2.6485	2.7869	2.8987	3.1115	3.2310	3.2086	3.2238
年　份	2006	2007	2008	2009	2010	2011	2012	2013	2014
城乡居民收入差距	3.2784	3.3296	3.3149	3.3328	3.2285	3.1258	3.1039	3.0301	2.9702

资料来源：根据《中国统计年鉴2015》相关数据计算得到。

就城镇居民与农村居民之间来说，考虑到人们对自己和他人收入高低的判断，往往是以他们所熟悉的当地人的普遍收入状况为依据，生活在农村的人不太可能把自己的收入同城镇居民比较，即使比较也主要是同自己所在地区的县城或小城镇比较，而很少同大城市相比。不过，随着城市化水平的不断提高，进城务工农村居民与原有城镇居民的交互也会不断广化和深化，在这一进程中，原农村居民与原城镇居民之间既有融合，也会存在由于收入差距、待遇差异、职业、教育等方面的城乡差别而带来的城乡冲突，进而可能导致经济社会动荡。

当然，随着2012～2014年城乡收入差距逐年下降态势，这种可能性也会呈下降态势。与此同时，国家在农民增收及其分配问题所坚持的“多予、少取、放活”发展方针，以及所采取的一系列强有力措施，特别是2004～2015年，连续出台12个针对“三农”问题的“一号文件”，制定和实施了一系列诸如农业税减免、种粮直接补贴、良种补贴、大型农业机械补贴、家电补贴、基础教育“两免一补”、新农合、新农保等惠农及支农政策，无疑有利于缩小城乡居民收入差距。而《全国农业现代化规划（2016—2020）》的贯彻和落实必将有利于加快缩小城乡居民收入差距。

另外，需要强调的一个事实是，改革开放以来中国一直保持经济社会稳定，虽然在这一过程中基尼系数曾由20世纪80年代初的略超0.2上升到2008年的0.491，但并没有引起经济社会动荡，这也为本节的定性结论提供了历史支撑。而2008年以来的基尼系数不断下降态势则可能意味着中国更有可能实现持续经济增长，避免由于收入不平等问题而落入“中等收入陷阱”。

第四节　总　结

2010年7月，中国人均GDP已进入世界银行当时所划分的偏上中等收入阶段时，《人民论坛》杂志曾结合当时中国在经济社会发展进程中凸显出来的一些问题，就“中国能否越过‘中等收入陷阱’”这一问题对社会公众和各领域相关专家进行了一次大范围的调查。结果显示，60%的网友认为中国陷入“中等收入陷阱”的风险系数在50%以上，而90%以上的专家认为风险系数在50%以下①。其中，“腐败多发，民怨较重”和“贫富分化，阶层固化”被认为是中国可能掉入“中等收入陷阱”两大主要诱因。

---

① 人民论坛问卷调查中心：《中国能否越过“中等收入陷阱”——50位专家与6575名网友调查结果的对比分析》，载于《人民论坛》2010年第19期。

六年过去了，事实已证明中国可以避免落入“中等收入陷阱”。本章的第二节和第三节为这一事实提供了一种解释。在数理层面上，本章第二节以收入不平等会引发经济社会动荡，导致经济增长停滞，作为落入“中等收入陷阱”的理论前提，构建了一个融收入不平等、收入调节、国家能力于一体的数理模型框架，分析了低收入阶层和中等收入阶层等革命阶层革命的条件，高收入阶层的政变条件，以及实现通过收入调节减轻收入不平等这一目标的国家能力要求。在实证层面上，本章第三节基于人均物质资本存量、人力资本存量、国家财政收入（汲取能力）、国家社会性支出（再分配能力）、反腐（法治能力）、城镇各收入阶层的收入分配地位、农村各收入阶层的收入分配地位、城乡居民收入差距等指标的历史数据及其演变，以及进入新常态以来这些指标的变化趋势，定性说明中国为何能通过实现持续经济增长，避免落入“中等收入陷阱”。

针对中国在未来的经济社会发展进程中，是否会落入“中等收入陷阱”，中国国家主席习近平在B20杭州峰会的演讲中，从国家层面上作出了正面回应。这就是牢固树立和坚决贯彻创新、协调、绿色、开放、共享的发展理念，通过全面深化改革，在适应经济发展新常态过程中转变经济发展方式，同世界深度互动、向世界深度开放，增加经济社会发展新动力，进而保持经济中高速增长。

结合本章的数理和实证分析，可以认为，随着“四个全面”战略布局的落实和“五位一体”建设的展开，未来的中国能够通过实现包容经济增长，跨越“中等收入阶段”。

第七章　中国经济发展方式和国家能力展望：改革、治理中的砥砺前行

实践发展永无止境，解放思想永无止境，改革开放永无止境。推动中国特色社会主义制度自我完善和发展，全面建成小康社会，进而建成富强民主文明和谐的社会主义现代化国家需要全面深化改革、全面推进依法治国，全面从严治党。改革是发展的强大动力。法治是发展的可靠保障。党的领导是实现经济社会持续健康发展的根本政治保证。论述全面深化改革与中国经济发展方式及国家能力的逻辑关系，全面推进依法治国与国家能力的逻辑关系，全面从严治党与国家能力的逻辑关系，并在此基础上作一展望性分析，是本章的主要内容。

第一节　全面深化改革下的中国经济发展方式和国家能力展望

《中共中央关于全面深化改革若干重大问题的决定》指出，全面深化改革的总目标是完善和发展中国特色社会主义制度，推进国家治理体系和治理能力现代化。国家治理体系和治理能力是一个国家制度和制度执行能力的集中体现。国家治理体系是在党领导下管理国家的制度体系，包括经济、政治、文化、社会、生态文明和党的建设等各领域体制机制、法律法规安排，也就是一整套紧密相连、相互协调的国家制度。国家治理能力则是运用国家制度管理社会各方面事务的能力，包括改革发展稳定、内政外交国防、治党治国治军等各个方面。根据前述的国家能力相关理论可以发现，国家治理能力关

注的是国家能力的治理层面，因此国家治理能力可以视为国家能力的一个组成部分。在这一意义上，一方面，全面深化改革有助于提升国家能力；另一方面，全面深化改革依赖于国家能力。其中的逻辑则是制度与国家能力的相互依存关系，而国家作出全面深化改革的决定本身也反映了国家有较强的认知能力、适应性学习能力。《中共中央关于全面深化改革若干重大问题的决定》内容广泛，涉及方方面面。本节拟从深化经济体制改革、加快转变政府职能、构建开放型经济新体制、加强社会主义民主政治制度建设等方面与国家能力提升的关系展开讨论。

一、深化经济体制改革下的经济发展方式和国家能力展望

在《中共中央关于全面深化改革若干重大问题的决定》中，深化经济体制改革的定位是在坚持和完善基本经济制度前提下，紧紧围绕使市场在资源配置中起决定性作用这一目标，加快完善现代市场体系、宏观调控体系、开放型经济体系，加快转变经济发展方式，加快建设创新型国家，推动经济更有效率、更加公平、更可持续发展。

使市场在资源配置中起决定性作用，无疑是说给予经济社会中的经济行为主体的经济自由即只依靠市场就可以调整自己行为的自由，而这一经济自由带来的则是整个经济社会的经济活力，因为经济学理论已经证明，完全竞争的市场经济能保证生产和交换的帕累托最优即最优效率。其与国家能力的逻辑则体现在：一是提升了国家与公众组织中的经济主体（生产者和消费者）之间的良性互动。在归属清晰、权责明确、保护严格、流转顺畅的现代产权制度下，无论是公有制经济还是非公有制经济，其依法平等使用生产要素、公开公平公正参与市场竞争本身就是一种法治市场经济下的经济自由，也是生产者所追求的，因而形成国家与生产者之间的一种双赢局面。同时，在法治市场经济下，消费者由于能在市场上自由选择、自主消费，并通过市场信号促使厂商生产出种类繁多、品种多样、数量众多、质优价廉的商品，以及提供优质服务，无疑会增加消费者的满足程度和满足感，也由此会提高对国家的认同度，从而实现了国家与消费者之间的良性互动。

二是提升了国家的汲取能力，以及建立在此基础上的分配能力。一旦市场在资源配置中起决定性作用，意味着实现了经济的帕累托改进，从而经济

会呈现持续稳定增长局面。这一可持续性经济增长，其主要源泉是由帕累托改进带来的全要素生产率提高，由法治市场下经济自由刺激的资本的扩张，以及由资本引致效应引起的对劳动、土地要素的需求增加。可持续经济增长所蕴含的国民收入可持续增加，则又意味着以国民收入为基数的国家财政收入的可持续性增加，也即国家汲取能力的增强。

通过深化经济体制改革使市场在资源配置中起决定性作用，按照《中共中央关于全面深化改革若干重大问题的决定》，有以下两个方面：从形成公平竞争的市场主体来看，包括完善产权保护制度，积极发展混合所有制经济，推动国有企业完善现代企业制度，支持非公有制经济等内容，其方向是在坚持公有制主体地位，发挥国有经济主导作用前提下，打破由国家计划经济体制时期形成的，通过行政垄断方式，迄今仍未完全破除的垄断和寡头壁垒；从构建法治市场体系来看，包括建立公平开放透明的市场规则，完善主要由市场决定价格的机制，限定政府定价范围，建立统一的土地、资本市场，深化科技体制改革等内容，其目标是形成一个统一开放、竞争有序的市场体系。

二、加快转变政府职能下的经济发展方式和国家能力展望

政府既是国家权力机构的一个重要组成部分，也是在经济社会中与公众组织交互最广泛、最频繁的国家权力机构，其与公众组织的交互能力涉及前述的国家汲取能力、分配能力、规制能力和渗透能力、国家的认知能力、适应性学习能力。

使市场在资源配置中起决定性作用，意味着在处理市场与政府关系上，要大幅度减少政府对资源的直接配置，政府的主要职责和作用是保持宏观经济稳定，加强和优化公共服务，保障公平竞争，加强市场监管，维护市场秩序，弥补市场失灵，如此则提升了政府的规制能力：其一，深化投资体制改革，确立企业投资主体地位，才能使企业真正成为市场投资主体，同时通过强化节能节水、环境、技术、安全等市场准入标准，以弥补市场无法解决的外部不经济。其二，进一步简政放权，深化行政审批制度改革，最大限度减少中央政府对微观事务的管理，使市场机制能有效调节经济活动，市场在资源配置中起决定性作用才能落到实处，同时，通过促进重大经济结构协调和生产力布局优化，减缓经济周期波动，防范区域性、系统性风险，稳定市场

预期，健全以国家发展战略和规划为导向、以财政政策和货币政策为主要手段的宏观调控体系，加强中央政府宏观调控职责和能力。其三，直接面向基层、量大面广，由地方管理更方便有效的经济社会事项，一律下放地方和基层管理，加强地方政府公共服务、市场监管、社会管理、环境保护职责；同时，通过引入竞争机制，以合同、委托等方式向社会政府事务性管理服务，提高政府公共服务能力和透明性。其四，深化政府机构改革，以优化政府机构设置、职能配置、工作流程，完善决策权、执行权、监督权既相互制约又相互协调的行政运行机制，来严格绩效管理，提出责任落实，确保权责一致，既提高了政府内部的规制能力，也提高了公众对政府的满意度，从而增强了政府与公众组织的良性互动能力。其五，深化财税体制改革，通过实施全面规范、公开透明的预算制度，完善一般性转移支付增长机制，完善地方税体系，逐步提高直接税比重，按照统一税制、公平税负、促进公平竞争的原则，加强对税收优惠特别是区域税收优惠政策的规范管理，建立事权和支出责任相适应的制度，以建立现代财政制度，既有助于政府内部规制能力的提高，又有助于政府服务公众组织能力的提高。

三、构建开放型经济新体制下的经济发展方式和国家能力展望

构建开放型经济新体制与提升国家与国际社会的交互能力密切相关。提升国家与国际社会的交互能力的关键在于独立自主前提下实现有序开放，具体而言，就是适应经济全球化新新形势，推动对内对外开放相互促进、引进来和走出去更好地结合，促进国际国内要素有序自由流动、资源高效配置、市场深度融合，加快培育参与和引领国际经济合作竞争新优势，以开放促改革。

提升国家与国际社会的交互能力的第一个重要方面是充分利用外资，其核心是放宽外资准入。包括统一内外资法律法规，保持外资政策稳定、透明、可预期。推进金融、教育、文化、医疗等服务行业领域有序开放，放开育幼养老、建筑设计、会计审计、商贸物流、电子商务等服务业领域外资准入限制，进一步放开一般制造业。

提升国家与国际社会的交互能力的第二个重要方面是加快自由贸易区建设，其着力点是与其他国家和地区实现贸易双赢。包括坚持世界贸易体制规

则，坚持双边、多边、区域次区域开放合作，扩大同各国各地区利益汇合点，改革市场准入、海关监管、检验检疫等管理体制，加快环境保护、投资保护、政府采购、电子商务等新议题谈判，形成面向全球的高标准自由贸易区网络。

提升国家与国际社会的交互能力的第三个重要方面是扩大内陆沿边开放，着眼点是抓住全球产业重新布局机遇，推动内陆贸易、投资、技术创新协调发展。包括创新加工贸易模式，形成有利于推动内陆产业集群发展的体制机制；推动内陆同沿海演变通关协作，实现口岸管理相关部门信息互换、监管互认、执法互助；加快沿边开放步伐，建立开发性金融机构，加快同周边国家和区域基础设施互联互通建设，推进丝绸之路经济带、海上丝绸之路建设，形成全方位开放格局。

四、加强社会主义民主制度建设下的国家能力展望

一个国家的基本政治制度是关于国家权力的性质、组织、分配、运作等方面的基本规范法度，其内容包括政党体系、选举制度、立法机构、政府组织、司法体系、军队体系、政府—市场关系等，一个国家的政治制度与这个国家的历史文化传统、经济社会发展现状、公众选择意愿等因素密切相关。一个国家的基本政治制度有其相对的稳定性，但也会随着经济社会的发展而变化演进[①]。不同的国家对政治制度有不同的选择，对中国而言，就是中国特色社会主义民主政治制度，其主要特征是：人民代表大会制度；中国共产党领导下的多党合作和政治协商制度；民族区域自治制度；基层群众自治制度。其中，“一府两院”由人大产生、对人大负责、受人大监督。

国家能力受到基本政治制度的规范与制约，基本的政治制度在国家能力强弱上起着根本性作用。就中国来说，中国特色社会主义民主政治制度既为国家与公众组织的交互提供了一个各方利益诉求的平台，也为国家自主性和嵌入性平衡提供了一个观察场所。人民主体地位是人民当家做主的根本保证，是民主应有之义。人民代表的广泛性保证了各层次各领域公民有序参与政治。人民代表大会制度作为根本政治制度，则从制度层面保证了人民代表立法权力、决定重大事项权利、预算决算审查监督权利、国有资产监督权利、税收

① 薛澜：《顶层设计与泥泞前行：中国国家治理现代化之路》，载于《公共管理学报》2014 年第 4 期。

法定权利。加强各级人大常委会同人民代表的联系，充分发挥代表作用，以及新形势下通过建立健全代表联络机构、网络平台等形式密切代表同人民群众的联系，既巩固了人民代表代表人民为人民之义，也提升了国家与公众组织的良性互动。完善人大工作机制，通过座谈、听证、评估、公布法律草案等扩大公民有序参与立法途径，以及通过询问、质询、特定问题调查、备案审查等积极回应公众组织关切，直接提升了国家与公众组织的良性互动。并且，国家与公众组织的良性互动也有助于提高人大立法质量，防止地方保护和部门利益法制化。

民主的一个关键特征是政府持续回应其公民的偏好，而所有公民在政治上完全平等①。协商民主是中国特色社会主义民主政治制度的特有形式和独特优势，是中国共产党的群众路线在政治领域的重要体现。中国的协商民主是在中国共产党领导下，以经济社会发展重大和涉及群众切身利益的实际问题为内容，在全社会开展广泛协商，既协商于决策之前，也协商于决策实施之中。协商主体不仅限于国家政权机关，也包括政协组织、党派团体、基层组织、社会组织，协商内容不仅限于立法协商、行政协商，还包括民主协商、参政协商、社会协商。通过中国共产党同各民主党派的政治协商，认真听取各民主党派和无党派人士意见，以及完善民主派中央直接向中共中央提出建议制度，助长了中共中央与党外人士的良性互动，提升了中国共产党的执政能力。通过推进政治协商、民主监督、参政议政制度化、规范化、程序化，规范协商内容、协商程序，活跃有序地组织专题协商、对口协商、界别协商、提案办理协商，增加协商密度，提高协商成效，在政协健全委员联络机构，完善委员联络制度，发挥人民政协这一重要协商民主重要渠道作用，以及各级党委和政府、政协制定并组织实施协商年度工作计划，就一些重要决策听取政协意见，不只是增加了公民政治参与的机会，关键是改善了政治参与的形式和性质，极大地避免了代议制民主或直接民主所带来的个人冲突、名人政治、口水政治、赤裸裸地追求个人利益和野心②。

与群众直接打交道、打交道次数最多的是基层的国家权力机构，群众利益无小事，基层与公众组织互动程度如何在很大程度上代表了国家与公众组

---

① Dahl, R. A.. *Polyarchy: Participation and Opposition.* New Haven: Yale University Press, 1971, pp. 1.

② ［英］戴维·赫尔德：《民主的模式》，燕继荣等译，北京：中央编译出版社，2008 年。

织的互动能力，党和政府在人民群众的形象和威信。通过健全基层民主选举、议事、公开、述职、问责等机制，开展形式多样的基层民主协商，使基层民主协商制度化，健全居民、村民监督机制，健全以职工代表大会为基本形式的企事业单位民主管理制度，在提高基层治理的公民参与度的同时，也提升了基层的国家权力机构与其辖区内民众的良性互动。

第二节　全面推进依法治国下的中国国家能力展望

推进法治中国建设，是全面深化改革的一个重要内容。中国共产党十八届四中全会通过了《中共中央关于全面推进依法治国若干重大问题的决定》，指出全面建成小康社会、实现中华民族伟大复兴的中国梦，全面深化改革、完善和发展中国特色社会主义制度，提高党的执政能力和执政水平，必须全面推进依法治国。

法治与国家治理息息相关。在现代国家，法治是国家治理的基本方式，是国家治理现代化的重要标志，国家治理法治化是国家治理现代化的必由之路，而国家治理现代化正如前所述，就是国家能力的提升。通过健全和完善国家治理法律规范、法律制度、法律程序和法律实施机制，形成科学完备、法治为基的国家治理体系，使中国特色社会主义制度更加成熟、更加定型、更加管用，并不断提高运用社会主义法治体系有效治理国家的能力和水平①。

国家与公众组织能否实现良性互动，关乎着能否建立和维护持续安定有序的经济社会秩序。现代法治为国家与公众组织互动、国家内部互动注入了以秩序、公正、人权、效率、和谐等基本价值，为国家与公众组织互动、国家内部互动提供了以人为本、依法治理、良性治理为特征的善治的基本保障。占据中国二千多年历史的皇族专制下官僚社会之所以呈现其兴也勃焉，其亡也忽焉的王朝盛衰循环，以及经济社会未有质的变化，正是因为实现了人治而不是法治。

全面推进依法治国，有助于提升国家的制度能力。中国特色社会主义国

① 张文显：《法治与国家治理现代化》，载于《中国法学》2014年第4期。

家治理体系由一整套制度构成，包括以中国共产党党章为统领的党内法规制度体系、以党的基本路线为统领的政策制度体系、以宪法为统领的法律制度体系。这套制度体系，从治理主体角度，包括中国共产党、人民及其代表大会（代表人民统一行使权力的国家机关）、国家行政机关、国家司法机关、人民政协、社会组织等在国家治理中的主体地位的制度；从治理客体角度，包括经济治理制度、政治治理制度、文化治理制度、社会治理制度、生态治理制度等；从治理事务角度，包括有关改革发展稳定、内政外交国防、治党治国治军等治理制度；从治理权能角度，包括有关各治理主体的资格和权力（职权）或权利的制度，以及科学界定和划分各种权力、权利的制度；从治理程序角度，包括有关行使治国理政权力和参与治国理政的各种程序制度；从治理评价角度，包括有关国家治理方式、过程和效能的评价制度。国家治理的各项制度总体上最终都要汇总于并表现为法律制度体系，即法制化的制度体系。国家治理制度只有通过法制化，才能定型化、精细化，把国家治理制度的“分子结构”精细化为“原子结构”，从而增强其执行力和运行力[①]。

法律是治国之重器，良法是善治之前提。假以时日，完备的法律规范体系、高效的法治实施体系、严密的法治监督体系、有力的法治保障体系，以及完善的党内法规体系得以形成，执法行政机构秉持依法治国、依法执政、依法行政理念，严格执法、公正司法，法治国家、法治政府、法治社会一体建设到位，无疑国家能力的一个基本组成部分——法治能力将会得到极大增强。

全面推进依法治国，有助于提升国家的治理能力。习近平总书记指出：“必须适应国家现代化总进程，提高党科学执政、民主执政、依法执政水平，提高国家机构履职能力，提高人民群众依法管理国家事务、经济社会文化事务、自身事务的能力，实现党、国家、社会各项事务治理制度化、规范化、程序化，不断提高运用中国特色社会主义制度有效治理国家的能力。[②]”具体而言，治理能力包括中国共产党科学执政、民主执政、依法执政的能力，全国及地方各级人大及其常委会科学立法、民主立法的能力以及依法决定重大事项、保证宪法法律实施、对中央及地方各级“一府两院”实行法律监督和

---

① 张文显：《法治与国家治理现代化》，载于《中国法学》2014 年第 4 期。

② 习近平：《完善和发展中国特色社会主义制度推进国家治理体系和治理能力现代化》，载于《人民日报》2014 年 2 月 18 日，第 1 版。

工作监督的能力，中央及地方各级政府科学行政、民主行政、依法行政、严格执法的能力，各级司法机关公正司法、定分止争、救济权利、制约公权、维护法律权威的能力，社会公众、社会组织依法管理国家事务、经济社会文化事务、依法自治的能力，党和国家各级领导干部深化改革、推动发展、化解矛盾、维护稳定的能力。全面推进依法治国，其根本目标就在于提高国家各级权力机关和公众组织运用法治思维和法治方式的能力，解决当前法治不完善情形下治理动力不足和能力不够的问题。

全面推进依法治国，有助于法治市场的完善，进而促进国家与公众组织在经济领域的良性互动。市场有好坏之分，好市场的一个根本特征是市场为法治市场。无论是第三章所论述的提高居民消费，还是第四章研究的产业结构升级和优化，以及第五章探讨的创新型经济增长，都需要以法治市场作为基础。社会主义市场经济本质上是法治经济，只有在保护产权、维护契约、统一市场、平等交换、公平竞争、有效监管等基本导向上法治化，才能使市场在资源配置中起决定性作用和更好地发挥政府作用。经济领域是国家与公众组织互动最频繁的领域，其法治化程度如何，在很大程度上决定了国家与公众组织是否达到了良性互动。

以发展混合所有制经济为例，国有企业和国家控股企业可能不会主动去同哪家民营企业协商如何吸收民营资本来改制成立和发展混合所有制经济，因为风险太大了。这里“风险太大”指的是，即使谈判成功，混合所有制经济企业成立和发展了，将来不知道哪一天会被追查。原因在于，当上级主管机构（比如说国资委）派人来调查时，会提出下述问题并没完没了：“为什么你们找这一家民营企业谈判，而不找另一家，是不是得到这家给的好处？是不是国有资产的评估不实，把好处悄悄地分给民营企业老板，你们自己也从中捞到好处？”致使国有企业领导人认为“不干没事，干了就被追问不停”，从而不敢再找民营企业来谈判组建混合所有制企业之事？这既同相关法律法规不完善有关，也与具体操作（如国有资产价格评估）不清楚或缺少第三方评估有关。在这种情况下，依法组成混合所有制经济就成为难题了。如果市场经济是法治经济，一切依法办事，国有企业和国家控股企业就会不存在顾虑，才会有发展混合所有制经济的主动性、积极性①。

① 厉以宁：《依法治国和深化改革》，载于《经济研究》2015 年第 1 期。

以知识产权保护为例，之所以会出现一家厂商刚研发出一种新产品，另外一家厂商就推出了冒牌货等造假屡禁不止、打假费力的妨碍市场正常运行的现象，是因为地方保护主义盛行，造假的厂商在当地有靠山，官司久拖不决。此外，造假厂商造假成本太低，对造假厂商处罚太轻，也是一个重要原因，特别是制药、制鞋、制衣、玩具、食品、家用电器等行业深受其害。造假屡禁不止、打假费力现象的本质是法律法规不健全，有法不依，执法不严。就当下中国而言，保护知识产权不但需要法治市场，更需要法治国家。否则，实现创新型经济增长只能望洋兴叹。

因此，国家作为强制力量的代表对于法治市场经济而言是必不可少的，但国家极有可能又是破坏法治市场经济的根源。前者是与法治市场经济必须依赖国家才能维持这一现实联系在一起的，后者则由国家具有掠夺和剥削本能所致。一方面，包括法治市场经济在内的任何经济中，经济人的天性都是机会主义，即只要有可能总想使自己的利益最大化，即使损害到其他经济人的利益也在所不惜，上述的造假现象就是对这一天性的最好现实阐释。因此，经济人必须被约束，虽然个人声誉和诚信在约束经济人的损人利己行为中会起到很大作用，但对存在难记其数且交易复杂的现代市场经济而言只能是隔靴搔痒，远远不够，引入国家治理是必然的。然而，引入国家治理马上带来了另一个问题：如何约束国家，因为国家可以凭借其拥有的强制力量从经济人处获取利益，即使部分国家工作人员可能为了公共利益尽职尽责，但并不能保证所有国家工作人员都如此。因此，国家也必须受到约束。从历史和现实来看，既能约束经济人，又能使国家发挥作用，还能使国家也受到约束的制度，就是法治，即法治国家、法治市场、法治社会，即市场中的经济人，代表强制力量的国家，以及社会中的公众都置身于法治的框架之下，都受到法律的约束，法律通过国家保护产权，实施契约自由，维持市场秩序，但同时法律也约束国家。

对当下的中国而言，在社会主义计划经济体制时代所形成的国家无所不包的习惯仍有顽强的生命力，而在中国历史上也没有国家行为要受到约束的理念，因此把通过法律约束国家作为全面推进依法治国的重点尤其必要，即制定对国家权力进行约束的法律，完善行政组织和行政程序法律制度，推进机构、职能、权限、程序、责任法定化。包括：约束政府行政垄断权力，保证公平、透明决策的《行政程序法》，把公众参与、专家论证、风险评估、合法性审查、集体讨论决定确定为重大行政决策程序，使调查程序、听证程序和决策程序都有法可依；行政执法人员持证上岗和资格管理制度，未经执法资格考试合格，不得授予执法资格，不得从事执法活动；罚缴分离和收支两条线管理制度，严禁收费罚没收入同部门利益直接或变相挂钩；行政执法机关、公安机关、检察机关、审判机关信息共享、案情通报、案件移送制度，健全行政执法和刑事司法衔接机制，完善案件移送标准和程序；执法全过程纪录制度；重大执法决定法制审核制度；行政裁量权基准制度；行政执法责任制度和责任追究制度；法院、检察院分别独立行使审判权和检察权制度；侦查权、检察权、审判权、执行权相互配合、相互制约的体制机制；司法人员履行法定职责保护制度；立案登记制度；巡回法庭制度；跨行政区划的检察、审判制度；合理调整行政诉讼案件管辖制度；完善审级制度；完善人民陪审员制度；人权司法保障制度；司法监督制度；完善法律职业准入制度；法官、检察官逐级遴选制度；领导干部干预司法活动、插手具体案件处理的纪录、通报和责任追究制度；等等。

法律的生命力在于实施，法律的权威也在于实施。法院或法律的存在并不意味着法治，或是没有偏向的实施①。其中，国家内部规制的法治化对当下中国来说，应是法律得到有效实施的第一要务。为此，在对行政权力的制约上，针对财政资金分配使用、国有资产监管、政府投资、政府采购、公共资源转让、公共工程建设等权力集中的部门和岗位实行分事分权、分岗设权、分级授权，定期轮岗；在政务公开上，以公开为常态，不公开为例外为原则，全面推进包括决策公开、执行公开、服务公开、结果公开等在内的政务公开；在对行政权力的监督上，党内监督、人大监督、民主监督、行政监督、司法监督、审计监督、社会监督、舆论监督形成合力，使行政执法不偏不倚；在司法案件受理上，做到有案必立、有诉必理、保障当事人诉权；在司法内部监督上，完善主审法官、合议庭、主任检察官、主办侦查员办案责任制，落实谁办案谁负责，实行办案质量终身负责是和错案责任倒查问责制；在司法公开上，推进审判公开、检务公开、警务公开、狱务公开，生效法律文书统一上网和公开查询；在公众参与司法上，保障公众参与司法调解、司法听证、

① ［美］道格拉斯·C. 诺思、约翰·约瑟夫·瓦利斯、巴里·R. 温格斯特：《暴力与社会秩序：诠释有文字记载的人类历史上的一个概念性框架》，杭行、王亮译，上海：格致出版社、上海三联书店、上海人民出版社，2013 年。

涉诉信访等司法活动，扩大人民陪审员参审范围，人民陪审员实行随机抽选，人民陪审员不再审理法律适用问题，只参与审理事实认定问题；在人权司法保障上，保障当事人和其他诉讼参与人的知情权、陈述权、辩护辩论权、申请权、申诉权，落实罪刑法定、疑罪从无、非法证据排除等法律原则，完善对限制人身自由司法措施和侦查手段的司法监督，加强对刑讯逼供和非法取证的源头预防，规范查封、扣押、冻结、处理涉案财物的司法程序；在司法外部监督和制约上，完善人民监督员制度，规范司法人员与当事人、律师、特殊关系人、中介组织的接触、交往行为，对因违法违纪被开除公职的司法人员、终身禁止从事法律职业，构成犯罪的要依法追究刑事责任。

由此可以看出，全面推进依法治国在于法律的实施，法律的实施需要公众组织、国家内部的监督和制约，即需要强国家能力，从而形成了全面推进依法治国在很大程度决定于国家能力，而国家能力提升又依赖于全面推进依法治国的相互依存局面。

第三节　全面从严治党下的中国国家能力展望

办好中国的事情，关键在党，关键在党要管党、从严治党。全面深化改革必须加强和改善党的领导，充分发挥党总揽全局、协调各方的领导核心作用，建设学习型、服务型、创新型的马克思主义执政党，提高党的领导水平和执政能力，确保改革取得成功。党的领导是全面推进依法治国、加快建设社会主义法治国家最根本的保证，只有在党的领导下依法治国、厉行法治，人民当家做主才能充分实现，国家和社会生活法治化才能有序推进。

在中国目前政治体制下，巩固党的团结和集中统一、保持党的先进性和纯洁性、增强党的生机活力，保证全党毫不动摇坚持以经济建设为中心，聚精会神抓好发展这个党执政兴国的第一要务，坚持党领导立法、保证执法、支持司法、带头守法，把党总揽全局、协调各方同人大、政府、政协、审判机关、检察机关依法依章程履行职能、开展工作，无疑是提升国家能力的一个重要组成部分。

全面从严治党有助于提高国家内部规制能力，从而实现国家内部良性互动主要体现在：其一，坚定理想信念有助于增强中国共产党党员的政治定力，从而坚定对中国特色社会主义的道路自信、理论自信、制度自信、文化自信，进而能自觉地以实际行动为推进中国特色社会主义事业而苦干实干，在胜利时和顺境中不骄傲不自满，在困难时和逆境中不消沉不动摇，既能经受住各种赞誉和诱惑考验，也能经受住各种风险和挑战考验，真正践行为人民服务宗旨，构建起党与人民群众良性互动的理想信念基础。为此，必须加强学习。学会用马克思主义立场、观点、方法观察问题、分析问题、解决问题，特别聚焦现实问题，适应时代进步和事业发展要求，学习和掌握经济、政治、文化、社会、生态文明以及哲学、历史、法律、科技、国防、国际等各方面知识，为提高战略思维、创新思维、辩证思维、法治思维、底线思维能力打下理论基础。有共同的理想信念，才会有一致的行动，才会有实实在在的内部良性互动。坚定理想信念在行动上一个最根本的表现是坚持党的基本路线，由此党内政治生活正常开展才能得到根本保证。坚定理想信念在组织纪律上表现为党员个人服从党的组织，少数服从多数，下级组织服从上级组织，全党各个组织和全体党员服从党的全国代表大会和中央委员会，核心是全党各个组织和全体党员服从党的全国代表大会和中央委员会。唯有如此，才能形成有效规制，才能拧成一股绳，劲往一处使。自行其是、各自为政、有令不行、有禁不止、上有政策、下有对策只能是一盘散沙。

其二，党内治理现代化，包括严明党的政治纪律、坚持民主集中制原则、发扬党内民主、保障党员权利、正确选人用人导向、严格党的组织生活制度、开展批评和自我批评、对权力运行的监督和制约。严明党的政治纪律，有助于防止党员、干部特别是高级干部在党内搞小山头、小圈子、拉私人关系、培植个人实力、结成利益集团，以及野心家、阴谋家窃取党和国家高级权力，有助于防止党的各级组织和党员个人搞两面派、做“两面人”、弄虚作假、虚报浮夸、隐瞒实情、报喜不报忧，有助于防止党内搞拉拉扯扯、吹吹拍拍、阿谀奉承。各级党委（党组）集体领导制度，以及常委会向全委会定期报告工作并接受监督制度的民主集中制原则有助于防止独断专行、各自为政、议而不决、决而不行、行而不实，党委（党组）主要负责同志发扬民主、善于集中、敢于担责的民主集中制原则有助于防止名为集体领导、实际上个人或少数人说了算，以及名为集体负责、实际上无人负责。发扬党内民主和保障党员权利有助于中央委员会、中央政治局、中央政治局常务委员会和党的各级委员会广泛听取各方面意见和建议，凝聚智慧和力量，做到科学决策、民主决策、依法决策。正确选人用人导向在选拔上有助于选拔到德才兼备、信念坚定、为民服务、勤政务实、敢于担当、清正廉洁的好干部，容错纠错机制有助于防止空谈误国，有助于实干兴邦，有助于各级领导干部面对矛盾敢于迎难而上，面对危险敢于挺身而出，面对失误敢于承担责任。严格党的组织生活制度，以及开展批评和自我批评有助于形成党组织与党员之间、党员与党员之间的良性互动，从而增强党的组织活力、执政能力。通过党内监督和人民群众监督相结合，有助于增强党在长期执政条件下自我净化、自我完善、自我革新、自我提高能力，从而提高党的执政能力，进而提升国家能力。

其三，保持党同人民群众的血肉联系。中国共产党来自人民，失去人民拥护和支持，就会失去根基。原因在于，“人民，只有人民，才是创造世界历史的动力”①。就当下的中国共产党而言，邓小平所指出的“毛泽东同志倡导的作风，群众路线和实事求是这两条是最根本的东西……对我们党的现状来说，群众路线和实事求是特别重要。②”仍需铭记在心。各级干部必须在“干中学，学中干”，不能“把自己看作群众的主人，看作高举于‘下等人’头上的贵族”③。正因为如此，在中国共产党成立 90 周年大会上，胡锦涛同志强调“来自人民、植根人民、服务人民，是我们党永远立于不败之地的根本。”并号召“每一个共产党员都要把人民放在心中最高位置，拜人民为师，把政治智慧的增长、执政本领的增强深深扎根于人民的创造性实践之中。”总结起来，只有牢固树立人民群众是历史创造者的历史唯物主义观点，做到一切为了群众，一切依靠群众，从群众中来，到群众中去，为群众办实事、解难事，当好人民公仆，问政于民、问需于民、问计于民，才能真真实实与人民群众实行良性互动，国家能力也才能随之提升。而作风不正、工作不实、文山会海、表面文章、贪图虚名、弄虚作假的形式主义，脱离实际、脱离群众、消极应付、推诿扯皮、作风霸道、迷恋特权的官僚主义，追名逐利、贪图享受、讲究排场、玩物丧志的享乐主义，以及铺张浪费、挥霍无度、骄奢淫逸、腐

---

① 毛泽东：《论联合政府》，载于《毛泽东选集》第 3 卷，北京：人民出版社，1991 年，第 1031 页。

② 邓小平：《完整准确地理解毛泽东思想》，载于《邓小平文选》（第二卷），北京：人民出版社，1994 年，第 43 页。

③ 毛泽东：《在延安文艺座谈会上的讲话》，载于《毛泽东选集》第 3 卷，北京：人民出版社，1991 年，第 864 页。

化堕落的奢靡之风，无疑会削弱执政党的国家能力，进而动摇中国共产党的执政基础。

第四节　余　论

本章第一、第二、第三节分别探讨了全面深化改革、全面推进依法治国、全面从严治党在提升国家能力上的作用，属于展望式分析，并没有涉及实施全面深化改革、全面推进依法治国、全面从严治党的国家能力基础，即现实性分析和过程分析。从主体角度探讨国家能力只是提供了一个宏观把握，是一种定性研究，而国家的汲取能力、分配能力、规制能力和渗透能力的衡量虽有助于定量衡量，但视角只局限于国家与公众组织的交互，忽略了国家与其他主体的交互，同样，国家的自主性和嵌入性概念虽然可以延伸到国家与国际社会的交互，却还是未能包括国家内部规制问题。此外，国家的制度能力很重要，但国家能力不能仅限于制度层面，制度也只是国家与公众组织、国际社会，以及国家权力机构内部交互的一个媒介。为此，本小节以全面深化改革的总目标为着力点，分析全面深化改革过程中国家能力基础。

分析全面深化改革的国家能力基础，需要充分理解和认识中共中央十八届三中全会提出的全面深化改革的总目标的历史延承，即从中国改革开放的历史进程中寻找答案。以中国共产党的十一届三中全会为起点，中国的改革开放已近四十年，其重要经验正如《中共中央关于全面深化改革若干重大问题的决定》所总结的，一是坚持党的领导，贯彻党的基本路线，不走封闭僵化的老路，不走改旗易帜的邪路，坚定走中国特色社会主义道路，始终确保改革正确的方向；二是坚持解放思想、实事求是、与时俱进、求真务实，一切从实际出发，总结国内成功做法，借鉴国外有益经验，勇于推进理论和实践创新；三是坚持以人为本，尊重人民主体地位，发挥群众首创精神，紧紧依靠人民推动改革，促进人的全面发展；四是坚持正确处理改革发展稳定关系，胆子要大，步子要稳，加强顶层设计和摸着石头过河相结合，整体推进和重点突破相促进，提高决策科学性，广泛凝聚共识，形成改革合力。

从上述中国改革开放近四十年来的重要经验可以理出其中所蕴含的国家

能力基础。其一，在改革开放过程中，国家必须具有自主性能力，既不能为国内外利益集团所左右，也不能为西方新自由主义意识形态所左右，这一自主性能力就体现在坚持中国共产党的领导下，坚定走中国特色社会主义道路。其二，国家必须具有嵌入性能力，既能嵌入到国内的公众组织，也能嵌入到国际社会，这一嵌入性能力就表现在总结国内成功做法，借鉴国外有益经验，推进理论和实践创新。其三，国家必须能与公众组织特别是人民群众形成良性互动，这一良性互动能力是通过在意识形态上坚持以人为本，尊重人民主体地位，促进人的全面发展，在组织上发挥群众首创精神，紧紧依靠人民推动改革实现的。其四，国家必须具有良好的国家内部互动能力。国家各级权力机构之间良好的内部互动能力是国家内部凝聚改革开放共识的基础，由此才能在国家内部形成改革合力。其五，国家必须具有良好的适应性学习能力。在改革开放实践和决策过程中，该摸着石头过河时，就摸着石头过河，该顶层设计时就顶层设计；该重点突破时就重点突破，该整体推进时就整体推进，恰恰反映了国家在处理改革发展稳定关系中良好的适应性学习能力。

中国近四十年的改革开放所取得的巨大成就举世瞩目，其所显现的较强的国家能力也有目共睹。但也无须讳言，在经济繁荣的同时也带来了一系列问题，主要是 GDP 至上理念下所导致的环境恶化，资源大量浪费，贫富差距扩大和严重社会分化，这些问题在 20 世纪 90 年代中后期集中暴露出来，再加上反腐败斗争形势依然严峻，群体事件越来越频繁，并多数表现为各级政府和社会的对立[①]。应当说，中央是敏感的，2003 年、2004 年适时提出了科学发展观和和谐社会的理念，着力保障和改善民生，促进社会公平正义，增进人民福祉，深化改革则遇到了强有力的既得利益集团的阻力，这种阻力表现在既得利益集团一方面以维护稳定为由阻挠实质性的改革，另一方面则以改革的名义获取利益，从而使得改革走样变形，并由此引起一般民众对改革的抵触。比如，涉及大多数人的教育、医疗等领域的去福利化过程进展迅速，而涉及少数人的垄断领域的特权却久削不去[②]。显然，只有突破利益固化的藩篱，改变现有利益格局，才有可能构建起社会主义法治市场经济、社会主义

① 郑永年：《国际发展格局中的中国模式》，载于《中国社会科学》2009 年第 5 期。

② 清华大学凯风发展研究院社会进步研究所、清华大学社会学系社会发展研究课题组：《“中等收入陷阱”还是“转型陷阱”》，载于《开放时代》2012 年第 3 期。

法治国家、社会主义法治社会。

党的十八大以来，以习近平同志为核心的党中央身体力行、率先垂范，坚定推进全面从严治党，坚持思想建党和制度治党紧密结合，集中整饬党风，严厉惩治腐败，净化党内政治生态，党内政治生活展现新气象，赢得了党心民心，为开创党和国家事业新局面提供了重要保证。5 年来，全党以零容忍态度惩治腐败，查处贪官人数之多，级别之高，行动密度之大，涉及领域之宽，挖掘问题之深，都是前所未有的。在改革进入攻坚期和深水区的关键时期，中国共产党人这种以强烈的历史使命感，敢于啃硬骨头、敢于涉险滩的精神和行动，使党和人民群众在全面深化改革的总目标上形成了高度共识，这一共识就是习近平同志在 2014 年 2 月 17 日中央党校的讲话中所指出的："今天，摆在我们面前的一项重大历史任务，就是推动中国特色社会主义制度更加成熟更加定型，为党和国家事业发展、为人民幸福安康、为社会和谐稳定、为国家长治久安提供一整套更完备、更稳定、更管用的制度体系。这项工程极为宏大，必须是全面的系统的改革和改进，是各领域改革和改进的联动和集成，在国家治理体系和治理能力现代化上形成总体效应、取得总体效果。[①]"《中共中央关于全面深化改革若干重大问题的决定》就是关于改革顶层设计的一个纲领性文件。

然而，中国全面深化改革的进程注定不会平坦，有形形色色的寻租藩篱需要拆除，有各种各样利益集团的纠缠需要解开，更有许许多多的潜规则需要提防，可以用泥泞前行来形容全面深化改革所面临的挑战[②]。长期以来，中国制度建设方面存在的问题不是缺乏书面上的规章制度也不是没有专门的监督机构；实际缺乏的是行之有效的权力制约的具体制度设计和制度安排。结果是法定的规则往往只能停留在纸上而实际运行的则是一些上不了台面的"潜规则"。而要让制度起作用，除了书面上的规定，更重要的是要进行相应的权力配置。全面推进依法治国、全面从严治党本质上都是指向如何把权力关进制度的笼子里。就现阶段而言，应在以习近平总书记为核心的党中央领导下，通过对国家权力机构的组织架构，形成一个能有效贯彻协调推进"四个全面"战略布局的国家权力机构系统，同时，在全面从严治党取得实质性

① 参见 http：//news. xinhuanet. com/politics/2014 -02/17/c_119373758. htm。

② 薛澜：《顶层设计与泥泞前行：中国国家治理现代化之路》，载于《公共管理学报》2014 年第 4 期。

成果，赢得党心民心基础上，基于公平正义的改革共识全面深化改革，以权力公开运作为突破口，通过引入公众组织的有序参与和介入并使其制度化，解决权力运作中的暗箱操作，因为公众组织的制度化参与是打破既得利益格局的最广大、最有效、最现实的力量。

参考文献

[1] 阿夫纳·格雷夫. 大裂变：中世纪贸易制度比较和西方的兴起[M]. 郑江淮等译，北京：中信出版社，2008.

[2] 阿瑟·恩·杨格. 1927—1937年中国的财政经济状况[M]. 陈泽宪、陈霞飞译，北京：中国社会科学出版社，1981.

[3] 埃里德·方纳. 美国自由的故事[M]. 王希译，北京：商务图书馆，2002.

[4] 安格斯·迪顿. 理解消费[M]. 胡景北、鲁昌译，上海：上海财经大学出版社，2003.

[5] 巴里·诺顿. 中国经济：转型与增长[M]. 安佳译，上海：上海人民出版社，2010.

[6] 保尔·芒图. 十八世纪产业革命[M]. 杨人楩、陈希泰、吴绪译，北京：商务印书馆，2012.

[7] 查尔斯·A. 比尔德，玛丽·R. 比尔德. 美国文明的兴起[M]. 许亚芬译，北京：商务图书馆，2010.

[8] 查尔斯·蒂利. 社会运动，1768—2004[M]. 胡位钧译，上海世纪出版集团、上海人民出版社，2009.

[9] 戴维·赫尔德. 民主的模式[M]. 燕继荣等译，北京：中央编译出版社，2008.

[10] 大卫·科兹，弗雷德·威尔. 来自上层的革命——苏联体制的终结[M]. 曹荣湘、孟鸣歧等译，北京：中国人民大学出版社，2008.

[11] 戴逸. 洋务运动史论文选[C]. 北京：人民出版社，1985.

[12] 道格拉斯·C. 诺斯. 经济史上的结构和变革[M]. 厉以平译，北京：商务印书馆，1992.

[13] 道格拉斯·诺斯，罗伯斯·托马斯．西方世界的兴起［M］．厉以平、蔡磊译，北京：华夏出版社，2009.

[14] 道格拉斯·C. 诺思．制度、制度变迁与经济绩效［M］．杭行译，格致出版社、上海三联书店、上海人民出版社，2008.

[15] 道格拉斯·C. 诺思，约翰·约瑟夫·瓦利斯，巴里·R. 温格斯特．暴力与社会秩序：诠释有文字记载的人类历史上的一个概念性框架［M］．杭行、王亮译，上海：格致出版社、上海三联书店、上海人民出版社，2013.

[16] 德布拉吉·瑞．发展经济学［M］．陶然译，北京大学出版社，2002.

[17] 丁贤俊．洋务运动史话［M］．北京：社会科学文献出版社，2011.

[18] 邓小平．邓小平文选（第三卷）［M］．北京：人民出版社，1993.

[19] 邓正来．国家与社会——中国市民社会研究［M］．成都：四川人民出版社，1997.

[20] 费正清、费维恺编．剑桥中华民国史：1912—1949 年（下卷）［M］．刘敬坤等译，北京：中国社会科学出版社，1994.

[21] 弗朗西斯·福山．政治秩序的起源——从前人类时代到法国大革命［M］．毛俊杰译，桂林：广西师范大学出版社，2012.

[22] 戈登·塔洛克．官僚体制的政治［M］．柏克、郑景胜译，北京：商务印书馆，2012.

[23] 龚刚．论新常态下的供给侧改革［J］．南开学报（哲学社会科学版），2016（2）：13－20.

[24] 龚泽琪．试析中国在鸦片战争中失败的军事经济原因［J］．军事经济研究，1997（7）：4－8.

[25] 郝伯特·西蒙．现代决策理论的基石——有限理性说［M］．杨砾、徐立译，北京经济学院出版社，1989.

[26] 胡鞍钢．中国特色的公共决策民主化——以制定“十二五”规划为例［J］．清华大学学报（哲学社会科学版），2011（2）：43－50.

[27] 胡鞍钢．中国独特的五年计划转型［J］．开放时代，2013（6）：32－37.

[28] 华尔德．共产党社会的新传统主义［M］．香港：牛津大学出版

社，1996.

［29］H. 培顿·扬．个人策略与社会结构——制度的演化理论［M］．王勇译，上海三联书店、上海人民出版社，2004.

［30］H. 钱纳里、S. 鲁宾逊、M. 赛尔奎因．工业化和经济增长的比较研究［M］．上海三联书店、上海人民出版社，1995.

［31］姜涛，卞修跃．中国近代通史（第二卷）——近代中国的开端（1840－1864）［M］．南京：江苏人民出版社，2009.

［32］将大椿．关于鸦片战争的评价问题［J］．安徽师范大学学报（人文社会科学版），1999（4）：423－429.

［33］金观涛，刘青峰．兴盛与危机：论中国社会超稳定结构［M］．北京：法律出版社，2011.

［34］景维民，黄秋菊．国家制度能力与经济结构调整——基于转型期的中俄比较研究［M］．南开学报（哲学社会科学版），2011（1）：115－122.

［35］渠敬东，周飞舟，应星．从总体支配到技术治理［J］．中国社会科学，2009（6）：104－127.

［36］卡尔·波兰尼．大转型：我们时代的政治与经济起源［M］．冯刚、刘阳译，杭州：浙江人民出版社，2007.

［37］凯恩斯．就业、利息和货币通论［M］．徐毓枬译，北京：商务印书馆，1983.

［38］克莱顿·罗伯茨，戴维·罗伯茨，道格拉斯·R. 比松．英国史（下册）［M］．潘兴明等译，北京：商务印书馆，2013.

［39］柯武刚，史漫飞．制度经济学：社会秩序与公共政策［M］．韩超华译，北京：商务印书馆，2004.

［40］兰德斯．国富国穷［M］．北京：新华出版社，2001.

［41］理查德·霍夫施塔特．美国政治传统及其缔造者［M］．崔永禄，王忠和译，北京：商务图书馆，2012.

［42］李伯重．历史上的经济革命与经济史的研究方法［J］．中国社会科学，2001（6）：171－185.

［43］李汉林．中国单位社会［M］．上海人民出版社，2004.

［44］李时岳．洋务派的历史任务及其他［J］．历史研究，1989（4）：171－177.

［45］李书源．道光皇帝与鸦片战争［J］．清史研究，1993（4）：68－76．

［46］李子奈．计量经济学应用研究的总体回归模型设定［J］．经济研究，2008（8）：136－144．

［47］厉以宁．资本主义的起源——比较经济史研究［M］．北京：商务印书馆，2003．

［48］厉以宁．依法治国和深化改革［J］．经济研究，2015（1）：8－10．

［49］梁漱溟．中国文化要义［M］．上海世纪出版集团，2003．

［50］梁漱溟．东西文化及其哲学［M］．北京：商务印书馆，1987．

［51］林重庚，迈克尔·斯宾塞．中国经济中长期发展和转型——国际视角的思考与建议［M］北京：中信出版社，2011．

［52］刘克祥，吴太昌主编，刘兰兮等著．中国近代经济史（1927～1937）［M］．北京：人民出版社，2012．

［53］汪宇．刘师培学术文化随笔［M］．北京：中国青年出版社，1999．

［54］路风．中国单位体制的起源和形成［M］．上海人民出版社，2003．

［55］陆南泉．苏联剧变20年后的再思考［J］．经济社会体制比较，2012（2）：49－59．

［56］马克思．资本论（第一卷）［M］．北京：人民出版社，1975．

［57］马克思．资本论（第二卷）［M］．北京：人民出版社，1975．

［58］马克思．资本论（第三卷）［M］．北京：人民出版社，1975．

［59］马克斯·韦伯．民族国家与经济政策［M］．北京：三联书店，1997．

［60］马克斯·韦伯．儒教与道教［M］．洪天富译，南京：江苏人民出版社，2010．

［61］迈克尔·波特．国家竞争优势［M］．李明轩、邱如美译，北京：华夏出版社，2002．

［62］马俊．经济、社会变迁与国家治理转型：美国的进步时代改革［J］．公共管理研究，2008（0）：3－43．

［63］毛泽东．毛泽东选集［M］．北京：人民出版社，1995．

［64］米尔顿·弗里德曼．资本主义与自由［M］．张瑞玉译，商务印书馆，2004．

［65］内森·罗森堡，L. E. 小伯泽尔．西方现代社会的经济变迁［M］．

曾刚译，北京：中信出版社，2009.

[66] 内森·罗森伯格．探索黑箱——技术、经济学和历史 [M]．王文勇、吕睿译，北京：商务印书馆，2004.

[67] 尼古拉斯·雷舍尔．复杂性：一种哲学概观 [M]．吴彤译，上海：世纪出版集团，2007.

[68] 倪星、孙宗锋．政府反腐败力度与公众清廉感知：差异及解释——基于G省的实证分析 [J]．政治学研究，2015 (1)：71-85.

[69] 彭南生、严鹏．技术演化与中西"大分流"——重工业角度的重新审视 [J]．中国经济史研究，2012 (3)：95-103.

[70] 秦海林．农村消费结构的户间差异与农户收入分配 [J]．财经科学，2006 (11)：90-96.

[71] 清华大学凯风发展研究院社会进步研究所，清华大学社会学系社会发展研究课题组．"中等收入陷阱"还是"转型陷阱" [J]．开放时代，2012 (3)：125-145.

[72] 青木昌彦．比较制度分析 [M]．周黎安译，上海远东出版社，2001.

[73] R. 科斯，A. 阿尔钦，D. 诺斯．财产权利与制度变迁——产权学派与新制度学派译文集 [C]．刘守英等译，上海三联书店、上海人民出版社，1994.

[74] R. 麦克法考尔，费正清．剑桥中华人民共和国史（上卷） [M]．谢亮生等译，北京：中国社会科学出版社，1990.

[75] 热若尔·罗兰．转型与经济学 [M]．张帆、潘佐红译，北京大学出版社，2002.

[76] 塞缪尔·P. 亨廷顿．变化社会中的政治秩序 [M]．上海世纪出版集团，2008.

[77] 世界银行．中国：推动公平的经济增长 [M]．北京：清华大学出版社，2005.

[78] 斯塔夫里阿诺斯．全球通史：从史前史到21世纪（第7版修订版） [M]．北京大学出版社，2006.

[79] 速水佑次郎．发展经济学——从贫困到富裕 [M]．李周译，北京：社会科学文献出版社，2003.

[80] 孙毓棠．中国近代工业史资料（第一辑，上册） [M]．北京：科学

出版社，1957.

［81］孙中山．三民主义·民权主义［C］．载于《孙中山全集》第9卷［M］．北京：中华书局，1986.

［82］V. 奥斯特罗姆等编．制度分析与发展的反思——问题与抉择［M］．王城等译，北京：商务印书馆，1996.

［83］吴汉东．知识产权法的制度创新本质与知识创新目标［J］．法学研究，2014（3）：95－108.

［84］吴敬琏．当代中国经济改革［M］．上海远东出版社，2003.

［85］吴敬琏．中国增长模式抉择［M］．上海远东出版社，2006.

［86］吴晓波，马如飞，毛茜敏．基于二次创新动态过程的组织学习与模式演进——杭氧1996—2008纵向案例研究［J］．管理世界，2009（2）：152－164.

［87］W. 桑巴特．为什么美国没有社会主义［M］．北京：中国社会科学文献出版社，2003.

［88］W. W. 罗斯托．经济增长的阶段：非共产党宣言［M］．北京：中国社会科学出版社，2001.

［89］王卫平．中国传统社会保障史述论［J］．江海学刊，2011（4）：173－177.

［90］王瑞成．条约制度与沿海边沿社会——鸦片战争后的和约谈判及条约文本再解读［J］．浙江大学学报（人文社会科学版），2013（1）：164－174.

［91］王绍光．学习机制与适应能力：中国农村合作医疗体制变迁的启示［J］．中国社会科学，2008（6）：111－133.

［92］王绍光．国家治理与国家能力——中国的治国理念与制度选择（上）［J］．经济导刊，2014（6）：2－7.

［93］王雅林．中国的“赶超型现代化”［J］．社会学研究，1994（1）：19－29.

［94］王亚南．中国官僚政治研究［M］．北京：商务印书馆，2010.

［95］汪丁丁．制度创新的一般理论［J］．经济研究，1992（5）：69－80.

［96］汪晖．现代中国思想的兴起（上卷，第1部）［M］．北京：生活·

读书·新知三联书店，2004.

[97] 威廉·鲍默尔．资本主义的增长奇迹——自由市场创新机器［M］．郭梅军等译，北京：中信出版社，2004.

[98] 沃尔特·亚当斯，詹姆斯·W. 布罗克主编．美国产业结构（第10版）［M］．封建新，贾毓玲译，北京：中国人民大学出版社，2003.

[99] 西蒙·库兹涅茨．各国的经济增长［M］．常勋等译，北京：商务印书馆，1985.

[100] 徐海云，涂雄苓，罗付岩．我国城镇居民消费结构沿收入梯度的响应——基于对应分析［J］．系统工程，2007（12）：42－46.

[101] 许庆瑞，吴志岩，陈力田．转型经济中企业自主创新能力演化路径及驱动因素分析——海尔集团1984—2013年的纵向案例研究［J］．管理世界，2013（4）：121－134.

[102] 徐中约．中国近代史：1600—2000，中国的奋斗［M］．计秋枫、朱庆葆译，北京：世界图书出版公司北京公司，2013.

[103] 薛澜．顶层设计与泥泞前行：中国国家治理现代化之路［J］．公共管理学报，2014（4）：1－6.

[104] 亚历山大·格申克龙．经济落后的历史透视［M］．张凤林译，北京：商务印书馆，2012.

[105] 亚·沃尔夫．十六、十七世纪科学、技术和哲学史（上册）［M］．周昌忠等译，北京：商务印书馆，2011.

[106] 雅诺什·科尔奈．社会主义体制：共产主义政治经济学［M］．北京：中央编译出版社，2007.

[107] 严中平．中国近代经济史（1840—1894）［M］．北京：人民出版社，2012.

[108] 严中平．中国近代经济史统计资料选辑［M］．北京：人民出版社，2012.

[109] 杨华山．论道光帝在鸦片战争期间的态度［J］．安徽史学，1999（3）：39－42.

[110] 约瑟夫·阿洛伊斯·熊彼特．经济发展理论——对利润、资本、信贷、利息和经济周期的探究［M］．叶华译，北京：中国社会科学出版社，2010.

［111］约瑟夫·斯蒂格利茨．社会主义向何处去——经济体制转型的理论与证据［M］．长春：吉林人民出版社，1998.

［112］约瑟夫·熊彼特．资本主义、社会主义与民主［M］．吴良健译，北京：商务印书馆，2007.

［113］詹姆斯·罗宾逊．产业政策和发展［J］．比较，2016（1）.

［114］张文显．法治与国家治理现代化［J］．中国法学，2014（4）：5－27.

［115］赵凌云、赵红星．中国现代化进程中的三个三十年与三个历史创造［J］．红旗文稿，2010（5）：24－27.

［116］郑永年．国际发展格局中的中国模式［J］．中国社会科学，2009（5）：20－28.

［117］周雪光．国家治理逻辑与中国官僚体制：一个韦伯理论视角［J］．开放时代，2013（3）：5－28.

［118］Acemoglu，D. and James A. R.. *Economic Origins of Dictatorship and Democracy*［M］. Cambridge：Cambridge University Press，2006.

［119］Acemoglu，D.，Golosov，M. and Tsyvinski，A.. Markets and Governments［J］. *Journal of Monetary Economics*，2008，55（1）：159－189.

［120］Albert Feuerwerker. Presidential Address：Questions about China's Early Modern Economic History that I Wish I Could Answer［J］. *Journal of Asian Studies*，1992，51（4）：757－769.

［121］Almond，Gabriel A. and Powell，G. Bingham. *Comparative Politics：a Developmental Approach*［M］. Boston：Little Brown，1966.

［122］Bergson，A.. *The Real National Income of Soviet Russia Since* 1928［M］. Ann Arbor：Harvard University Press，1961.

［123］Besley，T. and Persson，T.. The Origins of State Capacity：Property Rights，Taxation，and Politics［J］. *American Economic Review*，2009，99（4）：1218－1244.

［124］Besley，T. and Persson，T.. State Capacity，Conflict，and Development［J］. *Econometrica*，2010，78（1）：1－34.

［125］Birdsall，N. and Fukuyama，F.. The Post-Washingtong Consensus：Development after the Crisis［J］. *Foreign Affairs*，2011，99（2）：45－54.

[126] Caballero R. J and Eberly J. C. . Explaining Investment Dynamics in U. S. Manufactureing: A Generalized (S, s) Approach [J]. *Econometrica*, 1999, 67 (4): 783 - 826.

[127] Campbell, J. , Y and Deaton A. . Why is Consumption So Smoth? [J]. *Review of Economic Studies*, 1989, 56 (3): 357 - 373.

[128] Carroll, C. D. . Buffer Stock Saving and the Life Cycle Permanent Income Hypothesis [J]. *Quarterly Journal of Economics*, 1997, 112 (1): 1 - 55.

[129] Dahl, R. A. . *Polyarchy: Participation and Opposition* [M]. New Haven: Yale University Press, 1971.

[130] De Santis, V. P. . *The Shaping of Modern American 1877 - 1920* [M]. Wheeling: Harlan Davidson, Inc, 2000.

[131] Dietzenbacher, E. and Los, B. . Structural Decomposition Techniques: Sense and Sensiti-Vity [J]. *Economics Systems Research*, 1998, 10 (4): 307 - 324.

[132] Evans, Peter B. , and Rauch, James E. . Bureaucratic Structure and Bureaucratic Performance in Less Developed Countries [J]. *Journal of Public Economics*, 2000, 75 (1): 49 - 71.

[133] Fernandez, R. and Rodrik , D. . Resistance to Reform: Status Quo Bias in the Presence of Indivdiual-Specific Uncertainty [J]. *American Economic Review*, 1991, 81 (4): 1146 - 1155.

[134] Flavin, M. A. . The Adjustment of Consumption to Changing Expectations about Future Income [J]. *Journal of Political Economy*, 1981, 89 (5): 974 - 1009.

[135] Grossman, S. J and G. Laroque. Asset Pricing and Optimal Portfolio Choice in the Presence of Illiquid Durable Consumption Goods [J]. *Econometrica*, 1990, 58 (1): 25 - 51.

[136] Haggard, Stephan and Kaufman, Robert R. . *The Political Economy of Democratic Transitions* [M]. Princeton, NJ: Princeton University Press, 1995.

[137] Krueger, A. O. . Liberalization Attempts and Consequences [C]. in *Foreign Trade Regimes and Economic Developmemnt*, 1978, 10 (Cambridge, Mass: Ballinger).

[138] Lewbel, A. . The Rank of Demand Systems: Theory and Nonparametric

Estimation [J]. *Econometrica*, 1991, 59 (3): 711 -730.

[139] Mann, Michael. *The Sources of Social Power* [M]. Cambridge, New York: Cambridge University Press, 1993.

[140] Matsuyama, K.. The Rise of Mass Consumption Societies [J]. *Journal of Political Economy*, 2002, 110, No. 5, pp1035 - 1070.

[141] Matsuyama, K.. Agricultural productivity, comparative advantage and economic growth [J]. *Journal of Economic Theory*, 1992, 58 (2): 317 -334.

[142] Migrom P. and J. Roberts. Rationalizability, Learning, and Equilibrium in Games with Strategic Complementarities [J]. *Econometrica*, 1990, 59 (4): 1255 - 1277.

[143] Phyllls Deane and W. A. Cole. *British Economic Growth: 1688 - 1957* [M]. London: Cambridge University, 1964.

[144] Prebisch, P.. Commerical Policy in the Undeveloped Countries [J]. *American Economic Review*, 1959, 49 (1): 251 -273.

[145] Rawski, Thomas G.. *China's Transition to Industrialism: Producer Goods and Economic Development in the Twentieth Century* [M]. Ann Arbor: University of Michigan Press, 1980.

[146] Reinstaller, A. and Sanditov, B.. Social Structure and Consumption: on the Diffusion of Consumer Good Innovation [J]. *Journal of Evolutionary Economics*, 2005, 15 (5): 505 -531.

[147] Rosenstein, P.. Problems of Industrialization in Eastern and Southeastern Europe [J]. *Economic Journal*, 1945, 53 (2): 202 -211.

[148] Rothstein, B.. "The Chinese Paradox of High Growth and Low Quality of Govenrnent : The Cadre Organization Meets Max Weber [J]. *Goverance*, 2015, 28 (4): 533 -548.

[149] Selvanathan, S. , and Selvanathan, E. A.. Consumption Patterns of Food, Tobacco and Beverages: a cross-Country Analysis [J]. *Applied Economics*, 2006, 38 (13): 1567 - 1584.

[150] Singer, H. W.. The Distribution of Gains between Investing and Borrowing Countries [J]. *American Economic Review*, 1950, 40 (1): 473 -485.

[151] Skocpol, Theda.. Bring the State back in: Strategies of Analysis in Cur-

rent Research [C]. in Evans, Peter B., Rueschemeyer, Dietrich. and Skocpol, Theda. Bringing the State back, Cambridge, New York: Cambridge University Press, 1985.

[152] Stoker, T. S.. Simple Tests of Distributional Effects on Macroeconomic Equations [J]. *Journal of Political Economy*, 1986, 94 (4): 763 - 795.

[153] Zeldes, S. P.. Optimal Consumption with Stochastic Income: Development from Certainty Equivalence [J]. *Quarterly Journal of Economics*, 1989, 104 (2): 275 - 298.

后　记

笔者2003年进入中共中央党校，师从中共中央党校特级教授王珏先生。开始转入经济学研究的十五年来，笔者一直围绕中国经济发展这一主题开展相关研究。2003～2006年以《中国转型时期的经济增长原理——经济系统演进角度的分析》作为博士论文题目，尝试运用复杂适应系统（CAS）理论解释1978年以来中国持续高速的经济增长，并分析这种增长的可持续性。然而，在研究过程中，笔者发现，这种系统研究的方法可能可行，但费时费力，非一篇博士论文所能囊括，因此只好先进行一种初步梗概式的研究，更为细致深入的研究留待将来逐步展开。

2006年笔者博士毕业进入中国计量大学经济与管理学院工作后，开始对中国经济增长问题进行专题式思考，并在2007年以《收入分配对经济增长方式的影响研究》申请教育部人文社会科学青年基金项目，获得了资助。2011年由人民出版社出版的《收入分配对经济发展方式的影响：理论与实证》就是这一项目的最终成果。

2013年，在已有研究基础上，笔者以《转变经济发展方式的国家能力研究》为题申请教育部人文社会科学一般基金项目，获得了资助。本书就是这一项目的最终成果。其中的一些思考和研究成果曾以论文形式在《求实》《现代经济探讨》《经济学家》等刊物发表，这些前期研究成果略作数据更新和逻辑编排改动后成为本书的一些章节，以使笔者在不同文章中所表达出的思考连成整体，并反映笔者在研究中国经济发展问题过程中的一些思考脉络。

应该指出的是，由于笔者水平所限，本书理论分析可能管中窥豹，实证检验可能挂一漏万，虽然尽了很大的投入和努力，但这还是一个有待完善的成果，期待读者的批评与指正。

最后，在本书出版之际，衷心感谢为我写作和出版本书提供帮助的单位和个人：教育部人文社会科学一般基金项目“转变经济发展方式的国家能力研究”（13YJA790018）的资助；浙江省哲学社会科学重点研究基地“产业发展政策研究中心”的资助；浙江省标准化与知识产权管理协同创新中心的资助；中国计量大学人文社会科学处、笔者所在单位中国计量大学经济与管理学院以及笔者所在学科中国计量大学经济与管理学院应用经济学科的领导和同事们，对笔者三年多来从事本项研究所给予的支持和帮助；教育部人文社会科学一般基金项目“转变经济发展方式的国家能力研究”课题组其他成员的通力合作，他们是雷振文、张华、鲁统宇、隋月红、江青虎、刘家鹏、罗坚毅。

段先盛

2017 年春于杭州·三塘·竹园